紛争解決学

〔新版増補〕

廣田尚久 著

信山社

The Science of Dispute Resolution

Takahisa Hirota

新版の序

私が旧版の『紛争解決学』を書いたのが一九九三年であったから、以来九年の歳月が流れたことになる。今この旧版を読み返してみると、何と古色蒼然としているのかと、我ながら苦笑を禁じ得ない。もとより、この九年間に、紛争解決を巡って急激な動きがあったことが、旧版の『紛争解決学』を古めかしいものに見せているのであろう。とくに、世界的に見れば、そしてわが国においても、裁判外紛争解決（ADR）の急速な展開によって、紛争解決学の充実、進展が迫られてきた。じじつ私も、旧版以降、各種ADR機関の設立や運営に参画したり、ADRに関する著述を発表したりしていた。しかし、旧版のADRの記述は極めて手薄であり、このままに放置しておくわけにはゆかなくなった。

これは一例であるが、その他にも社会の変転によって、旧版を見直す必要がある部分が少なくない。紛争解決の様相は、社会の変遷に従って変化するものであるから、紛争解決学の内容を絶えず検証し、更新する必要が生ずることは当然のことである。

けれども、「紛争解決学」を学問であると主張している以上、社会の変遷に関わりのない普遍的な要素も当然包含している。そのような部分には、まだ「新しさ」を残しているところがあるように思われる。しかしその部分も、常に批判にさらし、検証、更新する必要があることは言うまでもない。

旧版は、かなりの数の論文や著述に引用していただいた。私は、引用して下さった先生方に感謝するとともに、旧版『紛争解決学』の幸運を有難いと思っている。その反面、「手痛い批判」は、私の耳に聞こえてこなかった。これは、精神衛生上の見地からは幸運であったが、「紛争解決学」のためには幸運とばかりは言い切れないことだろう。なぜならば、批判、検証、更新というプロセスがなかったため、「紛争解決学」

にさしたる進展がなかったからである。批判をいただけなかった理由はいろいろあるだろうが、私はやがて、その主たる理由は、旧版では紛争解決学の領域が明確でなかったところにあるのではないかと気がついた。

したがって私は、自ら旧版を批判する態度で検証し、更新する必要を痛感せざるを得なくなった。そして今、旧版を読み返してみると、改訂の必要性については、部分部分でかなりの差があるように思われる。しかし、旧版の大部分を残す部分的改訂では、とうてい追いつかないことを思い知らされた。したがって、本書は、旧版の改訂版ではなく、新版として著すことにした。

この新版『紛争解決学』は、旧版とは独立した書物である。したがって、旧版を一新して、新たに書き下すことにする。ただ、旧版ではどのようになっていたか、その関連を示す必要があるときには、その要旨を注記する。そして、旧版に書いたことでも、必要ないと思われる部分は、新版では思い切って削除することにした。したがって、削除した部分が必要なときは、旧版を読んでいただくしかない。しかし、たいていの場合は、新版さえ読んでいただければ、『紛争解決学』を読み、「紛争解決学」を知ったことになる、というものにしたいと考えている。

新版を書くにあたり、旧版との比較において留意したことは、主として以下のとおりである。

第一に、「紛争解決学」の領域を明確にすることである。このことは、紛争解決学以外の学問領域との関係を明らかにすることにもなる。

第二に、私的自治と「紛争解決学」との関係を鮮明にすることである。このことは、「近代」における司法と紛争解決の系譜を明示することに繋がっている。

第三に、「紛争解決学」の定義の中に、「合意」による解決を折り込むことである。このことは、旧版でも触れていたが、定義とは別の箇所に断片的にしか書いていなかった。それを新版において統合する。

第四に、「紛争解決規範」を意識せずに解決することを想定の中に入れることである。これは、規範の衡突、消失という最近の社会現象を、紛争解決学の視野に入れることになる。

第五に、最近の裁判外紛争解決（ＡＤＲ）の動向を踏まえ、ＡＤＲを紛争解決学の中に位置づけることである。

第六に、全体の構成を変更する。とくに、序論を廃し、旧版の序論の内容を総論の中に組み入れる。したがって、総論と各論の二編となる。

第七に、各論の構成を変更し、事例をすべて入れ替えた。

第八に、旧版は九州大学における講義を基にして書いたので、情緒的で個人的な表現が少なくない。そのような表現を避け、新版ではより客観的表現を用いることにする。これに関連して、あまりにも特殊日本的、時代反映的な事項は削除する。すなわち、どこにでも出せるスタンダードなものにすることを心がける。

なお、旧版を書いた時点では、私は専ら弁護士であったが、二〇〇一年四月から、弁護士であると同時に、専任の大学教授になった。したがって、旧版では弁護士として書くという意識が強く、そのような表現が多かったが、この新版では、紛争解決学を専攻する学者であるという気持ちで書こうと思う。その意味では、旧版と新版は対をなすものになるであろう。

以上をもって「新版の序」とするが、あらためて忌憚のない御批判をいただきたいと念願する次第である。

二〇〇二年九月

廣田尚久

二〇〇三年に「仲裁法」（法律一三八号）が、二〇〇四年に「裁判外紛争解決手続の利用の促進に関する法律」（法律一五一号）が成立したのに伴い、引用資料の更新なども含めて内容を増補改訂した。

（二〇〇六年二月）

旧版の「はじめに」

この度九州大学から裁判学の講義をするようにとお声をかけていただいた。私はこれを、紛争解決についてこれまで考えていたことをまとめるための絶好の機会であると直感し、自らの力量も顧みずに、ふたつ返事で承諾してしまった。しかし、「裁判学」は、もともと井上正三教授、和田仁孝助教授の受け持たれている講座である。その緻密な学問的考察にはとても及ぶものではないことは当然として、両先生の学問的成果からかけ離れたものを論ずることも、よくないのではないかと思われてきた。仮りに、私が両先生のピンチヒッターであり、学究生活とは縁がない一実務家であることを割り引いていただくとしても、「裁判学」を講義する以上は、両先生のレベルに近いものでなければならないであろう。しかし、それは私には、とてもできそうにない相談である。それに、私は弁護士であるから、対象を裁判に限定することは、いささか窮屈である。ここは是非、領域を紛争解決全般に拡げたい。そして、大学で講義をする以上、いかに私が学究でないとしても、その内容は学問の名に価するものでなければならないであろう。

このような諸条件を充たし、私の立場を打開するためには、「裁判学」とは別の、新しい学問を創るしかない。私は、この学問を「紛争解決学」とネーミングした。

これはまさしく、私がこれまで考え、まとめておきたいと思っていたテーマにぴったりするものである。私は、弁護士としての経験を積むに従って、果して裁判が紛争解決の役に立っているのだろうか、という疑念にとらわれるようになった。裁判をすることが火に油を注ぐことになって、紛争をうまく解決できなくしてしまうことが多い。そこで裁判をせずに紛争を解決することを試みたところ、これが面白いようにうまくいくのである。私はここに至って、法は紛争解決の局面では裁判規範として機能するという、誰もが信じている命題に疑問符をつけることにした。法が裁判規範として使われるのは、紛争のうちのごく一部に過ぎない。多くの紛争は、法の裁判規範としての機能とは別の機能を使って解決されているのである。にもかかわらず、法の裁判規範としての機能によって紛争が解決されると長らく信じられていたために、紛争解決にあたって働きはじめる法のもうひとつの、極めて重要な機能が見落されていたのである。それではそれは法のいかなる機能であろうか。

法は、紛争の局面では、裁判規範としての機能を発揮する前に、紛争解決のための規範としての機能を発揮する。紛争の側から見れば、法の紛争解決規範としての機能を使えば、裁判規範としての機能を使わなくても解決することが多い。さらにいえば、これまで裁判規範といわれている機能の多くの部分は、法の紛争解決規範としての機能が裁判手続に従って使われているに過ぎないものなのである。この極めて当り前なことが、これまでほとんど看過されていた。

それればかりではない。紛争の側から紛争解決規範を見た場合、それは、何も法だけではないのである。法以外に紛争解決規範として使えるものはいっぱいあり、現実に人々は、さまざまな紛争解決規範を使って紛争を解決しているのである。

従来、法を裁判規範ととらえて多くの研究がなされ、巨大な組織ができ、莫大な労力が注がれてきたが、それだけでは紛争を十分に解決できないということになると、別の系脈を追究する必要があるだろう。これがまさしく紛争解決学に他ならない。

このようにして私は、「裁判学」という講義の名に、——そして紛争解決学——という副題をつけていただくことにした。

誠に奇異なことに、「紛争解決学」という名の学問はこれまでは存在していなかった。私は、念のために国会図書館と最高裁判所図書館に行って調べてみたが、「紛争解決学」に該当する図書は一冊もなかった。「紛争解決」という言葉が頻繁に使われ、また、紛争解決をめぐるさまざまな問題がさかんに論じられてはいるが、それにもかかわらずこれまで紛争解決学という学問は樹立されていないのである。このことは意外なことではあるが、よく考えてみれば、紛争解決のあり方をみごとに象徴しているといえよう。つまり、紛争解決の蘊奥を、人類はまだ極めていないのである。のみならず、その核心に向かって進もうともせずに、周辺を徘徊しているに過ぎないのである。

学者でない、一介の弁護士である私が、今ここにはじめて「紛争解決学」を興すことは、おこがましいというべきかも知れない。

しかし、もともと法は、現実生活から遊離して存在するものではない。とくに紛争はなまなましい現実の中で起るものであるから、その紛争を解決しようとすれば、どうしても現実的な対処を迫られるものである。従って、紛争解決を対象とする学問である紛争解決学を研究するためには、紛争解決の実務を離れることはできないことになる。よって、実務家が紛争解決学に取り組むことは、それなりの意味があると思う。

私は、学者が研究や調査を重ねて思惟を深め、実務家には及ばないところに想像力のメスを入れて鋭い指摘をすることに対して、常々敬服している。一方、実際にわれわれ実務家がやっていることは、その善し悪しはともかくとして、複雑で、微妙で、重畳的で、あるときは明確、あるときは不明確な言葉の山の中から、なんとか糸口を探し出して紛争を解決に導くことである。この学者と実務家の役割は、相互に材料を提供して、その成果をフィードバックし、互いに高めていくのが、本来の理想の姿であろう。しかし、現実には、そのフィードバック機能は弱いといわざるを得ない。

紛争解決学は、学者と実務家の仕事のまん中に位置している。従って私は、紛争解決学をうまく研究すれば、このフィードバック機能を強める役割を果たすことができるのではないかと考えている。

そして、紛争解決のプロセスの言語体系が複雑で理解しにくいところからすれば、常日頃紛争解決に取り組んでいる実務家の方から、まず先に材料を提供することは、ごく自然なことであろう。その意味からしても、私がまず紛争解決学を語りはじめることも許されると思う。

この本は、九州大学における初めての「紛争解決学」の講義をもとにしてつくられたものである。本の標題として、「紛争解決学」の外に何か字をつけ加えなければ座り心地がよくない感じがする。

しかし、「体系」というにはボリュームが少なすぎる。「体系」にするのならば、関連する事項を網羅したうえ、その根もとの方から懇切に説き明かさなければならないだろう。この本は、そのような体系を示したものではない。それでは、「概説」かというと、そうでもない。「概説」は「体系」を縮小したものであろうが、この本は重要な問題点には詳しいが、そうでないところはほとんど触れていない。そういう意味では「要説」がふさわしいのかも知れないが、一応紛争解決学の骨格は明らかにしたつもりなので、「要説」でもないことになる。そこで、若干座り心地はよくないが、この本の題名は、端的に「紛争解決学」のままとして、何もつけ加えないことにした。

この本の題名を単に「紛争解決学」とした中には、紛争解決学の発足にふさわしく、宣言的な意図も含んでいる。即ち、この本は、「紛争解決学」の嚆矢である。

学生時代に弓を引いていた私にとっては、嚆矢を放つことにいささかの自負があるが、それよりも私には嚆矢しか放てないところに大きな嘆きがある。今後この学問は、人々に研究され、発展することと思われるが、私の持ち時間の中で私自身がどれだけのことができるか甚だ心もとない。

いずれにせよ、忌憚のない御批判を仰ぎたい。

目次

カバー絵・廣田杏子

第一編　総　論

第一章　紛争解決学の成立

第一節　紛争解決学という学問

紛争解決学という学問は、これまでの法律学とは違った、新しい系統を持った独立の学問である。

この紛争解決学を究明するにあたっては、まず最初にこの学問の系の脈絡をおおらかに描き、その全貌のあらましをとらえるのがよい方法であると考える。

新しい系統を持った独立の学問であるとは言うものの、紛争解決学の周辺には、貴重な学問の成果があることは確かである。その成果を紛争解決学に関連づけることは、紛争解決学という新しい学問を築くうえで大切なことである。

しかし、当然のことであるが、周辺の複数の学問の一部または全部をかき集めれば紛争解決学になる、というものではない。紛争解決学は独立の学問であるから、独自の課題と方法がある。

けれども、このことは、他の学問の対象と紛争解決学の対象が重ならないということを意味するわけではない。すなわち、他の学問の対象としている分野が、紛争解決学の対象になることはあり得る。

一例をあげれば、裁判外紛争解決（Alternative Dispute Resolution＝ＡＤＲ、なお、裁判外紛争解決をＡＤＲと略称することには問題があるが、それについては後述することにして、とりあえず本章においては、「ＡＤＲ」と言う）は、従来から民事訴訟法学者や法社会学者や民法学者や国際私法学者が主として研究をしていた。これは、ＡＤＲを民事訴訟法学、法社会学、民法学、国際私法学の対象として扱っていたことに他ならない。

しかし、ＡＤＲは、裁判外紛争解決機関とその機関で行われる紛争解決（調停、仲裁など）であるから、まさしく純粋に紛争解決学の中心的なテーマである。したがって、ＡＤＲ研究については、民事訴訟法学、法社会学、民法学、国際私法学などと対象が重なるが、紛争解決学としては、これらの学問の成果を学びつつ、紛争解決学における研究の成果を提供することによって、ともにＡＤＲ研究を深めるという関係に立つのである。

紛争解決学が独立の学問である以上、それは他の学問の一部ではない。すなわち、それ自体が独自性を持ち、しかも、全体として体系づけられていなければならない。紛争解決学の現在の位置は、法社会学に近く、民事訴訟法学にも近いが、しかし、法社会学の一部でもなければ、民事訴訟法学の一部でもない。私がこれから述べることは、これまで法社会学や民事訴訟法学やその他の学問で扱っていたものが少なくないが、それはこれまで紛争解決学が樹立されていなかったためであって、もし過去古くから樹立されていたならば、専ら紛争解決学が扱っていたであろう。

また、紛争はなまなましい現実から起るものであるから、紛争解決の実践から遊離すれば紛争解決学は空虚なものになる。しかし、実例だけを扱えばよいというものではない。ちょうど、判例をいくら並べてもそれは判例集にすぎず、それだけでは学問として成立しないのと同じである。

紛争解決学を学問として成り立たせ、そのレベルを高めるためには、紛争解決の実例を通して、一般化できるもの、普遍化できるものを抽出し、整理し、理論づけし、再び実務に返し、実務と理論とをフィードバックさせる必要がある。あるいは、仮説を立てて理論を前進させる方法を採用することもあるが、その場合でも、その仮説を実務によって検証する必要がある。いずれにせよ、紛争解決学においては、実務と理論とを有機的に結びつけることによって、そのフィールドを広め、深めてゆかなければならない。

譬えて言えば、医学が疾病を克服するための臨床と基礎の総体であるように、紛争解決学も紛争を克服するための実務と理論の総体である。すなわち、医学が成立するためには、現実の治療行為が必要であると同時に、治療過程における人体のメカニズムを解明することが不可欠である。それと同様に、紛争解決学が成立するためには、紛争解決を実践することが必要であると同時に、紛争解決のメカニズムを解明することが不可欠である。しかし、法律学の分野では、医学における治療行為に相当するものが訴訟に限定され、紛争解決の全般には及んでいなかった。したがって、訴訟のメカニズムの解明には取り組まれていたが、訴訟以外の紛争解決のメカニズムについては、ほとんど解明されていなかった。

しかし、現実に疾病が存在するように、紛争も存在する。それならば、疾病の解除に取り組むための医学が成立するように、紛争の解決に取り組むための紛争解決学が成立しなければならないはずである。

にもかかわらず、不思議なことに、「紛争解決学」という学問は、樹立されていなかった。一九九三年に、私が発表した『紛争解決学』（信山社）が、その嚆矢であろう。

しかし、法社会学等の分野から、法と紛争、あるいは法と紛争解決について論じたものをあげれば、枚挙にいとまがない[1]。けれども、紛争解決学を独立の学問として樹立するということまでは意識されていないようである。また、紛争や紛争解決に関しては、人類学や社会学、あるいは交渉学やゲーム理論等、さまざまな分野から取りあげられている。それでもなお、紛争解決学という独立の体系には到達していないと思われる。

これはおそらく、紛争解決学という独立の学問体系の存在に気がついていなかったからであろう。

K・E・ボールディングは、紛争管理に関して次のように述べている。

「彼らは紛争をハリケーンのように管理できない神の行為と考えている。そして実際には紛争管理の実践が政治組織のように古い歴史をもっているのだが、紛争管理の考えは、新しいものだと思っている[2]」

紛争管理の実践と同様に、紛争解決の実践にも古い歴史がある。そして、紛争管理の考えが新しいものだと思われるように、紛争解決学も新しいものだと思われるであろう。しかし、意識してその存在を明示し、体系化することは新しいことであるが、すでに存在していたと言った方がよいのかも知れない。すなわち、学問としての形は十分に整っていないにしても、その種子のような、萌芽のような、茫漠とした紛争解決学、そしてまだ名前も持っていない「何か」は、すぐそこにあったのである。

私の実感によれば、紛争解決学は、地下深くに埋もれていて、誰かに発見されるのを待っていたのではないかと思われてならない。

(1)　例えば、川島武宜編『紛争解決と法』（「法社会学講座」第五巻、第六巻・岩波書店、一九七二年）、千葉正士『法と紛争』（三省堂、一九八〇年）、棚瀬孝雄『紛争と裁判の法社会学』（法律文化社、一九九二年）

(2)　K・E・ボールディング著・内田忠夫、衛藤瀋吉訳『紛争の一般理論』（ダイヤモンド社、一九七一年）四〇〇頁

第二節　紛争解決学の位置

種子にせよ、萌芽にせよ、紛争解決学が存在するのであれば、どこかに位置を占めているはずである。そして誰かに発見され、育てられて、やがて独立の学問として、学問全体の体系の中に位置づけられるべきであろう。しかし、紛争解決学が学問全体の体系の中のどこかに位置づけられる余地があるのかということについて、懐疑的な人も多いと思う。この懐疑の中には、およそ社会科学系、とくに法律学の学問体系が出尽くしていると考えられている今日において、今さら新しい学問体系が存在したり、発見されることはなかろうという考えがあるのではないかと思われる。

たしかに、紛争解決学の存在に気づくのは難しい。それは、一種の思考の陥穽に陥りやすいからであろう。そこでまず、私がこの系脈を発見した経緯から説明し、その後に紛争解決学が存在する位置を明らかにすることにしたい。

私が弁護士になったのは、一九六八年であった。当時は、高度成長後にはじめてぶつかった四十年不況（昭和四〇年すなわち一九六五年の不況のこと。ここでは通例に従って「四十年不況」と言う）の後であったが、高度成長の回復と四十年不況の克服があいまって事件が多く、私のような駆け出しの弁護士にもけっこう事件が集まった。そのひとつに富士五湖カントリー富士ケ嶺事件があった（この事件の詳細は、各論で紹介する(1)）。

これは、株式会社富士五湖カントリーが地元の農業協同組合から山林原野四五万坪（一四八万五〇〇〇平方メートル）を買収して別荘地付ゴルフ場を建設するという触れ込みで会員を募集し、多額の金を集めたが、土地の買収を完了しないうちに倒産してしまったという事件である。あげくの果てに富士五湖カントリーは、他の会社に騙されて土地買収の権利を乗っ取られ、会員の権利は風前の灯火になっていた。

私は、会員四三〇名から委任を受け、会員の権利を行使した。まず、富士五湖カントリーの名義になっていた土地に対して仮差押をした。次に、富士五湖カントリーから他に移転した土地や、土地に設定した抵当権に対し、詐害行為取消権を被保全権利として仮処分をかけた。さらに、ゴルフ場用地二二万坪（七二万六〇〇〇平方メートル）に、処分禁止、立入禁止の仮処分をかけた。そして、会社と役員に対し、商法に基づく損害賠償請求の本訴を提起した。これらの本訴、仮処分、仮差押事件は、二〇件に及んだ。

しかし、打つべき手は打っても、訴訟の段階に入ると、事件は膠着状態に陥り、いつ解決するのか見通しが立たないようになってしまった。私は、何か裁判外で解決する方策を考えないと事態は打開されないと考えて調査したところ、富士五湖カントリーを騙して土地を手に入れようとしていた連中が農地法違反を犯していることを発見した。そこで私は、県庁に飛び込んで農務部長に面会し、農地法違反の是正をするよう行政指導を要請した。

そしてこの行政指導の機会をとらえて、一気に相手方や関係者との和解になだれ込んだ。その後、事件に紆余曲折はあったが、結局ゴルフ場用地を他に転売することによって事件は解決し、会員が騙しとられた約三億円は、全額返済を受けることができた。

ゴルフ場を舞台にした詐欺まがいの事件は、この富士五湖カントリー富士ケ嶺事件の後にも、手をかえ品をかえて発生しているが、この事件は、そのはしりとして有名で、新聞や雑誌に紹介されたばかりか、これをモデルにした小説まである。(2)

この事件は、数多くの仮処分や仮差押をして、それが効を奏したことは確かであるが、随所に和解を折り込んだことが解決の決め手になった。この事件を通じてつくづく感じたことは、和解や裁判外の話合いをしないと、最終的な解決に到達できないということである。

私は当時、その他にもさまざまな事件を担当していて、事件の山に埋もれて四苦八苦していた。しかし、その四苦八苦の中で、訴訟よりも和解の方がうまく解決するという実感をつかんでいた。そこで、結論の方から逆に点検してみたところ、事件の相手方と何らかの合意のうえで結論を出さないと、真の解決に到達できないということがはっきり見えてきた。それならばいっそのこと、はじめから訴訟をやらないで解決した方がよいのではないか。(3)こう気がついて、私は、原則として訴訟を出さずに裁判外の和解で解決しようと思い定め、ひたすらそれを実践した。

こうして、裁判外の和解で数多くの事件を解決してゆくに従って、「待てよ。そこに何かあるぞ」という思いがよぎることが重なってきた。この思いは、瞬間ファと感じてスーと消えるものであるが、「和解」というランプで照らしてみると、何かボヤーと見えるような気がするのである。これは一体何だろう。何か解決を生み出す知恵のかたまりのようなもののようだが、はっきりとつかめない。しかし、そこにそのようなものがあることを意識して、それを事件に使ってみると、つまり、知恵のかたまりのようなところに手を突っ込んで、そこでつかんだものを、ヒョイと事件に投げ込んでみると、これまで難事件と思われていた紛争がホロリと解決するのである。

このようにして、はじめは勘としてとらえていただけであったが、やがてはっきり認識したいと、私は思うようになった。具体的に言うと、解決を生み出す知恵のかたまりを掌握して、それが必要なときにいつでも使える状態にしておきたいと考えたのである。

すると間もなく、私は、その知恵のかたまりのようなものが、厖大な鉱脈のような姿になっていることに気がついた。まことに主観的で、また、大袈裟で恐縮だが、私はそのとき、紛争解決の鉱脈を掘りあてたという実感をつかんだ。そして、その実感を意識して、鉱脈から知恵を汲み取りながら裁判外で紛争に取り組むと、事件は面白いように解決した。

では一体、この紛争解決の鉱脈はどこにあるのだろうか。

これまで、紛争解決を意識した学問は、かなり多く存在していた。法律学の分野では、民法学などの実体法学、民事訴訟法学[4]などの手続法学、法社会学、法哲学等々。法律学以外でも、経済学、社会学、医学、生物学、心理学、人類学、霊長類学[5]等々が、紛争解決を意識して、この鉱脈をとりまいている。そして、これらの学問は、さまざまな方法で、紛争解決の鉱脈へのアプローチが試みられているようではあるが、鉱脈そのものには到達しておらず、鉱脈の周辺をとりまいて循環しているように、私には思われる。[6]

このように、紛争解決の鉱脈は、これまでの学問がその周辺をとりまいているにもかかわらず、現実にはその中心に入っておらず、したがって、そこには到達していない、まさにその位置に存在しているのである。

これを図示すれば、次頁の図のようになる。

ではなぜ、これまでの学問が周辺をとりまいているだけで、中心に入ってゆかなかったのであろうか。その本質的、歴史的な理由は次節で述べるが、ごく分かりやすく言えば次のとおりである。すなわち、

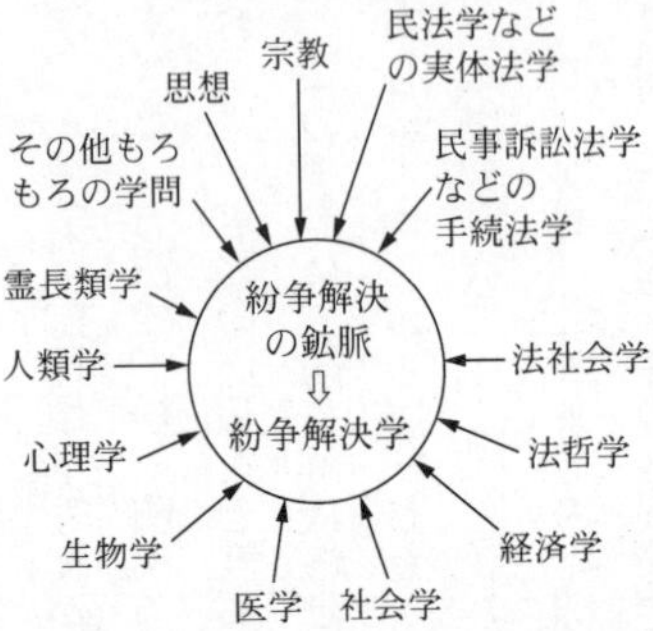

第一に、他の学問にはそれぞれ中心的な課題があり、紛争解決は中心的課題からやや離れているからである。

第二に、私の言う紛争解決の鉱脈の存在を認識していないからである。さらに言えば、そのような鉱脈の存在を考えてみたこともないのである。

第三に、他の学問は、それぞれの学問の立場から紛争と解決を見ていて、紛争解決そのものの実相をとらえきれていないのである。

以上により、これまでの学問が、紛争解決の鉱脈を掘り当てることができず、従って、紛争解決学を樹立できなかったことは、やむを得ないことであったのかも知れない。

私の言う紛争解決の鉱脈の存在は、これで定まったとしよう。それでは、紛争解決学は、どこに位置を占めているのであろうか。

このことは、紛争解決の鉱脈と紛争解決学との関係を考察することによって明らかになる。その前提として、ひとつのことを注意しておきたい。それは、私はこれまで「鉱脈」という言葉を使って説明していたので、それは堅く不動のものであると誤解されるかも知れないが、この鉱脈は通常は動きや変化に富む柔軟なものである、ということである。したがって、この鉱脈は静態としてとらえるべきときもあるが、通常は動態にこそ顕著な特徴があるのである。

そこで、紛争解決の鉱脈と紛争解決学との関係であるが、紛争解決学は、紛争解決の鉱脈の静態と動態を掌握、解明し、自らそれを理論化すると同時に、実務にその成果を提供する学問である。

したがって、紛争解決学は、私が最初に感覚的に知恵のかたまりとしてとらえ、間もなく紛争解決の鉱脈であると認識した、その鉱脈の位置に存在する。

まことに比喩的な表現になってしまい、しかも私の個人的な体験に基づいて紛争解決学の位置を定めることは恐縮であるが、しかし、考えてみれば、学問というものは、個人的な体験から始まることが少なくない。紛争解決学については、後にきちんと定義し、領域を定めることにするが、ここではまず、紛争解決学の位置を感覚的にとらえることが大切だと思ったので、お許しをいただきたい。

いずれにせよ、紛争解決学は、未だ他の学問によって手が着けられていない位置に、ひそやかに、しかし厳然と存在していたのである。

(1) 富士五湖カントリー富士ケ嶺事件については、本書三五二頁～三七三頁

(2) 清水一行『天から声あり』(徳間書店、一九七一年)

(3) 旧版ではここで、中島敦の短編小説『名人伝』の内容を紹介した。すなわち、弓の名人が弓矢を用いずに標的を射おとす「不射の射」の境地に到達したという小説であるが、この「不射の射」が、訴訟をせずに紛争を解決するというやり方のヒントになったのである。

(4) 旧版では、井上正三「訴訟内における紛争当事者の役割分担――多様化した紛争手続の相互関係――」(民事訴訟雑誌第二七号)、井上治典「手続保障の第三の波」(法学教室第二八号)、棚瀬・前掲書『紛争と裁判の法社会学』、水谷暢『呪・法・ゲーム――私的紛争の手引き』(信山社、一九九一年)を例示した。

(5) フランス・ドゥ・ヴァール著・西田利貞、榎本知郎訳『仲直り戦術――霊長類は平和な暮らしをどのようにして実現しているか』(どうぶつ社、一九九三年)は、霊長類の和解行動についての豊富な事例をあげている。

(6) 紛争解決の鉱脈の周辺をとりまいているのは、学問だけではない。いろいろな思想や宗教も、この鉱脈に関連している。

第三節　紛争解決学の成立を妨げていた原因

それでは、これまでなぜ紛争解決の鉱脈に入れなかったのだろうか。そして、紛争解決学を樹立することができなかったのだろうか。紛争解決学の成立を妨げていた原因はいろいろ考えられるが、私なりに思いあたることは次のとおりである。

第一に、生物としての人間は、成育と学習にたくさんの時間がかかる。しかし、その割りには生命が短く、紛争解決の鉱脈に入る前に老いて死んでしまうのである。

第二に、人間の脳の生理、あるいは心の在り方が、容易に鉱脈に入ることができない仕組みになっているのではないかと思われる。しかしこれは、私の単なる仮説に過ぎない。

第三に、これまでの人間の歴史が、人をして紛争解決の鉱脈に入らせない、あるいは人の入ることができない、という流れをしていたことである。

この点については、はっきりしている。すなわち、これまでの人間の歴史は、経済的には搾取、政治的には武力の歴史であった。現在でも一部あるいは潜在的にはこの流れは続いている。法は武力によって守られており、裁判は武力による紛争解決の代替物であった。この線から外に出ない限りは、紛争解決の鉱脈などというものはとりたてて必要なものではなく、そもそも問題にならなかったのである。

第四に、紛争解決の鉱脈の地盤を支えているものは、私的自治であるが、その私的自治が十分に育っていないことである。すなわち、私的自治は、戦時体制のもとでは各種の社会統制によって抑圧され、平時には産業育成政策、規制政策、福祉政策などの社会政策によって後退が迫られる。そのために、この鉱脈に到達することが困難になるのである。

第五に、紛争解決の鉱脈に入る道具を持っていないのではないか、ということである。この鉱脈を認識し、説明する最も有効な道具は言葉であるが、この鉱脈は言葉で表現することは難しい。矛盾する現象を同時に表現したり、微細な瞬間を正確にとらえたり、激しい変化を追跡したりすることが必要であるが、それを物理的、時間的限界を持った言葉という道具で掌握し、それを伝えることは非常に困難である。(1) この鉱脈に入るほどの言語体系を人間はまだ持っていないのかも知れない。

以上のとおり、人々がこれまで紛争解決の鉱脈に入れなかった原因は、いろいろ考えられる。この鉱脈に入れなかったことは、要するに、これらの原因が紛争解決学の成立を妨げていたことに他ならない。なぜならば、前述のとおり、紛争解決学は紛争解決の鉱脈の静態と動態とを掌握、解明する学問であるから、この鉱脈に入ることができなければ、そもそもスタートを切れないからである。

しかし、考えてみれば、これらの原因は、そのまま人間の限界を示しているのである。しかし私は、人間にこのような限界がある以上、鉱脈に入るのは無理だと言っているのではない。逆に、限界があるからこそ、限界を越えるという目標を定めたいのである。その目標こそ、紛争解決学を樹立することに他ならない。

言葉を換えれば、紛争解決学の成立を妨げている原因は、即、紛争解決学が克服すべき課題である。したがって、この課題を克服してゆく過程とその結果が紛争解決学の主要な内容になるが、それでは一体、どこから取り掛かればよいのであろうか。

最初に考えられるのは、私的自治の確立であろう。和解などの幅広い手段を使って紛争を解決しようという機運が、ようやく人々に広まってきたからである。したがって、この私的自治を手掛かりにして紛争解決の鉱脈を掘り下げるのが、最も入りやすいと考えられる。

(1)　旧版では、この難しさについて、宮澤賢治『春と修羅』を引用して説明した。とくに、「正しくうつされた筈の

これらのことばが　わづかその一点にも均しい明暗のうちに（あるひは修羅の十億年）すでにはやくもその組立や質を変じ　しかもわたしも印刷者も　それらを変らないとして感ずることは　傾向としてありえます」という部分は、言葉という道具の性質をよくあらわしている。

第四節　私的自治と紛争解決学

「近代」を説明する言葉はたくさんあるが、その主要なものとして、「法の支配」があげられる。すなわち、近代においてはじめて、「武力の支配」から「法の支配」に転換されたのであって、その重要性からして、「法の支配」は近代の主柱の一つである。

近代における法の支配の大きなファクターは、個々人に物理的強制力の行使を許さず、自力救済を禁止して、物理的強制力を国家が独占したことである。わが国に「決闘ニ関スル件」という法律があり、「訴訟は歴史的にみると（そして現在でも）、ピストルを打ちあったり短刀を振りかざして行う私的決闘の代替物である」(1)という言葉が、そのことを如実にあらわしている。

法の支配のこの側面に着目すれば、「法」のとらえ方も、それに即したものにならざるを得ないであろう。川島武宜教授は、法の特色として、権利義務の規範としての法、政治権力の強制を伴う規範としての法、裁判の基準としての法をあげるが、(2)「裁判という現象において権利を中心とする法の概念と政治権力の強制を中心とする法との接点が見出される」(3)と言うのであるから、川島教授はここでは「法」の物理的強制力の側面を重く見ていることは確かであろう。

これが近代を源泉とする一つの流れである。この流れは、制度としては司法という国家機構を構築して、近代の裁判制度を組織、運営し、学問としては多くの実体法学、手続法学を生み出した。そしてこの流れは、あたかも法の支配の本流のように人々から意識されていたので、近代を源泉とするもう一つの流れは見逃されていた。見逃されていたというよりも、「他にはない」と思われていたと言ってよいだろう。

それでは、もう一つの流れとは何であろうか。

それは、主として民事の法現象としてあらわれるものであるが、近代私法の基本的要素の一つである法的主体性を源流とするものである。

川島教授は、近代私法の規範関係は、私的所有、契約、法的主体性の三つの基本的要素から成り立っているとし、法的主体性を「商品交換の過程においては、交換当事者は、私的所有および契約をとおして、相互の独立主体性——すなわち法的主体性——を承認しあっている[4]」と説明している。商品交換の過程に限らず、近代私法が理念のうえで個々人の法的主体性を承認したことは、確かなことだと思う。すなわち、近代私法においては、個々人は農奴的な支配から解放された。もっとも、実際に皆が法的主体性を獲得したかと言えば、必ずしもそうではない。しかし、建前のうえでは身分による差別がなくなり、理念的には個々人が法的主体性を獲得したのである。

個々人が法的主体性を獲得することを、社会システムの原理としてとらえるとすれば、それは「私的自治」ということになる。すなわち、個々人の身分及び財産に関する私法の分野においては、その法律関係を個々人の自由意思にまかせるという「私的自治」が、近代私法の基本原理として確立されるべきものであった。この「私的自治」の流れこそが、近代を源泉とするもう一つの流れである。

この流れを尊重するとすれば、紛争解決の局面において、当事者間の合意を基本に据えることになる。そして、合意に至るまでの過程を重視する。また、この過程を制度化するものとして、調停制度や仲裁制度が視野に入ってくる。すなわち、裁判外紛争解決（ＡＤＲ）もこの流れの線上にあることは当然のことと理解できるであろう。そしてまた、この流れをとらえる学問は、従来の法律学とは違うものでなければならない。その従来の法律学と違う学問が、「紛争解決学」に他ならない。もとより、紛争解決学は、私的自治の流れにあるものだけを対象にするのではないが、その主たるテーマは私的自治を源流とする流れの中にある。

私的自治を源流とする流れを視野に入れると、「法」のとらえ方も変ってくる。すなわち、法が裁判規範であるという従来のとらえ方に加えて、法に紛争解決規範としての機能があるという地平が見えてくるのである。この「紛争解決規範」については次節に説明するが、ここで大切なことは、「法」が物理的強制力の行使を背景にして使用されるのではなくて、当事者の合意をとりつけるために使用されるということである。すなわち、司法的解決においてはほとんど絶対的な条件だと思われていた「強制」が、私的自治の流れの方で紛争を解決するときには、必ずしも必要ではないということである。

このように、同じ「近代」という源泉から発生したとは言うものの、源流は二つあるのである。そして、この二つの源流は、著しい対称を示している。

一つは、国家の統治権の流れになり、制度的には司法機構を構築して、裁判制度を組織、運営し、学問的には巨大な今日の法律学を築いた。そして、その根底にあるコンセプトは「強制」である。

もう一つは、私的自治の流れになり、和解を基本とするが、制度としてはＡＤＲを整備し、学問的にはようやく紛争解決学が名乗りをあげたところである。そして、その根底にあるコンセプトは「合意」である。

「武力の支配」から「法の支配」に転換されたことに関連して、この二つの流れを比較しておこう。

紛争を解決するときに、前者は、「武力で勝ち負けを決める」ということを「法で勝ち負けを決める」というふうに転換したのである。すなわち、「武力」を「法」に置き換えただけで、「勝ち負け」は残ったのである。

これに対し後者は、「勝ち負けを決める」という部分にも、紛争解決のメスを入れようというのである。このことについても後に詳しく述べるが、私がここで述べたいことは次のとおりである。

すなわち、「近代」の中には、国家の司法作用としての裁判制度と、当事者間の合意を基本に据える自主的解決とが、同等の価値を持つものとして、もともと設計されていたはずである。しかし、現実には前者が巨大になり、後者が脆弱である。私が後者に着目して、紛争解決学を樹立したいと思う動機がここにある。

なお、以上の二つの流れは、理念的にとらえたものであって、実際にはこの二つの流れは、重なり合ったり、変形したりしている。その過程を見ることも紛争解決学のテーマになるが、ここでは、紛争解決学の成立の根拠を明らかにするために理念的なとらえ方をした。

このように考察を進めてくると、私が以前に「紛争解決の鉱脈」と認識していたものの正体が少し見えてきた。そして、それを言葉で説明することが可能になった。すなわち、「紛争解決の鉱脈」は、私的自治に基づく当事者間の自主的解決、言い換えれば、当事者間の合意に基づく解決の総体だったのである。そして、それを掌握し、解明するのが紛争解決学ということになる。

しかし、私的自治に基づく当事者間の自主的解決という言葉で、紛争解決の鉱脈のすべてが説明できたのではない。そのことは、次節以下で述べるとおりである。

なお、私的自治と当事者間の自主的解決の関係について、ここで付言しておきたい。それは、自主的解決が進歩、発展すればするほど私的自治が確立するということである。逆もまた同じで、私的自治が確立すればするほど自主的解決が進展する。この私的自治の確立と自主的解決の相互作用もまた、紛争解決学の重要な関心事である。

(1) ジェローム・フランク著・古賀正義訳『裁かれる裁判所上』(弘文堂、一九六四年)四〇頁
(2) 川島武宜『法社会学上』(岩波書店、一九五八年)六五頁以下
(3) 同書七七頁
(4) 川島武宜『民法総則』(有斐閣、一九六五年)三頁

第五節　紛争解決規範と紛争解決学

1　紛争解決規範の機能と定義

法は、行為規範であり、社会規範であると言われている。法が行為規範、社会規範としての機能を持っていることはその通りであって、私にも異論はない。

また、いったん紛争が起ったとき、法は裁判規範としての機能を発揮すると言われている。そのことから、法は裁判規範であると言われているが、それもその通りであって、私にも格別異論があるわけではない。

しかし、紛争が起ったとき、法の裁判規範としての機能だけが論じられることについては、異論がある。法を裁判規範とみることは、紛争が起ったときには専ら裁判を行うのだということを前提にしている。そして、裁判で勝ち負けを決定するときに法を使うのだという考えがその基本にある。この考えには、武力によって紛争解決をしていた名残がある。すなわち、武力による紛争解決の代替物として裁判をみることに他ならず、だからこそ、結論が勝ち負けになることに何ら疑いを持っていない(1)。

しかし実際には、紛争が起ったときに、人々は、必ずしも裁判をするわけではない。また、必ずしも勝ち負けによって決着をつけるわけではない。多くの紛争は、裁判をせずに、相対で協議を重ね、和解をすることによって、裁判をする前に解決されているのである。また、調停機関や仲裁機関を利用して解決することもある。さらに、いったん裁判になった後でも、調停や和解で解決し、勝ち負けという結論を出さない紛争も多い。

人々は、これら場合にも、法の裁判規範としての機能が和解を促進しているのであるから、法の裁判規範としての機能が働いているのだと言う。しかし、裁判を現実に行っていないのに、裁判規範としての機能が働いているというのは、論理に無理があるのではないだろうか。むしろ、これらの場合には、裁判規範とは別の法の機能が働いていると考えた方が無理がなく、また、事実に即しているのではないだろうか。このように考えると、法の「もう一つ別の機能」の存在が認識の中に入ってくるのである。

人々は、これらの裁判によらずに紛争を解決する場合には、互譲の精神やいわゆる常識によって解決するのだと言う。しかし、裁判によらずに、裁判外の和解、調停、仲裁、裁判上の和解などによって紛争を解決するとき、人々は、法を使わないのであろうか。法の何かの機能を使って解決するのではないだろうか。また、法の何かの機能を使わないとしても、別の何かを使って解決するのではないだろうか。

人々が裁判外の和解などによって紛争を解決するとき、規範を使わないのかと言えば、そうではない。人々は、決して漠然と紛争を解決するわけではない。紛争を解決しようとすれば、そこには通常とは異なる明確な意思と意欲を働かせる。その意思と意欲を働かせるエネルギーの根底には、規範が存在する。言い換えれば、人々は自分が正しいと思わなければ紛争を解決する意思を持たないのである。自分が思っている正義が全部は通らなくても、まずまず通ったと納得しなければ、握手はしないものである。すなわち、和解などの合意による解決においては、必ず規範が使われるものであって、規範が使われていない和解はないといってよい。それが法規範でなく、単なる互譲の精神や常識のように見えても、それを規範として使おうという意思が存在し、まさしく互譲の精神や常識は規範化しているのである。あるいは高次の規範と連結して使われると言ってもよい。ただし、当事者がそこで使う規範を意識しているとは限らない。しかしいずれにせよ、当事者は意識もしくは無意識のうちに、規範を使っているのである。

この当事者が意識、無意識のうちに使う規範が、法であるとすれば、法の何かの機能を使うのであって、それは、裁判規範としての機能とは別のもの、すなわち、法の「もう一つ別の機能」に他ならない。このことからも、「もう一つ別の機能」の存在が認識の中に入ってくる。また、当事者が意識、無意識のうちに使う規範が、法でないとすれば、法以外の規範の機能を使うのであって、それは法の「もう一つ別の機能」と同じ機能であるはずである。

この両面から認識の中に入ってきた法の「もう一つ別の機能」を、私は、法の「紛争解決規範としての機能」とネーミングした。すなわち、法には裁判規範としての機能とは別に、紛争解決規範としての機能を持つ。そして、紛争解決規範としての機能をもつが故に、法はまさしく「紛争解決規範」なのである。

ここで明らかになったことは、法には、行為規範、社会規範、裁判規範としての機能の他に、もう一つ紛争解決規範としての機能があったということである。

裁判を決闘の代替物と考え、法の裁判規範としての機能にとらわれていては、法を紛争解決規範と考える視点は見落されて当然のことであろう。しかし、紛争の局面では、法はまず紛争解決規範としての機能を発揮するものであり、人々はこの機能を使ってあらかたの紛争を解決してしまうのである。にもかかわらず、法の裁判規範としての機能によって紛争は解決されるのだと長らく信じられていたために、紛争解決にあたって働きはじめる紛争解決規範としての機能が見落されていたのである。その結果、解決されるべき紛争が解決されず、またあるべき姿で解決されずに紛争が歪んでしまうことも少なくなかった。

さらに言えば、これまで裁判規範といわれている機能の多くは、法の紛争解決規範としての機能が裁判手続に従って使われているのである。

そればかりではない。紛争の側から紛争解決規範を見た場合、それは、法だけではない。法以外に紛争解決規範として使うことができるものはたくさんあり、現実に人々は、さまざまな紛争解決規範を使って紛争を解決しているのである。

このように、紛争解決規範を明確に認識した以上、ここで、「紛争解決規範」を定義しておく必要があるだろう。

まず、「規範」の意義であるが、辞書（大辞林）によると、規範とは、行動や判断の規準・手本とある。また、単なる事実ではなく、判断・評価などの基準としてのっとるべきもの。準拠、標準、規格、とある。私は、この中に、正当性のイメージという要素をつけ加えておきたい。

したがって、紛争解決規範を定義すれば、「紛争解決のためにそれを使うことが正当とされる基準」ということになる。(2)

このように、紛争解決規範を、紛争解決のために使うことが正当とされる基準と定義した場合、紛争解決の局面で使用される紛争解決規範には、さまざまなものが存在するが、その種類、内容については、後に詳しく検討する。

(1)　旧版ではここで、ジェローム・フランク前出書を引用して、法を裁判規範とみる限り、紛争の行きつくところは、ジェローム・フランクが述べたような事態になり、執行官のピストルの音によって終る、と述べた。

(2)　「紛争解決規範」という言葉自体は、私が最初に使いはじめたものではない。例えば、「紛争解決規範の多重構造——仲裁の判断基準についての裁判法学的考察——」(三ケ月章『民事訴訟法研究九巻』有斐閣、一九八四年・二七七頁)によれば、紛争解決規範の複合体を円錐台と構想し、調停規範としての「条理」、仲裁規範としての「広義の法」ないし「善と衡平」、裁判規範としての「狭義の法」ととらえている。しかし、私は、法の紛争解決規範としての機能に着目するとともに、人々が紛争を解決するときに使う法以外のさまざまな規範をも含めて、その全体を紛争解決規範ととらえる。したがって、私の言う紛争解決規範と三ケ月論文の言う紛争解決規範とは、全く違う概念である。旧版では三ケ月論文を引用して、双方の違いを説明した。

2　紛争解決規範と紛争解決学の課題

従来、法を裁判規範ととらえて多くの研究がなされ、巨大な組織ができ、莫大な労力が注がれてきたが、それだけでは紛争を十分に解決できないということになると、別の系脈を追究する必要があるだろう。その別の系脈の内容を構成しているものは、紛争解決規範に他ならない。

私は前節で、「紛争解決の鉱脈」と認識していたものの正体は私的自治に基づく当事者間の自主的解決であると言ったが、紛争解決規範をとらえることによって、この鉱脈の正体を別の言葉で説明することが可能になった。すなわち、「紛争解決の鉱脈」とは、さまざまな紛争解決規範を使って紛争解決をはかる当事者の営為だったのである。そして、それを掌握し、解明するのが紛争解決学ということになる。

この系脈に踏み込むこと、すなわち、紛争解決規範をとらえて、その全容と機能を明らかにすることが、紛争解決学の課題である。

ところで、紛争解決規範を使って紛争を解決するときに、その前提になる問題点を、従来の裁判規範との比較を通じて点検しておく必要があると思われるので、以下に申し述べる。

第一に、裁判規範はそれ自体正当性があることを前提として論じられることが多いが、紛争解決規範であるとみると、それが紛争解決に役に立つかどうか、すなわち紛争解決規範として使えるかどうかが、最初に吟味されなければならない課題となる。従来から裁判規範といわれているものでも、紛争解決規範としては使えないものがある。あるいは法そのものが紛争解決規範として使いものにならないものがある。そのようなものは、裁判規範としては存在しても、紛争解決規範としては対象外になったり、極端なときには邪魔なものになったりする。このようにみると、従来から裁判規範と言われていたものと私の言う紛争解決規範は、重なり合う部分も少なくないが、かなりの差異、ズレがある。

第二に、このことに対しては、法の解釈あるいは裁判規範の解釈の問題として解決されるという考え方もあるかも知れない。しかし、紛争解決にあたっては、紛争解決規範として使えるかどうかという観点から法を検証する作業が必要なのであって、その作業は、解釈の問題とは違うものである。すなわち、当該の事件のために紛争解決規範として使用できないものは、法規範でも何でも使わないことが必要なのであって、常に解釈によって使用可能なものにできるわけではない。つまり、解釈によって越えられないものがあるのである。ただし、ある事件では紛争解決規範として使用できなくても、別の事件では使用できるものがある。また、解釈によって紛争解決規範として使えるものにする場合もある。しかし、解釈によって使用可能にすることができないものがある以上、紛争解決規範として使用できるかどうかという観点から法を検証することは、解釈の問題とは別の問題として、常になさなければならない作業であることを認識しておかなければならない。

第三に、紛争解決規範を法規範に限定しない私の考え方に対しては、いわゆる常識とか、極端な場合にはなまの利害関係までをも、規範の仲間に入れてしまうという批判があるかも知れない。しかし、常識と言われるものを紛争解決規範として使うときには、それを規範化する認識か当事者間の合意が、意識、無意識のうちに存在するものである。そのような認識または合意が存在する以上、その紛争解決の局面では、いわゆる常識は紛争解決規範になっていると言ってよいと思う(1)。

また、なまの利害関係も、そのままの状態で紛争解決規範として使うことはできないが、それをかみ合わせ、調整し、加工する過程の中で、さまざまな紛争解決規範を使わなければならない。和解や調停に対する批判として、話合いであるからということを盾にして互譲を迫ることがよくあげられるが、話合いであることを盾にして互譲を迫ることは、本来の和解や調停の在り方ではなく、そのようなものは、和解や調停の名に価しないものである。紛争解決の方法として和解や調停をする以上、そこで使われるものは紛争解決規範でなければならず、紛争解決規範を使わない和解や調停は、当事者が納得する解決をはかれないものである。

以上のように、裁判規範との比較をすることによって、紛争解決規範の際立った特徴が浮き彫りになってきた。すなわち、裁判規範は、紛争解決の鉱脈の外にあって、静的に論じられるものである。物体を比喩に使うとすれば、あたかも木材や鉄のかたまりのようなゴロンとしたものである。しかし、鉱脈の中に入ってくると、それが通常の状態では裁判規範であったものも、また裁判規範でなかったものも、紛争解決規範となってエネルギーを帯同し、あたかも素粒子のように運動しはじめる。この鉱脈にはそのようなものがぎっしりつまっており、人々が紛争に直面したときには、その最も適当なものを探りあてて解決をはかればよいことになる。これが、「さまざまな紛争解決規範を使って紛争解決をはかる当事者の営為」という意味である。

（1）　紛争を離れてみると単なる常識であっても、その紛争に使われれば紛争解決規範になるというものは存在する。例えば、三方一両損は、単なる親分気質と互譲であるとみることもできるが、大岡越前の頭の中では立派な紛争解決規範として構想されたものであろう。

第六節　私的自治と規範の現在

1　私的自治の現在

「近代」の中に私的自治が設計されていたことは確かであるが、前述のとおり、私的自治は、戦時体制のもとでは各種の社会統制によって抑圧され、平時には産業育成政策、規制政策、福祉政策などの社会政策によって後退が迫られる。近代以降、人類は長い間戦争をしていたし、戦争をしていないときも、戦後処理や次の戦争の準備に勤しんでいた。極端な言い方だと受け取られるかも知れないが、近代以降の人間の歴史は、戦争と間氷期ならぬ間戦期の歴史であった。そのような歴史の中では、私的自治どころではないのである。

したがって、私的自治が設計されていたとは言え、現実には設計図どおりになっていない。このことからすれば、私的自治は、現実に存在すると言うよりも、価値として目標にするものであると言った方がよいのかも知れない。もっと正確に言えば、私的自治は、現在のところ、現実に存在する部分と目標として設定される部分が混在しているのである。

しかし、私的自治を目標として設定することに対しては、反論が予想される。それは、私的自治は畢竟強者の論理であって、弱肉強食の競争社会で私的自治を強調すれば、弱者が切り捨てられるという論理である。たしかに、ひと口に私的自治といっても、その質と量にはさまざまな在り方があるから、一歩間違えば、弱肉強食を助長することになりかねない。こう考えてくると、私的自治自体の中に、どこか危うげなものを内包していると思わざるを得ない。この危うげなものを避けようとすれば、計画経済、社会政策の道に進むことになり、私的自治は隅に閉じ込められる。すなわち、「平等」を「自由」と対立する概念ととらえる立場からすると、「自由」にウエイトを置いている私的自治は、価値のないもの、いや、むしろ有害なものだと扱われてしまうのである。

この反論には、一理あると言わざるを得ない。少なくともこの反論は、私的自治が人々の考え方によって影響を受けやすいということを示唆している。またこのことは同時に、私的自治が社会の変動によって影響を受け、その質量を変えることも示唆している。これは要するに、現実の私的自治を、価値あるものとして維持し続けることは難しいということである。

しかし、この反論によって示唆されることを前提にして、さらに一歩前に進めることはできないものであろうか。

今私は、「自由」と「平等」とを対立する概念ととらえる立場を前提にして反論を予測したが、自由と平等との関係をどのようにとらえるかということは、それほど単純な問題ではない。たしかに、自由と平等は、一方を重視すれば他方を軽視せざるを得ないことになり、ジレンマの関係に立つことが多い。しかし、このジレンマの克服はさまざまな局面で試みられている。つまり、自由と平等のジレンマのせめぎ合いの中で、具体的な問題について打開をはかってゆくのが、現代の課題なのである。

このように考えると、当初「近代」に設計されていた「自由」にウエイトを置いた私的自治は、「現代」においては、「平等」を取り込んだもの、すなわち、自由と平等のジレンマを抱えつつ、自主的に打開をはかる私的自治に変質したと言うべきであろう。この「自主的に打開をはかる」実践そのものが、現代の私的自治の内容になっているのである。

したがって、現在の私的自治は、「近代」に設計されていた私的自治とは違うものである。そして、純粋なものではない。「平等」と言ったのは一例であって、そこにはいろいろな夾雑物が混ざっているのである。(1)また、夾雑物が混ざっているために、「近代」に設計されていた私的自治よりも虚弱である。なぜならば、内部に取り込んだ夾雑物からの反抗を受けて壊れやすいからである。したがって、私的自治は、人々が意志の力を働かせなければ、維持し確立することはできないものだと考えた方がよいだろう。

しかし、だからといって失望することはない。なぜならば、「近代」に設計されていた私的自治は、もともとこの世に未だかつて存在したためしがなかったからである。今、夾雑物を抱えながら立ち上がってきた私的自治は、たとえ壊れやすくても、それが現実に存在するのであるから価値が高い。また、夾雑物を抱えているがゆえに、ダイナミックな要素を内包しているということもできる。これはおそらく、当初の「近代」が予測していなかった事態だろう。そして、これから先は、以上のことを踏まえて、私的自治の質量を意識的に選び取ってゆく時代だと言うことができると思う。

私的自治の質量を意識的に選び取る一つの方法は、私的自治を思考の基本に据えたうえで、外に向かって働きかけることである。そのようなことはさまざまな場面で可能であるが、それが実体法の解釈にまで及ぶという具体例を紹介しておきたい。

売主担保責任の短期期間制限（民法五六四条、五六六条三項）について、判例・通説は、これを消滅時効ではなく除斥期間であるとしながら、買主がその期間内に裁判外の権利行使をすることによってその権利は除斥期間の経過による制限を免れるとし、また、裁判外の権利行使によって保存された権利は一般の消滅時効に服するとする。しかし、曽野裕夫助教授は、従来の判例、学説を詳細に分析したうえで、「交渉過程の法定の時間的制約は交渉阻害的であり、取り払われるべきものである」という観点から、この期間制限を消滅時効の規定と解し、買主が事実を知った時から一年内に交渉を開始すれば、交渉中は催告が継続するという結論に到達する。これは、曽野助教授自身が言うとおり、交渉が適切になされることが私的自治の充実にとって重要であるとすれば、交渉行動への法ルールの影響を考える場合には、少なくとも法ルールが交渉の法的障害になってはならないという基本的な考えから導き出された解釈である。(2)

ところで、紛争解決学は、私的自治に基づく当事者間の自主的解決を掌握、解明する学問であることは前述した。したがって、私的自治がここに述べたようなものである以上、紛争解決学もこの私的自治の在り方に即応するものにならざるを得ない。すなわち、紛争解決学は、社会の変動によって影響を受けやすい。そのときどきの経済的、社会的条件によって、紛争解決学の領域やウエイトの置き所が変るのである。しかし、それが学問である限り、社会の変動の如何にかかわらず、変らない関心や理論がなければならないことは当然である。したがって、紛争解決学は、この変動と不動の双方の実態を念頭に置いて構築しなければならない。

（1）　山本顯治教授は、「私的自治」は「制度と日常性の狭間の越境」を正当化する原理としてとらえるべきであり、それは、「合理的な」私的自治、「望ましい」私的自治、さらには「合法的な」私的自治といった形容を本来的に拒絶する、我々の矛盾と多様性に満ちた「生」が営まれる場そのものに内在する原理であると言う（「再交渉義務論について（一）——交渉理論と契約法理論の交錯」『法政研究』六三巻一号九頁、一三頁）。

（2）　曽野裕夫「売主担保責任の裁判外追及と期間制限——紛争交渉過程の視点から——」（山畠正男＝五十嵐清＝藪重夫先生古希記念『民法学と比較法学の諸相Ⅱ』信山社・三一頁）。なお、同「〔判例研究〕民法五六四条にいう『事実ヲ知リタル時』の意義」『法政研究』六九巻一号五九頁。

2　規範の現在

私は前節で、紛争解決規範を紛争解決のために使うことが正当とされる基準であると定義した。ここで今一度「規範」に立ち戻った場合、「近代」の後の「現在の時代」に、規範というものをはっきりと掌握できるのであろうか。もとより、法規範をはじめ、さまざまな規範が明確に存在し、その規範を使って人々が生活し、企業が活動することが今なおベースになっているが、一方では、規範が崩壊し、規範が見えなくなっている現象が確実に進行中であることは否定できなくなってきた。

一例として、現在のアメリカで起っている顕著な実例をあげよう。

イスラム教徒のインド人が家族ともどもインドからアメリカに移住してきた。父親は刻苦して働き、ようやく生活が安定してきたころに、娘が中学生になった。アメリカでは中学生にもなると、ボーイフレンドができて、帰宅も遅くなる。しかし、イスラム教徒の父親のモラルによれば、その年頃になると、女性は家から出さず、人に顔を見せてはならないということである。とんでもない不良になったと父親は怒るが、娘はアメリカ社会で育っているので、納得できない。結局父親は「出て行け！」と怒鳴り、娘は家を飛び出してマクドナルドでアルバイトをしながら生活をはじめた。やがて娘は妊娠し、子供を生む。そして何年か経ち、父親が娘と和解したいと言い出す(1)。

この例によれば、娘にとっては、父親の規範はないのと同じである。また、父親にとっては、規範が崩壊したと意識するであろう。したがって、父親と娘が和解するにしても、両者が拠り所にする共通の規範が存在しないということになる。

ここではっきり見えてくることは、現代人にとっては、その拠って立っている規範が頼りないものになっている、すなわち、いつ崩壊してしまうか分からないものになってしまったということである。もっと極端に言えば、規範がなくなってしまって、いわばすっぽんぽんの状態になっているということである。

では、このような場合に、何を頼りにして和解をすればよいのであろうか。考えられるのは、次のとおりである。

第一は、父親の持っている規範のうちの是非、善悪などの評価的価値を削ぎ落し、それ以外の内在的価値の部分で娘と手を結ぶことである。

第二は、父親と娘が、共通の規範なり、利益なりを探して、それを拠り所にして和解することである。例えば、父親に経済力があるが老体であり、娘が経済的に困窮していれば、娘が父親の介護をしながら生活の援助をうけるという方法で解決できるであろう。この場合には、功利性や合理性が解決の糸口になる。

第三は、親子の情や孫の可愛さが決め手になることもあるだろう。このときには、心理的な要素が解決に重要な役割を果たすことになる。

その他にもいろいろなことがあるだろうが、この例の場合に和解をする道があるとすれば、このようなことを組み合わせることによってはじめて、解決に辿り着くことができるであろう。すなわち、規範によって解決するよりも、当事者間の「関係」を取り結ぶことによって解決をするのである。この関係を取り結ぶことが、合意にほかならない。

このように、規範の崩壊現象が進行すると、当事者間の関係を取り結ぶこと、すなわち「合意」の重要性が顕著になってくる。すなわち、合意による解決が際立ってくるのである。

しかしこれは、関係を取り結ぶ例としては極端なものに過ぎないと思われるかも知れない。そこで次に、「法」という明確な規範があるにもかかわらず、法規範を選択せずに「合意」を選択する例をあげよう。

例えば、ある注文主が建築業を営む会社に住宅の建築を注文し、家を建てたとする。ところが、大雨の日に雨漏りがして壁に滲みができた。注文主は、早速補修をしてほしいところだが、補修のついでに、気に入らない玄関の照明器具を取り替えてほしいと考えた。その照明器具については、だいたいの好みは建築業者に伝えておいたが、特定の型式を指定したわけではなかったので、無償で取り替えてもらうことは難しいと思っていた。しかし、壁の滲みの状態からすると、建物に瑕疵があることは確実で、雨漏りによって迷惑を被ったので、瑕疵の補修とともに、照明器具の交換ぐらいは無償でやらせたい。

この場合、注文主は「法」に定める請負人の担保責任（民法六三四条一項）をいきなり追及するであろうか。作戦上いきなり法を盾に取って責め立てる人もいるだろうが、多くの人は、照明器具のことを抱き合わせにして、まずは交渉から始めるのではないだろうか。建築業者の方も、信頼関係を回復し、今後に繋げるためには、照明器具の交換程度ですむならばかえって安上がりだと考えることもあるだろう。このように、「法」には一時退席してもらって「合意」を目指すことは、通常行われていることであって、極端に言えば、関係の継続を重視し、合意を取りつけるときには、法や規範はかえって邪魔になることがある。このようなことは、決して不合理なことでも、法意識の未発達によるものではない。むしろ、法的主体としての個々人が、自分のことは自分で解決する、すなわち、法を援用するまでもなく解決するという意味で、私的自治の発達のあらわれであると理解すべきである。そして、これがむしろ人々の日常行動のパターンなのである。

このことについて、棚瀬孝雄教授は、法の自律性のもとで切り捨てられた意味の表出作用を救出するために法の物語性に注意を向け、「法の自律性においては、合法性が目的に向かってむしろ外挿されたのに対し、ここ（法の物語性、文脈性。筆者注記）では、法を今ここで持ち出すことが妥当かという適切性の問いが前面に出されている。それは、法が規定の上ではいついかなる時でも普遍的に妥当するものとして書かれていても、実際には、時と場合によっては法を用いることが妥当でないとされる場合があることを前提としている」(2)という言葉で説明している。

このように、規範が崩壊したときにおける合意による解決だけでなく、日常的な場面でも、合意による解決の重要性が意識されるようになってきた。しかし、「規範の現在」を考察するとき、それは、規範が崩壊した場合、規範に後退を迫る場合だけを想定すればよいというものではない。紛争解決にあたって、適切な規範がないときもあるのである。そのような適切な規範がない場合でも、紛争が起れば、何らかの解決をしなければならない。そのときには、規範が崩壊したとき、規範に後退を迫るときと同様に、「合意」によって解決をはかることになるのである。

しかし、合意によって解決するとひと口に言っても、合意に到達するまでには、紛争に対する感情や利害を読み、言葉のやりとりをし、心理の動きを把握し、解決の見通しを立てるなど、さまざまな努力を尽くさなければならない。また、何らかの工夫をすることによって、合意を引き出す知恵も必要である。

このことについて、私が解決した事例をあげて説明する。

住宅地の真ん中にマンションを建築するということになって、近隣住民二〇名が反対同盟を結成し、私がその代理人になった。反対同盟と建築主との折衝の結果、建築主は一定の設計変更をすることになり、同時に日照権侵害等の補償金として、合計七〇〇万円を支払うことになった。しかし、七〇〇万円を分配する直接の規範、分配方法を定めるルールは存在しない。こういう場合には、往々にして「公平さ」という抽象的な価値概念が規範として出動を要請されるものである。しかし「公正さ」は、極端に不公平な分配を抑制することはできても、具体的に誰にいくら、彼にいくらと分配する場合には、自分を擁護するときにも、他人を攻撃するときにも援用され、それぞれの主観や利害に左右されるので、まるで役に立たない。

こういう場合には、当事者の合意を引き出すための工夫をする必要がある。すなわち、その場で新しいルールをつくることによって、当事者の意思を聞き、その意思を集約して合意に漕ぎ着ければよいのである。しかし、当事者たちは皆、黙り込んでしまった。なぜならば、自分の気持ちを他人に知られるのが嫌であるし、うっかり発言して、非難されたり、ぶち壊しになることを恐れるからである。

そこで私は、全員の名前を並べた一覧表を配り、その紙（ペーパー）に、各自に対する分配案を書き入れてもらうことにして、全員から意見を聞き、それを整理することによって一気に合意に達することができた。なお、この事例については、後に第六章第一節12で詳しく述べる[3]。

この事例は、紛争解決のための規範がない場合でも、「合意」を取りつけることによって解決することができることを鮮明に示していると言えよう。その合意を引き出す方法として、この事例のように、その場でルールをつくることは有効な方法であるが、ルールをつくらなくても、何らかの工夫をすることによって、合意を引き出すことは可能である。なお、この事例でつくったルールは、手続的な紛争解決規範であって、いったんつくると汎用性もあり、応用もできる。げんに私自身も、その後にこの手続的紛争解決規範を使って紛争を解決したことがある。

以上のように、紛争解決学は、これらの合意による解決を、自覚的にとらえる必要がある。すなわち、旧版では、紛争解決学を、紛争解決規範を解明するとともに、その紛争解決を使って紛争解決をはかる、当事者の諸現象を解明する学であると定義したが、規範が崩壊したり、規範に後退を迫ったり、もともと適切な規範がなかったりする現象が顕著になってきた以上、それらのような事態においても「合意」によって解決することが可能であるところから、そのことも定義に入れる必要がある。このことについては、次章の「紛争解決学の定義と領域」で詳述する。

(1)　この例は、レビン小林久子の「アメリカにおける最新のADR事情」と題する講演による（一九九九年三月二六日国際商事仲裁協会主催APEC・ADRセミナー）。
(2)　棚瀬孝雄「語りとしての法援用（二・完）――法の物語と弁護士倫理――」（『民商法雑誌』一一一巻六号三七頁）
(3)　本書一七三頁〜一七八頁

第七節　紛争解決学の誕生

最初は種子あるいは萌芽としてしか見えていなかった「紛争解決学」は、「近代」を源泉とする私的自治を視野に入れ、そこに充満している紛争解決規範や合意を掌握すると、理論化することが可能になってくる。そして、それを理論化することが可能になれば、萌芽は根を張り、幹を伸ばし、いよいよ紛争解決学が誕生することになる。

しかし、この理論化には三つの困難性がある。

一つは、理論化する方法の難しさである。これまでの法律学は、法の側から、あるいは社会の側から法現象を考察し、それを理論化していた。しかし、紛争解決学は、紛争の側、あるいは当事者の側から法現象を考察するものである。したがって、言わば底辺から積み上げるような方法を採用しなければならない。しかし、底辺から積み上げる方法は、ともすれば個別紛争ごとの問題に引っ張られがちになるので、理論化に困難性が伴うのである。

二つは、理論化するときに対象を掌握することの難しさである。理論化するためには、紛争解決規範や事実をミクロ化して表現する必要があること、絶えず動き回って変化する事象を把握しなければならないこと等の作業が必要であるから、正確を期すことが難しい。

三つは、理論化したものを言葉で伝えることの難しさである。理論化してから他に伝達するまでの間に一定の時間が必要であるが、その間に「正しくうつされたはずのこれらのことばが　わづかその一点にも均しい明暗のうちに　すでにはやくもその組立や質を変じ(1)」ということになるからである。

しかしこれは、紛争解決学を誕生させるためには、避けることができない宿命であろう。それならば視点を変えて、理論化する目的を点検することによって、覚悟を決める必要がある。

理論化する目的は、一つは、理論化することによって、その成果を一般に使用できるようにすることである。すなわち、汎用性を高めることと言い換えてもよい。

もう一つの目的は、理論化することによって、その成果を社会化することである。すなわち、私的自治を社会に広くゆき渡らせることである。

ところで私は、本章第三節で、紛争解決学の成立を妨げていた原因を五つあげ、それらの原因はそのまま人間の限界を示していると述べた(2)。

ここでもう一度、紛争解決学の成立を妨げていた原因の要旨を整理してみよう。ただし、第三節では「鉱脈」という言葉を使ったが、ここでは「紛争解決学」という言葉に置き換えることにする。

第一に、生物としての人間は、成育と学習にたくさんの時間がかかるが、その割りには生命が短く、紛争解決学に入る前に老いて死んでしまうこと。

第二に、人間の脳の生理、あるいは心の在り方が、容易に紛争解決学に入ることができない仕組みになっていること。

第三に、これまでの人間の歴史が、人をして紛争解決学に入らせない、あるいは人の入ることができない、という流れをしていたこと。

第四に、紛争解決学の地盤を支えるものは私的自治であるが、その私的自治が十分に育っていないこと。

第五に、紛争解決学をする道具＝言葉を人間はまだ持っていないのかも知れないこと。

以上のとおりであるが、そのとき私は、この人間の限界を克服するためには、最初は私的自治を手掛かりにするのがよいだろうとも述べた。

そして、その手掛かりを探りながら、ようやく今この地点に立つことができた。すなわち、私的自治の現在を考察したことによって、私的自治を確立する道筋はある程度見当がついたと言えよう。こうして、第四の原因については、克服したとは言えないまでも、方向性は見えてきた。

次に、紛争解決学を誕生させれば、その方法を確立する必要が生じる。その方法の中には、紛争解決の局面における言葉の使い方が入っている。より具体的に言えば、言葉の枠組み、論理構造を解明すること、言葉をミクロ化して使うことによって紛争と解決の細部を究明することが、研究のテーマになる。そのことは、紛争解決のための言葉を獲得することに他ならず、紛争解決学の誕生を先行させることになるが、第五の原因は、克服の方向に向かってゆく。

そして、ここまでくれば、「強制」を専らにしていた歴史の他に、「合意」の流れの存在を示すことはできるであろう。そして、「勝ち負け」を決める流れに水をさすところまではゆかないまでも、「和解」の流れに誘導することもある程度可能になるだろう。したがって、第三の原因に対しても、克服の方向は見えてくる。

これから先は、紛争解決学の力量の問題である。紛争解決学だけでなく、その枠を越えて、他の学問の力を借りなければ克服できることではないかも知れない。例えば、第二の原因を克服することは、大脳生理学や心理学などの領域に属する問題であろう。しかし、紛争解決学が発達すると、大脳の使い方が変るという相関関係はあり得ると思う。

第一の原因を克服することもまた、紛争解決学の枠を越えることであろう。人間の生命を伸長させることは専ら医学の仕事だからである。しかし、これも紛争解決学の誕生を先行させることになるが、紛争解決学が普及すれば、若いときから紛争解決学に取り組むことができるので、第一の原因を克服することは可能であると考えられる。

このようにして、人間の限界に見えたものは、私的自治を手掛かりにして切り拓いてゆくことによって、次々に克服する見通しが立つのである。

私がここで、克服の方向性とか、克服する見通しなどという言葉を使ったのは、それがまだスタートについたばかりだからである。しかし、この第一から第五までの原因の克服は、相互に相関関係があり、うまくゆけば加速度がついて前進するだろう。けれども、相互に足の引っ張り合いをして、なかなかうまくゆかないかも知れない。その実態を把握、分析しながら、克服の方向に少しでも進めることもまた、紛争解決学の目的である。

こうしてみると、理論化する目的は、汎用性を高めること、社会化することにとどまらず、人間の限界を越えようとする試みであることが明らかになる。理論化する目的がこのような大きさを持っている以上、その困難性を可能な限り克服しつつ、紛争解決学を誕生させる意義はあると思う。

こうして、ようやく紛争解決学が誕生したとしよう。それではこれから、その紛争解決学の現時点の到達点を述べることにしたい。

（1） 宮澤・前掲『春と修羅』

（2） 本書一二頁〜一四頁

第二章　紛争解決学の定義と領域

第一節　紛争の定義と解決の在り方

ここにおいて、ようやく「紛争解決学」の定義をすることが可能になった。しかし、紛争解決学の定義をする前に、「紛争」の定義をしておかなければならない。

「紛争」の定義は、多くの法社会学者、訴訟法学者等によってなされている。(1) そして、定義の仕方によって、その後の理論の組立て方にも相違が出てくる。したがって、私自身が「紛争」の定義をするのが本来の在り方かも知れないが、ここでは、「紛争解決学」の定義をするために、その前提として「紛争」の定義をすることが目的であるから、「紛争」の定義に若干の相違があっても支障がない。また、他の人の「紛争」の定義に従っても、「紛争解決学」の定義が可能である方が、かえって望ましいとも思われる。

そこで、ここではボールディングの定義を借用することにする。

ボールディングによれば――「紛争とは競争のある状況であり、そこではいくつかの当事者が潜在的な将来の位置が両立しえないことを意識（aware）していて、しかも、各当事者がほかの当事者の欲求と両立できない一つの位置を占めようと欲求し（wish）ているような競争状況と定義されうる(2)」

ところで、一般に紛争の原因として考えられているものは、価値観の相違（これは個人的な価値観の相違もあれば、社会的、民族的、国家的な相違もある）、思想や宗教を巡る対立、名誉や地位を巡る衝突、経済的利害の対立、組織内部の上下や横の関係の対立、組織内の競争、家族内の争い等々さまざまなものがイメージされる。すなわち、紛争には、法律的紛争のみならず、政治的紛争、経済的紛争、社会的紛争、宗教的紛争、民族的紛争、国際的紛争など、いろいろなものがあり、しかも、政治的紛争と民族的紛争が結びついたものなど複合的な紛争もたくさんある。

これらの紛争はすべて紛争解決学の対象になるものであるが、今すぐにすべてを取り扱うことはできないので、ひとまず法律的紛争を中心に考えることにする。政治的紛争等々の紛争は、多かれ少なかれ法律的紛争の要素を持っており、法律的紛争について考察すれば、他に応用できるからである。

法律的紛争の中にも、いろいろな類型がある。大きく分けて、刑事上の紛争と民事上の紛争に分かれるが、ここでは、とくに断らない限り民事上の紛争について論述を進めることにする。

民事上の紛争はさらに、いろいろな分野に分かれている。

一般民事事件の中には、民法総論に関するもの（時効、代理等々）、民法物権に関するもの（所有権、用益物権、担保物権、入会権、温泉権等々）、民法債権に関するもの（金銭消費貸借、借地・借家、請負、不法行為等々）、民法親族・相続に関するもの（離婚、遺産分割等々）の外、日照権、環境権等々の事件がある。そしてその他に、商事事件、労働事件、行政事件、工業所有権、渉外事件（国際私法、国際取引）等々が民事上の紛争の範疇に入る。

これらは、紛争に着目した類型分けであるが、当事者に着目するとどのように分類されるであろうか。ロビンソン・クルーソーのように、無人島でひとりで暮らすのならば紛争は起らないが、紛争という限りは、二人以上の相対峙する当事者が存在する。

まず、親子、兄弟、夫婦の個人間の紛争。男女間、友人間も個人間の紛争であるが、交通事故のように偶然にはち合わせした個人間の紛争もある。

会社内、団体内、組織内、国家内の上下の縦の関係や、左右の横の関係にも個人間の紛争が起る。

また、個人と会社・企業・団体、企業と企業、個人と国家、国家と国家のように、個人と集団、集団と集団の紛争もある。

これらの紛争の特徴や法則性を探求し、紛争解決の在り方を研究することは大切なことだが、これからの私の一生をそれに費やしても、猫が鯨の毛を一本かみ切る程度のことしかできないであろう。

そこで、ここでは、個人間の紛争を念頭に置いて論述を進めることにする。個人間の紛争は、シンプルで分析しやすいばかりでなく、集団の紛争も、いったん個人間の紛争に分解して組み立てる方法で研究できるし、また応用も可能なので、方法としては、個人間の紛争を基本にして論ずることが最も適切だと考えるからである。

「紛争」の定義を述べた機会に、その定義に関連する限りで、紛争の「解決」に触れておきたい。

まず、「紛争」と「解決」との関係について、果たして「解決」が必要なのかという問題提起があるので、その問題に答えておかなければならない。

千葉正士教授は、紛争解決至上主義を批判して、人は一般に紛争は解決されるべきものだと信じ込む傾向があり、紛争と言えばその解決に力を注ぐが、紛争が社会にとって必ずしも逆機能なものとは限らず、良機能なものでもあるならば、その限りで紛争は存続しあるいは奨励されてよいと言い、「紛争は、必ずしも解決という言葉で示されるような処理のされ方を受けなくてもよい、事実、受けていない」(3)と言う。そして、「紛争の解決という概念は正確ではない。処理（management）、緩和（mitigation）、軽減（reduction）、調整（accomodation）等の概念がより適切であることが明らかである」(4)として、「解決」という語を用いずに、「処理」という語を用いている。また、多くの法社会学者も、紛争解決機関などと言わずに、紛争処理機関という言葉をよく使っていた。法社会学的にみれば、この用語法は正確なのかも知れない。

しかし、切実に解決を望んでいるクライアントに対して、弁護士が「紛争を解決しましょう」と言わずに「紛争を処理しましょう」などとは、とうてい言えない。ここはどうしても「解決」でなければならない。

まず、ひとりひとりの人間が、その好み、希望、目標、能力に違いがあり、そのひとりひとりが集って社会をつくっている以上、その社会の中で紛争が発生することは、不可避であることは確かである。したがって、ある程度の紛争が存在することは、社会にとって正常な姿であることは、千葉教授の言われるとおりである。のみならず、規範というものは、いったんできるとかたく守らなければならないもののように見えるが、しかし、その規範が形骸化してくると、紛争が、その形骸化を修正する力を持つ。紛争がそのような形で出てくる場合には、むしろ、その紛争は社会にとって有益なものと言える。これも千葉教授が指摘されるところであり、私もそのとおりだと考える。

しかしこれらは、社会現象としての紛争の位置づけとか、紛争が持っている社会的役割を言うのであって、いわば社会の側から個々の紛争を見るという方法をとった場合の考察である。逆に個々の紛争からスタートして考察を進める方法をとる場合には、紛争の見方も解決の見方も違ってくる。すなわち、個々の紛争からスタートして考察を進める紛争解決学は、社会の側から考察を進める法社会学とは関心や方法に大きな相違があるのであって、この点に紛争解決学の特徴と存在理由がある。

ここで、個々の紛争からスタートして考察を進める紛争解決学の方法を概観しておこう。

いざ紛争が発生したというときには、まず解決に向けてさまざまな力が発動される。

紛争によって生涯を棒に振ってしまう人は少なくない。また紛争はときには破産や死をもたらす。その意味で紛争は実に恐ろしいものである。

しかし、その人にとって意味のある紛争もある。紛争が起って悩み、憤慨しても、実はそれが運命をよい方向に転換させるための事件であることもある。例えば、私は、ある会社の出資者Aから、他の出資者Bに追い落とされて会社を辞めなければならない事態になったのでBに痛撃を与えてほしいという相談を受けたことがあるが、Aの話をよく聞いてみると、AがBと袂を分って独立する基盤が客観的に整っていたことが分かった。Aの悩み、憤慨にもかかわらず、Bとの紛争は、実はAに独立の好機を知らせていたのである。

心理学では、人間の内界の状況が外界の事象と呼応していることを布置が形成されると言うそうであるが、[5]当事者には気づかれていない運命の変化が外界の紛争との間に布置を形成することは、よくあることである。そのような紛争は、その当事者にとって望ましいことが多いから、紛争が発生したときには、布置の有無を検討し、布置と分かれば布置にふさわしい方法で解決することが必要である。

しかし、個々の紛争からスタートして考察を進めると言っても、紛争解決学の関心は個々の紛争だけにとどまっているわけではない。

例えば、紛争がトリックスターの役割を果たすことがある。トリックスターとは、世界中の神話や伝説の中で活躍する一種のいたずらもので、わが国の民話に登場する「吉ちょむ」とか「彦一」などはその例である。[6]「トリックスターは、善であり悪であり、壊すものであり作り出すものであり、変化自在で神出鬼没、全くとらえどころのないものである。低次元にとどまるときは、単なるいたずら好きの破壊者であり、高次においては、人類の幸福をもたらす文化英雄となる。換言すれば、われわれは、いかなる素晴らしい英雄でも、その影にトリックスターの存在を見出し、いかなる低級なトリックスターにおいても、英雄の萌芽を感じることができるのである」。[7]

私が前章第二節で紹介した富士五湖カントリー富士ケ嶺事件は、この事件が直接の原因になったのではないが、これらの類似事件の集積によって、後に「ゴルフ場等に係る会員契約の適正化に関する法律」(平成四年五月二〇日法律五三号)が制定された。さらに、わが国全体の消費者保護政策を促す遠因の一つになり、やがて「消費者契約法」（平成一二年五月一二日法律六一号）に結実した。このようなトリックスターの役割を果たす紛争は、弁護士の前に姿をあらわすときには、すでに「悪であり、壊すもの」の姿になっているが、その前の営業活動をしているときには、当事者にとって「善であり、作り出すもの」の役割を演じていた。しかし、紛争となって弁護士の前に出てきた以上、それは、「解決」されるべき問題であって、決して「処理」される問題ではないのである。しかもそれは、消費者保護政策の在り方を睨んだ解決であるから、ますます「処理」という言葉から遠くなるのである。

このように、個々の紛争の解決を集積して社会全体の紛争解決の在り方を考察することは、個から全体へという難問に取り組むことを意味する。この道筋を極端に進めると、この世から紛争をなくすという衝動に駆られることになりかねない。これは紛争解決学を学ぶものにとっては一種のロマンであるが、このロマンは一歩間違えると危険なものになる。なぜならば、このロマンは、紛争はあってはならないものとして毛嫌いし、とにかく紛争を押さえ込もうという衝動と紙一重だからである。すなわちそれは、個々の人間に紛争を閉じ込めてしまって、その精神を病的にしてしまう。また、紛争が内在化して表に出てこれなくなると、社会は退廃的、沈滞的になる。さらに、内在化した紛争を社会がトータルにまとめあげ、巨大な紛争に仕立てて外に向けてゆくことにもなる。これは、ナチズムのやり方である。

しかし、そうは言うものの、この世から紛争をなくしたいという情熱が、多くの紛争を解決し、社会を安定させる力になることは否定できない。したがって、紛争を毛嫌いして押さえ込むのではなくて、正面から立ち向かい、個々の紛争の解決を積み重ねながら、社会全体の紛争状況を解除してゆくという、難しい線をゆかなければならない。

私は、この世の中に無駄なものは何もないと思っている。紛争もまた例外ではなく、決して無駄なものではない。必ず何らかの意味を持っているものである。したがって、紛争はしゃにむに解決すればよいというものではなく、落ち着いて取り組む必要がある。そのためには、その紛争が、その当事者にとって、また社会にとって、どのような意味を持っているのか、ということをよく見極めなければならない。

しかし、その意味ある紛争をそのまま放置しておくことはできない。紛争は、ときに個人を破産や死に追い込む毒を持っており、また、社会を不安や破壊に陥れる害をもたらすからである。紛争が意味のあることならば、それを解決する過程や解決そのものも意味のあることである。

そこで、「解決」に的を絞って考察を進めることにしよう。

ボールディングの定義に従えば、紛争を「解決」するということは、ここで言う「競争状況」の「解除」に他ならない。すなわち、この定義から導かれる「解決」は、

ア、競争のある状況を解除すること

イ、潜在的な将来の位置が両立しえないという当事者の意識を解除すること

ウ、ほかの当事者の欲求と両立できない位置を占めようという各当事者の欲求を解除すること

以上のうちの少なくとも一つの条件を充たすことである。

問題は、どのようにしてこれらの条件を充たすようにするかである。これが紛争解決の方法と実践ということになるが、ここから先が容易な仕事でないことは、これらの条件について少し考えてみればすぐに分かることである。

また、これらの条件を充たせば何でもよいというものではない。強制的に競争状況を解除されても当事者の納得が得られないことが多いであろう。さらに、当事者が関係を切断するアヴォイダンス（avoidance）(8)も、これらの条件を充たすことになるので、「解決」の範疇に入ることになる。しかし、現実にアヴォイダンスによって紛争が解決されることはあるにしても、紛争解決学の立場からアヴォイダンスを積極的に奨励することはできな

い。アヴォイダンスを勧めることは、あくまでも例外である。このことは、「解決」と言う場合に、その質も同時に問題にされなければならないことを示唆している。

解決の質を論ずるときに、その尺度を短い言葉で表現するとすれば、正義の実現と当事者の納得であろう。しかし、「正義」と言っても、現代では絶対的な正義が多いわけではなく、ほとんどの場面で正義は相対的になっている。当事者の納得についても、そのパーソナリティによって左右されるので、やはり相対的なものである。しかし、相対的なものとは言え、正義の実現と当事者の納得が解決の質を決めていることは明らかである。端的に言えば、正しくない解決や当事者が納得しない解決は、質のよくない解決なのである。

したがって、紛争解決学は、紛争解決の総量の増加を目指すとともに、質のよい紛争解決を目指していると言ってもよい。

さて、この節の前半で、紛争の類型を並べてみた。いろいろな紛争を並べてみると、はっきり分かることは、それがいずれも人為によるものである、ということである。つまり、この人為というしろものが、紛争となって人間、社会を覆っているのである。この「人為」というところに紛争の原因があるのならば、解決の鍵も「人為」にあるはずである。

昔は、人為ではなく、天意によって紛争を解決していたというが（例えば、巫女による呪術）、人間がここまで自然を加工し、社会、文化、経済を築いてきた以上、人為のウエイトが、紛争の局面でも、解決の局面でも圧倒的に大きくなった。つまり、呪術や占いなどの天意では心理的な安定を得られても、真の紛争解決はできなくなったのである。この当り前のことも強く意識に乗せて、人為による紛争解決の質量の向上をはかることを目標として、いよいよ次節に「紛争解決学」の定義をすることにしたい。

(1)　紛争の定義については、千葉・前掲書『法と紛争』に詳しくまとめられている。

（2）ボールディング・前掲書『紛争の一般理論』九頁
（3）千葉・前掲書『法と紛争』四一頁
（4）同書四二頁
（5）河合隼雄『コンプレックス』（岩波新書）一〇四頁
（6）河合隼雄『無意識の構造』（中公新書）一〇〇頁
（7）河合・前掲書『コンプレックス』一一八頁～一一九頁
（8）アヴォイダンスについては、和田仁孝『民事紛争交渉過程論』（信山社、一九九一年）一四八頁

第二節　紛争解決学の定義

旧版では、紛争解決学を、――

紛争解決学とは、紛争解決規範を解明するとともに、その紛争解決規範を使って紛争解決をはかる、当事者の諸現象を解明する学である。――と定義した。

しかし、この新版では、旧版の定義を改め、次のとおり、紛争解決学を定義する。すなわち、――

紛争解決学とは、紛争解決規範及び合意の形成、構造、内容、使用、効果を解明するとともに、紛争解決規範を使い、合意に到達することによって紛争解決をはかる、当事者の諸現象並びに紛争解決システムを解明する学である。

新版の定義を旧版の定義と比較すると、次の点が変更、拡張されている。

ア、紛争解決規範を解明するだけでなく、合意の解明も対象に入れたことである。これは、旧版でも当然の前提としており、いろいろなところで触れていたが、前章第六節で述べたとおり、規範が崩壊したとき等にお

いても合意に到達することによって解決することが多くなってきたので、定義のうえで明確にしたのである。

イ、紛争解決規範及び合意を解明するための方法について、形成、構造、内容、使用、効果と具体的に並べた。これらは、具体的な対象に応じて、andで結ばれたり、orになったりする。また、形成、構造、内容、使用、効果と並べたが、これらの語に関連することを含む。したがって、紛争解決規範及び合意に関するすべて、という意に近い。それでも敢えて形成、構造、内容、使用、効果と並べたのは、解明方法を具体的に示す方が研究にとりかかりやすいと考えたからである。

ウ、合意に到達することによって紛争解決をはかることを、紛争解決学の対象に加えた。これも、旧版では当然の前提にしていたものであるが、アと同じ理由で、ここに明確にした。

エ、紛争解決システムの解明を定義に加えた。旧版では「当事者の諸現象」という言葉の中に含まれると考えて紛争解決システムの考察を進めていたが、新版では当事者の諸現象から取り出して明示し、個々の紛争解決のみならず全体のシステムに考察が及ぶことを明らかにした。

ここで、この定義に関して、いくつかの注意点を解説しておきたい。

① まず、紛争解決規範と言うのは、そこにある規範（例えば、法、条理等）そのものを指すこともあるし、それらの紛争解決規範としての機能を指すこともある。また、紛争に直面して、その場で紛争解決規範を組み立てる必要があることもあり、そのようにして組み立てられるものを指すことがある。その場合には、正当性を獲得する過程が問題になる。

② 紛争解決規範には、成文法や判例の他に、学説、慣習、自然法、生きた法などのさまざまなものがあるが、その詳細については第六章第一節に述べる。また、紛争解決規範は、複数が組み合わされて使用されることがあるが、その詳細についても同章第二節で述べる。

③ 紛争解決規範の使用形態の中には、有権的に紛争解決規範が使用される場合を含む。したがって、訴訟手

続において紛争解決規範が使用される限り、訴訟は紛争解決学の範疇に入る。しかし、それは民事訴訟法学の対象になっているから、訴訟の多くは民事訴訟法学の研究に委ねることになる。すなわち、有権的に紛争解決規範が使用される場合は、紛争解決学の中心的な課題ではない。しかし、裁判上の和解は、有権的な解決方法というよりも、合意の問題になるから、紛争解決学の主要なテーマになる。

④　定義の中に「紛争解決規範及び合意の形成……」という言葉があるが、ここに言う「及び」は and もしくは or の意である。すなわち、紛争解決規範を使う合意と紛争解決規範を使わない合意と紛争解決規範を使うが合意に至らない場合の、三つの場合をその範疇に入れている。

⑤　同様に、「紛争解決規範を使い、合意に到達することによって」の「紛争解決規範を使い」と「合意に到達することによって」の関係も、and もしくは or である。したがって、紛争解決規範を使って合意に到達する場合、紛争解決規範を使わずに合意に到達する場合、紛争解決規範を使うが合意には到達しない場合の三つがある。

⑥　④と⑤の中で、紛争解決規範を使わずに合意に到達する場合をさらに具体的に場合分けをすると、次のとおりになる。

ア、双方または一方が紛争解決規範をまったく使わずに合意するとき（例えば、利害の一致）

イ、双方とも紛争解決規範を使用する自覚がないが、合意するとき

ウ、双方が使う紛争解決規範がそれぞれ違うが、合意するとき

このウの場合は、紛争解決規範を使わないというのではないが、このような場合も含めて、すべて紛争解決学の範疇に入るということである。

⑦　「紛争解決をはかる」の「はかる」の意味であるが、ここで問題になるのは、前節で述べたアヴォイダンス、すなわち当事者が関係を切断し紛争から離脱する場合がこの中に入るか否か、ということである。紛争解決

規範も使わず、合意にも到達しないアヴォイダンスは、「はかる」という言葉から遠くなるが、いったんは当事者に紛争が意識され、解決方法を模索するのがふつうであるから、当事者が結果としてアヴォイダンスを選択するとしても、「はかる」の意に含まれることとし、紛争解決学の範疇に入れることにしたい。そのことによって、アヴォイダンスを選択しない場合とアヴォイダンスを選択する場合を比較研究することが可能になるし、アヴォイダンスの選択から通常の紛争解決へ移行させる方法を研究することも可能になる。

⑧　「紛争解決をはかる、当事者の諸現象」の「の」の意味であるが、これは、当事者が持っているという意味もあり、また、その当事者が起したという意味もある。そして、その双方を同時に言うこともある。

さて、「紛争解決学」を以上のように定義したものの、実は、前章第三節で述べた言葉を道具として表現する難しさや、前章第七節で述べた理論化の困難性によって、表現できないものを残しているのである。すなわち、紛争解決学の定義をすることによって、言葉の中に閉じ込めてしまったものがあるということである。例えば、合意を強調することは、紛争解決の方法を明確にすることには成功するが、合意を強調し過ぎると、潜在意識にあるものを掬い上げて解決する方法が逆に見えにくくなる。しかし、現在のところ潜在意識にあるものを直接掬い上げて解決する頻度は多くなく、私もいくつか試みたもの(1)の、その方法を確立したわけではないので、今のところこれを定義の中に入れることには躊躇を覚える。したがって、現在のところは、「合意に到達することによって紛争解決をはかる」という言葉の中に、潜在意識にあるものを掬い上げて合意に到達する場合を含むことにして、定義の中に直接表現しないことにしたい。

このことは、言葉に閉じ込めた形になっているにもかかわらず、深さと広さにおいて、言葉の表面上の印象の外に拡張されているということをあらわしている。したがって、紛争解決学が将来発展すれば、それに従って定義を変える可能性を持っているということである。

深さについては潜在意識の例にあげたとおりであるが、広さにおいては、個々人間の民事上の紛争解決からスタートして、民族的紛争や宗教的紛争の解決、ひいては戦争から講和へという問題に発展する可能性もある。それらが「紛争解決規範を使い、合意に到達することによって紛争解決をはかる」ものである以上、すべて紛争解決学の範疇に入るのであって、紛争解決学はそこまでを睨んでいると言ってよい。しかし、私自身がその実践をする機会はおそらくないであろう。したがって、大風呂敷を広げるようなことは控えなければならないが、いつの日にか、紛争解決学を学んだ人が大きな講和をなし遂げるという夢を持っていてもよかろう。少なくとも、そのときに役に立つ理論を構築しておく必要があると、私は考えている。

私は、紛争解決学を定義することによって、紛争解決学を一定の言葉の中に閉じ込めてしまったが、それにもかかわらず、その言葉の表面上の印象の外にはみ出す含意があることを、以上のようにつけ加えておきたい。

（1）　その例として、後述六二頁〜六七頁のワキガ事件がある。

第三節　紛争解決学の領域

私は前節で、紛争解決学を、紛争解決規範及び合意の形成、構造、内容、使用、効果を解明するとともに、紛争解決規範を使い、合意に到達することによって紛争解決をはかる、当事者の諸現象並びに紛争解決システムを解明する学である、と定義した。

したがって、紛争解決学は、この定義に該当する範囲にその領域を画している。しかし、前節の末尾の部分で述べたように、この定義には、深さと広さにおいて、言葉の表面上の印象の外に拡張している含意がある。

最初に述べておきたいのは、このように定義されて独自の領域を画した学問は、私が旧版を書いた一九九三年の時点までは存在していなかったことである。したがって、紛争解決学は、新しい系統を持った独立の学問である。

さて、これから紛争解決学の領域を具体的に明確にすることにしよう。

まず、紛争解決学は、広い意味の法律学の範疇に入っていると言ってよいだろう。しかしそれは、たまたまこれまで法律学者が紛争解決学の対象とするテーマを扱っていたことと、最初に提唱した私が弁護士であるからである。したがって、将来は法律学の範疇からはみ出してゆく可能性がある。そのことは、この定義の中の「紛争解決規範」を法規範に限定していないことや、「合意」が法現象の中だけで行われるものでないことなどから、容易に想定されることである。その場合には、言語学、文化人類学、心理学、霊長類学、医学などからアプローチが試みられることになるだろうが、当面の間は法律学の中で研究が続けられることになるであろう。私自身は法律学以外の学問は研究しておらず、それ以外の学問については、私の認識に入ったものを借りる程度のことしかできていない。しかし、例えば心理学者がこの紛争解決学の定義を見て、「それならばこれがある」と新たな提唱をされるのであれば、紛争解決学は予想外の展開をするであろう。

それは扨て置いて、ひとまず法律学の範疇に入ることにして先に進もう。

紛争解決学は、法律学を民事法学、刑事法学に分類すると、主として民事法学に属するものである。刑事法学は、国家が有権的に裁定を下す司法作用を対象にしているから、基本的には紛争解決学の範疇には入らない。しかし、アメリカには刑事事件のADRがあり、わが国でも起訴前に検察官と折衝したり、被害者と示談したり、刑事事件が相対交渉の要素になることもあるから、その限りで刑事法学の分野も紛争解決学の範疇に入る。したがって、紛争解決学は、刑事法学にはまったく無関係というわけではないが、刑事法学の中心的な課題からは外れることになる。

また、紛争解決学は、民法学や商法学などの実体法学や民事訴訟法学などの手続法学とは異なるものである。

実体法学や手続法学は法解釈学であるが、紛争解決学は法解釈学ではない。もとより、紛争解決学が実体法学や手続法学の成果を借りることもあり、紛争解決学自身で法解釈をしたり法手続を論ずることはあるが、それは紛争解決学の定義に基づく研究や実践をするために行うのであって、法解釈そのものを研究の内容とする法解釈学とは、明確な一線を画しているのである。

従来の法律学は、実体法学と手続法学、すなわち実定法学で構築されていた。そして、実定法学によってすべての法現象は覆い尽くされていると考えられていた。しかしこれは、「法」の側からとらえていたからであって、実は実定法学だけではカバーできない法現象があった。そこで、その隙間を埋めるべく登場したのが法社会学である。しかし法社会学は、その隙間をすべて埋めることができたのであろうか。私から見ると、法社会学も「社会」の側から法現象をとらえていたので、まだまだ隙間が空いているのである。

紛争解決学は、「紛争」の側から、また「当事者」の側から法現象をとらえる学問である。定義にあるとおり、そこには「法」という語も、「社会」という語も入っていない。すなわち、「個」から「全体」を睨む、「私」から「公」に及ぶという方向性を持ち、その逆ではない。したがって、紛争を巡る法現象を隙間なくとらえることが可能になる。その意味でも、実定法学や法社会学とは明確に異なるものである。

紛争解決学が民事訴訟法学と法社会学に近いことは前述したが、このことについて、もう少し詳しく検討しておきたい。

まず、民事訴訟法学は、裁判所における民事訴訟という手続を規律する民事訴訟法の解釈・運用を研究する学問である。そして、民事訴訟の目的については、私法的訴権説、権利保護請求権説、私法秩序維持説、紛争解決説、多元説、手続保障説の諸説がある。(1) このうちの紛争解決説をとる場合には、対象が紛争解決学と最も重なることになる。前節で述べたとおり、紛争解決規範の使用形態の中には、有権的に紛争解決規範が使用される場合を含むので、訴訟手続において紛争解決規範が使用される限り、訴訟は紛争解決学の範疇に入る。しかし、それは民事訴訟法学において専ら研究されているので、その大部分は民事訴訟法学に委ねることになる。とくに、有権的に裁定が下される訴訟手続は、紛争解決学の範疇から外れることになり、その部分を紛争解決学が扱うとしても、民事訴訟法学の成果を借りるとき、民事訴訟の論理構造と比較するとき、民事訴訟手続に移行するときなど、紛争解決学の研究、実践に関連するときに限定される。以上により、紛争解決学と民事訴訟法学は、その領域を異にしていることが明らかになった。

次に、法社会学は、アイデンティティはおろか一定のイメージさえもなかなか共有できないのが現状と言われているが(2)、ひとまず渡辺洋三教授の定義に従えば、「法社会学は、法現象の合法則性を科学的に認識する学問であって、それ以上でも以下でもない」ものであり、「ここで合法則性の科学的探究という場合、歴史法則を追求する歴史科学的探究と、せまい意味での経験法則を追求する経験科学的法則との両者が含まれる(3)」ということである。紛争解決学も、法現象を認識する学問であるから、その意味では法社会学の範疇に入るように見える。しかし、紛争解決学は認識にとどまらず、「紛争解決をはかる」ことを対象にしている。したがって、紛争解決学は、法社会学と異なって、具体的な実践の学問である。

紛争解決学と法社会学の定義を並べてみれば分かるが、この二つは、その対象も関心も、ずいぶん違う学問である。すなわち、法社会学は合法則性の追求に価値を置くが、紛争解決学は合法則性にそれほどこだわらない。また、法社会学は法現象全般を対象にしているが、紛争解決学は紛争と解決に的が絞られている。以上により、紛争解決学と法社会学は、その領域を異にしていることは明白である。

ここで、紛争解決学の領域の中を覗いてみよう。紛争解決学の中核には、相対交渉による和解がある。その少し先に、調停、仲裁などの紛争解決システムを使用する紛争解決がある。紛争解決システムには、調停、仲裁の他に、この二つを結合させたミーダブも利用されている。その詳細については後に述べるが、アメリカにはこの他に、中立的評価、サマリー・トライアル、ミニ・トライアルなどがある。そしてまた、裁判上の和解もあり、外縁に近いところに訴訟がある。訴訟は、前述のとおり、紛争解決学の研究、実践に関連する限りで対象になるが、民事訴訟法学はここを中核として、逆に紛争解決学の方に向かってくる。したがって、裁判上の和解は、紛争解決学と民事訴訟法学がほぼ完全に重なる分野になる。そして、これらの紛争解決システムは相互に移管性があるので、その移管性を対象にするときは、紛争解決学と民事訴訟法学が重なる。

このように、紛争解決学は独自の領域を持っているが、他の学問と重なる分野がある。しかしこれは、どのような学問分野においても起る現象であると思われる。とくに、これまでは紛争解決学が樹立されていなかったから、樹立されていれば紛争解決学が扱ったはずの分野を他の学問が扱っていた。したがって、紛争解決学がそれらの成果を拝借することが多々あると思われる。

このことに関連して言えば、紛争解決学の範疇に入ることを扱っていた研究者が、そのまま紛争解決学者であることを宣言することはあり得る。すなわち、紛争解決学の領域を定めたとしても、それは学問領域のことであって、研究者の領域ではない。したがって、他の学問領域の研究者が、同時に紛争解決学の研究者を兼ねることは、一向に構わないどころか、むしろ歓迎すべき事態である。因みに、わが国における法社会学の草創期には、実定法学者が法社会学を研究し、講義していた。紛争解決学においても、それに近い現象が起ることに期待したい。しかしこのことは、プロパーの紛争解決学者が望ましくないと言うことではない。紛争解決学の領域はここで明確になったと思われるが、この領域の中には、なすべきことがたくさんある。この豊富な対象を扱うプロパーの紛争解決学者が輩出することは、たいへん望ましいことである。

（1）　伊藤眞『民事訴訟法』（有斐閣、一九九八年）一三頁～一八頁

（2）　大橋憲広・奥山恭子・塩谷弘康・鈴木龍也・林研三・前川佳夫・森本敦司『レクチャー法社会学』（法律文化社、二〇〇一年）i頁

（3）　渡辺洋三『法社会学の課題』（東京大学出版会、一九七四年）六五頁〜六六頁

第三章　紛争解決の客体

第一節　紛争解決の客体＝当事者

紛争解決は、何を対象にして行うのか、すなわち、紛争解決の客体は何か。

この問いの文脈のうえから自動的に導かれる所為か、ほとんどの人は、紛争解決の客体は「紛争」であると答えるであろう。すなわち、解決されるべきものは「紛争」であるから、紛争解決の対象は当然「紛争」であり、したがって紛争解決の客体が「紛争」であることは常識であると考えるのである。

そして、紛争が発生した、さてどうするか、という問題に直面することになれば、ここから先の議論は、まず訴訟手続の説明から入っていた。そうでなくても、裁判所を公式の紛争解決機関と考え、裁判を中心とした手続論と制度論を展開するのが主流になっていた。

これがこれまでの常識であったが、このような常識こそ、疑ってかかる必要がある。

少し考えれば分かることであるが、紛争は当事者から離れて独立に存在するものではない。紛争の類型については前章第一節で述べたとおりであるが、それらの紛争は、すべて当事者の存在と不可分のものとして起っているのである。当事者と紛争が不可分である以上、紛争だけを当事者から切り離して対象にしようとしても解決にならないことは、論理上も明白なことである。

そのことを知るために、紛争が発生したときから解決するまでの当事者と紛争解決の状況をみておこう。

例えば、交通事故に遭って重傷を負ったときは、まず肉体的な痛みに襲われ、すぐに経済的な心労や身分上の心配がやってきて、やがて加害者の不誠実を憎むという感情に苛められる。すなわち、紛争発生の当初は苦悩や憎悪が前面にあらわれ、その後暫く持続したり増幅したりするが、やがて「何とかしなければ」と考えるようになり、解決を模索するようになる。そして、これらのもろもろの心身の傷や不利益にどのような手当をするかということを考えるようになり、さまざまな方法で紛争は出口に向かって方向づけられる。すなわち、紛争を構成しているさまざまな事実に紛争解決規範をあてはめ、解決という出口に出す力が働きはじめる。そのとき当事者が解決したいのは、肉体的苦痛、精神的苦悩、憎悪の感情、経済的損失などのもろもろの傷や不利益を背負ってしまった自分自身であって、決して自分の外にあるものではない。最終的には損害賠償額がいくらという形で決着するにしても、それは解決すべきものを数字的に表現したものに過ぎず、真に解決したいのは自分自身である。したがって、当事者は、加害者を許したり、あきらめの感情を嚙みしめたりしながら、ひとつの解決案を受け入れた自分自身を許容することによって、紛争解決に至るのである。

それでは、紛争解決の対象を「紛争」ととらえる考え方と「当事者」ととらえる考え方とは、どのような相違が生じるのであろうか。この問題は、いわば民事訴訟法学と紛争解決学との別れ道を示しているのである。民事訴訟法学と紛争解決学との分岐点というばかりでなく、近代の法律学と紛争解決学、もっと大袈裟に言えば、デカルト以来の近代科学と紛争解決学との方法論上の相違を象徴する部分であると思うが、私はあまり詳しく研究していないので、そのことは扠て置いて先に進もう。

紛争解決の対象を紛争、すなわち、紛争解決の客体を紛争ととらえる考え方を押し進めると、紛争を当事者から切り離して、紛争自体を掘り下げることになる。総論としては、まず紛争を分類し、分類された紛争類型に応じて、その特徴や法則性（それが掌握できればのことであるが）を抽出することになる。そして、具体的事件の解決を各論とすれば、各論は、紛争にまつわる夾雑物を取り去り争点を鮮明にしてゆくことが目標になる。そして、争点が明確になれば、その正邪を判定し、勝ち負けを決めるという方向に大勢は向かってゆく。すなわち、争点を明確にし勝ち負けを決めるための法則を、どのように打ち立てるかということに大半のエネルギーが割かれることになる。従来の法と訴訟をめぐる学問の主流は、まさにこのようなものであった。

しかし、果たして、それで紛争は解決できるのであろうか。現実に世の中を見廻してみると、争点が明白になっても、さらに勝ち負けが決まっても、一向に解決しない紛争がたくさんある。

これは紛争解決の対象を「紛争」ととらえることからくる誤りである。もちろん、紛争解決の対象を「紛争」ととらえることが全く誤りかと言えば、そうではないが、それだけでは狭い。なぜなら、前述のとおり紛争は当事者と不可分のものであるから、紛争は全体から切り離された部分に過ぎないからである。したがって、紛争解決の対象を紛争ととらえるだけでは解決しない紛争が、たくさん残るのである。

なぜそうなってしまうのだろうか。それは、紛争解決の客体を「紛争」ととらえ、それを掘り下げて争点を洗い出しているうちに、その過程で抽象化作業が行われ、大切なもの、すなわち紛争解決の鍵を流してしまうからである。

それでは、紛争解決の鍵を流してしまわないようにするためにはどうしたらよいか。それは、その鍵を握っているものを常にキープしておくことである。では、誰がその鍵を握っているのか。

それは、まさに当事者に他ならない。

当事者は、紛争がはじまってから終るまで、紛争に対して意思を持っている。

この意思は、当事者がはっきり意識していることもあれば、無意識の中に埋もれていることもある。また、終始確固として変らないこともあれば、相手方の対応や状勢の変化に応じてめまぐるしく変ることもある。そのような意思を持っている当事者そのものを、紛争解決の対象、すなわち紛争解決の客体と考えなければならない。

そのようにとらえることによってはじめて、紛争を自分自身と不可分なものとして抱えている当事者そのものを解決することができ、したがって、真の紛争解決をはかることができるのである。

ところで、紛争解決学は新しい学問であるから、自ら反対説を想定して、その反対説に自ら反論をしておく必要がある。そこで、紛争解決の客体を当事者とする私の考えに反対する立場を想定してみよう。

第一に、従来のオーソドックスな民事訴訟法の立場からは、客体を紛争としなければ、訴訟法で定める手続を逸脱し（例えば、要件事実を主張し、それを立証するという手続）、手続上のルールを踏みはずすのではないか、という反対説が予想される。

しかし、すべての紛争が訴訟で解決されるのであれば別であるが、圧倒的多数の紛争は、訴訟外で解決されている。したがって、紛争解決に訴訟法の手続が用いられるとする考え方を、一般に適用することはもともと問題なのである。また、訴訟の方から紛争を見る民事訴訟法と紛争そのものを見る紛争解決学では、方法が別々になるのはむしろ当然である。紛争解決学では、その対象を広く当事者ととらえなくては、紛争解決の外にはみ出してしまうものがあまりにも多くなってしまうので、民事訴訟法の考え方をここに持ってくるわけにはゆかないのである。

なお、当事者が紛争解決をする手段として訴訟を選択することがあり、訴訟も紛争解決学の範疇に入ることは前述したとおりであるが、その場合には、当事者が民事訴訟手続上のルールに従うのは当然であるから、手続上のルールを踏み外すことはない。

したがって、いずれにせよ、ここで予測された反対説に対しては、クリアすることが可能である。

第二は、紛争解決の客体を当事者にすると、それが広がり過ぎて法則性を探究することができなくなるという反対説が予想される。

しかし、紛争解決学において法則性を探究することは望ましいことであるが、法則性を探究するあまりに抽象化が進み過ぎると、当事者を置き去りにしてしまうことになりかねない。すなわち、法則性の探究と当事者に着意することとは、しばしばジレンマの関係に立つのである。

ここで大切なのは、紛争解決学は実践的な学問であるということである。したがって、実践的な紛争解決に役に立たないものは、紛争解決学の対象から脱落してゆく。これは、医学において、患者の治療の役に立たない方法が研究の対象から外されるのと同じである。すなわち、紛争解決に役立たない紛争解決学は成り立たないのである。したがって、法則性を探究すると言っても、それは実践の役に立つ法則であるという前提が存在しなければならない。だとすれば、法則を見出せればそれに越したことはないが、それよりも、今ここにいる当事者に着意し続けることが重要なのである。

このように、法則性の探究と当事者に着意することのジレンマに直面するときには、後者をとるということがもともとの紛争解決学の立場である以上、法則性の探究ができなくなるという反対説は、当を得ていないことになる。

しかし、紛争解決の客体を当事者とするとは言っても、紛争そのものも対象として探究しなければならないことは言うまでもない。その場合には、ある程度紛争を抽象化する作業が伴うことがある。私が、紛争解決の客体を当事者であると言うことは、事実がそのとおりであるからでもあるが、紛争を抱えている当事者に何度も回帰し、検証する必要があるというところに意味がある。言い換えれば、当事者自身が紛争の中身を構成しており、解決すべきものとして体現していることを常に自覚する必要があるということである。

私は、反対説を予想しつつも、なお、紛争解決の客体を「当事者」と考える。では、「紛争」は客体ではないのか、と言われるかも知れない。この答えはすでに出ている。すなわち、紛争は当事者が抱えているものであるから、客体の一部、しかも当事者に付加して一体となっている一部である、ということになる。

第二節　当事者が持っている諸条件

紛争の当事者は、紛争を抱えている人間であるには相違ないが、実にさまざまな姿をしている。法律事務所のドアを開ける瞬間のささいな動作にさえ、当事者は、ひとりひとり千差万別のしぐさをする。抱えている紛争の多様さや心労の大きさなど、当事者が持っているいろいろな条件の深刻さが、さまざまな相を見せるのだと思う。

したがって、当事者が持っている諸条件を一般的に述べることは不可能に近い。むしろ、ひとつひとつの紛争をとりあげ、その担っている諸条件を分析する方が有益である。そして、それは専ら各論で扱うテーマにふさわしい。

しかし、紛争解決の客体を述べるときに、当事者が持っている諸条件に言及しないとすれば、一体どんな場合に紛争が起き、紛争の当事者になってしまうのか、ということが分からず、これからの議論に対する理解が深まらない。そこで、当事者が持っている諸条件の中で、紛争解決学を進めるうえに必要なポイントをひととおり押えておきたい。それはとりもなおさず、紛争の原因の所在に光線を当てることに似ている。すなわちそれは、懐中電灯の光を洞窟の壁に当て、紛争の原因があそこにもある、ここにもあると照らして見せる作業のようなもので、その作業をするためには、人間とは何かということについて深い洞察が必要である。

人間とは何か、ということについては、哲学者や宗教家などのテーマとして、昔からいろいろ言われてきた。例えば、最も単純なものに性善説、性悪説というのがあるが、紛争の局面では正邪を巡る攻防が熾烈になることが多いので、いきおい性善説、性悪説に傾倒しやすい心理状態になる。しかし、この性善説、性悪説にとらわれると、当事者の人間像を十分にとらえることができなくなり、判断を誤ったり、解決を歪めたりすることになりかねない。したがって、人間に対するその程度の浅い認識では、紛争解決学はとうてい進歩しない。

一般の人間論は扠ておくとして、注意すべきことは、いざ紛争となれば、人間は実に深い深淵をのぞかせるものであり、その紛争の解決に取り組む過程では、ときに意外な反応を見せるものである。

では、当事者はどのような諸条件を持っており、その諸条件の制約を受けているのだろうか。内的条件（生物的条件）、時間的条件（歴史的条件）、空間的条件（社会的・経済的条件）という三つの観点から、その諸条件のポイントを押えておきたい。

1　内的条件（生物的条件）

まず、当事者が持っている内的条件について考察する。内的条件というのは、その当事者の生物的条件、ヒトという生き物として内側に持っているもの、と言えばよいであろう。その生物的条件は、大きく分けてフィジカル（物理的）な肉体的条件と、メンタル（心理的）な心の条件に分かれる。

物理的な条件は、例えば、医療過誤事件を解決する過程で、その当事者の健康状態、アレルギー反応や慢性疾患の有無などというところに、問題として顕在化してくる。

また、紛争解決で重要なことは、メンタルな心の条件である。

だいいち、紛争に対する認識自体に、その人の心の在り方があらわれる。敏感な人は、ささいな言葉のやりとりだけで紛争と認識するが、鈍感な人は、誰が見ても紛争のさなかにある状態になっても、紛争と感じないものである。また、鈍感でなくても、ある種の達観をもって紛争を紛争として扱わない人もいる。

このように、当事者の心の条件、そのうちの「性格」ひとつをとってみても、紛争はそれによって大きく左右されるものである。

紛争を起しやすい性格、起されやすい性格を持った人がいる。紛争を起しやすい性格が極端になるとパラノイア（好訴妄想）という病気になる。こうなるとその人の周辺から紛争がどっと出てくる。
ヒトの性格は、紛争の発生をきめ、紛争のタイプをきめるが、それだけでなく、解決のタイプにさまざまなヴァリエーションをもたらす。よくヒトの性格は、権威主義的なパーソナリティと協調的なパーソナリティに分けられるが、権威主義的な人だと妥協せずに勝負にこだわり、協調的な人だと和解の道を探すのが一般的な傾向と言えよう。

メンタルな条件のうち、その当事者の価値観に着目することも忘れてはならない。価値観の相違ということは、ただそれだけで十分に紛争の条件を具える。そして、いざ紛争が起ったときには、主として、紛争解決規範の選択や、その紛争解決規範の解釈を巡ってその違いがあらわれてくる。したがって、紛争を解決する段階においては、双方の当事者の価値観を点検し、相違があればそのすり合わせの可能性を模索する必要がある。

当事者の内的条件を考える場合には、潜在意識や無意識をも考慮に入れなければならない。近代法は、自由意思を前提として構築されており、そのためにそれらの問題は捨象される扱いを受けているが、紛争の原因は、自由意思という心の働きよりずっと奥深い潜在意識や無意識の深層に存在することが多い。そのような紛争について潜在意識や無意識の問題を考慮せず、自由意思を振り廻して解決しようとしても、うまく解決できない。すなわち、紛争の中には深層心理の中にその原因も解決の鍵もあることが多いから、紛争解決をはかる際に、当事者の潜在意識層や無意識層を含めた内的条件に光を当ててその鍵を探すことは、紛争解決学の必須の作業になる。

この潜在意識や無意識の問題を捨象する民事訴訟法学と潜在意識や無意識の問題を重視する紛争解決学とは、この点においても顕著な分岐をなしているのである。

このことをより明確にするために、私が若いときに解決した事件を紹介しておきたい。

若い女性がその母親と一緒に私の事務所に訪ねてきた。その女性は妊娠五か月であったが、夫から離婚しろと迫られていると言う。夫の言い分は、妻のワキガ（腋臭）が臭いからだと言う。妻は、もともとワキガなどないと思ったが、夫があまりうるさく言うので、香水をつけたり、病院に行って医師に相談に乗ってもらったりした。医師はワキガではないし、若干の治療もしたので、ワキガが臭いということはあり得ないということであった。しかし、夫はそれでもワキガが臭いから別れろと言う。こういう場合には、離婚しなければならないのか。夫の言い分はあまりにも理不尽なので、自分も嫌になった。しかし、お腹の子供はもう降ろせない。離婚ということになると、自分と子供はどうなるのか。

以上が相談の趣旨である。この相談に対して、法律的に答えるとすれば、次のとおりかと思う。

まず、夫の主張は、民法七七〇条の離婚原因の要件を充たすだろうか。あるとすれば第五項の破綻主義だろうが、ワキガを理由として離婚が認められることはまずないだろう。それでは、調停でも裁判でも受けて立てばよい。仮りに調停で離婚するとすれば、そのときには財産分与、慰謝料をどれ位もらえるか。また、子供の親権者を誰にするか。妻が養育すると定めるとしたら、養育費をきちんと決めておかなければならない。

私は弁護士であるから、ひととおり法律上の問題点を説明しなければならないが、しかし、話せば話すほど、法律上の説明が意味のないように思われてきて、私自身何か空しい気持ちになってきた。そして、いったいこの問題の本当の原因は何だろうか、もう少し詳しく聞いてみようという思いが募ってきた。

「それで今は別居しているのですか」

「いいえ、一緒に暮らしているのです。それでワキガが臭い、ワキガが臭いと毎日言われるので、たまらないのです」

しかし、医師がワキガでないと言うのに、ワキガが臭いと言うのはどうもおかしい。他に原因があるのではないだろうか。

「どうもワキガが臭いというのはおかしいですね。他に理由があるのではないですか。例えばご主人に好きな女性がいるとか」

「いえ、それは一〇〇パーセントないと思います。まじめな人で、いつも早く帰って来ますから」

私は、この話には何か核心があるはずだと思いながら、なおもあれこれ聞いてみた。未知数があるときには、未知数と同数以上の式を立てる必要があるからである。私は母親がついて来たことが気になっていたが、こういう場合には、母親がついてきた事実そのものがひとつの式になるものである。そこで私は、本人の兄弟関係や生育歴も聞いてみた。聞くと、父親が早く亡くなって幼少のときから母親ひとりで育てられたこと、兄弟がおらずひとりっ子であることが分かった。

私は、最後にこう言った。

「ご主人が私に会ってくれませんかね。ほんとうにワキガだけが原因なのか聞いてみたいのです。そう言って、あなたから私に会うように言ってみてくれませんか。そのとき私には法律論をたたかわすつもりはないと、つけ加えて下さい」

こういうときには、私から夫に書面を出したり、電話をかけたりしない方がよいものである。そのようなことをすると、たちまち法律上の権利義務のやりとりになって、一気に離婚の方に方向づけられてしまうからである。また、できれば私の方から出向いて行かない方がよい。なぜなら来るか来ないかで、夫のこの問題に対するスタンスが分かるからであって、行けばそれが分からなくなる。

夫は、私が希望する日にひとりで訪ねて来てくれた。これだけで二つほどの式が立つ。すなわち、夫は、「絶対に離婚でなければならない」と思ってはいない。そして、何とか解決したいと思っているのだ。

「ほんとうにワキガだけが理由なのですか」

「そうです。ワキガだけです」

ひとまずそれを信じることにしよう。夫がワキガだけが理由だと思い込んでいることは、はっきりした事実なのである。

「それではワキガが匂わなくなればいいのですね」

「そうです。それならば問題ありません」

「奥さんは、絶対に匂うはずはないと言っていますよ」

「違います。匂いはとても強いのです」

　ここで、あなたの言い分は法律上通らないと法律論を述べたり、生れる子供に責任を持てと道義論をぶっても説得力はない。なぜなら、紛争の種はワキガなのであって、夫にとって匂うか匂わないかだけが問題だからである。そして、夫にはワキガが匂うということも嘘ではないのだろう。ここで「嘘をつくな！」と怒鳴る人がいるかも知れないが、そんなことが最もナンセンスであることは私にも分かる。

　心理学者ならここで、「このごろどんな夢を見ますか」と聞くのであろう。しかし、夢の内容を聞いても、私には分析できない。

「ワキガの他に何か奥さんへ不満がありますか」

「他には何もありません。ワキガだけです。ワキガが原因でなじめないのですが」

〝なじめない？〟これではないかな、と私の頭に閃くものがあった。

　数日後、今度は、妻にひとりで事務所に来てもらった。そして私は、私の考えを次のように話した。

「ワキガから匂いは出ないのです。しかし、ご主人には臭いのです。これは不思議なことですが、事実です。それから、ワキガだけが原因で、ワキガさえなおれば離婚しなくてもよいとご主人は思っています。つまり、ご主人はあなたを認めており、認めていないのはワキガだけです。結局、ご主人が臭くなくなったと言えば、それで解決するのです。

　しかし、ワキガが匂わないのに臭いというのは、一体どういうことなのでしょうか。私は、いろいろ考えてみたのですが、ご主人が、〝なじめない〟と言った言葉にヒントがあるのではないかと思います。ご主人は自分の方がなじめないという意味で言ったのですが、それはあなたがご主人になじめず、それがご主人にうつったのではないでしょうか。そして、もしあなたがご主人になじめないというのが正しいのだとすれば、それは、あなたが男という動物を知らないことが原因だと思います。あなたは、きちんとしたお母さんに、幼少のころから女手ひとつで育てられ、男の兄弟もいませんね。お父さんが早く亡くなり、ひとりっ子でしたから、それはやむを得ないことで、いいとかわるいとかの問題ではありません。しかし、周辺に男性がいなかったことは、事実として、そのことをしっかりと押えておかなければならないと思います。だから、男という動物が、頭をぼりぼり掻いてフケを飛ばしたり、人前で鼻くそをほじくったり、食事中にオナラをしたり、風呂から出てパンツもはかないでブラブラしたりすることを、どうも変なことをすると思って、そういう姿を心の底で認めていないのでしょう」

ハッとした顔をしたから、相当感性の高い人である。

「あなたがそういうささいなことを認めないで、無意識のうちに拒否する態度をとるから、それがご主人にうつって、ワキガが臭いなどと言い出すのです。あなたの頭の中にあった男性像と現実のご主人はかなり違う人なのでしょう。しかし、現実の男性はご主人のような人がふつうなのですから、そういう現実の姿をまるごと認めてみたらどうでしょうか。頭の中の人と違うからかえって面白いと思って生活してみたらどうでしょうか。幸い人間というものには想像力がありますから、欠けたところは想像力で補うのです。お父さんが早く亡くなった、男の兄弟がいなかったということは事実ですから、その事実を動かそうとしても無理でしょう。しかし、想像力があれば、欠けているところは想像力で補えるわけですから、頭の中の男性像を現実の男性の姿にだんだん置き換えてゆくことはできるはずです。それに人間には意志の力がありますから、自分の欠けているところを補うためにご主人をまるごと認めるのだと、固い意志を持って自分に言い聞かせれば、これまで男という動物を知らなかった欠点などは、すぐに無くなってしまいますよ」

私は、次に、夫婦同席のうえで、同じことを夫に話した。

「私がこのように言ったところ、奥さんは半信半疑ながらやってみるということです。ご主人もどうかそのつもりで、つき合って下さいませんか」

二か月ほどして、夫婦はお揃いで訪ねて来た。

「ワキガは、まだ臭いですか」

「いえ、もう匂いません」

以上の顚末は、心理学的にみて正解であったかどうか私には分からない。しかし、紛争が解決したことは確かである。

この事件は、心の在り方がストレートに問題になる分かりやすいケースであるが、理詰めの論争を展開する紛争の最中においても、随所で潜在意識層や無意識層にあるものを読み取る必要があり、そのことによって解決の糸口をつかむ機会は少なくない。このように、潜在意識あるいは無意識を意識化することによって紛争を解決することは、極めて有効、適切な方法であるが、このようなことは、民事訴訟法学でも法社会学でも視野に入れていない。したがって、この一例だけでも、紛争解決学に独自の領域があることが分かると思う。

心の条件の中で、最も難しい問題は、心の病気、すなわち精神病の問題である。

近代法は、すべて人間は自由な意思を持っていることを前提として成り立っている。しかし、心に病気があって、自由な意思が働かない人があり、近年大きな社会問題になっている。法律上は、成年後見人（民法八条）、保佐人（民法一一条の二）を立てるなどの手当をしているが、自由な意思が働かないということの中にも多様なケースがあって、成年被後見人（民法九条）、被保佐人（民法一二条）という法律の枠組みだけではとらえ切れない問題が多い。しかも、自由な意思が働かないという状態はそのまま継続するので、心のトラブルが発現して紛争になることは避けられない。

また、人間ならば誰でも心の奥底に持っているものに狂気というものがある。とくに、思春期に攻撃性を外に出すことがなかったために、大人になってからもそれを狂気として心に抱いている人がいることはよく指摘されることであるが、そのような狂気が原因となって紛争が発生することがある。

自由な意思を前提として成り立っている近代私法は、心の病気や狂気に対しては役立たないことが多い。しかし、これらが原因となって紛争が発生する以上、紛争解決学はこれを除外することはできない。これらを原因とする紛争に対しては、それに対処できる紛争解決規範を探したり、新たにつくったりすることが必要である。また、精神医学や心理学などの研究や経験の力を借り、協力してこの問題に取り組む必要が出てくるであろう。

しかしまた、心の病気や狂気を原因とする具体的な紛争に、現実に紛争解決学が対処できるかと言えば、その限界もわきまえておく必要がある。紛争解決学は私的自治に基礎を置いているのであるから、紛争を解決する過程では合意を尊重し、最終解決の段階では当事者に自由意思があることを前提としている。したがって、紛争解決の過程を通じて、心の病気の改善をはかったり、狂気を正気になおすべく努力はするが、ほんとうの精神病や狂気であれば、紛争解決学は今のところ歯が立たない。それは別の学問の領域の問題として、精神医学や心理学に委ねることになる。しかし、それらの学問の成果を借りたり、例えば精神科の医師とともに紛争解決にあたることはあり得ることで、そのことはまさしく紛争解決学のテーマになる。いずれにせよ、ここでは、一定の限界があることを認識しつつ、その限界を越えるためのノウハウや実績を蓄積することが紛争解決学の今後の課題であることは指摘しておきたい。

なお、国分康孝教授によれば、臨床心理学とカウンセリング心理学の対象の相違は、前者が病理的パーソナリティを主たる対象とするのに対し、後者は健常人を対象とするところにある。したがって、臨床心理学の教育課程では、ロールシャッハ検査法などの投影法を用いたアセスメントの訓練をするが、これは無意識の意識化を要するケースが少なくないからである。これに対してカウンセリング心理学の教育課程では、臨床アセスメントではなく、意識レベルあるいは潜在意識レベルの心理・教育アセスメント（psychoeducational assessment）の訓練が主となる[1]。

紛争の原因は、ケースによって潜在意識層にあるときも、無意識層にあるときもある。したがって、紛争を解決するときには、ときには潜在意識を意識化することが必要になり、また、ときには無意識を意識化することも必要になる。そこで紛争解決学としては、それぞれの方法を確立し、その技術を修得する訓練が課題になる。そのときに、病理的パーソナリティを対象とするのが臨床心理学、健常人を対象とするのがカウンセリング心理学だとすれば、自由意思を前提とする紛争解決学は、その多くをカウンセリング心理学に学ぶことになるのではないかと考えられる。そして、当事者が紛れのない病理的パーソナリティであるならば、臨床心理学あるいは精神医学に委ねざるを得ないということになる。

いずれにせよ、当事者が持っている内的条件は、主として当事者の生育歴によって形成されると考えられる。したがって、当事者の生育歴を無視しては紛争を正確に把握できないことが少なくない。もっとも、生育歴をどの程度深く知る必要があるかということについてはケースによって程度の差があるが、紛争解決学の基本的な方法としては、当事者の持っている内的条件を知り、その心の深層までを把握してはじめて、紛争を理解できるという意識を持っておきたい。

紛争を解決するためには、当事者の持っている内的条件を知らなければならないことは事実であって、紛争解決の客体を紛争と考え、争点に絞り込んでゆこうなどと考えているのでは、とうてい質の高い紛争解決は望めない。このことは、当事者の内的条件に少し思いを巡らすだけで、すぐに分かることである。

（1）　国分康孝「臨床心理学とカウンセリング心理学」（東京成徳大学心理学研究科、同大学院心理・研究センター共編『臨床心理学研究』創刊号・二〇〇一年三月）六五頁〜六六頁

2　時間的条件（歴史的条件）

次に、当事者が持っている時間的条件、いわば、歴史的条件について考えてみよう。

当事者は、紛争を抱えて今ここにいる。しかし、その紛争が起った原因は過去にある。そして、その原因は、はっきりこれと特定できるものもあれば、何が原因なのか分からないこともある。また、原因は一つではなくて、複数の場合もある。しかも、原因と原因が絡み合って、それを解明することが困難なケースも少なくない。さらに、当事者の意識のうえでは過去のある事実が原因だと思っていても、実はさらに遠い過去に原因があることもある。いずれにせよ、紛争が起った以上、その内容を把握するためにも、解決の糸口を探すためにも、原因を究明することは不可欠な作業であり、そのためには、時間的に過去に溯って、事実を調べる必要がある。

しかし、当事者は過去から来てここにいるだけではない。言うまでもなく、将来に向かって歩み続けるのである。すなわち、当事者は、過去からずっと来て、今ここにいて、さらに将来に向かって行こうとしているのである。そして、過去に原因のある今の紛争が、将来の運命を決めるという状態で、今ここにいるのである。

当事者は、時間の流れの中に身を置いており、その時間は途中で切ることはできない。そして、当事者が紛争の渦中にあるということは、歴史的存在としての人間の担っている諸条件によって規定されているのである。その諸条件のいくつかが紛争の原因であり、その原因から紛争が起っているのであるが、それと同時に、過去、現在、将来の歴史的な諸条件の中に、紛争解決の鍵は存在している。

紛争の中には、当事者という個体に歴史的条件がまつわりついていて、切ることができない状態になっているものがあり、そういう紛争は、時間的条件を追って解きほぐしてゆかなければ解決の道を拓くことは難しい。民族的な紛争の多くはこのような歴史的条件が大きくのしかかっているものであるが、そのような大規模な紛争でなく、身近な紛争の中にも、そのような色彩を持ったものがある。例えば離婚の事件は、妻と夫の生育歴に原因があることが多い。その多くは、妻と夫のそれぞれの祖先に起因しているだろう。そして、離婚後の生活設計や子供の将来などをどう読むかが解決の鍵になることが多い。

ところで、歴史的条件を考えるとき、紛争解決学の方法としては、今をスタートの地点として事実を究明してゆくことが効果的である。なぜならば、紛争は「今ここで」起っているのであり、当事者は今ここで起っている紛争を何とか解決しなければならないと切実に考えているので、「今」を起点として過去、現在、将来を見ることによって、必要な事実や情報を的確に掌握することができるからである。

今ここで、入会権の紛争が起った。しかし、ほんとうに入会権があるのか、ないのか。

こういうときには、今からスタートして、今現在、どんな慣習があるのか、きのうはどうか、一年前はどうか、一〇年前は、五〇年前は、一〇〇年前は、と過去に遡っていって、慣習、入会主体、客体がどうだったかを押え、事実をかためてゆくと、入会権がよく見えてくる。こうやって過去に遡ってゆくと、明治初年の地券が出てきて、徳川時代の古文書が出てきて、地名の起りが分かって、せいぜい太閤検地ぐらいまで遡れば十分に入会権の存在ははっきりする。そして、入会権を立証するに十分な過去まで遡れば、トンと手をついてターンし、現在に戻ったその勢いで未来に突き進む。過疎対策は十分か、土地に生産力はあるか等々、そのような将来構想が解決の鍵になる。

私が裁判外で解決した入会権の事例によって、このことを説明しよう(1)。

国道一三九号線を富士五湖方面から静岡県に向かって進むと、山梨県と静岡県の県境に割石峠という峠がある。その割石峠を越えて静岡県側に入ると、そこに根原部落という集落がある。この集落を「根原部落」と呼ぶことにしよう。根原部落とは、講学上の用語に従った呼び名であるが、根原部落住民全員すなわち根原部落の構成員全員を指すと同時に入会集団の全体を指すのであって、これが即入会権の主体である。根原部落は、単に根原と言われたり、根原村とか根原区とか言われたりすることもあるが、全部根原部落と同義である。

後に調べてから分かったことであるが、根原部落は徳川時代以前からの村落共同体であって、徳川時代から明治初年にかけては、根原村として一村を成していた。明治二二年、町村制の施行により、近隣三か村とともに上井出村に合併され、その一部になった。その後昭和三三年に、上井出村は富士宮市に合併され、現在は富士宮市の一部になっている。行政区画は以上のとおりであるが、村落共同体としての根原部落は、徳川時代以前からの慣習に基づいて構成され、維持されており、実体的にはいささかの変更もない。

根原部落の戸数は、徳川時代以来若干の増減があったが、大幅な変動はなく、現在は二二戸である。この二二戸は、割石峠を越えるとすぐ国道の左側に屋根を並べて集落をつくっている。集落の端から端まで歩いて行くのに、ものの三分もかからないが、実は根原部落は、広大な入会権を持っているのである。

根原部落は、富士の裾野、標高九〇〇メートルの位置にあるから、富士山の一部であると言ってよいほどである。富士山は目の前で、四季折々、時々刻々変化に富んだ姿を見せてくれる。小高い丘に登って、富士を背にして原野を見渡すと、目に入るところはほとんど根原部落の入会地であると言ってよい。真向かいには天子山系の山並みも見えるが、その斜面の山林にも根原部落の大きな入会地がある。

根原部落の入会権は、その大部分は共有の性質を有する入会権（民法二六三条）である。根原部落の住民も私も、当然民法上の入会権であると考えていたが、富士宮市は地方自治法上の財産区として扱おうとしており、長い間折衝を続けていた。この共有の性質を有する入会権の問題は、平成六年二月二一日に、根原部落と富士宮市との間で覚書を取り交わし、根原部落の入会権を認める形で解決した。私はこのときも、根原部落の代理人として富士宮市と折衝を重ね、相対交渉によって合意を取りつけたが、ここではこれとは別の県有地入会の方の事例を紹介する。

根原部落は、共有の性質を有しない入会権（民法二九四条）、すなわち地役入会権も持っていた。これも後に調べて明らかになったことであるが、根原部落が地役入会権を持つに至った経緯は次のとおりである。

根原部落の入会地の中に、富士宮市根原字宝山四九二番一原野三九万一一九五平方メートルと同四九九番原野二三万二三五〇平方メートルという二筆の土地があった。この合せて六二万三五四五平方メートルの原野を「本件土地」ということにしよう。

本件土地は、もともとは根原部落の共有の性質を有する入会地であったが、昭和一五、六年ころ、陸軍省の演習地に取られてしまった。しかし、演習地に取られた後も、根原部落住民は、実弾射撃が行われる日以外は自由に出入りして、桑を採ったり、草を刈ったりしていた。実弾射撃は月に一度あるかなしかの程度であったが、その日は危険なので立ち入り禁止になり、旗竿に合図として赤旗が立てられた。そして、終戦によって軍隊が解散されると、本件土地は根原部落住民が自由に使用する入会地に戻った。

戦後は、根原部落では主として酪農を行っていた。根原部落の住民は、本件土地を雑草の採草地として利用したり、とうもろこしを作って牛の飼料としていたが、昭和三〇年代の終わり頃には、とうもろこし畑をつぶして牧草地にした。

根原部落は、もともとは本件土地は入会地であり、いったん陸軍省にとられて陸軍省名義に変更されたものの、入会地として相変わらず利用しているのであるから、払下げ申請をすれば、正式に根原部落のものとして戻ってくることは容易であると考えていた。そこで、昭和三四年に本件土地の払下げ申請を出したが、昭和三五年ころになって、本件土地と根原部落の他の入会地が、農業構造改善事業及び大規模草地改良事業の対象地となり、調査がなされえたうえ、昭和三七年ころから右事業が実施された。このとき、静岡県の畜産課の担当者から、根原部落が、農業構造改善事業、大規模草地改良事業の地元負担金のうえに、本件土地の払下げ資金を調達することは困難であろうから、いったん静岡県が本件土地の払下げを受け、地元の根原酪農組合に無償で貸付けておくことにしたらどうか、後日、根原酪農組合の事業の進展をみて、県から根原に払下げをするから、と言われた。そこで根原部落は、この静岡県からの申し出を受け入れ、いずれ後日県から払下げを受けられるものと信じて、本件土地の払下げ申請を取下げた。なお、ここに言う根原酪農組合というのは、根原部落住民全員で構成する任意の組合であるが、根原部落の酪農面の組織に名づけた名称にすぎず、根原部落と同義であると言ってよい。

こうして、根原部落では、昭和三九年ころから県の勧めで酪農の共同経営を行うことになった。そして、本件土地は、静岡県の県有地となり、その行政財産に組み入れられた。約束どおり、根原部落は静岡県から無償で本件土地を借りることになったが、行政財産であるから、毎年「行政財産の使用許可」を得る必要があった。

ところが、この静岡県の指導による酪農経営は失敗だった。根原部落ではいろいろ努力をしてみたが、どうしても経営が成り立たず、酪農経営を存続させる見通しが立たなかった。そしてとうとう昭和四六年（一九七一年）には、牛を売って、酪農組合を解散してしまった。

牛を売って酪農経営をやめることにしたが、根原部落は、本件土地を無償で使用し続けることはできるものと考えていた。静岡県の行政財産にしたことは形式的なことであるから、形式的に使用許可を得ておけばよいものと、軽い気持でいたのである。したがって、酪農経営をやめることにしたにもかかわらず、前年と同じように、採草放牧地として使用したい旨の使用許可申請を出した。

ここで述べたことは、過去から現在に至る経緯である。しかし私は、実際には現在から過去に溯ることによって、この経緯を聞き取り、事実を掌握した。したがって、ここに書いたことは、聞き取った事実を逆に整理しなおしたものである。そしてその「現在」は、次のようにはじまった。

使用許可申請を受け取った静岡県は、その前から、根原部落が牛を売って酪農をやめてしまったことを知っていたのである。かねてから本件土地を返してほしいと考えていた県が、この機会を逃すはずはない。

そこで県は、静岡県農林水産部長名義で、「使用期間満了後は、県が当該土地を使用するため期間満了後直ちに返還されたく通知する」という書面を根原部落に送りつけてきた。

びっくり仰天したのは根原部落の人々である。早々に根原部落の総代吉川藤作氏が私のところに連絡をしてきた。

この事件の「現在」だけを見ると、行政財産の使用許可を巡る攻防にすぎない。しかし、私は無償で使用できる権限が何に由来するのかが気になった。すなわち、当事者が持っている歴史的条件は何か、という問題である。そこで吉川氏に、県の行政財産をなぜ無償で使用できるのかと質問した。その答えは、その前は陸軍の演習地であったこと、またその前は根原部落の「共有地」（部落共同体では、共有の性質を有する入会地のことをしばしば「共有地」という言葉で表現する）であったことなど、ぞろぞろと出てきた。

私は学生時代に、川島武宜教授から民法の講義で入会権をていねいに教えていただき、また川島ゼミに所属していたので、そこまで聞くとこれが入会権であることは即座に分かった。その夜、私は川島先生に電話をした。

「間違いなく県有地入会だと思いますが」

「県有地入会というのは珍しいのだけれど、それは君の言うとおり間違いなく県有地入会だね。君、力を入れてやり給え」

私は早速、静岡県知事あてにあらためて使用許可願を申請する旨の内容証明郵便を出した。そして同時に、静岡県水産部長あてに、「返還いたしかねます」という趣旨の回答書を送った。

私はこのとき、行き着く先が行政訴訟であることを覚悟した。そして、根原部落の集会で、行政訴訟も辞せずという気構えが必要であることを説明し、根原部落の人々にも覚悟を決めてもらった。

案の定、県知事からの回答は、「使用許可は出来ませんので通知します」という素っ気ないものであった。

私は、かねてから構想したとおり、まず行政不服審査法に基づき、異議申立てをすることにした。そして、異議申立の時点までに、長老たちからの聞き取りや古文書の調査によって前述のとおりの歴史的経緯を掌握していたので、異議申立書には、その理由として歴史的事実を述べた後に、「県の使用許可は、元来根原部落が払下げをうけるまでの暫定的措置であり、形式的なものでありますから、使用許可が出来ないという決定がなされるべきではないと考えます。また右土地は、徳川時代以来当部落が一貫して入会っている土地であり、右土地を取り上げられれば、当根原部落の生活の基盤を失なってしまいますので、従来通り形式的にも使用許可をいただきたく、昭和四七年二月二五日なされた使用許可出来ない旨の通知に対し異議申立てをする次第であります」と結んだ。

行政処分に対して異議があれば、行政庁は理由の有無を判断し、決定で取消または変更するか、あるいは決定で棄却するというのが、行政不服審査法の建前である。私は、静岡県としては、法律に則って理由の有無の判断ぐらいはするだろうと考えていた。そして、もし県が棄却すれば、そのときには一戦交えるつもりで、入会権に関する資料を集め、不文の慣習を聞きとって成文の規約をつくり、行政訴訟に備えて理論構成を考えていた。

しかし静岡県は、こちらの異議申立に対して、何も言ってこなかった。

牛を売って酪農をやめてしまったが、根原部落では本件土地を放っておいたわけではない。本件土地を利用しなければ生計が立たないのであるから、牛を売るとすぐに土地を耕して大根畑にした。そして、その後静岡県が何も言ってこないので、根原部落は、本格的な大根作りをすることにし、慣習に基づいて割地をした。当初数年間は、各戸が耕作する土地を抽籤で決めていたが、その後は分割利用形態に改めた。大根は連作障害が出るので、二年ほど使うと畑を休ませなければならないが、幸いにして土地が広いので、交代に畑を休ませることができた。そのために美味しい大根が穫れて、根原大根として市場でも人気が出た。そのうえ、根原は高冷地にあり、他の生産地とは出荷時期がずれるので、市場的には有利であった。酪農では失敗したが、大根作りはうまくいって、根原部落の住民の生活は、まずまず安定した。

静岡県が何も言ってこないということは、要するに行政財産の使用許可をとれ、とも言ってこないということである。したがって、形式的な使用許可もとらずに、根原部落は本件土地を使っていたのである。私は、はじめのうちは「入会権なのだから当然なのだ」と強気な言葉を使って、自らを励ましつつ根原部落住民を励ましたが、年が経つに従って「県はもう入会権を認めているのだ」と無理なく言えるようになったし、根原部落住民も当然のこととして大根作りをしていた。

この間、県が何もしなかったということは、行政庁としての怠慢として責められるべきものではない。なぜならば、何もしないということは、入会権に対する最も正しい扱いであり、まさしく慣習に則った村落共同体の維持に寄与したからである。

こうして何と一六年の年月が流れた。

静岡県農政部畜産課から、そろそろ県有地問題を解決したいので協議したいという連絡が入ったときには、すでに昭和六二年（一九八七年）の冬になっていた。そして、畜産課課長補佐伊藤実氏外の担当者、県の代理人御宿和夫弁護士、大澤恒夫弁護士が根原部落住民の全員が揃った根原公民館にみえて、いろいろ話をした。この日は、私が根原部落の慣習と入会権について説明することに終始したが、御宿弁護士が後日私に質問書を送り、その質問に私が文書で回答することにして、おひらきになった。

御宿弁護士の質問書の内容は、本件土地の使用形態、陸軍省に本件土地を売却した当時の状況、根原地区の入会慣行があるとすればその内容等、多岐にわたるものであった。そして、古文書、地券、登記簿謄本、陳述書などの資料を添付することが要求されていた。

この質問書は、根原部落の入会権を公にするための絶好の機会であった。私はそれまで根原部落の入会権を調査し、資料を揃えていたが、御宿弁護士の質問に答えるために、資料を再検討したり、市役所の上井出出張所にある旧土地台帳などを再調査する必要があったので、回答までには数か月の時日を要した。

根原部落は入会集団であるから、古文書も地券も残っていた。古文書は徳川時代に総代たちが江戸で買ってきたという小振りの桐箪笥に収められていた。また、地券もその箪笥の中から出てきた。これが中学生時代に歴史の授業で教えられた明治初年の地租改正のときに交付された地券かと思うと、何とも言えない誇らしい気持に襲われた。そして、例えば一枚の地券には、「駿河国富士郡根原村弐百九拾番地　字宝山　秣場四拾七町五畝弐歩　持主根原村」などと書かれている。ここで持主が「根原村」となっているのは、「村」という後の町村制における村有地を意味するものではなく、村落共同体としての根原部落の所有（民法学上の用語で言えば総有）を示すものである。このように、古文書や地券や旧土地台帳や古い地図や長老たちの話を集めて、私は長文の回答書を書き、それに多くの資料をつけて、御宿弁護士に郵送した。

この回答に対しても、県からは暫く音沙汰がなかった。聞くところによると、御宿弁護士は間もなくご病気になり、薬石効なくお亡くなりになったということである。御宿弁護士の後を引き継いだのは、林範夫弁護士と大澤恒夫弁護士であった。その大澤弁護士から連絡を受けたのは、回答書から二年経った平成二年四月である。大澤弁護士は、どういう形で解決したらよいか、話合いをしたいと言う。話合いに入る前に事実関係を確認する書面のやりとりをして、実際に協議がはじまったのは、その年の九月からであった。

この辺からトンと手をついてターンし、現在に戻ってその勢いで未来に突き進むという段階に入る。

私は、当初の約束どおりに根原部落に本件土地を払下げてほしいと要望した。しかし、両弁護士からの回答は、払下げ方式の場合、払下げ金額が高額でも低額でも問題が生じ（高額では根原部落で払えないし、低額では県の承認が得られない）、解決困難な壁に直面する恐れが高いので、土地交換、分割や金銭援助の組み合わせ等の解決策はないかと言うものであった。また、入会権の存否については争いがあるが、もし入会権があるとすればその完全所有権に対する割合はどの程度と考えるかとのことであった。

私はこれに対し、払下げ方式は確かに解決困難な問題に直面する恐れが高いことは理解できるが、根原部落の住民がここで永続して暮らしを立ててゆくことを考えると、生産手段としての土地に重点をおかざるを得ないので、金銭援助よりも、土地交換のほうが可能性があると思っていると答えた。また、入会権の完全所有権に対する割合については、数字だけが先行して独り歩きを始めるといけないので、解決案を試案として先に出し、それを擦り合わせる過程で、割合の妥当性を吸収してゆくやり方がよいのではないかという意見を述べた。ここで土地交換というのは、本件土地を二つに分割して、一方の土地の根原部落の入会権ともう片方の土地の静岡県の底地を交換して、互いに完全な所有権として分けようという方法である。私は、このことを寄合いの席で詳しく説明し、払下げ方式との利害得失を比較して、根原部落住民の意見を聞き、その総意を踏まえて回答したのである。

林弁護士、大澤弁護士と私は、度々折衝を重ねた。私は、折衝を重ねる度に根原部落住民と打合せをしたが、根原部落としても土地交換による方法で解決する方がよいだろうという結論に達した。このころ地価が暴騰しており、仮りに払下げということになっても、資金負担が大きくなれば、後々の根原部落の運営に無理がかかることが懸念されたからである。

折衝を重ねるうちに、やがて「割合」の問題がクローズアップされてきた。林弁護士、大澤弁護士は、価値的に五割という線に固執した。県の権利が五割以下ということでは県や県議会をまとめることはできないという。私は、本件土地が県有地になった経緯や収益を全部根原部落が取得している事実からして、入会権に七、八割を認めるべきだと示唆したが、県や県議会をまとめるための政治的配慮が必要であることは理解できた。そこで私は、根原部落が永続的に暮しがたてられるように、営農等に適したところを根原部落に残したいと主張を動かしていった。

本件土地は、国道の東と西に二分されているが、東側は谷間があり、起伏が多くて農地としては使いにくい。そのうえ、溶岩が露出しているところが多く、現実に耕作されている部分は僅かである。しかし、国道の西側は、フラットな土地で、そのほとんどは大根畑として耕作されている。したがって、西側の土地がキープできれば、根原部落としては実質上営農に支障はない。面積は東側の方が西側よりもかなり大きいので、将来の根原部落の運営に配慮し、東側に方の土地も国道沿いに若干確保しておきたい。そこで、以上のような線で実際にどのように土地を切るか、ということで擦り合わせをすることにした。つまり、静岡県側は五分五分という価値的な分け方をとり、根原部落は具体的な実質をとるというやり方で、解決を模索したのである。

この折衝は実に順調に進んだ。ほぼ合意に達したところで、測量と分筆をした。畜産課の課長補佐は井鍋達夫氏に交替していたが、井鍋氏をはじめ畜産課の担当者は、測量や分筆などの作業を綿密にやって下さった。「ここで解決しておかなければ」という意気込みが、関係者全員にゆきわたっていた。

そして遂に、県有地入会という難問題も、平成四年（一九九二年）一月二二日に、根原部落と静岡県が県有財産交換仮契約を締結することによって解決した。その内容の概略は、以下のとおりである。

すなわち、仮契約の冒頭で、静岡県は、根原部落が入会集団であることを認め、入会権を承認した。そして、価値的には五分五分、ただし根原部落が営農に適した部分を取得するという線に沿って、根原部落の入会権と静岡県の底地を交換するというものである。もとより、事前に測量して土地を分割してあったので、仮契約では交換すべき土地を特定して登記方法まで定めた。

それまでの間に、県は本件土地を行政財産から普通財産に変更する手続を終了していた。行政財産のままでは、交換という形で処分することができないからである。また、仮契約というのは、静岡県議会の議決が必要であるからであるが、その議決は、同年三月一九日に得られて、この契約は本契約として成立した。

以上によって明らかになったと思うが、紛争が起ったときに、そのときの「現在」だけを突ついていても、解決しないということである。この事例に即して言えば、行政財産の使用許可を認めないと静岡県が言ったときに、目先のことにとらわれて「是非認めて下さい」などと県に陳情を繰り返しても、埒があかないのである。当事者が持っている時間的条件、すなわち、歴史的条件を探究するという紛争解決学の方法を駆使することによって、厖大な過去＝入会権を突きとめることが可能になるのであって、そのことによってはじめて紛争はあるべき姿で解決する。

こうして見ると、当事者が持っている時間的条件、つまり歴史的条件が、紛争解決の不可欠の要素であることは明白である。紛争解決の客体を紛争であるなどと考えていると、とうていこのような深い視野には到達できないし、また、適切な解決は望めない。

（１）この事例については、旧版の各論で詳細に説明したが（旧版三四九頁～四〇〇頁）、新版ではここで概略を記述することにした。なお、この事例は資料的意義もあるので、当事者の承諾を得て、固有名詞やなまのままの資料を掲載したが、新版でも固有名詞をそのまま使用することにした。

３　空間的条件（社会的・経済的条件）

当事者が、今ここにいる、ということは、時間的条件を担っているばかりでなく、空間的にもここにいること、すなわち、社会的な存在としてここにいるということである。そして、紛争を抱えているということは、いろいろな社会的条件によって、その当事者が制約を受けていることを意味している。

したがって、紛争を解決しようと思えば、その社会的な諸条件を吟味する必要がある。しかし、ひとくちに社会的条件と言っても、そこにはいろいろなものがある。その中で最も重要なものは経済的条件である。大半の紛争は、経済的な原因によって発生し、経済的なやりとりを軸にして解決する。すなわち、金銭を巡る綱引きが紛争の大きな部分を占める。

また、紛争は、大なり小なり生きるか死ぬかを賭けるという要素を持っている。紛争に直面したとき、人は死を垣間見ると言ってよい。紛争とは、それほど恐ろしいものである。そして、そのことは食えるか食えないか、ということと関連している。したがって、紛争に直面したときには、それが一見経済問題には関係がないように見えても、当事者が置かれている経済的条件を必ず点検しなければならない。

個々の紛争を解決するにあたっては、経済的条件を考慮せずに解決することは不可能であると、よくよく肝に銘じておく必要がある。すなわち、よい解決は、必ず経済的な安心感が得られるような裏打ちがなされているものである。逆に、経済的破壊を伴うものは、解決の名に価しない。

以上は、個々の紛争における経済的条件の考察であるが、ここで経済的条件の全般的構造を考察することによって、社会における紛争状況をマクロ的に掌握しておく必要がある。そのことによって、個々の紛争の原因を深く理解することができ、また、的確な解決の道を拓くことが可能になるからである。

もともと近代私法は、資本主義経済の法として成り立っているから、資本主義経済における社会の規範関係は、私的所有（富＝商品に対する排他的な完全な支配の相互承認）、契約（商品に対する排他的支配の相互承認という前提の下では、商品の交換は、交換当事者双方の合意なくしては、存在し得ない。この合意が契約である）、法的主体性（商品交換においては、交換当事者は、私的所有及び契約をとおして、相互の独立主体性——すなわち法的主体性——を承認しあっている）の三つの要素が基礎となっている。(1) そして、民法を中心とする法体系は、資本主義経済の法として組み立てられている。

したがって、私的所有、契約、法的主体性という基礎がしっかりしていれば、資本主義経済の規範関係として社会の中で十分に機能し、仮りに紛争が発生しても、この規範関係だけで楽々と割り切れる＝解決することになるであろう。

しかし、紛争解決学に取り組むときに考えておかなければならないことは、資本主義経済の規範関係の基礎をなしているはずの私的所有、契約、法的主体性が、果たして理念どおりの状態になっているか、ということである。個々の当事者が直面している紛争について、私的所有、契約、法的主体性の状況を考察することも大切だが、それはあまりにも多様性に富んでいて、一律に論ずることはできない。それこそまさに各論における研究課題である。しかし、社会全般としての私的所有、契約、法的主体性の現実を把握することは総論の課題として必要なことであるから、ここでひととおり考察しておくことにする。なぜならば、そのことが明らかになれば、どのあたりを原因として紛争が多発するのかを知ることができるし、また、それを知ることによって個々の紛争を規定している社会的・経済的条件の質と量を計ることができるからである。そして、社会的・経済的条件の質と量を知ることによって、紛争解決の在り方に見通しを立てることも可能になる。

ところで、法的主体性がかなり浸蝕されていることは、内的条件のところで扱った精神病、狂気を見ることによって知ることができた。また、差別問題などに関して法的主体性を巡る攻防が行われているが、これは差別によって法的主体性が奪われているという現実を背景にしている。その他、数多くの社会問題が、この法的主体性を巡って発生していることも確かであろう。

さらに契約の危機ということも叫ばれるようになった。すなわち、今日の社会は、当事者の自由な意思決定に介入して、さまざまな局面で契約への公的介入を要請し、また許容しており、多くの規制が加えられてきた。それに伴い、伝統的な契約法は、大きな変貌を迫られるようになった。これは、今日の社会が共通に抱えている現実である。

そして私は、所有権の危機も叫ばなければならなくなったと考えている。

所有権の絶対性については、公共の福祉という概念によって、これを制限することが正当化されている。また、環境保全の観点から所有権の絶対性に制約が加えられる例などのように、社会的コンセンサスが得られやすいものもある。しかし、私の言う所有権の危機は、こういうものを想定しているのではない。

私は、一九九一年に『先取り経済　先取り社会――バブルの読み方・経済の見方』（弓立社）という本を書いたので、その本に沿って戦後日本社会の経済的条件を規定しておきたい。

その本を書く二〇年以上も前の、一九六九年六月二五日に発行された『金嬉老公判対策委員会ニュース』に、私は、「剰余価値の先取り」という仮説を立てた。この仮説は、わが国の高度成長以後の経済を念頭に置いて、

「企業ないし国家が、労働によって生み出すべき価値の相当部分を、剰余すべき価値として先取りする経済体制に入っていると認識する。即ち、ここでは価値が生み出された後、その分配関係が本質的矛盾となるのではなくて、生み出される前に先取りされた価値が、生み出された後にいかにして剰余価値として収集し、埋めつくされるかが、本質的矛盾となるのである」[2]というものである。

この仮説は、前述のとおり、本にまとめる二〇年以上も前に立てたものであるが、私はその後、これを体系化したいと考えながら、弁護士としての仕事が多忙を極めてなかなか着手できなかった。しかし地価暴騰が起り、連日「バブル」という言葉で経済が語られるようになったので、「バブルでなく先取りだ！」とだけは言っておかなければならないと考え、とりあえず『先取り経済　先取り社会』という本にまとめておいたのである。

私は、この本の中で、先取りの形態として、融通手形による信用の膨張、サラ金地獄、企業による先行的な利益計上、国家による国債の発行、地価暴騰による価値の先取りの例をあげ、個人も、企業も、国家も価値を先取りしており、人々や企業は重層的な価値の先取りに拘束されて身動きのできない状態になっていると述べた。すなわち、わが国の経済は、このような重層的な先取りにかろうじて乗っかっているものであり、このような視点を落したら、経済について何も語らないのと同じである。例えば、私が本を書いたときの一九九〇年末の国債発行残高は一六四兆円であったから、国民一人当り約一五〇万円の借金を抱えていることになっていた。

国はこの赤字を埋めるために、さまざまな触手を延ばす。地価が高騰すれば、固定資産税や相続税のみならず譲渡所得税が増えるので、国にとっては都合がよい。その証拠に、地価暴騰のときには国債を発行しないで済んだのである。このことは、自ら所有していると思っているものでも、いつの間にか先取りされて所有していられなくなるという現象をひき起した。ここに所有権の危機を見ることができる。

例えば、一九九三年二月一五日付朝日新聞夕刊によれば、高級住宅地の代名詞ともなっている東京・田園調布で、初老の夫婦が地価高騰で跳ね上がった自宅の土地の相続税の重圧に耐えかね、自殺していたことが報道されている。この記事によれば、自宅の土地約三二〇平方メートルと工場のある借地権を父親から相続したが、相続税は合わせて一億九〇〇〇万円であった。この初老の夫婦は、この土地をすべて売却し、納税後の残りで別に自宅を購入する道を選んだが、買い手がつかなかった。しかし、国税局からは差押えを予告する納税催告書が送られてきたが、税額は延滞税も加えて二億三〇〇〇万円に増えていた。夫婦はその一週間後に服毒死したという。この税額の算定は、路線価をもとにしてなされたものであるが、それは一平方メートル当り九五万円であった。しかし、路線価が膨れ上がったことは、地価が暴騰したためであって、この夫婦には何の責任もない。ただ父親が死亡して蓋を開けてみれば、土地を失うばかりか、命を失うはめになっていただけである。

この地価暴騰の原因については、日本銀行が金利を低く抑えてマネー・サプライを増やし続けていたせいだとか、金融機関が不動産投資に対して過剰な融資をしたからだとか、その他いろいろなことが言われているが、それだけではない。ほんとうの原因は、わが国の経済構造が、価値の先取りをしなければ動きがとれないようになっているからである。そして、先取りされた価値が他人の所有権の中に潜り込んで、その所有権の中身を取ってしまうところまで進行してしまった。すなわち、国債の発行などで先取りされた価値は、地価を跳ね上げることによってその中に潜り込み、税金として吸い上げられる仕組みになっているのである。したがって、自分のものだと思っていたものが、実は自分のものではなくなっていたのである。

このようにして所有権の危機は、はっきりと目に見える形になってあらわれている。相続税によって土地を失うはめになったのは、その典型的な例であるが、地価暴騰が終焉して地価が下落すると、相続税の支払いのために土地を手離さなければならなくなるケースは少なくなった。しかし、価値の先取りという経済構造は何ら変更されていないので、所有権の危機は形を変えて進行している。金融機関の破綻、大小企業の倒産、そして、ローン破産等々、大企業の資産から個人の住宅に至るまで、多くの企業や人々が、その所有している財産を手離さなければならない事態に追い込まれているのである。

地価暴騰がやむと、私の予想どおり、国は国債を増発し続け、二〇〇五年一二月三一日現在の普通国債残高は五九二兆五七七九億円（地方分を加えた国・地方長期債務残高は一〇三三兆七二八一億円）に達した。この間、人々は、ますますこの先取りの拘束力に苦しむようになった。例えば、国債の発行は金融の自由化を促したが、それによって金融機関にあせりが生じ、ここを舞台に変額保険やデリバティブなどの金融商品が売り出され、多くの被害者が出た。また、金融機関は多額の不良債権を抱え込み、その救済措置として公的資金が投入された。これらのことは公知の事実であり、私も小説の形でまとめたものがあるので、(3)これ以上ここでは触れないが、いずれにしても、価値の先取りという経済構造が生み出した紛争は数多く発生し、なおも発生し続けている。

なお、価値の先取りは、環境問題を起すなど、さまざまな社会問題に波及してゆく。そして、そのときどきの社会情勢によって、紛争の内容や様相を変化させる。おおまかに言えば、地価の高騰期には、不動産の賃貸借を巡る争い（賃料増額請求、建物・土地の明渡請求など）が増え、さらに相続に関する紛争が増加してくる。そして、地価暴騰が終焉して不況期になると、債務弁済、破産、会社整理、会社更生等の債権処理の事件が増えてくる。紛争解決学の研究においても、その紛争の変化に応じたスキルを開発しなければならないが、率直に言って、私的自治を基礎に置く紛争解決学は、その対象によって能力に濃淡が出てくることは否定できない。例えば、破産事件については専ら裁判所が扱うので、紛争解決学の領域はその限りで狭くなるが、裁判外紛争解決（ADR）については著しく領域が拡張する。

このように、社会・経済の変化によって紛争解決学の領域が狭くなることがあるが、ここで大切なことは、前に述べたとおり、紛争解決学には不動のテーマがあるのだから、目先の変化にとらわれずに、むしろその変化の過程を冷静に追跡することが必要なのである。そして、そのこと自体も紛争解決学のテーマに他ならない。

いずれにせよ、経済的条件を規定するときに、「バブル」などと言っていたのでは何も見えてこない。「先取り」という概念を使ってはじめて、今現在の経済が分かるのである。それだけでなく、「先取り」という概念を用いれば、紛争の原因の所在がよく分かり、紛争解決学にその成果を使うことができる。例えば、経済学の一般的手法のとおりに生産過程から説き起して経済を論じたのでは、今ここで起っている紛争の経済的条件のところまでは、とうてい辿り着けない。時間的条件で述べたのと同じように、今ここで何が起っているか、ということをスタートの地点にしていれば、最も気になることは、当然「先取り」でなければならないはずである。

当事者が持っている空間的条件は、経済的条件に限らずまだまだ広い。これをいろいろ論じていれば、紛争解決学は、多くの学問分野にウィングを伸ばさなければならないであろう。私は、まだそこまでやっていないが、ここでは、紛争解決学の立場から多くの学問分野にウィングを伸ばし、その学問の成果を吸収することが必要であることを指摘するにとどめる。

以上のように考えると、紛争解決学の視野は、当事者が持っている内的条件（生物的条件）、時間的条件（歴史的条件）、空間的条件（社会的・経済的条件）に及ばなければならないことは、明らかである。そして、紛争の原因としての内的、時間的、空間的諸条件の制約を受け、それをつくり変えてゆくことによって解決しようとしている当事者こそ、紛争解決の客体でなければならないことも、今や明白になった。紛争解決の客体を紛争ととらえるならば、そのような内的、時間的、空間的諸条件を当事者から切り離し、それを捨象して争点を抽出しなければならないが、それは、私の考えとは正反対の考えとして位置づけられるものである。紛争解決学は、それらの条件を捨象せず、紛争解決の客体はもろもろの条件を担っている当事者そのものであるという考えに立つ。

（1）川島・前掲書『民法総則』二頁～四頁
（2）廣田尚久『先取り経済　先取り社会――バブルの読み方・経済の見方』（弓立社、一九九一年）三一頁～三二頁
（3）廣田尚久『デス』（毎日新聞社、一九九九年）

第四章　紛争解決の主体

第一節　紛争解決の主体＝当事者

紛争解決の主体は何か。言い換えれば、誰が紛争を解決するのか。

この問いに対して、旧版では、ザイン＝現実の問題とゾレン＝当為の問題とが混同されやすいこと、思想を引きずって議論が行われがちであることをあげ、この問題が一段と難しい問題であることを指摘した。また、この問題に対しては、両極端の考え方として、「当事者」と答えるものと、「国家」と答えるものとがあるとしたうえで、私は「当事者」と答える立場に立つと述べた。そして、国家が紛争解決の主体であるという考え方に対して、さまざまな角度から反駁を加えた。(1)

ところで、「紛争解決の主体は何か」という問いには、「一般に紛争解決の主体は何か」という問題と「紛争解決学の立場で紛争解決の主体をどうとらえるか」という問題の二つが含まれている。しかし、紛争解決の主体を一般的にとらえることは難しく、それを包括的にとらえるならば法哲学、歴史的にとらえるならば法史学、社会的にとらえるならば法社会学のテーマではないかと思われるが、それぞれの学問分野でこの問題がどのように研究されているか、私は知らない。また、民事訴訟法学は、民事訴訟法の解釈・運用を研究する学問であるから、紛争解決の方法の中心を民事訴訟に置いている。したがって、民事訴訟法学における「紛争解決の主体は何か」

という問いは、決して一般的なとらえ方にはならず、結局「民事訴訟法の立場で紛争解決の主体をどうとらえるか」という問いに帰着することになるだろう。すなわち、民事訴訟法学においては、「一般的に紛争解決の主体は何か」という問いはさして重要な関心事ではなく、むしろ「民事訴訟学の立場で紛争解決の主体をどうとらえるか」という問いについて研究する方が実りのあるものになるはずである。

このことを考慮すれば、紛争解決学においても、「一般的に紛争解決の主体は何か」という問いに対して、つきつめて答える必要はないように思われる。なぜならば、この問いに答える過程で、思想性をはっきり打ち出さなければならず、それによって形而上学的な論争を誘発するおそれがあるからである。もとより、この紛争解決学は私の思想から生まれたものであることは事実であるが、その思想から直接に一定の学問的な結論を導き出すのは、学問として洗練されたものにならない。したがって、「一般的に紛争解決の主体は何か」という問いに答えることは、紛争解決学を進めるうえではそれほど重要なことではない。しかし、この問いに対して、結論だけは述べておく必要はあるだろう。私は、一般的に紛争解決の主体は何かと問われれば、「当事者」であると答える。その理由は旧版で述べたとおりであるが、この新版ではその要旨のみを後述する。

興味があるのは、ゲーム理論においても独立した自由な意思決定主体の存在が前提とされているが、[2]しかもゲーム理論が生まれたのは、その創始者であるフォン・ノイマンとモルゲンシュテルンの思想を抜きにしては考えられないという指摘があることである。[3]しかし、だからと言って、ゲーム理論が特定のイデオロギーを持っているわけではない。[4]ゲーム理論と紛争解決学とはかなり共通の基盤があると思われるが、このことは、紛争解決の主体を考察することにおいても参考になる。すなわち、あらゆる社会科学上の新しい試みがそうであるように、紛争解決学は私の思想を抜きにして考えることはできない。しかしそれは、発想の段階で思想を背景にしているという意味であって、表現されたものは特定のイデオロギーを持たず、広く応用されるものでなければならない。したがって、表現されたものがなお思想を引きずっているような印象や誤解を与えるような旧版の書き方は改めたいと思う。

それはともかくとして、もう一つの「紛争解決学の立場で紛争解決の主体をどのようにとらえるのか」という問いに答え、それに伴うさまざまな問題を考察することは、紛争解決学に多くの実りをもたらすであろう。したがって、以下では問題をここに限定して論述を進めることにする。

私は、この新版の第二章第二節では、紛争解決学の定義を変更、拡張した。したがって、問いを「紛争解決学の立場で紛争解決の主体をどのようにとらえるのか」に限定すれば、この問題はさほどの難問ではなく、簡明に「当事者」と答えることができる。

すなわち私は、この新版では、紛争解決学を「紛争解決規範及び合意の形成、構造、内容、使用、効果を解明するとともに、紛争解決規範を使い、合意に到達することによって紛争解決をはかる、当事者の諸現象並びに紛争解決システムを解明する学である」と定義した。したがって、この定義からすれば、紛争解決の主体は、論理必然的に「当事者」ということになる。

しかし、論理必然的に出てくる答を警戒するのが紛争解決学の方法であった。したがって、論理必然性に依存せずに、実質的な理由づけをしておかなければならないであろう。

そこでまず、紛争解決学の領域から見ておこう。紛争解決学の領域については、第二章第三節で明確になったと思われる。

すなわち、紛争解決学の領域は、現在のところ法律学の中の民事法学に属している。しかし、民法学や商法学などの実体法学や民事訴訟法学などの手続法学とは異なるものである。そしてまた、法社会学とも領域を異にしている。紛争解決学は、「紛争」の側から、また「当事者」の側から法現象をとらえる学問であって、その中核から順に言うと、まず相対交渉による和解があり、その先に調停、ミーダブ、仲裁など紛争解決システムを使用する紛争解決がある。訴訟も紛争解決学の範疇に入るが、それは紛争解決学の研究、実践に関連する限りで対象になるに過ぎない。このような領域を持っている紛争解決学からすれば、紛争解決の主体が「当事者」であることは、ごく自然に理解できるはずである。

また、私的自治の観点からも考察しておきたい。

紛争の当事者は、一身にいろいろなものを担っている。家族、組織、社会、心身の病気、苦悩、栄光と屈辱、不安と希望、そういうもろもろのものを、紛争の機会に克服し、屈服し、放棄し、獲得し、解決すべく道程を歩んでゆくものである。この当事者にかかる圧倒的なエネルギー、当事者が費す圧倒的なエネルギーは、国家の払うエネルギーとは比較にならない大きさである。すなわち、当事者にかかり、当事者が費すエネルギーを、国家が全て吸収することは、もともと不可能なことである。したがって、このことからも紛争解決の主体が当事者であることは明白であるが、もし仮りに国家が主体として紛争解決を引き取ったとしても、当然引き取りきれない多くのものが当事者に残る。その残った部分は、当事者が自主的に解決すべく方向づけられなければならない。したがって、私的自治は、もともと国家にとっても必要なものであることは明白であり、そうであるならば、私的自治を確立するために、はじめから紛争解決の主体を「当事者」にしておいた方がよいということになって、紛争解決の主体を国家とする根拠は失うのである。

また、紛争解決学の方法は、当事者の脳と心にある最も微細な素粒子のようなものからスタートし、それを言葉という道具に組み立てながら紛争解決の道筋を立てるものである。したがって、紛争のはじめから解決の終りまで、当事者が主体としてそこに存在しなければ成り立たない。もとより、代理人や紛争解決機関が紛争と解決のさまざまな場面で重要な役割を果たすことがあるが、紛争から解決に至るまでの当事者自身の全過程から見ると、それは一部分に過ぎない。すなわち、紛争は当事者から発生する。そして、解決は当事者に帰属する。紛争解決学は、その全過程を当事者の側から組み立てる学問であるから、紛争解決の主体を当事者とする以外のことは考えられない。

なお、旧版には、紛争解決の主体を国家とする考え方に反駁したので、その要旨を述べておくことにする。すなわち、近代国家は、紛争解決機関として裁判所を持っているので、紛争解決は国家がするものであると考え、紛争解決の主体は「国家」であるとする答が根強く存在する。しかし、現実にはほとんどの紛争は裁判外で解決しているのであって、裁判所で解決される紛争は、紛争の中のごく一部である。

また、裁判において最終的に勝ち負けを考えなければならない場合でも、裁判官だけの思考と意思によって裁きをつけるわけではない。判決をしようという段階の裁判官の脳には、両当事者からインプットされた主張、立証などのデータがつまっているので、裁判官の思考と意思によって生まれるかに見える判決は、実は当事者からの働きかけによって生まれるものであると言ってよい。とくにわが国のように弁論主義を採用している場合には、当事者が主張しないことについて裁判所は判断できない。こうなるとますます当事者からの働きかけがなければ判決ができないということになるから（あるいは一方が働きかけ他方が働きかけなければ前者の勝ちというように判断は拘束されるから）、当事者が紛争の主体であるということは、はっきり見えてくる。

また、最終的には国家の物理的強制力の発動によって執行されることは事実であるが、子細に見ればこのことも修正を要する。すなわち、物理的強制力が発動される頻度はそれほど多くない。また、いよいよ執行という段階になっても、ただちに強制執行が遂行されるわけではなく、その段階からまた話合いに入って結局は和解したという事例も報告されている。つまり、民事紛争のドン詰まりにきても、当事者は最後の最後まで主体性を握っているものである。これらのことから明らかになるように、当事者は、紛争解決の主体性を国家に委ねることなど夢にも考えていない。

このような傾向は、それ自体、人間と社会が成熟してきたことを示している。国家が頻繁に物理的強制力を発動しなければならないということであれば、社会的ロスは莫大なものになるであろう。また、国家が頻繁に物理的強制力を発動しなければならない事態は、人々が法を破り、法に従わないことをあらわすものであるから、社会的に法の支配が貫徹していないことを意味している。そのような事態よりも、私的自治を確立し、法の支配がゆきとどいている社会の方がよい。その意味からしても、紛争解決の主体は当事者であるとすべきである。

以上が旧版の要旨であるが、これは、裁判＝訴訟を意識し過ぎたものと言えよう。紛争解決学の定義を変更、拡張し、領域を明確にした新版では、紛争解決学に関連した限りで対象とする裁判をこれほど意識する必要はないが、それでも紛争解決の主体が国家であるとする考えは根強く存在するので、旧版で述べたことは、一応念頭に置いておく必要はあるだろう。

（1）　旧版の「第四章　紛争解決の主体」の第一節は、「当事者か、国家か」というタイトルになっており、紛争解決の主体を当事者とする考えと、国家とする考えとを比較をしたうえで、「当事者」とする考えの正当性の論証を試みた。この旧版の考え方が誤りであったとは思わないが、民事訴訟法学の考え方を意識し過ぎていたこと、自らの思想性を表に出しながら論述していたことは確かである（旧版八七頁〜九〇頁）。しかし、紛争解決学の定義と領域を明確にした新版では、その必要性が乏しくなったので、旧版のその部分は要旨のみを述べることにした。

（2）　鈴木光男『ゲーム理論の世界』（勁草書房、一九九九年）一八頁

（3）「個人の自由を前提としながら、従来とはまったく違った社会像をえがき出した背景には、この理論の二人の創始者が一九三〇年という苦難の時代を生き、その研究の過程において、常にファシズムに対する抵抗の思いをその根底において持っていたことと無関係とは言えない」（同書五一頁）。

（4）　同書一三〇頁

第二節　紛争解決の主体を巡る諸問題

紛争解決の主体は「当事者」であるが、この紛争解決の主体を巡る諸問題をさまざまな角度から検討しておく

必要がある。ここで、諸問題というものの中には、紛争解決の主体が当事者であるとする考え方を補強するものもあれば、その考え方を脅かすものもある。以下に、その諸問題について考察しておきたい。

第一に、紛争解決の主体が当事者であることは、社会心理学のうえからも裏づけられる。

山岸俊男助教授（現教授）は、「社会生活における不確実性に対処するため、人間はこれまでの長い歴史のなかで様々な方策を生み出してきており、法による保護はそのうちのほんの一部にしかすぎないだろう。社会的不確実性に対処するための最も基本的な方策は、お互いに信頼し合うことの出来る社会関係を維持することにあるだろう。多くの社会関係から相互信頼が失われれば、法に基づく強制のみにすべての負担がかかってくることになり、そのような事態が社会的に巨額なコストを伴うものであり、たとえ可能であってもあまり望ましくない事態であることには、ほとんどの人々は同意するであろう」と述べ、内発的動機づけについての研究として子供たちのお絵かきの実験研究をあげている。この実験の結果、そもそも楽しんで行っている行動（お絵かき）に対して外的な報酬（ご褒美）が約束されることにより、その行動の原因が外的な報酬にある、つまり、自分はその行動を楽しんでいないが、報酬があるから行動しているのだと、自分で思うようになり、すすんで行動したがらなくなることが分かった。そして、山岸教授は、同じような関係が、社会的な関係における自発的な契約の遵守についてもあてはまり、このような内発的動機づけについての研究は、外的強制により内発的動機づけが失われてしまう可能性のあることを示唆していると述べ、「法律に基づく強制力により人々の行動を規制していると、そのうちに人々が自発的に協力しようという気持を失ってしまうだけではなく、他人も本心では協力する気がないのだ、他人は信頼出来ないのだと思うようになってしまうということである。この点を政治学者テイラーは、麻薬中毒にたとえている。つまり、法律による規制は麻薬のようなものであり、それを使用している間は協力行動が促進されるが、その使用によって成員の自発的協力意思がなくなるため、協力行動を維持してゆくために、ますます強力な規制が必要とされるようになる、というわけである」と言われる。(1)

これは主として通常の社会生活における内発的動機づけを言っているのであるが、紛争解決という段階になると、内発的動機づけが一層重要になる。すなわち、内発的動機づけによって解決することが、紛争解決の在り方に望ましい結果をもたらすことは明かである。逆に、紛争解決の段階で強制力をあてにすると、ここで指摘されたように、麻薬中毒を重くするという悪循環に陥る。紛争解決の主体が物理的強制力を独占している国家でなく、当事者であるということは、内発的動機づけという視点から見た社会心理学の立場からも裏づけられていると言ってよいと思う。

しかし第二に、紛争解決の主体が当事者であるとする考えは、紛争解決機能を行政に置き換えようとする根強い志向に脅かされるという現実がある。

例えば、加藤一郎教授は、水俣訴訟において東京地方裁判所などの裁判所が国や県を含めて和解勧告をしたことに対して、和解は法による裁判でないと批判したうえ、「司法、すなわち裁判官は、法による救済を与えるのが困難ならば請求を棄却するほかはないし、そうなればよいのである。あとの被害者救済が必要かどうか、必要だとすればどういう方策をとるかは、行政や立法の仕事だと割り切って考えるほかはない(2)」と述べている。

このような考え方が支配的になれば、紛争解決の主体が当事者であるとする考えは吹き飛ばされてしまうであろう。なぜならば、当事者はあくまでも裁判所から救済を与えられる対象としてしか見られておらず、それが与えられなければ行政や立法の仕事だと割り切られて、当事者の主体的意思が全く無視されるからである。

しかし、この脅威に対しては、学問としての方法の相違であるとしか言いようがない。従来の実定法学は法現象を「法」の側からとらえているのに対し、紛争解決学は「紛争」や「当事者」の側からとらえるというところに相違があることは、第二章第三節で述べたとおりであるが、こういうところに、その在り方の違いが顕著にあらわれるのである。

なお、加藤教授の論述に重要な問題があることを指摘することを忘れてはならないだろう。それは、水俣訴訟は行政や立法の仕事が不十分であることを原因として発生している紛争であり[3]、それ故に、行政自体が当事者になっているということである。したがって国や県は、一義的には一方の当事者として紛争解決に取り組まなければならないはずである。国や県が紛争解決の主体である当事者として取り組むことと、一般行政の仕事として取り組むこととは意味が異なるのであって、前者を後者に置き換えることは許されないことである。もし、そのようなことが許されるのだとすれば、紛争解決の主体としての行政（水俣病の場合は国及び熊本県）は雲隠れし、衣を変えて一般行政としてあらわれることでよしとすることになり、それでは責任の質量が薄められて紛争は解決しない。もとより行政上の救済は必要であり、それが十分であればそれに越したことはないが、その場合でも、紛争解決の主体である当事者として関わることを避けるべきではない。

なお、この水俣訴訟の例で明らかなように、国家や地方公共団体が紛争の当事者として登場することは多くなってきた。そのような場合には、国家や地方公共団体が紛争解決の主体であるから、当事者として正面から立ち向かわなければならない。当事者であるにもかかわらず、一般行政という名の衣に隠れようとすれば、かえって紛争をこじらせたり、長期化することになりかねない。国や地方公共団体が当事者になる紛争に、どのように取り組むか、またその紛争や解決方法にどのような特徴があるかという問題は、法社会学のテーマであるが、紛争解決学でも研究すべき課題であろう[4]。

第三に、紛争解決の主体が当事者であるとしたときに、考察しておかなければならない現実的な問題は、保険制度である。保険制度は、紛争解決の主体が当事者であるする考え方を補強することも、脅かすこともある。その意味で両面性を持っている[5]。

そこでまず、当事者の主体性を脅かす側面を見ておこう。

加藤雅信教授は、後述の棚瀬孝雄教授の不法行為責任に関する論文に反論して、総合救済システムの提言をし、危険行為課徴金と自衛的保険料を柱にした総合救済システム救済基金をつくることを提案している。そして、

「最後に、このような総合救済システムができた場合には、人身被害についての不法行為訴権は廃止してもよいと考える。この意味では、現在の損害賠償制度は大幅に変ることとなる。また、自賠法、公害被害補償法の不法行為特別法も全面的に廃止されることになる。さらに、これらに伴い、人身損害に関しては、責任保険制度もなくなることとなる。生命保険等の自衛的保険も、全面的に廃止されるわけではないものの、機能する分野が大幅に縮小するものと思われる。また、社会保障制度も大幅な変容を遂げることになる」と言っている。[6]

確かに保険制度などが整備され、被害救済の道が広げられて、社会における正義がトータルとして増大するという意味の全体的正義が実現するすることは望ましい。しかし、加藤教授が言うように、例えば人身被害についての不法行為訴権を廃止するならば、誰が紛争解決の主体になるのであろうか。不法行為訴権を失った人身被害における被害者は、紛争解決の当事者から追いやられ、保険制度に取って替わられることになるのであろう。しかし、仮りに損害賠償額について一定の基準ができ、その基準に基づいて正確に算定することが可能になっても、そのような機械的な扱いに被害者は決して納得しないものである。当事者が紛争解決の過程で、被害者としての苦痛や不安やその他もろもろのことを訴え、それを踏まえた形で解決しないと、真の解決には至らない。仮りに機械的に算定した損害賠償額とその過程を経て合意した損害賠償額とが一致したとしても、当事者の納得度の高さにおいても、解決後の心理的安定度においても、紛争解決の質に格段の相違が出てくる。したがって、紛争解決の主体としての当事者を保険制度に置き換えれば、紛争解決の質が落ち、かえって全体的正義の実現が遠くなる。

なお、棚瀬孝雄教授は、全体的正義は被害者救済のために保険制度などのシステムをつくり社会を合目的的に管理しようとするものであるところ、これは「連帯」というもう一つの価値の面では、むしろコミュニティー破壊的作用をすると、加藤教授に批判的な見解を述べている。[7] この見解は、連帯にウエイトを置いたコミュニティーという側面からの批判である点で、紛争解決の主体である個々の当事者の側面から批判する私とは異なるが、当事者が主体性を失えば連帯はあり得ないことになるから、問題意識は共通していると思われる。[8]

ところが一方、保険制度には、当事者の主体性を補強する側面もある。

欧米では、弁護士費用や訴訟費用をまかなう保険は広く普及しているが、わが国でも二〇〇〇年一〇月から、日本弁護士連合会の協力のもとで、権利保護保険制度が発足した。これは、保険者を損害保険会社とする保険で、加入者やその家族が交通事故・医療事故・ＰＬ（製造物責任）事故・学校事故や窃盗・傷害・殺人等の犯罪の被害などの偶然の事故に遭って損害賠償を求める場合、法律相談料や交渉・調停・訴訟等の弁護士費用と手続費用を、一定限度まで保険金でまかなわれるという制度である。[9] この権利保護保険については、司法制度改革審議会意見書にも「近時、日本弁護士会連合会は、損害保険会社による訴訟費用保険の商品開発・普及等に一定の協力を行ってきたところである。国民の司法へのアクセスを容易にするための方策として、訴訟費用保険が普及することは有意義であり、引き続き、このような保険の開発・普及が進むことを期待する」と述べられている。[10] 私も、民事調停制度を抜本的に改革することを提言した機会に、その制度を維持するために保険制度を導入することを提案した。[11]

紛争解決の主体が当事者であるとしても、費用がないために紛争解決に向けた行動を起すことができなければ、当事者の主体性は観念だけに存在するに過ぎず、現実の存在にはならない。したがって、当事者がその主体として紛争解決に取り組む費用を調達することを可能にする保険制度は、当事者の主体性を補強する側面を持っていることは確かである。その限りで、加藤教授の提言は正鵠を得ていると言うべきであろう。

保険制度が当事者の主体性を補強することも脅かすこともあるという両面性を持っているのだとすれば、紛争解決の主体としての当事者が、その主体性を損なわず、むしろ主体性を確立することを可能にする保険制度を設計することが課題になる。そのような制度設計をすることは、保険制度に補強と脅威というジレンマがあるために論理的にも難しいことであるが、経済的な循環過程に乗せるという現実性のうえからも難しい。したがって、そのような保険制度の設計は、じつは紛争解決学の格好のテーマである。しかしここでは、そのことを指摘するだけにとどめ、先に進むことにしたい。なお、権利保護保険制度は、弁護士の下部構造に変化をもたらす可能性があるので、第五章第三節の「弁護士の下部構造」で再論する。

第四に、紛争解決の主体が当事者であるとしても、当事者の主体性を一〇〇パーセント維持することの困難性について考察しておかなければならない。

ここで問題になるのは、性や身分や財産などによる差別が今なお現実に存在し、それが主体としての当事者を拘束しているということである。また、当事者が社会の中で生活している以上、家族や組織など何らかの団体に属しているのであるから、意思決定権限が制約を受けることは大多数の人が日常的に直面している問題である。このように考えると、紛争解決の主体が当事者であるとすることは、多分に理念的なものであることを認めざるを得ない。

しかし、そのような制約を受けても、「どっこい生きている」というのがヒトという動物である。これは人間の自我というものに関係があると思われるが、精神病で意思を喪失しているなどの特殊な例外を除けば、当事者は何らかの形で主体としての自己を手離すものではない。そして、紛争解決の主体を当事者とすることが紛争発生以前の状態では理念的なものであったとしても、当事者が紛争解決に取り組んだ途端にそのことは現実に転化するのである。したがって、自由意思に制約を受け、主体性が一〇〇パーセント発揮できない状態になっていても、その状態を認識、計量しつつ、なお主体としての当事者に着目して、総体として紛争解決に取り組むのが紛争解決学の方法である。そして、その制約から自己を解放することが当事者の課題である以上、その過程を解明することは紛争解決学の目的になる。

これまで紛争解決の主体を巡る諸問題を考察してきたが、第五に、究極的な問題に言及しておこう。

それは、私の考えによれば、紛争解決の客体は当事者であり、主体も当事者ということになるから、当事者が当事者を解決する、ということである。「当事者が当事者を解決する」と聞いたときに、何も考えないとすれば、それはおかしいと感ずるかも知れない。しかし、「当事者が当事者を解決する」ということは、すなわち、「自分が自分を解決する」ということである。「自分が自分を解決する」ということを少しでも考えてみれば、なるほどそうだと思うだろう。そして、よく考えれば考えるほど、そうでなければならないことが分かるはずである。

このことについては多言を要しないと思うので、極めて図式的な言い方になるが、歴史的に見ると、近代以前は紛争は自らが解決するものでなく、封建領主の専権事項であった。近代に入ってからは法的主体性が私法の基礎とされたが、紛争解決システムの中心が裁判制度とされていたために、紛争は裁判所で解決されるという考えが長く支配していた。しかし、現実には紛争の多くが裁判外で解決されており、その頻度が高まるに従って当事者の主体性が徐々に確立してきた。紛争解決学はその現実をとらえて、紛争解決の主体が当事者であることを明確に認識したのである。

また、紛争解決の主体である当事者が、自らの力で紛争を解決したという実感をつかまなければ、真の意味の解決にはならない。すなわち、自分で解決したという境地に達するのがレベルの高い解決である。その意味で、自分が自分を解決するというのが、紛争解決の理想の姿である。

なお、すでに気づかれていると思われるが、前章「紛争解決の客体」の第二節「当事者が持っている諸条件」は、客体としての当事者が持っている諸条件であるとともに、主体としての当事者が持っている諸条件でもある。当然のことであるが、諸条件が当事者の属性になっている以上、それは客体としても主体としても当事者にとっての諸条件なのである。そして、自分自身が持っている諸条件を、客体として認識の対象としたり、主体として自己が認識したりしながら、当事者は解決を模索する。この客体、主体の循環過程を通りながら自己を確立し、同時に紛争を解決する姿こそが、紛争解決の真髄なのである。

こうして当事者は、自分の力で紛争から脱却し、自分を救うことによって蘇り、未来に向かう力をつけて現実に歩みはじめる。

したがって、「自分で自分を解決する」ことこそ、紛争解決の現実であり、また理想である。

これまで、紛争解決の客体と主体について、いろいろ検討を加えてきた。そして、ようやく「自分で自分を解決する」というところに到達した。この過程と到達点は、紛争解決学の本質を示す一つの表現に他ならない。

（1）山岸俊男「法と感情——社会心理学的視点」（『ジュリスト』九八九号・八五頁）

（2）加藤一郎「司法と行政——水俣病をめぐって——」（『判例タイムズ』七八二号・二頁）

（3）このことは、国や熊本県の責任を認定した水俣病訴訟の判決（熊本地方裁判所昭和六二年三月三〇日判決・判例時報一二三五号三頁、熊本地方裁判所平成五年三月三〇日判決・判例時報一四五五号三頁、京都地方裁判所平成五年一一月二六日判決・判例時報一四七六号三頁）にもあらわれている。

（4）旧版の各論では、中野駅北口広場行政事件（東京地方裁判所昭和四六年（行ウ）第二二六号事業計画認可等の取消請求事件）を紛争解決規範の使い方の事例として取りあげた（旧版二六七頁〜二七六頁）。この事件は、私が地域住民の代理人として、建設大臣（当時）及び東京都知事に対し訴えを提起したものであるが、最終的には和解で解決した。この事件で和解が可能になったのは、東京都の江東再開発部長が大阪の住友銀行（当時）本店に行って地域住民が希望していた代替地を買収したからであるが、これは、東京都が当事者として事件の解決に責任をもって行動したことを示している。もし東京都が当事者としてではなく、一般行政の問題に置き換えたとしたならば、とうていこのような解決には到達できなかったであろう。

（5）旧版では、保険制度が当事者の主体性を脅かすという観点から加藤雅信教授の後記論文を批判したが（旧版九五頁〜九七頁）、保険制度には当事者の主体性を補強する側面もあるので本文のように改めた。

（6）加藤雅信「損害賠償制度の展開と『総合救済システム』論——棚瀬教授の批判によせて」（『ジュリスト』九八七

号・七五頁）

（7）　棚瀬孝雄「不法行為責任の道徳的基礎」（『ジュリスト』九八七号・六八頁）

（8）　なお、旧版では、保険制度が経済的条件の拘束から解放されない現実を指摘した（旧版九六頁）。加藤教授の言う総合救済システムを如何なる機関が運営するかが問題になるが、政府が運営する保険制度の多くが財政難に陥っており、経営破綻した保険会社も続出している今日のわが国の状況を見ると、経済的条件によって保険制度が影響を受ける危険性は旧版当時よりも現実味を帯びている。紛争解決の主体を当事者から保険制度に置き換えることの問題性は、この意味でも重要であるが、この点は流動性が大きく、現在のわが国の特殊な現状を色濃く反映し過ぎているので、本文では省略した。

（9）　権利保護保険に関しては、日本弁護士連合会『自由と正義』二〇〇一年一二月号の特集、小島武司「司法改革と権利保護保険」、小山昭雄「保険業界から見た権利保護保険の位置付けと今後の展望」、秋山清人「権利保護保険から弁護士業務改革を考える」参照。

（10）　司法制度改革審議会『司法制度改革審議会意見書―21世紀の日本を支える司法制度―』（二〇〇一年）三〇頁

（11）　廣田尚久『民事調停制度改革論』（信山社、二〇〇一年）二一三頁～二一四頁

第五章　代理人

第一節　代理人の必要性と法律専門職種

1　代理人の必要性

当事者は、紛争解決の主体であり客体であるから、自分が自分を解決するというのが究極の姿であるが、紛争の渦中にある当事者が客観的にものごとを認識し、自らを解決に導いてゆくことは現実には難しいことである。また、世の中の仕組みが複雑になり、紛争もひと筋縄ではゆかないものが多くなると、ますます当事者自身が紛争を解決することが困難になる。とくに武力の支配から法の支配に移行すると、法令などの紛争解決規範を使わなければ紛争解決ができなくなり、専門知識を備えた代理人が必要になってくる。

近代国家は法の支配が原則であるから、実体面でも手続面でも数多くの法令を整備する。成文法主義をとっている大陸法（わが国も成文法主義をとっている）はもとよりのこと、コモンロー主義の英米でも成文法の数が多くなってきたという。とくに法化社会といわれる今日では、夥しい数の成文法や判例が集積され、人々はその中で日常生活を営み、社会活動をしている。さらに、いったん紛争が発生し、その紛争を解決するという局面になると、成文法や判例のみならず、多様な紛争解決規範を使用する必要が出てくる。それらの紛争解決規範は複雑であるばかりか、使用方法も多様で、簡単には分からないものが多くなってきた。

そのために「法」を扱うことを専門とする職業が生まれ、その専門家が紛争解決の局面で当事者の代理人として登場することになる。そして、その専門家は、最終的には国家の物理的強制力の発動を促す「法」を扱うので、国家によって承認された職業としてかためられてゆく。

こうして、当事者の代理人となる法律専門職種が生まれたが、わが国には、公認会計士、弁護士、司法書士、土地家屋調査士、行政書士、税理士、社会保険労務士、弁理士（現行の法律の施行の順による）の法律専門職種が存在する。このように多様な法律専門職種が存在するのは、わが国の特殊な事情と歴史的経緯によるものである。

これらの法律専門職種の歴史や役割については、さまざまな文献があるので、[1]詳細についてはそれらの文献に譲りたい。また、とくに弁護士の役割については、法社会学者や実務家も関心を持っていろいろな角度から研究しており、弁護士論に関する著作物はたくさんある。[2]したがって、ここでは紛争解決学に必要な限度で論述するにとどめ、多くは他の文献を参考にしていただきたいと思う。

このように、法の支配の浸透とともに多くの法律専門職種が生まれてきたが、紛争解決学の関心事は、紛争解決の局面で、それらの法律専門職種の人々が、当事者の代理人としてどのような役割を果たしているか、また果たすべきかということである。このことは、個々の紛争について検討することが重要であるとともに、マクロ的に制度の問題として把握することも必要である。そこでまず、法律専門職種の全般をおおまかにとらえておくことにしたい。

（1）　例えば、社会保険労務士については、全国社会保険労務士会連合会編『社会保険労務士法詳解』（全国社会保険労務士会連合会、一九九七年）

（2）　いくつかの例をあげると、棚瀬孝雄『現代社会と弁護士』（日本評論社、一九八七年）、加藤新太郎『弁護士役割論』（弘文堂、一九九二年）、宮川光治・那須弘平・小山稔・久保利英明編『変革の中の弁護士　上・下』（有斐閣、

一九九二年・一九九三年)、日本弁護士連合会編集委員会編『あたらしい世紀への弁護士像』(有斐閣、一九九七年)

2 法律専門職種

法律専門職種のうちの弁護士については、次節以下に詳細に論述するので、ここでは弁護士以外の法律専門職種について、その概略を見ておきたい。

まずその業務については、それぞれの法律に明記されているが、その要旨は次のとおりである。

公認会計士は、財務書類の監査又は証明をすること等である(公認会計士法二条)。

司法書士は、登記・供託の代理および裁判所に提出する書類の作成等である(司法書士法二条)。

土地家屋調査士は、不動産の表示に関する登記につき必要な土地又は家屋に関する調査、測量、申請手続又は審査請求の手続である(土地家屋調査士法二条)。

行政書士は、官公庁に提出する書類その他権利義務又は事実証明に関する書類の作成等である(行政書士法一条の二)。

税理士は、租税に関し、税務代理、申告、申請、請求若しくは不服の申立て、税務書類の作成、税務相談等である(税理士法二条)。

社会保険労務士は、労働及び社会保険に関する法令に基づいて行政機関等に提出する申請書、届出書、報告書その他の書類を作成すること等である(社会保険労務士法二条)。

弁理士は、特許、実用新案、意匠若しくは商標又は国際出願若しくは国際登録出願に関し特許庁になすべき手続等である(弁理士法四条)。

以上は代表的な業務をあげたに過ぎず、各法律にはその他の業務も列挙されている。そして、これらの業務はそれぞれ範囲が限定されているが、例えば、二〇〇二年四月に成立した司法書士法の改正によって、一定の要件のもとで司法書士に簡易裁判所における訴訟代理権が認められるようになったように、業務が拡張される傾向が見られるようになってきた。

それぞれの法律専門職種の業務は以上のとおりであるが、わが国の法律専門職種の登録人数は、二〇〇五年四月現在、公認会計士一万五八一九人、司法書士一万七七三五人、土地家屋調査士一万八四六五人、行政書士三万八二四四人、税理士六万八六四二人、社会保険労務士二万九一五〇人、弁理士六一三六人である。また、弁護士は二万一四五〇人であり、わが国では人口に比べて弁護士の数が少ないと言われているが、法律専門職種を全部合計すると約二〇万人であって、これは決して少ない数ではない。

また、これらの法律専門職種の資格を取得するためには、原則としてそれぞれの資格試験に合格しなければならない。社会保険労務士を例にあげれば、試験科目は、労働基準法及び労働安全基準法、労働者災害補償保険法、雇用保険法、労働保険の保険料の徴収等に関する法律、健康保険法、厚生年金保険法、国民年金法、労働管理その他の労働及び社会保険に関する一般常識の八科目である（社会保険労務士法九条）。この社会保険労務士試験を、二〇〇一年度には四万三三〇一人が受験して、三七七四人が合格した。

なお、弁護士は、当然弁理士と税理士の業務を行うことができ（弁護士法三条二項）、また、行政書士（行政書士法二条二号）や社会保険労務士（社会保険労務士法三条二項）になる資格もある。しかし、これらの法律専門職種の資格取得に必要な法律に必ずしも弁護士が通暁しているわけではない。例えば、社会保険労務士試験の試験科目にある労働法は司法試験では選択科目であり（試験科目になかった時期もある）、社会保険法は司法試験の試験科目にない。したがって、労働法や社会保険法を専門とする一部の弁護士を除けば、ふつうの弁護士は労働・社会保険の分野には精通していないと言ってよいだろう。ここに法制上の在り方と実情との間に齟齬があるというべきであるが、大局的に見れば、法の世界における専門分化が進むに従って、それぞれの法律専門職種の人々が、その専門分野を分担し、全体として法の実効性を支え合っていると言うことができると思う。

3　法律専門職種と弁護士法七二条

ところで、弁護士法七二条（非弁活動禁止条項）には「弁護士又は弁護士法人でない者は、報酬を得る目的で訴訟事件、非訟事件及び審査請求、異議申立て、再審請求等行政庁に対する不服申立事件その他一般の法律事件に関して鑑定、代理、仲裁若しくは和解その他の法律事務を取り扱い、又はこれらの周旋をすることを業とすることができない。ただし、この法律又は他の法律に別段の定めがある場合は、この限りではない」と定められている。

この弁護士法七二条の立法趣旨については、「弁護士法は基本的人権の擁護と社会正義の実現とを使命として（法一条）、ひろく法律事務全般を行うことを職務とするものとして（法三条）、わが国の法律秩序が形成されているのであるが、弁護士でない者が他人の法律事件に介入して跋扈すれば、右の法律秩序が紊乱され、国民の公正な法律生活を侵害するに至ることは必至である。そこで、右のような非弁護士の行為を禁圧するためにもうけられたものである」と説明されている。(1) そして、弁護士法七二条は、弁護士の法律事務独占を規定したものであるという解釈が、弁護士会内部の通説であった。

しかし私は、弁護士法七二条は、いわゆる事件屋のようなおかしなことをする非弁護士から人々や企業を守るための規定であって、弁護士の職域擁護のための規定ではないと考えている。このことについては別の機会に詳しく述べたので、(2) ここではこれ以上言及しないが、問題は、弁護士が法律事務を独占しているのだという解釈が、当事者が代理人を選任するときに不都合を生じさせていることである。

そこで、当事者と社会保険労務士との関係から、このことを考えてみよう。

例えば、ある社会保険労務士が中小企業の顧問になったとして、その会社の経営者が従業員を配置転換したとしよう。そして、その従業人が配置転換に従わないときは、経営者はまず顧問の社会保険労務士に相談するだろう。これに対して、社会保険労務士は経営者にアドバイスをする。ここまでは、社会保険労務士の日常業務そのものであるから問題はない。社会保険労務士法にも、労務管理その他の労働に関する事項について相談に応じ指導することは、社会保険労務士の業務であることが明記されている（同法二条一項三号）。しかし、アドバイスだけでは埒があかないので、その従業員に会って説得してほしいと経営者に頼まれたとする。その場合に社会保険労務士は、弁護士法七二条の問題があるからと言って断るであろうか。経営者は、社会保険労務士の専門的知識と経験を信頼し、彼（あるいは彼女）ならばこのトラブルを解決してくれるだろうと期待しているのである。その期待に応えない社会保険労務士は、まずいないと思われる。そこで社会保険労務士は、その従業員に会って会社の実情を説明し、説得を試みる。そして、従業員の希望を聞き、東京から大阪に転勤するところを、横浜に転勤する方法で解決する。その過程で、逆に経営者を説得することもあるであろう。

さて、この社会保険労務士の説得を試みる行為、説得の結果トラブルを解決する行為は、弁護士法七二条に違反しないのだろうか。

配置転換は、会社と従業員の雇用契約に基づくものであるから、そこにトラブルが生ずれば、弁護士法七二条にいう「法律事件」であることは間違いない。また、この社会保険労務士は、会社の代理人として従業員に会ったのであるから、「代理」という「法律事務」を行ったことになる。さらに、解決までしたというのであれば、そこに「和解」という「法律事務」が重なることになる。そして、「報酬を得る目的」は、顧問料の他に報酬を貰わなければよいように思われるが、顧問料も報酬であると言われることもあるので微妙なところだろう。しかし、社会保険労務士の業務として行ったのだから、「業とする」行為であることは免れようがない。こうしてみると、形のうえでは、弁護士法七二条違反に該当することになる。

では、この会社は、この従業員との配置転換のトラブルを解決するために、弁護士に依頼しなければならないのだろうか。しかし弁護士は、前述のとおり、労働法や労働関係の実務に必ずしも精通しているわけではない。配置転換の判例や実務が頭に入っているのは、社会保険労務士の方である。この例の一連の流れから明らかなように、社会保険労務士が従業員と会う前と後には連続性があり、仕事の内容に質的な違いがない。経営者としては、会社の実情や事案の内容が分かっている社会保険労務士に引き続いて依頼したいと考えるのが自然である。また、当事者間で話をこじらすよりも、従業員からも信頼されている顧問社会保険労務士に間に入ってもらって、話合いをする方がよい場合も多いだろう。それなのに何故、費用をかけて、事情を知らない弁護士を代理人に立てなければならないのであろうか。当事者の立場になれば、わざわざ弁護士に依頼するのはいかにも不都合で、それよりも目の前にいる顧問社会保険労務士に代理人になってほしいのである。

社会保険労務士は、会社側からだけでなく、従業員の側から相談を受けることもある。その場合にも、この例と同じような経過を辿って、社会保険労務士を代理人として交渉したり、和解したりすることがあり得る。また、社会保険労務士だけでなく、弁護士以外の他の法律専門職種の人々も、この例に似たような相談を受け、交渉をし、和解をすることがあるだろう。ただ、「代理」とか「和解」という言葉を使わず、また「報酬を得る目的」でなく、弁護士法七二条違反にならないようにしているのである。

ところで、民法のうえでは、代理人の資格にこのような制限はない（民法一〇二条、一一一条）。したがって、社会保険労務士が当事者を代理したり、代理人として和解したりする行為は、民法上は有効である。また、前述のとおり、社会保険労務士がその資格を取得するためには、資格試験に合格するか法に定める要件を具えていなければならない。したがって、少なくとも社会保険労務士法に定める業務に関しては、代理権を認めるのが筋であろう。国家が資格を与えておきながら、その業務に関する代理権を与えないというのは、いかにも矛盾があると言わなければならない。弁護士法七二条が存在するから代理権は認められないのだというのかも知れないが、弁護士法七二条は弁護士の法律事務独占を規定したものであるなどという拡大解釈をして、国家が承認した有資格者の権限を制限することまでするのは、僭越というべきものであると思料する。

前述のとおり、弁護士法七二条はいわゆる事件屋のような非弁護士から当事者を守る規定であると解釈すべきであるが、資格試験に合格した法律専門職種の人々が、その専門分野に関して当事者の代理人になることに弊害があるとは考えられない。

ところで、二〇〇一年一〇月一日に、「個別労働関係紛争の解決の促進に関する法律」が施行され、都道府県労働局に設けられた紛争調整委員会が、個別労働関係紛争のあっせんを行うことになった。すなわち、個々の労働者と事業主との間の紛争を取り扱う裁判外紛争解決機関（ＡＤＲ）が新設されたのである。

ここで例にあげた配置転換の事案は、まさにこの制度の対象となる個別労働関係紛争であるから、社会保険労務士の説得が効を奏しないときには、このあっせん制度を利用して解決をはかることが可能になる。

ここで問題になるのは、社会保険労務士が当事者の代理人になって、紛争調整委員会にあっせんの申立てをし、そのあっせん事件を追行することができるかということであった。端的に言えば、このことに関する社会保険労務士の代理権が、弁護士法七二条の規制によって認められないことになるかという問題である。

この社会保険労務士の代理権の有無についての厚生労働省の見解は、かつては次のとおりであった。すなわち、このことについて特段の手当はしておらず、弁護士法七二条の解釈問題である。したがって、「業として」代理することは弁護士法七二条に抵触するので不可能と考えており、たまたま（飛び込み的に）依頼されて、無報酬で代理するような場合は問題ないと考えている、とのことであった。

しかし、この例の配置転換のトラブルがこじれて当事者間で話がつかず、第三者機関に申立てをして解決したいと考えることは、社会保険労務士に相談し、アドバイスを受け、いろいろ尽力をしてもらった果てに辿り着く結果であって、それまでの延長線上にある事柄である。したがって、経営者にしてみれば、それまで相談に乗ってもらっていた社会保険労務士に、引き続いてあっせんの申立てをし、代理人としてあっせんの場でトラブルを解決して欲しいだろう。紛争調整委員会にあっせんの申立てをする段階で弁護士を立てなければならないとしたら、当事者にとっては、極めて不便なものになる。さりとて、代理人なしで経営者だけがあっせんを追行することは心もとないことである。会社には顧問社会保険労務士がいるのに、なぜその人が、しかもその道の専門家が代理人になれないのか、そのことを納得することは困難であろう。また、そのように利便性がないのならば、せっかく紛争調整委員会をつくっても、利用頻度はその分だけ落ちることになると思われる。すなわち、このことからしても、弁護士法七二条は不都合なものとして、当事者の壁になっていたのである。[3]

私は、裁判外紛争解決においては、弁護士法七二条の規制を撤廃すべきであると考えている。そうでなければ、紛争解決システムが円滑に機能しない。いわゆる事件屋のような非弁護士が当事者に被害を与えることが心配であるならば、別の方法で手当てをすればよいのであって、弁護士法七二条のように大きく網を掛けて規制することは間違いである。少なくとも、裁判外紛争解決機関（ＡＤＲ）において、弁護士以外の法律専門職種の人々が当事者の代理人として活動することは自由とすべきであって、それを制限する理由はどこにも見当たらない。

当事者にとって大切なことは、適切な「助っ人」に巡り会うことである。その「助っ人」としての条件は、直面しているトラブルに精通している専門家である。そして、法律専門職種に限定して言えば、当事者の目的を達成するための法律専門職種の人々が、適切に隙間なく配備されていることである。そして、当事者が適切な「助っ人」にアクセスができるように、正しい情報の提供を受けることとである。

そのような紛争解決システムを整備することは紛争解決学の課題であるが、そのときに弁護士法七二条の功罪を視野に入れておく必要があり、ここではその一端を考察したことになる。

(1)　日本弁護士連合会調査室編『条解弁護士法　第二版補正版』（弘文堂、一九九八年）五一五頁

(2)　廣田尚久『紛争解決の最先端』（信山社、一九九九年）八六頁〜一二一頁。そこでは、「弁護士法の「非弁活動禁止条項」は紛争解決の邪魔になっていないか」というテーマで弁護士法七二条の問題を取りあげた。『最先端』で述べたことは紛争解決学の主要なテーマであるが、この新版では別の切り口から弁護士法七二条問題に迫りたいので、

ここでは言及しなかった。しかし、その『最先端』における論述は、この新版と一体性があるので、参考にしていただきたい。

（3）　この点については、社会保険労務士に紛争調整委員会における代理権を認める社会保険労務士法の改正案が二〇〇二年の通常国会に上程され継続審議となっていたが、同年の臨時国会で成立した。なお、全面改正された弁理士法（平成一二年四月二六日法律四九号）によれば、経済産業大臣が指定するものが行う特許、実用新案、意匠、商標、回路配置又は特定不正競争に関する仲裁事件の手続（当該手続に伴う和解の手続を含む）についての代理が弁理士の業務に加えられ、日本知的財産仲裁センターと日本商事仲裁協会が経済産業大臣から指定された。

第二節　弁護士の上部構造

当事者の代理人となる人は、前述のとおり、法律専門職種に限ってもいろいろある。しかしこれからは、弁護士に焦点を絞って論述を進めることにしたい。

これまで数多くの弁護士論があるが、この紛争解決学では、まず弁護士の上部構造と下部構造を考察することによって、弁護士の本質と問題点と望ましい資質を摘出する方法を採用したい。そこで、本節で上部構造を、次節で下部構造を照射することにする。[1] なお、私が本書で上部構造、下部構造と言うときは、マルクスの概念を若干比喩的に借りて、弁護士の意識形態を上部構造と言い、その上部構造の土台としての経済構造を下部構造と言うのである。したがって、弁護士集団全体を規定する概念ではなく、個々の弁護士の意識と経済を指す。

さて、弁護士の上部構造を論ずるときに、誰でもまず引用するのは、「弁護士は、基本的人権を擁護し、社会正義を実現することを使命とする」という弁護士法一条の条文である。多くの弁護士は、この使命を他の職業と差別化するほど価値のあるものと理解して、自らのポジションを高いところに置く論拠にしている。しかし、基本的人権の擁護と社会正義の実現という使命が、現実に弁護士の上部構造を形成しているかというと、それは別問題である。

基本的人権の擁護と社会正義の実現という概念は抽象度が高すぎる。そのために、具体的な問題に直面すると、立場の相違によって、如何様にもなるのである。したがって、まったく立場が相反する双方が同時に基本的人権の擁護を掲げて、相反する行動に及ぶことがある。例えば、ある傷害事件の被疑者が別件逮捕をされるとする。その被疑者の弁護人は、基本的人権の擁護を掲げて別件逮捕の違法性を問題にする。しかし、被害者の代理人である弁護士は、被害者の人権を主張して別件逮捕を支持する。被疑者に対して損害賠償を請求しようと考えている弁護士が、別件逮捕に問題があったとして、行方をくらましていた被疑者の釈放を要求することは、まず滅多にないだろう。また、社会正義という場合には、何をもって社会正義と言うのか、人によってまちまちである。ひとつの現象を社会正義にかなうと言う人もいれば、社会正義に反すると言う人もおり、弁護士の価値観の相違によって、どのようにでも理屈がつくのである。こうしてみると、基本的人権の擁護と社会正義の実現という概念は、内容が空疎になっていることが分かる。

ややこしいことに、基本的人権の擁護と社会正義の実現という錦の御旗に叛旗を翻すことができるかと言えば、それは難しい。なぜならば、もしこれに叛旗を翻せば、では基本的人権を擁護しないつもりか、社会正義を実現しないのかと言われてしまうからである。確かに基本的人権は擁護しなければならないし、社会正義は実現しなければならない。したがって、この弁護士法一条は、一定の守るべきモラルとして、弁護士を大枠で制約する役割を果たしているのである。

しかし、そのような役割を越えて、この錦の御旗に一役買って貰おうとすると先ほど述べたように、相対立する陣営からも同じ錦の御旗があがって、おかしな現象が起る。そして、形而上学的な論議に終始して、実のあることは何も出てこなくなる。

したがって、いずれにせよ、弁護士法一条に言う基本的人権の擁護と社会正義の実現という概念は、中身に踏み込んで検証するしろものではないということになる。

それでは、この基本的人権の擁護と社会正義の実現は、一体何を語っているのであろうか。それは、弁護士集団が、社会に向ってその旨の宣言をしたものであるという見方ができるであろう。そのことを弁護士が謙虚にかつ重く受けとめれば、自己の内部に基本的人権の擁護と社会正義の実現を取り入れ、それを内面化することを社会に向って約束したことになる。そして、約束したことをほんとうに実践すれば、確かにそれが上部構造を形成する。そのような弁護士は現実に存在することは確かであるが、どの程度の割合に達しているか、私は知らない。また、上部構造の一〇〇パーセントをこれが占めているという弁護士は少ないであろう。仮に七〇パーセントがこれを占めている弁護士がいるとしたら、それはどの程度の割合に達しているのであろうか。そのことも私は知らない。いずれにせよ、基本的人権の擁護と社会正義の実現が弁護士の上部構造になっているとしても、若干上部構造を制約したり、多少影響を及ぼす程度のものであって、上部構造の全般を支配しているものではないと思われる。

そこで、弁護士法一条の宣言的役割に戻るが、もう一つの見方としては、弁護士が基本的人権の擁護と社会正義の実現を使命とする立派なプロフェッションであることを、社会に向かって宣言する外向きの言辞であると言うことが可能である。最近ではあまり聞かなくなったが、これはいわば弁護士聖職論であって、前述の内面化する約束よりも、圧倒的に支配的な志向であった。したがって、宣言的な要素が強いので、事実として上部構造がその通りになっているか否かには関係がない。しかし、上部構造がその通りになっているものとして、他者に、また対社会的に振るまうのである。これをここではプロフェッション論と言うことにしよう。

棚瀬孝雄教授は、このプロフェッション論に対して、「弁護士の提供するサービスを市場の論理から外すという主張をそのコアの部分に含んでいる。しかし、この市場の否定を文字どおり貫くことは不可能である。むしろ

「医者、弁護士……」という言葉が高額所得者の代名詞のように使われる現実の中では、プロフェッションは、そのサービスに高い市場価値をつけるためのイデオロギー装置とすら見えてしまう[2]」と言う。

弁護士が医者と並べられるほどの高額所得者であるか否かについては後述するが、そのことはともかくとして、棚瀬教授から指摘される側面は確かに認められるであろう。それが高い市場価値をつけるためのイデオロギー装置であるというところまではゆかないとしても、少なくともプロフェッション論が弁護士の下部構造をカムフラージュしていることは否定できない。したがって、弁護士がプロフェッション論を主張するとき、当事者はその中に何やらうさん臭いもの、すなわち欺瞞性を嗅ぎつけることになる。そうすると、基本的人権の擁護と社会正義の実現という外向きの立派な言辞が、当事者と弁護士との間に溝をつくり、かえって当事者を不幸にするばかりではなく、弁護士自身をも不幸にしていることになる。

このように、弁護士法一条に言う基本的人権の擁護と社会正義の実現を弁護士の上部構造であるということは、事実としても怪しいものであるし、また、望ましいことでもない。にもかかわらず、これがあたかも上部構造であるかのように言えば、真の上部構造に迫れなくなってしまう。したがって、明確な弁護士を像として結ぶこともできないし、また、弁護士の将来像を展望することもできなくなる。

では、この一種の欺瞞性を捨てて、ビジネスに徹するという弁護士像はどうであろうか。

棚瀬教授は、依頼者の法的利益を最大限確保するという党派的弁護について詳細な分析をしている[3]。その中で、党派的忠誠は「弁護士の代理が依頼者へのサービスとして市場化されたということを越えて、弁護士自身の自己アイデンティティにまで高められた一つの理念となっているのである」と言うが、理念にまで党派的忠誠が高められると、それが弁護士の上部構造を形成することになるであろう。この党派的弁護は、社会の支配的な考えや利益に反するものであっても当然に正当な弁護活動であり、賞賛されこそすれ非難されるべきものではないというものであるが、その無答責性こそが、近時アメリカにおいて批判にさらされて揺らいでいると、棚瀬教授は指摘する。

私は、この党派的弁護は、理念として弁護士の上部構造を形成するように見えて、実は下部構造に規定されているものであると考えているが、(4)そうであるとすれば、ここでも下部構造を正当化するための上部構造という色彩が見えてきて、欺瞞性を払拭することはできない。ということは、弁護士の存在には、上部構造と下部構造とのジレンマがあるということである。このことについては、第四節の弁護士の本質を考察するときに言及したいと思うが、多くの弁護士が下部構造に魅かれて党派的弁護をするという現実がある一方、ビジネスに徹することを潔しとせず、何らかの社会的活動をしたり、ボランティアに従事している弁護士が少なくないという現実も脈々として続いていることを見逃すことはできない。したがって、「何故弁護士になったのですか」と問われたときに、明言するかどうかはともかくとして、弁護士は「人のために」（for others）という言葉を反芻することになる。仕事そのものが他者の代理人になることであるから、そうでなければ生甲斐を持てないのである。

しかし、そのことについては、弁護士によって濃淡に相当の開きがある。そして、それが内面の問題であるから、実際のところはよく分からない。ひとりひとりの価値観に左右され、また下部構造にも影響されているので、そして多分生育歴や心理的要因に規定されているので、ひとくくりには論じられないのではないだろうか。

そこで私は、自分のことしか言えない。自分のことでも正確に言葉にすることは難しいが、ひと言にまとめるとすれば、私は、できるだけよい紛争解決をして、そのことを通じて私的自治の確立に寄与したいと考えている。これが私の意識のうえに乗せている上部構造である。ここで私的自治と言う以上、代理人である私が、当事者の視点で自らを検証する作業が不可欠になる。その作業を通じて、上部構造と下部構造とのジレンマを解決したいと無意識のうちに行動していたのであろう。しかし、それに気がついてから、そのこともまた意識のうえに乗せることにした。(5)(6)

（1）　旧版では、下部構造、上部構造の順序であったが、この新版では順序を入れ替えた。その方が理解が深まりやすいと考えたからである。そしてこの機会に、旧版の手薄な内容を大幅に変更した。
（2）　棚瀬孝雄「脱プロフェッション化と弁護士像の変容」（日本弁護士会連合会編『あたらしい世紀への弁護士像』（有斐閣、一九九七年）一九三頁
（3）　棚瀬孝雄「弁護士倫理の言語分析1」（『法律時報』五六巻一号）五二頁
（4）　弁護士の理念モデルに関しては、注(2)と(3)の『法律時報』五六巻二号～四号の他に、棚瀬孝雄「語りとしての法援用（一）（二・完）」（『民商法雑誌』一一一巻五号、六号）、同「プロフェッションの理念と市場の論理」（石村先生古希記念『法社会学コロキウム』（日本評論社）二三一頁、同「弁護士活動の理念と弁護士自治」（『21世紀弁護士論』（有斐閣）二一六頁。なお、弁護士の上部構造と下部構造の関係については、加藤新太郎判事の司会により、棚瀬孝雄教授、山浦善樹弁護士、山本和彦教授に私も出席した座談会（『判例タイムズ』一〇八〇号）でも論議された。
（5）　棚瀬教授は、私が当事者の物語を聞くという方法をとっていることに対して、「廣田が同書（旧版の『紛争解決学』のこと）の中で繰り返し「自由意思」のドグマが当事者の声を聞き取るのを妨げ、紛争の実体をゆがめて把握する原因となっているとしており、言葉はいわば言葉にならないものを聞き取るための窓口となっているのである」と言い、内属性の倫理という可能性を展開されている（前出「語りとしての法援用（二・完）」八八九～八九八頁）。当事者の視点で自らを検証するという方法が、棚瀬の言う法の物語と内属性の倫理に脈が通ずるものがあることは確かだと思う。
（6）　旧版には、私的自治の確立に寄与したいという私の上部構造が、「どの程度しっかりしているか、自分でもよくわからないところがある」（旧版一〇六頁）と書いたが、現在でも私的自治の確立は意識しており、旧版から今日までの一二年間その線にそって行動してきたと言ってよいと思う。したがって、私の上部構造は、旧版当時よりもやや強固になったと考えているが、やはりほんとうのところは自分では分からない。

第三節　弁護士の下部構造

弁護士の経済上の収支はどうなっているのか、またどのような生活をしているのかということについては、ごく稀にアンケートに基づいて統計がとられることがある。しかし、その統計は継続的、系統的にとられていないので、弁護士の下部構造を知る資料としては不十分である。また、統計をとったとしても、個々の弁護士の収入には格差が大きく、さらに、収入の基礎になる仕事の内容もバラエティに富んでいるので、統計によって弁護士の経済的実体を把握することは困難であるように思われる。したがって、綿密な聞き取り調査でもしない限り、科学的分析に耐える資料にはならないだろう。(1)

そこで、弁護士の下部構造を知るためには、私の周囲の弁護士から手掛かりをつかむしか方法がない。しかし、親しい友人の間でも、弁護士がその下部構造を明らかにすることは滅多にない。私自身がそうであったが、収入の多いときには反発を買うのが嫌であるし、収入の少ないときには恥をかくのが嫌である。たまに親しい友人に漏らすことはあっても、それは断片的なことであって、経済状態の全貌を知られたくないというのが一般の弁護士であると思われる。要するに、弁護士の下部構造に関する情報は極端に少なく、かつ正確でない。

しかし、おおまかなことは推測することができる。それは、ひとりひとりの弁護士が自分の下部構造を形成するために、さまざまな工夫をしているということである。これは当然のことであるが、自分で自分の仕事を評価して、直接目の前のクライアントからその評価を承認してもらわなければならないのであるから、給与所得者の下部構造とは質的な相違があり、弁護士にとってこれは切実かつ深刻な問題なのである。

そこで、そのための工夫であるが、第一は、弁護士が自分の経済を支えるクライアントの層を構築することである。このことはあまりにも当然のことであるが、ここで私の言いたいことは、構築されるクライアントの層に極めて多様性があるということである。例えば、サラ金被害者、労働者・勤労者、女性、消費者、一般市民、農漁業者、中小企業経営者、不動産業者、外資系企業、銀行、ゼネコン、大企業、行政機関等々。もとより、弁護士のクライアント層は、一つだけに固定されることは少ないが、主たるクライアント層が何であるかによって、その収支の大きさがほぼ規定されるから、弁護士は、自らの能力と関心にはかりながら、長い時間をかけて自分のクライアント層を形成し続けるのである。

第二は、報酬を受け取る方法に工夫をこらすことである。ここで、顧問料にウエイトを置く弁護士とそうでない弁護士に分かれる。前者の場合には、例えば五〇〇万円の報酬をもらう際に、報酬という形でなく、毎月一〇万円の顧問料に切り替えるのである。その方が長い目で見れば経済的に得になる。それに、顧問になればクライアントと緊密な関係ができるので、他の事件が起きたときにも依頼を受けることになって、弁護士としては仕事がふえる。また、クライアントにとっても気安く弁護士に相談できるので、未然に紛争を防止することができる。つまり、予防法学的にも顧問契約は有効性を持つことになる。このように考えて、たくさんの顧問契約を結ぶことによって、経済的な安定をはかっている弁護士が一方の極に存在する。

しかし、もう一方の極には、あえて顧問契約をすることを避けて、個々の事件単位に仕事を受ける弁護士もいる。顧問契約をするとどうしても似たような仕事がふえるので、バラエティに富んだ仕事をしたい弁護士には、顧問契約は向かない。その場合には、経済的には不安定であるが、好奇心は満足される。この両極のどちらがよくて、どちらがわるいというものではないが、弁護士はその好みに従って工夫をこらしながら、現実にはこの両極に挟まれた間のどちらかの一方に傾斜しつつ、あるいは行きつ戻りつしつつ仕事をしていると言ってよい(2)。

このように弁護士の方が自分の下部構造を形成するための工夫をしているにもかかわらず、表面的には弁護士の報酬はしばしば「お布施」と装われている。そのために、通常のビジネスであれば受け取る方が「有難うございます」と言うのに、弁護士の報酬は支払う方が「有難うございます」と言うのである。これもはなはだ屈折した現象であると言うべきであろう。すなわち、経済的にリアルに見れば、弁護士は当事者から受け取る金銭によって事務所を運営し、経済生活を維持していることははっきりしている。もっと端的に言えば、弁護士の下部構造は当事者に依存しているのである。

すなわち、経済的には、弁護士は、当事者から受け取る金銭によって当事者と対等の関係で結ばれているのである。これを法律的に言えば、当事者を委任者とし、弁護士を受任者とする有償の委任契約によって関係づけられているのであるから、元来「お布施」という概念はあり得ないはずである。弁護士は、その労務の対価として当事者から金銭を受け取るのであるから、これは当り前のことであるが、その金銭を「対価」と認識することは、弁護士にとっては辛い問題であり、当事者にとっては気の許せない問題なのである。なぜならば、弁護士は、自らの労務を経済的に評価して当事者に示さなければならないが、これが必ずしも当事者の評価とは一致するわけではないからである。これについては各弁護士は報酬に関する基準を設けているが、機械的に基準にあてはめるわけにはゆかない事件が多く、どうしても自らの仕事を経済的に評価して、当事者から承認を得なければならない作業が残る。そして、自らの仕事に対する経済的評価の適否が、当事者との関係を良くもするし、悪くもする。しかも、報酬を巡る両者の関係の良否が、紛争解決の適否まで左右することもあり得る。すなわち、当事者は、弁護士の仕事振りと費用の多寡によって、弁護士を信頼したり、不信感を持ったりするものであって、その信頼関係の有無、程度が紛争解決の在り方に決定的な影響を及ぼすことさえある。しかもなお、費用の決め方は微妙な心理が絡むものであって、例えば、一般的には安い弁護士の方が良心的であると思われるであろうが、安ければかえって信頼できないと考える人もいる。

それはともかくとして、ここで考えておかなければならないことは、弁護士の収入が当事者に依存しているために、当事者がその負担に耐えることができるか否かという問題である。当事者の負担に耐える費用で弁護士の下部構造をまかなうことが経済上の条件として規定されているのだとすれば、紛争解決システムがその条件を充たす形になっているかということが重要な論点として浮上してくる。すなわち、弁護士の下部構造をミクロ的に考察することからスタートして、紛争解決システムとの関連をマクロ的に考察することにまで及ぶ必要が出てきたのである。

当事者の負担に耐える費用で弁護士の下部構造をまかなうことができるか否かという問いに対しては、当事者の資力によってその答が異なる。

まず、大企業や業績のよい企業、あるいは個人においても高額所得者層の人々は、弁護士費用を心配する必要はないであろう。しかし、この層にある企業や個人はごく少数である。大部分の企業や個人にとっては、弁護士費用は相当の重荷になっている。したがって、マクロ的に見れば、当事者の負担に耐える費用で弁護士の下部構造をまかなうことは、困難になってきたと言ってよいと思われる。

そこで、その困難を克服するための方策が必要になる。

その一つは、紛争解決システムの改革である。私の実感では、現在の裁判所における訴訟の審理構造は、当事者の負担に耐える費用で弁護士の下部構造をまかなうという条件を充たさなくなっているのではないかと思われる。訴訟の迅速化が叫ばれるのは、この条件を充たすようにせよという要請の側面を持っている。また、訴訟以外の紛争解決システムを開発、充実させることによって、この困難を克服することも考えられる。私が裁判外の紛争解決を提唱することの中にも、当事者の負担に耐える費用で弁護士の下部構造をまかなう条件を充たしたいという現実的な気持が含まれている。

もう一つは、法律扶助制度の充実である。法律扶助制度については、民事法律扶助法（平成一二年四月二八日法律五五号）が制定され、国の責務として、その適正な運営を確保し、その健全な発展をはかるべきものとされた。また、司法制度改革審議会意見書にも、「民事法律扶助制度については、対象事件・対象者の範囲、利用者負担の在り方、運営主体の在り方等について、更に総合的・体系的な検討を加えた上で、一層充実すべきである」と明示されている[3]。法律扶助制度については多くの文献があるので[4]、ここではこれ以上言及しないが、法律扶助制度は弁護士費用を調達する資力のない人々の経済的なアクセス障害を克服する制度としての機能が期待されているのである。

さらにもう一つ、権利保護保険がある。権利保護保険は、これが普及すれば、弁護士の下部構造の形成過程や構造そのものの変更を迫るほどのスケールを持っているので、ここで若干切り口を変えて考察しておくことにしたい。

世間では「医者と弁護士」というように、並べられて話題にされることが多い。この言葉には、微妙なイメージが付帯しているが、ドライに分析すれば、上部構造と下部構造の類似性を指摘していると言うことができるであろう。しかし、少し突っ込んで考えると、医師と弁護士は、その上部構造も下部構造も相当の違いがあることが分かる。

上部構造で共通する概念は、いわゆる聖職論であろう。弁護士のプロフェッション論については、前述のとおり棚瀬教授から「高い市場価値をつけるためのイデオロギー装置」と指摘されたように、下部構造の影響を受けて屈折したものがある。これに対して、医師の聖職論は、弁護士のそれと比較すると純粋で、屈折が少ないものではないかと思う。

では、なぜそのような相違が出るのだろうか。これは私の仮説であるが、保険制度の普及の差がそのような相違をもたらしているのではないかと思う。すなわち、健康保険制度が医師の下部構造の安定的な基礎を構成していることは事実であろう。しかも、健康保険の点数制度には批判があるとは言え、その仕事に対する評価には客観性がある。これに対して、弁護士は自分の仕事を評価して、それを当事者から認めてもらわなければならない。したがって、医師と比較すると、下部構造の基礎が不安定である。このことが、聖職論に微妙かつ決定的な差をつけているのである。そうだとすれば、この上部構造の相違も、実は下部構造に規定されていることになる。

そこで下部構造のことになるが、「医者と弁護士」という言葉が、弁護士の収入が医者の収入と同程度だという意味で理解されるのだとすれば、それは誤解であろう。医師でも弁護士でも個人差があるだろうが、平均的にみると、弁護士の収入は医師の収入よりも、かなり低いのではないかと思われる。弁護士は、世間で考えられているよりも経済的に楽でなく、地味なものである。それも、保険制度の普及の差が、全般的な収入の差をもたらしているからであると考えられる。すなわち、医師については健康保険制度がその経済生活を保障しているが、わが国の権利保護保険制度は、弁護士に対する経済的な保障とはほど遠い段階にある。

今、私は保険制度の「普及」と言ったが、わが国に弁護士費用についての保険制度が設けられたのは、前述のとおり、二〇〇〇年一〇月である。(5) しかも、それは権利保護保険と称せられてはいるものの、内容は限定されており、普及率も微々たるものである。これを健康保険制度と比較すると、今のところゼロではないが、限りなくゼロに近いと言ってよいだろう。したがって、「普及」という言葉を使うことはまだふさわしくないが、しかし、もしこの権利保護保険が普及すると、弁護士の下部構造の全面的な変革を促すことになるであろう。なぜならば、権利保護保険制度がないときには当事者と弁護士は直接向かい合う関係にあるが、この保険制度が導入されると、当事者と弁護士の間に保険運営者が介在する形になるからである。そして、そのことによる下部構造の改変が、弁護士の意識改革、すなわち、上部構造の変革までをも促す可能性を秘めている。したがって、ここで権利保護保険が持っている将来の可能性に触れておくことが不可欠になる。

権利保護保険の概要については、第四章第二節で述べたとおりなのでここでは繰り返さないが（九八頁）、その将来の可能性について、小島武司教授は、権利保護保険が正義へのアクセスという理念に向けて期待どおりに発展していくか否かをこの時点で占うことは難しいとしつつ、(6)「弁護士の職業的利益や伝統的な法曹倫理は、この理念と両立する形での調和を目指して、大胆な変容を迫られているのである」(7)と言う。

では、実際にどのような現象が起ることが予測されるだろうか。これについては、権利保護保険が広く普及しているドイツにおける実態調査が参考になるであろう。

福山達夫助手（現教授）によれば、民事事件において保険加入者である原告は、保険未加入者の当事者に比べて、好んで訴訟を起す度合が強く、その理由を訴訟費用をおそれる必要がないという点に求める回答が大多数を占めている。また、この提訴率の上昇ということに加えて、請求額が高めに設定される傾向を指摘する回答もきわめて高率である。したがって、権利保護保険が当事者の訴訟意欲を高めている事実を読み取ることができる。(8)

問題は、このことをどのように理解するかである。

この実態調査は、ノルトライン・ヴェストファーレン州で一九七四年に行われたものであるから、この結果が現在でも広く通用するかどうかは不明である。また、国民性の相異などもあるから、訴訟費用の心配がないことが必ずしも訴訟意欲に直結するとは限らないと思われる。さらに、裁判外紛争解決（ＡＤＲ）の発達・普及によっても、影響が出てくるであろう。しかし、それらのことを勘案しても、権利保護保険は、紛争解決システムにアクセスする意欲を高めることは確かであると思われる。

したがってこのことは、一般的にみれば、弁護士に対する利用頻度を高め、弁護士の経済面の安定に寄与すると理解することができるであろう。しかし、一歩間違えば、乱訴を助長する可能性もある。したがって、権利保護保険に積極的評価が与えられるとは限らない。また、弁護士が保険制度に安住すると、腕が落ちたり、当事者を疎外する危険性も出てくる。しかし、その反面、弁護士の経済生活が安定することによって、ボランティアや社会活動をする可能性も高くなるかも知れない。

いずれにせよ、権利保護保険は、制度設計によって多様な可能性を秘めているのであって、もしこれが広く普及することがあるならば、弁護士の下部構造が大きく変り、それに伴って、上部構造の変革も不可避になるであろう。

ここで大切なことは、健康保険制度が医師の経済生活を支えているだけでなく、医療機関の経営を支え、医療システムの全体を支えていることである。それを可能にしているのは、わが国の健康保険制度が社会保険として設計され、皆保険という形になっているからである。このことに対比して考えれば、権利保護保険制度における保険料が、紛争解決システムの全部または一部を支えるという制度設計をすることも検討に値するだろう。それに伴って、損害保険会社との保険契約から社会保険制度に発展させることも考えられるが、これには長所も短所もあるので、慎重な配慮が必要である。もし、権利保護保険を社会保険にするということになれば、その内容の如何によって、ここでもまた、弁護士の下部構造の変更が迫られることになろう。(9)

ここまで考えてくると、弁護士の望ましい上部構造の在り方を想定し（誤解のないように言うが、私は、望ましい上部構造が画一的なものであると考えているのでない。望ましい上部構造の在り方に多様性があることは言うまでもないことであるが、その多様性を包摂しつつ、全体として望ましい方向に向かってゆくことは必要であるし、弁護士倫理が遵守されることや、弁護士による背任・横領などの犯罪が減少することも必要であろう）、その実現を可能にする下部構造を構想して、それらを折り込んだ権利保護保険制度を設計するという、逆の方向からアプローチする方法があることに気がつく。前述のとおり、私は、民事調停制度を抜本的に改革し、その制度維持のために保険制度を導入することを提言したが、(10)そこでは、保険制度の内容についてまでは言及しなかった。しかし、そのこととここで言う権利保護保険とを同時に設計するとすれば、一段とスケールの大きい構想が必要になるだろう。その構想を組み立てることは、紛争解決学の重要なテーマである。しかし、それには長所も短所もあるので、衆知に従って綿密に設計すべき問題であろう。したがって、ここでは、そのことを指摘するにとどめて、先に進むことにする。

（1）　前述（本書一一七頁）の『判例タイムズ』の座談会において、私の「これがわかるようななんらかの調査とかデータみたいなものはありますか」という質問に対し、棚瀬教授は「日本にはあまりない思います」と答えられている（同一二頁）。
(2)　旧版では、私が後者の極に近いと述べ、私自身の個人的なことに言及したが、新版ではそれを省略した。
(3)　前掲『司法制度改革意見書』三〇頁
(4)　例えば、竹林節治「我が国の法律扶助制度の現状と改革」（『法の支配』一一三巻二〇頁）、大寄淳「民事法律扶助法について」（『ジュリスト』一一八五巻三九頁）。
(5)　旧版では、当時日本弁護士連合会で検討されていた法律相談保険について述べたが、二〇〇〇年一〇月に権利保護保険が発足したので、その部分を全面的に書き換えた。
(6)　小島武司「司法改革と権利保護保険」（『自由と正義』二〇〇一年一二月号）六七頁
(7)　同書六九頁
(8)　福山達夫「西ドイツにおける訴訟救助と権利保護保険の問題状況」（『法学志林』七五巻二号）一五六頁〜一五七頁
(9)　福山は、西ドイツにおいて全ての国民を対象とする強制加入の義務保険制度の確立が提唱されていることに対して、乱訴の増大懸念、弁護士職の中立性侵害などの理由をあげ、消極説に立っている（同書一六一頁〜一六五頁）。
(10)　廣田・前掲書『民事調停制度改革論』二一三頁〜二一四頁

第四節　弁護士の本質

このように弁護士の上部構造と下部構造について考察を進めてくると、弁護士の本質をだんだん透視することができるようになってきた。すなわち、その上部構造と下部構造の考察によって、弁護士の本質が姿をあらわしてきたのである。

弁護士の本質についてはいろいろな説があるが(1)、紛争解決学の立場からアプローチした上部構造と下部構造の考察を踏まえれば、次のようにまとめることができるだろう。

第一に、弁護士が扱うものは、正義と危険物である。これは紙一重のところでうら表になり、正義が危険物になったり、危険物によって正義が実現したりすることがある。これは、正義と危険物のジレンマというべきものであって、弁護士はそのジレンマを抱えつつ同時に扱っているのである。

第二に、弁護士は、正義と危険物を扱うために国家からお墨付きをもらっているが、人権を守り、社会の活性化に寄与するためには、ときには常識的な正義に抗しなければならないことがある。

第三に、弁護士には奉仕の精神が必要であるが、その仕事に対して報酬をもらわなければ労働力は再生産できない。奉仕とビジネスというジレンマが仕事の中に不可分に結びついているのである。

第四に、弁護士の究極の目標は、この世から紛争がなくなることであるが、この世から紛争がなくなれば弁護士はいらなくなる。すなわち、究極の目標が自己否定だということである。

以上のように、弁護士はさまざまなジレンマを抱えている。したがって、弁護士の本質をひと言で言えと問われれば、私は、ジレンマの塊りであると答える。

この本質の考察から、よい弁護士と、よくない弁護士をある程度仕分けすることができる。もとよりその仕分けは、あくまでも紛争解決学の立場から、すなわち当事者の立場からするだけのことであって、私に「よい」と「よくない」を個別に選別する資格はない。しかし、よい弁護士が多いか、よくない弁護士が多いかによって、紛争解決システムの在り方が影響を受けるから、紛争解決学がこの問題を避けて通ることはできない。

そこで、よい弁護士とよくない弁護士との仕分け方法であるが、私は、ここで述べたジレンマを自覚し、正面から困難を克服しようとする弁護士が「よい」弁護士、ジレンマに無自覚で、安易に流れる弁護士が「よくない」弁護士であると考えている。例えば、さしたる根拠もないのに相手方を訴訟に引きずり込んで、長年にわたって苦しめることを平気でする弁護士がいるが、これは、第一のジレンマについての自覚がない証左である。また、第四のジレンマについての自覚がなければ、ちょうど悪徳医師が病気でもないのに子宮摘出手術をして病気をつくってしまうように、弁護士が事件をつくってしまうのである。

これらは極端な例であるが、ジレンマの圧力から逃れて楽になりたいという誘惑は、大小を問わず、日常的に起る事態である。しかし、楽になりたいという誘惑にうち克って、ジレンマに耐え抜かなければならず、ここが弁護士にとって最も辛いところであるが、また、ある意味では面白いところである。

弁護士は、このような本質をその属性としつつ仕事をしている。したがって、その本質に対する自らの態度決定の上に仕事を成り立たせているということができよう。そのことを前提とするならば、では、弁護士はどのような仕事をするのであろうか。

前にも述べたように、弁護士の仕事も多様化しており、人によって仕事の内容が違うものである。また、同じような仕事をしていても、方法が異なることもある。そのうえ、下部構造の情報が少ないのと同様に、仕事の内容の情報は少ないのであって、仲のよい友人間でも、仕事の内容ややり方を知らないものである。個別的事件について相談し合ったり、協力し合ったりすることはよくあるが、トータルとしては、隣りは何をする人ぞという感じで、ほとんど知らないというのが実情である。

しかし、これでは進歩がない。正確な情報があってこそ弁護士の仕事も科学的に解明され、その仕事と弁護士の本質との関係も明らかになるものと思われるので、そろそろ弁護士は、自己を開示する必要が出てきたのではないだろうか。

そこで、「隗より始めよ」ということで、まず私から開示することにするが、私は自分の仕事を、次のように考えている。これは、別の意味では、弁護士の本質が抱えているジレンマに対する私なりの解決法である。すなわち、――

当事者の頭と心の中にある紛争の原因を、言葉という道具によってとらえ、紛争解決規範を使って言葉を組み立てながら解決に到達すること。

ここで言う紛争の原因は、はじめは、当事者の意識、潜在意識の層にあるから、ときには潜在意識の解明も不可欠である。また、言葉というものも、はじめは素粒子のような、エネルギーを帯同した微細なものであって、それが解決の段階では、一つの体系をなし、その体系から当事者がエネルギーを汲み取れるようになっているのが理想的である。

その方法については、次節以降の随所で述べることになるが、私は、弁護士としての私の仕事を、このように規定し、このように心掛けながら実践してきたつもりである。もとより私も弁護士であるからさまざまなジレンマに立たされているが、私の仕事をこのように規定すれば、ジレンマは何とか克服できそうであるし、かえって楽しみが出てくる。

(1) 本書一一七頁の注(4)にあげた文献は、いずれも弁護士の本質論であると言ってよいだろう。少なくとも、弁護士の本質論に深く関わっている。

第五節　弁護士の能力

弁護士が当事者の代理人として、専門知識を駆使したり、言葉を組み立てながら紛争解決をはかるためには、その資質が問題になる。

よい資質を持っている弁護士はよい解決をもたらすし、よい資質を持たない弁護士はろくな解決をもたらさない。名医と藪医者によって病気の治療に差が出るように、名弁護士とそうでない弁護士とでは、紛争解決に相当の開きがある。もとより資質と言えば、先天的に生まれつき持っているものを指すが、弁護士の場合は、後天的に修得する経験や能力も大切である。そのような先天的な資質や後天的な能力のすべてを含めて「能力」と言うことにすれば、弁護士にはどのような能力が要求されるのであろうか(1)。

ひと口に能力と言っても、それは紛争の性質、態様によってそれぞれ要求されるものを異にする。ある事件には押しの強さが必要であるが、ある事件には調停型の柔軟さが必要である。また、一つの事件でも、あるときには押しの強さが必要になり、あるときには柔軟さが必要になることがある。さらに、一つの能力が局面によってはプラスに働いたり、マイナスに働いたりする。したがって、弁護士の能力の問題には、なかなか複雑なところがあり、十把ひとからげに論ずることは危険な試みである。

しかし、弁護士の能力によって、紛争が適切に解決したり、適切に解決しなかったりする現実がある以上、紛争解決学としては、この問題を回避することはできない。

そこでまず、弁護士の能力について一般的にどのように考えられているかということを概観しておこう。このことについても多くの文献があるが(2)、私が日本経済新聞に書いたコラムによって、ひととおり見ることにしたい。

弁護士に必要なものは何か。ここで言う「もの」とは、能力、性格、考え方、行動その他あらゆるものを指す――私はある大学の一年生に、「法システム概説」という講義をしているが、これはその科目の学期末試験の問題である。

「それはなかなかの難問ではないか」

そう弁護士の友人から言われたが、弁護士にとっては難問でも、学生にとっては難問ではなかったようで、話し上手、決断力、行動力、チャレンジ精神、意外性、奇抜な発想、気の強さ、旺盛な好奇心、疑問に迫る能力、思いやり、ハングリー精神、押しの強さ、柔軟な頭脳、粘り強さ、ずうずうしさ、ヒューマニズム、臨機応変な行動、正義感、広い心、視野の広さ、口のかたさ、お金に汚くないこと、豊富な情報を持っていること、ずる賢さ、よい嘘（うそ）をつけること、カリスマ性、計算力など――書いたこと書いたこと、まだまだ山ほど書いてくれた。

これらが最初から分かっていたなら、私も上等な弁護士になれたのにと、感心したり苦笑したりしてしまったが、世の弁護士の方々はどうでしょうか。

その中でも私の目を引いたのは「相手の目を見て話が聞ける」という答案であった。答案には理由も書いてもらったが、その理由は、「相手が『この人にならら話せる』と思えるようにさせて安心感をもたせる必要があるから」。

私には話を聞きながらメモを取るクセがあるので、相手の目を見て聞くことを忘れがちになるが、調停人として調停・和解をすすめている事件で、早速これを実行してみた。すると不思議や不思議、激しく対立していた両当事者の表情から、険しさがすーっと消えてゆくではないか。

学生をテストして、逆にテストされたような妙な結末になった。

（二〇〇一年一二月一二日付日本経済新聞夕刊「弁護士余録」）


新聞コラムの性格上、判断力とか法律知識などという誰でも思いつきそうな答案は、あえて紹介しなかった。ここで銘記すべきことは、大学の一年生でも、弁護士に必要なものを山ほど思いつくということである。言い換えれば、弁護士の能力に対する要求度が高いということである。大学一年生でもこれだけのことを思つくのであるから、一般の社会人、市民、企業の要求度はさらに高いと言えるであろう。

弁護士は、法律専門家でない素人が弁護士の能力を品定めすることはできないと思っているかも知れないが、それはとんでもない思い違いである。自分で料理をつくれなくても、うまい、まずいは子供でも分かる。一流の料理人と自負していても、料理の素人が「まずい」と言うのであれば、まずいものはまずい。専門家というものは、とかく裸の王様になりがちであるが、自分の能力については、専門性を離れて、素人の目で常に点検する必要がある。そのことをあらためて思い知らせてくれたのが、学生たちの答案であった。

それにしても、この学生たちの答案はよくできていると思われるかも知れない。この中には、私の授業で触れれたものがいくつかあるが、そのほとんどは、学生たちのオリジナリティーによるものである。もっとも、ヒントは予め与えておいた。すなわち、試験の数週間前の授業中に、映画『エリン・ブロコビッチ』を見せておいたのである。そして、コラムでは字数の関係で試験問題の後半部分を省略したが、その後半部分は「映画で見たエリン・ブロコビッチは、弁護士ではなく、弁護士事務所で働く事務員だが、弁護士に必要なものをたくさん持っていた。そのことをヒントにして、弁護士に必要なものを、できるだけたくさん書き出すこと。そして、それがなぜ『必要なもの』なのか、その理由を簡単につけ加えること」となっていた。この映画の内容も弁護士の能力に関係があるので、もう一つのコラムも引用しておこう。

ジュリア・ロバーツが主演する「エリン・ブロコビッチ」は、じつに痛快な映画だ。

彼女は、ある弁護士事務所の押しかけ事務員になり、不動産売買取引の調査を始める。そして案件の書類の中に医者の診断書が紛れ込んでいたことに疑問を持ち、そこから大企業の六価クロムによる公害事件を発見する。彼女は、煮え切らないボス弁護士にはっぱをかけ、その公害事件に取り組ませるが、それからが彼女の大活躍。そして、ついに全米史上最高の三億三千三百万ドルの賠償金を勝ち取り、六百人余りの被害者を救済する。

これが実話だというのであるから、スケールの大きな話である。

この映画の中の集会のシーンで弁護士が、訴訟は時間がかかるから「調停」にしようと、被害者たちに必死に勧める場面がある。映画の字幕では「調停」となっていたが、彼女（エリン）が合意書の署名集めに奔走したところからすれば、「仲裁」という紛争解決システムが活用されたのだと思う。

この映画は細かいところもよくできていて、ハッとするようなシーンが随所にある。例えば、エリンとボスが被害者の家庭を訪ねたときに、その主婦から手作りのケーキを勧められる。六価クロムに汚染された水を使って作ったケーキを、ボスは敬遠しようとするが、エリンからそっと「食べなきゃだめよ」とささやかれ、結局食べて「うまい！」という。

「本物の人物」なら、被害者が食べるケーキを、一緒に楽しく食べるはずだ。してみると、エリンは本物で、ボスは「偽物」になるところだった。とかく「先生」と呼ばれる人種は、偽物と見破られているにもかかわらず「裸の王様」を続けるものだ。私は、自分は大丈夫だろうかと振り返り、思わず背広の裾（すそ）を引っ張った。

（二〇〇一年八月二二日付日本経済新聞夕刊「弁護士余録」）

このコラムについては多言を要しないであろう。要するに、弁護士に必要なものは、当事者の苦しみを苦しみとし、当事者の楽しみを楽しみとするシンパシーである。そのシンパシーを真に自分のものにするためには、やはり「本物」でなければならない。

ところで、紛争解決学では、紛争の原因を言葉によってとらえ、紛争解決規範を使ったり、当事者の合意を取りつけたりしながら解決をはかることが主要なテーマである。したがって、そのテーマにこたえるために必要な弁護士の能力は何か、という観点から弁護士の能力を考察することが最も的を絞りやすく、また、有益なことであると思う。そのような観点からすると、私が弁護士の望ましい能力と考えるものは、次のとおりである。

第一に、冴えた動物的な勘を持っていることである。具体的に言えば、紛争全般をザッと見廻して、どこに問題、すなわち癌があるかをつかんでしまう能力である。勉強をしすぎると理屈が先に立つので、かえってこの能力は鈍麻する。専門知識の必要性と動物的な勘は、ジレンマに立っている。

第二に、知、情、意ともにすぐれて強靭でなければならない。強靭という意味は、強く、しなやかで、粘りがあるということである。

ところで、法は理屈であり、意思であるから、知と意にウエイトが置かれるべきだと考える人が多く、情は軽視されがちである。しかし、私は、あえて順位をつけるとすれば、情を第一順位に置く。

数学者の岡潔教授が文化勲章を受章したとき、「数学は結局情ですよ」と言ったが、私も紛争解決は結局情だと言いたい。なぜならば、人間は理屈では分かっても、感情が納得しないと、芯から納得しないものだからである。芯から納得しないところに、真の解決はない。したがって、情を欠いていれば、事件としては解決したように見えても、紛争は解決していないのである。そのことがよく分かっていることが、弁護士の能力の質と量を高めるのである。

もっとも、弁護士が自らの情に溺れてしまうとんでもないことになる。情に溺れることと情が強靭ということとは違うのであって、内にほとばしる情を秘めながら、知と意とともに外に出してゆくのがすぐれた能力と言えよう。

第三に、情にウエイトを置くと言っても、数字に強いことも弁護士にとっては大切な能力である。私が懇意にしている津田篤一公認会計士に、公認会計士に必要な能力は何かと聞いたところ、ダーと数字を見てひっかかる数字をピックアップできることと、電機屋の前を通りかかって在庫の金額をパッと当てられることのふたつをあげられた。

これは、紛争解決の場合にも当てはまるものであって、紛争を瞬時に数字的に把握し、それを頭の中で組み立ててみる論理操作ができることは、弁護士の能力として必要なことである。

第四に、強烈な正義感を持っていることである。

弁護士に最も必要なものとして、よくものの本に書いてあるのは「誠実さ」である。しかし、私に言わせれば、誠実さは、当り前のことであって、それがなければもともと話にならない。また、「誠実さ」という言葉の中には、誠実であれば他者から理解してもらえるというニュアンスがあって、私はそれに若干の抵抗を覚える。すなわち、誠実であれば理解してもらえるなど考えるのは、甘い。そのような甘さでは、紛争を解決することはできないものであると、肝に銘じておいた方がよい。

誠実さよりもはるかに大切なものは、強烈な正義感である。あるいは、ほんとうに誠実な人間ならば、強烈な正義感を持っているのだと言ってもよい。

しかし、やっかいなことに、「正義」というものは、もともと相対的なものである。したがって、自分の正義だけが絶対的な正義だと信じるのであれば、それはとんでもないことである。「正義感」というのは、そのような正義とは異なるものであって、自分が信じている正義を検証する姿勢も正義感の内容の一つである。すなわち、強烈な正義感を持っていれば、常に自分が信じている正義を検証し、高めることができるのである。

一方、正義が相対的だといっても、正義がなくなってしまうわけではない。正義が相対的であるが故に、「正義」を打ち出すことに消極的になったり、「正義」を打ち出されて拒絶反応をする人がいるが、それもまた問題である。世の中には、相対的にどちらが正しいかとか、誰がみても正しいということがある。そのようなときに、正義感を放擲し、正義を貫くことを回避するようでは、紛争は解決しない。

これらのことをすべて含めて、「正義感」という言葉で表現すれば、弁護士には強烈な正義感が必要であり、そのような正義感を持っている弁護士は、能力が高く、よい仕事をするものである。(3)

第五に、人を信じる力を持っていることである。

人を信じることができるということは、一つの力である。こちらに力がないときには、人を信じることはできない。しかし、「よし、こいつを信じてやろう」と度胸を据えて最後の一点を信じていると、どんな人間でもそれにこたえてくるものである。

能力のない人は、九九パーセントを信じて最後の一パーセントを信じないために解決を取り逃したり、騙されたりするものであるが、能力のある人は、九九パーセントを信じなくて最後の一パーセントを信じるために、ピシリとよい解決をするものである。

第六に、やや細かいことになるが、察しがよいということも能力としてあげておきたい。

私は、ある共有物分割事件を解決し、姉妹で土地を二つに分割したことがあった。私のクライアントは妹の方であったが、分割後にいざ土地を売却しようとしたとき、測量図をつくる必要が生じ、姉に印鑑を押してもらわなければならなくなった。そこで私は妹と一緒に、姉が入院している病院を訪問し、印鑑を押して下さいと頼んだ。これは、姉が印鑑を押してくれなければ売却ができなくなるというかなりきわどい頼みであり、直前までは姉妹は争っていたのだから、ささいなように見えても実は難しい仕事であった。私がていねいに説明したところ、幸いにして姉はこちらの意向をよく理解してくれたが、「どうしても今日はハンコは押せません。書類は預かっておきます」と言う。そして、その理由を聞いても、さしたる理由は言ってくれない。しかし、その日でなければ、また気が変ってしまう恐れがある。私はフト思ついて、「お姉さん、あなたは私たちがここにいて、ハンコをどこから出すのか見られるのが嫌なのですね。それならば私たちは部屋から外に出て待っていますよ」と言ってみた。すると姉はニコッと笑って、「お察しのよろしいこと」と言ってくれた。

第七も、細かくなるが、芝居がかったことが好きであることも、能力の一つにあげておいてよいだろう。紛争を解決するためには、伏線をあちこちに張ることが必要である。この伏線を張るという仕事は、芝居がかったことが好きでなければやっていられない。ドンデン返しに驚く顔の見たさに伏線を張り、その伏線が役に立って手品のように紛争が解決すれば、それはまずよい解決だと思ってよい。

ここまでくれば、能力の問題も終わりに近くなってきた。

私は、当事者の頭と心の中にある紛争の原因を、言葉という道具によってとらえ、紛争解決規範を使って言葉を組み立てながら紛争解決をはかることが弁護士の仕事であると考えているから、当事者の頭と心の中にある紛争の原因を正確に聞き取り、理解し、それを言葉として表現する能力こそが中心になる。この能力を、第八にあげておかなければならない。宮澤賢治の『雨ニモマケズ』の詩の中に、「ヨクミキキシワカリ」という一句があるが、この句を思い出す度に、「よく分かっている！」と叫びたくなる。

これに関してひと言つけ加えるとすれば、豊富な言葉を持っていることは、弁護士として重要な能力であると言わなければならない。豊富な言葉という意味は、単に語彙をたくさん知っているというのではなく、言葉の使い方がうまいということ、具体的には言葉をうまく組み合わせる能力があるということである。言葉をうまく組み合わせるということは、石と石とを積み重ねるようにするのではない。規範や事実を構成している微細な言葉、すなわちエネルギーを帯同して素粒子のように動き廻っている言葉を、ちょうど外科医が細い血管を繋げるように結びつける作業である。

わが国には「巧言令色スクナシ仁」という論語の言葉を堅く信じる風潮があるが、これは言葉によらないで支配しようという思想が見え隠れして、どうもよくない。もとより内容のない巧言はよくないし、何も饒舌でなくてもよい。しかし、紛争を解決するためには、言葉を使って紛争の原因を探り、言葉を組み立てて解決の道を拓くという仕事が不可欠であるから、そのためには豊富な言葉が必要である。無口では何も解決できない。

最後にここにあげておきたいことは、弁護士の能力というよりも、むしろ望ましい性格とか心構えと言うべきものであるが、人間というものをよく知っていて、人間に対する鋭い洞察と深い情愛を持っていることである。そして、適度のメサイヤ・コンプレックスを持っていることが望ましい。

メサイヤ・コンプレックスについて、河合隼雄教授は次のように言っている。

「自分の劣等感に気づくことなく、むしろ、それを救って欲しい願望を他に投影し、やたらと他人を救いたがる人がある。そのような行為の背景には複雑な劣等感と優越感のからみ合いが存在しているが、他人がありがた迷惑がっていることも知らず、親切の押し売りをする。このようなコンプレックスをメサイヤ・コンプレックスと言う。これは表面的には善意としてあらわれるので、克服することの難しいコンプレックスである(4)」

穿った言い方をすれば、弁護士とはメサイヤ・コンプレックスを職業化したようなものである。いかに弁護士とは言え、ひどいメサイヤ・コンプレックスによって親切を押し売りすることは顰蹙ものであるが、メサイヤ・コンプレックスがゼロでビジネスだけという弁護士もいかがわしい。確かに過度のメサイヤ・コンプレックスは有害であるが、適度で抑制のきいたメサイヤ・コンプレックスは、弁護士には不可欠な要素である。私の友人たちに聞いてみると、有能な弁護士ならたいてい「あ！　それならボクも持っている」と言って、「心理学者というのは、うまいことを言うものだなあ」と感心する。有能な弁護士は、無意識のうちにメサイヤ・コンプレックスをバネにして腕を磨いているものである。

私は、弁護士の望ましい性格として、子供のような好奇心と純情さをつけ加えておきたいが、好奇心と純情さがうまく働くと、自己のメサイヤ・コンプレックスを高度化することが可能になり、そのメサイヤ・コンプレックスが思わぬエネルギーを湧き起してくれる。

以上のように弁護士の能力を考察して分かることは、矛盾する能力が同時に要求されているということである。いきおい弁護士には何重人格という複雑な人格が要請されることになるが、これが分裂することなく、何重もの矛盾した性格を乗り越えて、統一した人格として一身に体現してゆかなければならない。そのような弁護士が当事者の前にあらわれたとき、当事者はその弁護士を認め、信頼を寄せるものである。(5)

（1）　旧版では、この節は「代理人の資質」となっていた。しかし、代理人一般に広げるよりも、弁護士に的を絞った方が理解しやすいと考えた。弁護士以外の代理人の場合には、これを応用していただきたい。また「資質」は、先天的なものに限定されると考えられることがあるので、「能力」に変更した。

（2）　旧版では、小島武司編『法交渉学入門』（商事法務研究会、一九九一年・一三〇頁〜一三一頁）の中で交渉者の資質としてあげられている、準備・企画技術、交渉の対象事項への知識等の三四項目を引用したが、新版では割愛し、本文のコラムに差し替えた。

（3）　旧版では、強烈で主観的な正義感が必要であると述べたが、「主観的」という言葉は誤解を生みかねないので、新版では表現を改めた。

（4）　河合・前掲書『無意識の構造』二三頁

（5） 旧版では、この後に「断っておくが、私自身今述べた資質を十分に持っているわけではない。あるところは強く、あるところは十分でない」という一文があった。現在でもその通りであるが、かつて持っていた能力が、歳をとることによって衰えたという実感もある。したがって、この部分については、自分自身で読み返し、絶えず能力の挽回をはかる必要を感じている。

第六章　紛争解決規範

第一節　紛争解決規範の類型

法を裁判規範ととらえ、紛争は裁判所を中心にして解決されるのだと考えるのならば、規範とは成文法を指すか、せいぜい成文法とそれに近接している慣習や判例を指すことになるが、紛争解決のために有用な基準は何かという見方に立てば、成文法はもともと紛争解決規範ととらえられ、しかも、紛争解決規範の一つに過ぎないということになる。すなわち、紛争解決規範は、成文法だけでなく、実にさまざまなものがある。したがって、紛争解決のためには、世の中にある多様な規範を持ってくることができ、そのような規範を使うからこそ、広く深い紛争解決がはかれるのである。

また、紛争解決のためには、成文法を使うことがかえって適切でないことがある。そのようなときには、例えば、その成文法の解釈を変えたり、他の規範を使ったり、新しい合理的な紛争解決規範をつくって解決しなければならなくなる。

そしてまた、一つの規範体系の中にも、広く使えるものもあるし、あまり使えないものもある。そのときどきによって、規範としての強さや普遍性が変化することも少なくない。したがって、紛争解決のためには、その紛争に合わせて、使う規範を選定し、正しく使わなければならない。医師が患者の病気を治療するときに、薬を選び、投薬のタイミングをはかるように、紛争解決にあたっては、規範を選択し、使い方のタイミングをはからなければならない。また、医師が患者に薬を与えないことがあるように、規範を使わない方が解決に役立つこともある。しかし、いずれにせよ、紛争解決規範やその使い方は、数や種類が多いほどよいのである。

紛争解決規範の定義については、第一章第五節で述べたのでここでは繰り返さないが、紛争解決学では紛争解決規範の形成、構造、内容、使用、効果を解明することが主要なテーマであるから、ここに紛争解決規範の類型を列挙し、ひととおり吟味しておきたい。

1　成文法

紛争解決のために、成文法が紛争解決規範として使われることは多く、法律がこうなっているから、こういうふうに解決しようということは、通常の在り方としては圧倒的、支配的であると言ってよい。成文法は、正規の立法機関によって規範＝ルールとして定められたものであるから、正当性のイメージは通常は賦与されており、成文法が紛争解決規範として日常的に使われている状態は、社会の安定のためにも、法の支配の貫徹のためにも、必要なことであると言えよう。

とくに、日本の法令は、たいへん細かいところまで規定されているので、細かい法令を調べて紛争解決規範として使うことが、紛争解決の決め手になることもある。

例えば、私のクライアントが賃借人として家主から家を借りていたところ、家主が、暖房の煙突を自分で修理して、めがね石をはめ込み、そこから火を出して家を燃やしてしまったという事件があった。これは、家主の過失が問題になったケースであるが、消防法九条というのがあって、それによれば、「かまど、風呂場その他火を使用する設備又はその使用に関し、火災の発生の虞のある設備の位置、構造及び管理……に関し、火災の予防のために必要な事項は、市町村条例でこれを定める」となっている。この消防法九条の規定を受けて、東京都火災予防条例三条一項一七号に、「金属または石綿セメント等でつくった煙突または煙道は木材その他の可燃物から一五センチメートル以上離して設けること」「可燃物の壁、床、天井等を貫通する部分は、めがね石をはめこみ、またはしゃ熱材料で有効に被覆すること」という定めがある。また、東京消防庁が「消防用設備火を使用する設備の技術基準」を設けていて、めがね石を使用する場合は、壁体と煙突外周との最短距離は一〇センチメートル以上、と定めている。ところが、この事件の家主が使ったためがね石は、三・七五センチメートルしか幅がなかった。そこで私は、訴訟において、この石を使って修理したこと自体に重大な過失があると主張した。その結果、家主に契約上の不履行があるということになって、こちらの勝ちになった。これは、訴訟という場で成文法を紛争解決規範として使った例である。

しかし、成文法が絶対と考えることは誤りである。成文法は書かれている法であるが、一方紛争は刻々と変化する人々の生活や社会の在り方の中から生まれてくるものであるから、成文法が全ての紛争をカバーすることはできない。このことは一寸考えれば分かるはずのことである。

すなわち、成文法は、かためられた規範であるから、流動的で、ドロドロした、変化、バリエーションのあるあらゆる紛争を、そのかためられた規範にあてはめることはできない。当然、成文法のわくからはみ出している紛争、成文法のわくにとらえられない紛争、成文法の隙間に出てくる紛争がある。また、成文法が役に立たない紛争や、成文法が邪魔になって、成文法を使うとかえって解決できない紛争もある。

したがって、成文法は、単に紛争解決規範の中の一つであると割り切って、他の規範と並べて、すなわち他の規範よりも優位にあるものではなく、同レベルのものと考えた方が、ものごとがすっきり見えてくる。

わが国では、法律学を学ぶということは、成文法を学ぶことが圧倒的に多く、ともすれば法律学イコール成文法解釈学であるとされている。法学部の学生や法学部出身者は、無意識のうちに成文法優位の思想にひたっているが、しかしそれでは、厖大な紛争解決規範の海は見えない。成文法は、もとより紛争解決規範として大切なものであるが、それを絶対的なもの、他の規範より優位に立つものと考えることは、バケツ一杯の海水で海を語るようなもので、それだけでは、紛争は一向に解決しない。

それでは、海の方を見てみよう。

2　判　例

判例は、類似の事例について同一の解決をもたらす働きがあるので先例的な価値を持ち、その意味で規範として使われると一般的に考えられており、事実そのとおりと言ってよいと思う。

すなわち、判例は、裁判所が個々の紛争に規範をあてはめて有権的に判断したものであるから、類似の紛争には同じ判断がなされる確率が高くなり、判例がこうなっているから、こういうふうに解決しようということになって、判例がそっくり紛争解決規範として使われることが多くなるのである。

また、判例は、成文法の隙間に出てきた紛争に何らかの判断をしているときもある。そのような判例は、その成文法の隙間を埋める規範をつくったり、成文法に新たな解釈を加えたりして、言わば創造的な役割を果たしている。このような判例は、新しい紛争解決規範を創造したものと考えてよい。その意味では、判例は、まさに紛争解決規範そのものということになる。

例えば、借地借家法二八条に解約申入れは建物明渡しと引換えに財産上の給付をする旨の申出が考慮されると定められたが、旧借家法にはこのような成文の規定がなかった。しかし、判例は、正当事由を補完する金銭を給付することによって賃貸借を終了させるという理論を確立し、この判例上の理論に従って多くの紛争が解決されていたことは、周知のとおりである。

また、後に本章第三節**1**で詳しく述べるが、因果関係の割合的認定という規範的わく組みをつくった創造的な判例もある。[1] これを踏襲する裁判例は少ないが、[2] この判例は、和解、調停、仲裁に使用されており、[3] したがって、非常に有用な紛争解決規範になっている。この因果関係の割合的認定は、裁判所においてつくられたにもかかわらず、訴訟手続の中では使用されないで、訴訟手続外の紛争解決システムの中で頻繁に使用される紛争解決規範であって、極めて興味深い現象がここにあらわれている。

しかし、判例を絶対視することも、やはり誤りと言わなければならない。それは、裁判所の判断がときには誤りを犯すという単純な問題ではなくて、判決という判断に至るまでに、その手続上の制約を受けて論理構造が歪曲してしまうからである。

私の恩師である川島武宜教授が後年弁護士になられてから、大学で教えていたときには気がつかなかったことがある、と私に言われた。それは何かと言うと、なぜ変な判決が出るのかと思っていたが、それは当事者がなすべき主張をしていなかったからだ、こんな初歩的なことを弁護士になってから初めて気がついた、とのことであった。すなわち、弁論主義の制約があって、当事者（あるいは代理人の弁護士）が主張しないために裁判所が判断できない。したがって、判決の論理が曲がってしまう。なぜこんな判決が出るのかと不思議に思っていたが、学者であったときには、そのように歪曲された判決を一所懸命に批判していた、と川島教授は言われた。川島教授が言われるような弁論主義の制約のために歪曲されてしまった判決は、筋道が立っていないので、紛争解決規範としては使えない。

弁論主義の制約は一例であるが、裁判官の心証形成に無理がある判決などもあり、先例的価値の乏しい判決例がある。

判例は、判決例にイコールではなく、判決の中で先例的価値のあるものに限定されるが、前述の因果関係の割合的認定の例のように、紛争解決規範として使用される機会や方法は、その紛争解決システムや紛争の態様などによって異なり、他の紛争解決規範と同様に、相対的なものである。

したがって、紛争解決規範として判例を使用する場合には、使えるものと、使えないものがあることを認識したうえで、紛争解決規範として使えるものだけを使うという、当たり前の作業が必要である。紛争解決規範として使えないものを持ってきて紛争解決をしようとしても、うまくゆかないことは、言うまでもないことである。

(1) 東京地方裁判所昭和四五年六月二九日判決、判例時報六一五号三八頁。なお、旧版では、この判例を「裁判上の和解、調停、仲裁の解決例」の項で紹介したが、新版では判例の項に入れた。

(2) この判決をした倉田卓次裁判官自身も、「裁判実務への影響としても、同趣の判決例もないではないが、明示的にこの理論を排した判決例も目立つ。私はまた、複合的な貸金請求の事案において、心証に応じて六五%を容認するという判決もしたが、類似の判決を見たことはない。こういう消極的な姿勢は結局、証明論の根本命題としての要件事実認定の悉無律を疑う私の議論自体が暴論と見えたからであろう」と言われている(倉田卓次「確率的心証と認定の悉無律」(『民事実務と証明論』日本評論社、一九八七年)二九一頁)

(3) 後藤勇、藤田耕三編『訴訟上の和解の理論と実務』(西神田編集室、一九八七年)に、「交通事件における過失相殺の評価、慰謝料の算定等は裁判所の裁量の範囲が広く、大多数の事件は、請求が全部認容又は全部棄却されるのではなくその中間に落着くものであるため、当事者も和解的判決を予期する傾向にあるし、裁判所の勧告する和解案も重みをもつといえるのである」(同書三〇二頁)という部分があり、「裁判所の裁量の範囲が広く」という言葉につけた注釈に、「交通事故の評価的性格は従前にもまして強くなってきている。例えば、因果関係の割合的認定ないし寄与度による損害減額の手法の実務への浸透や運行供用者性についての割合的責任の提唱等にそのことが顕著に窺われる」(同書三〇六頁)とある。

3　裁判上の和解、調停、仲裁の解決例

これらのものは、非公開とされているので、一般の目に触れる機会は少ない。

しかし、裁判上の和解などの中には、すぐれた解決例があり、それらは、他の紛争に紛争解決規範として使用

すれば、適正な解決が得られるものも少なくない。その意味で、裁判上の和解、調停、仲裁の解決例は、紛争解決規範と言ってもよいものが多いと思う。

したがって、裁判上の和解などの解決例は、何らかの方法で、もっとオープンにされなければならないだろう。オープンにされることによって、それが批判にさらされる道が拓かれ、非公開の弊害は排除される。すなわち、裁判上の和解などの公正さが担保される。それと同時に、紛争解決規範として使われる可能性が拡大する。

もっとも、裁判上の和解、調停、仲裁を非公開にしていることについては、当事者の秘密の保護という大義名分があるので、この問題はひと筋縄にはゆかない。すなわち、営業秘密やノウハウやプライバシーに関する問題について公開の法廷で争うことを望まない当事者が多く、そのようなニーズにこたえるためにこれらの紛争解決システムが設けられている側面があるので、非公開の原則は守らなければならない一線である。

こうしてみると、裁判上の和解、調停、仲裁をオープンにすることと秘密の保護とはジレンマの関係に立っていることが分かる。[1] しかし、紛争解決規範の先例として使用するために裁判上の和解、調停、仲裁の解決例をオープンにすることに限定するならば、当事者名を削除して事件の特定性を排除する等の工夫することができるし、現実にさまざまな試みがなされている。

このうちの裁判上の和解については、非公開性とプライバシーの保護という観点から、長い間ベールに覆われていた。しかも、裁判所には「和解判事となるなかれ」という戒めが旧くから伝えられており、裁判が正道で和解は邪道という考えが支配していた。しかし、裁判上の和解は、むしろ正道であるという考えが生まれてきて、その考えが公にされるようになってきた。[2] 前述の『訴訟上の和解の理論と実務』は、現役の裁判官が中心になって編纂されたものであるが、その中には、裁判上の和解の解決例が抽象化された形で出ている。また、和解のすすめ方などの手続上の工夫などの論述もあるので、それらを手続的な紛争解決規範と考えれば、紛争解決規範として使用できるものが多い。

調停や仲裁の解決例としては、各紛争解決機関が発行している解決例集がある。その例として、第二東京弁護士会編『仲裁解決事例集』(第一法規)、日本海運集会所編『日本海事仲裁判断全集』(近藤記念海事財団)、中央建設工事紛争審査会編『中央建設工事紛争審査会仲裁判断集』(大成出版社) などがある。

しかし、裁判上の和解、調停、仲裁の解決例を紛争解決規範としてより適切に使用することができるようにするためには、事案の内容を抽象化したり、結論部分だけを開示するだけでは不十分であって、申立てから解決までの経緯が分かるようにすることが望ましい。そのことを可能にするものとして、両当事者が合意のうえで積極的に公表する方法と、当事者から承諾を得て公表する方法がある。

前者の例を一つあげておきたい。

一九九八年三月、東京・多摩ニュータウンの分譲マンション「ノナ由木坂」の管理組合は、東京都住宅供給公社が行った大幅値下げ販売を不当として、第一東京弁護士会仲裁センターに仲裁の申立てをした。その結果は、新聞やラジオにも報道されたが、①公社が住民と十分に協議しなかったことに遺憾の意を表する、②管理組合はビラまきなどの反対行動を中止する、③管理組合は新しい組合員を差別しない、④公社は管理組合に対し紛争解決金として二二一〇万円を支払う、という仲裁判断で解決した。

ところが同様な事件の訴訟では、住民側の敗訴になっている。この事件と同じ頃、関西文化学術研究都市にあるニュータウン「木津川台住宅地」における大幅値下げにつき、住民が近畿日本鉄道・近鉄不動産に対して提起した損害賠償請求事件に、大阪地方裁判所は請求を全面的に退け、請求棄却の判決を言い渡した。もっとも判決は近鉄側の経営姿勢を批判し、「差額返還の検討を含め、購入者の納得を得られる対応をとることが期待される」と解決の努力を促したが(一九九八年三月二九日付朝日新聞)、結論は、住民側の完全な負けになっている。

この事例は、裁判所の判断と仲裁機関の判断が相反する結論になっていることに注目を要する。これは、裁判所の保守性と仲裁機関の先駆性が如実にあらわれているが、紛争解決規範としてどちらが多く使用されるかということについては、未だ結論が出ていないというべきであろう。当事者が仲裁機関の判断の先駆性を選択することはあり得るが、その場合には、この解決例が参考にされるであろう。

当事者から承諾を得て公表する後者の例は、各論でいくつか紹介することにするが、そのうちの一つの最終提案仲裁（final offer arbitration）といわれる方式を説明しておきたい。

これは、当事者双方が最終的な提案をし、仲裁人が当事者がした提案のいずれか一方を選択して（すなわち中間値を採らない）、それをもって仲裁判断をするという方式である。これはアメリカで行われている仲裁であるが、野球選手の年俸を決めるときに使用されるので、別名野球式仲裁（baseball arbitration）ともいわれると言う。

しかしこの方式は、請求する当事者Xの最終提案が必ず請求を受ける当事者Yの最終提案を上回ることを前提にしており、いかにも欧米式の感覚に基づいている。これに対し、Xの最終提案がYの最終提案を下回ることもあり得るというのが、東洋人の感覚であろう。そこで私は、この最終提案仲裁に、Xの最終提案がYの最終提案を下回ったときにはその中間値をもって仲裁判断とするという付帯条件を加えることとし、言わば新手つきの最終提案をして事件を解決したことがある。この新手の付帯条件がついていると、当事者は思い切った最終提案をすることが可能になるし、双方の最終提案が近づけば、納得や合意が得やすくなる。その詳細は各論で述べるが、これは、手続的な紛争解決規範をつくることによって解決した事例である。私は、この付帯条件つき最終提案仲裁という紛争解決規範を、自分自身で調停事件に応用して解決したことがあり、その事例も各論で紹介する。

(1)　私は、前掲書『紛争解決の最先端』において、「公開の原則と秘密の保護とのジレンマは解決するのか」という章を設け、この問題を考察した（同書三七頁～五三頁）。その結論として「公開の原則と秘密の保護は、相互にせめぎ合ったり、重なり合ったりしながら、あるいは相互に否定したり、容認したりしながら、螺旋階段を昇りつめてゆくようなものではないだろうか」と書いた。

（２）　本文で述べた『訴訟上の和解の理論と実務』の他に、例えば草野芳郎『和解技術論』（信山社、一九九五年）。

４　学　説

学説の中には、紛争解決規範として使用する価値のあるものが多いはずである。そして、現実に紛争解決規範として広く使われている学説がある。

例えば、不法行為法において、利益較量論という学説がある。この学説は、成文法ではがんじがらめになって妥当な解決が得られない事態に陥ったときに、妥当性という観点から従来の解釈を修正するためのものとして唱えられ、広く紛争解決規範として使用されるようになった。そして、不法行為に限らず、契約関係やその他の紛争においても、広く使用、応用されるようになった。最近では、この利益較量論が広がり過ぎて、何でも利益較量論になって本来の法律論をすっ飛ばしてしまうので、法律論議を大味なものにしているという批判があるようだが、少なくとも当初は、この利益較量論という学説が紛争解決規範として使用されたことは確かであり、現在でも、時と場合によって、この学説が紛争解決規範として重要な役割を果たしていることは事実である。

しかし、紛争解決規範として現実に使用されている学説をピックアップせよと言われれば、すぐに思い当たるものはそれほど多くはない。

前述の因果関係の割合的認定は、学説としても成り立つものであり、現在では学問上の議論の対象になっているが、学説として唱えられる前に実務が先行した。また、付帯条件つき最終提案仲裁は、学説として唱える可能性があったのかも知れないが、私は、それを発表する前に実務のうえで実行してしまった。

このことは、実務が学説に先行する傾向があることを示している。しかし、実務が学説に常に先行するとは限らない。学説のよいところはその先見性にあるのだから、よく注意していれば、紛争解決規範として使用できる学説に気がつくのではないだろうか。実務家が学者の理論を勉強し、学者が実務家の理解できる言葉で語り、学者と実務家が手を繋げば、紛争解決規範として使用される学説が多くなり、したがって、有効、有益な紛争解決規範が豊富に発見され、創造されることになるかと思う。

ところで学者は、自分の学説が紛争解決規範として実務で使用されることに生き甲斐を感じるのではないだろうか。紛争解決規範として実務で使用されるために学説を唱えるということを明確に意識していなくても、無意識のうちにそのようなことを考えていることはないだろうか。もしそうだとすれば、学説は紛争解決規範としてすでにここに存在していると考えてもよいだろう。

このように考えると、現在存在する学説の中から紛争解決規範として使用可能な学説を洗い出す作業が紛争解決学のテーマとして必要になってくる。またこれからは、紛争解決規範として使用されることを意識する学説の登場が期待される。

5　諸科学の成果

社会が複雑化し、技術が進歩してくると、紛争解決にあたっても、専門家の知見を取り入れる必要が出てくる。例えば、医療過誤事件において、医師の作為・不作為と患者の死亡との間に因果関係があるかという問題に直面したときには、専門的観点からの科学的データ、意見が必要になる。

初老期うつ病の患者が自殺したとき、それを防止しなかった医師に過失があるとされた判例があるが(1)、その場合には、その患者の病状と医師の不作為という具体的な事実関係とは別に、初老期うつ病のある種の症状があるとき、自殺の可能性がどの程度あるか、という科学的な解明が必要になる。

この場合、相当因果関係という法的規範の中に専門家の意見がその一部として取り入れられることになる。すなわち、この例で明らかなように、専門家の意見が規範の構造の中に取り入れられてその一部となり、その部分を取り除くと、残りの部分だけでは規範として成り立たなくなる。このように見てくると、諸科学の成果の紛争解決規範としての重要性が理解できると思われる。

それでは、どのような諸科学の成果が、どの程度紛争解決規範として使われているのだろうか。また、将来使われる可能性があるのだろうか。さらに重要なことは、諸科学の成果を紛争解決規範として使用するときに、どのような過程を経て、どのような方法で使用するのか。例えば、医療過誤事件で医師の鑑定書を使用するときに、そのまま採用するのか、何らかの評価過程を経て採否を決めるのか。これらの事項を一つ一つ摘出して点検することは重要かつ興味あることであるが、これだけで厖大な作業が必要になるので、(2)ここでは注意すべき点を大づかみに述べるにとどめたい。

まず第一に、現在では広い範囲の諸科学の成果は使われていないが、実は大きな広がりと、深さがあるということである。

現在のところでは、医療過誤事件における医学、知的財産紛争における関連科学というところが中心ではないだろうか。最近では、カウンセリング心理学が盛んになり、その成果も期待されるようになった。(3)

紛争解決をはかるものがその気になれば、もっと多数の使用可能な紛争解決規範が発見されるであろう。経済学、人類学、文学はもとより、霊長類学に至るまで、使用できるものはたくさんあるだろうが、私を含めて紛争解決に携わる実務家の勉強不足で、せっかくの諸科学の成果を身につけていないというのが実情ではないだろうか。

すなわち、諸科学がこれほど進歩しているのであるから、紛争解決に役立つ宝の山はすでにあるのだ。しかし、その中から紛争解決規範という宝を掘り当てようとしないのみならず、すぐ近くに宝の山があること自体に気がついていない。

第二に、専門家の意見の中には、紛争解決規範として使ってはならないものがあることを、逆に注意しなければならない。

例えば、建物の賃貸借は、貸主に正当事由がなければ更新を拒絶することはできないことになっている。正当事由は、自己使用とか、建物の老朽化などがあげられるが、一応の正当事由があるときにも、それだけでは十分でないとき、正当事由を補完する金銭をつければ更新拒絶ができるという判例が出て、借地借家法に取り入れられ成文化したことは前述のとおりである（借地借家法二八条）。これが俗に立退料といわれているものであるが、それでは正当事由を補完する金銭はいったいいくらかということになると、裁判になったときには、不動産鑑定士にいわゆる借家権価格を評価してもらうことがよく行われる。すなわち、この場合には、正当事由という法規範の中に、不動産鑑定士の鑑定評価が入り込み、法規範の構造の一部を構成するのである。裁判になったときには以上のような経過を辿るが、裁判外の相対交渉や調停でも、不動産鑑定士の借家権価格の評価が必要なことがあり、その場合には、その鑑定評価は紛争解決規範の一部を構成することになる。

不動産鑑定士が行う鑑定評価の方法にはいろいろな手法があるが、一九八〇年代後半のいわゆるバブル期には、差額賃料還元法という手法がさかんに使われた。この差額賃料還元法は、借家の経済価値に即応した賃料即ち正常実質賃料と、実際に賃借人が支払っている賃料即ち実際支払賃料との差額を、いわゆる「借り得部分」とし、その借り得部分に賃貸借の持続する期間を乗じて資本還元して求められるものである。そして、正常実質賃料は、土地と建物の価格に期待利回りを乗じて算出される。したがって、正常実質賃料を算出する過程で、バブルによって暴騰した地価が算入され、結果として借家権価格は莫大な金額になっていた。

しかし、この差額賃料還元法は、理論的にも経済的にもまったく合理性を欠いている。のみならず、立退料が高額になると、賃貸借関係を円滑に運ぶことが困難になり、賃貸借という広く誰でも利用している法律関係の根底を揺るがすことになる。

私は、このような不合理な不動産鑑定士の借家権価格評価を採用したり、参考にしたりすることは誤りであることを力説したが(4)、裁判所はこの鑑定評価方法を明確に排除しなかった。私は、ここに至るまでの一連の裁判所の判断がバブルを助長した一つの原因だったと思っている。

このように、専門家の意見にもたれかかり、安易に採用することは危険である。すなわち、諸科学の成果を積極的に取り入れて、よりよい紛争解決をはかることは大切であるが、無節操に取り入るととんでもない事態を引き起すので、慎重な配慮が必要である。

（1）福岡地方裁判所小倉支部昭和四九年一〇月二二日判決、判例時報七八〇号九〇頁
（2）その一例として、渡辺千原「医療過誤訴訟と医学的知識——因果関係の専門性を手がかりに——」（『立命館法学』第二七一・二七二号下巻一七九二頁）。ここで「専門家が関与するということは、その専門知識だけでなく、専門知識を駆使した推理過程や判断といった専門性のプラクティスの中核部分の情報をも審理の中に取り入れていくことも含意している」（一七九三頁）とあるが、これは、専門知識を規範の中に取り入れることを前提としていると考えられる。また、だからこそ渡辺が追求しているように、専門知識の取り入れ方が問題になるのである。
（3）岡山仲裁センターでは、カウンセラーが調停人・仲裁人になって実績をあげている。
（4）廣田尚久『不動産賃貸借の危機——土地問題へのもうひとつの視点』（日本経済新聞社、一九九一年）五三頁〜八八頁。なお、この本を書く契機になった事件は、私が代理人として担当した東海堂銀座ビル明渡請求事件（東京地方裁判所平成三年五月三〇日判決、判例時報一三九五号八一頁・判例タイムズ七五七号二五五頁）。

6　慣　習

ここまでくると、慣習が紛争解決規範の一つであることは、自然に受け容れられるであろう。

慣習が法源であることが、はっきり法律の中に明記されているものがある。

それは入会権であるが、民法には入会権に関する規定は二か条しかない。すなわち、共有の性質を有する入会権については各地方の慣習に従うほか共有の規定を適用するという条文（民法二六三条）と、共有の性質を有し

ない入会権については各地方の慣習に従うほか地役権の規定を準用するという条文（民法二九四条）の二か条である。ここではっきり書かれているように、入会権については、第一順位の法源が「各地方の慣習」である。しかし、この「各地方の慣習」は何も裁判規範としてだけ使われるわけではない。裁判をせずに、裁判外で紛争を解決するときにも、各地方の慣習を紛争解決規範として使うのである。私は、第三章第二節**2**で述べたように、相対交渉で入会権の事件を解決したことがあるが、そのときには、その入会部落の慣習を規範として使った。すなわち、そこで使用した規範は、明らかに慣習という紛争解決規範である。

民法には権利の名称がはっきり書かれてはいないが、入会権と同様に、慣習を紛争解決規範として使っているものに温泉権がある。温泉法という法律はあるが、これは行政法であって、民事的な規範として使われているものではない。温泉権については判例がたくさんあり、規範としての慣習がどのように解釈され、適用されているかが示されている。温泉の慣習はさまざまであるが、法社会学の分野で調査や研究が行われ文献も多い(1)。

私も川島武宜先生の最晩年にお手伝いをして、ある地方の温泉の慣習上の関係を確認し、法律上明確にするために慣習を成文化したことがある(2)。

また、慣習の中には商慣習があり、商法一条には、「商事ニ関シ本法ニ規定ナキモノニ付テハ商慣習法ヲ適用シ商慣習法ナキトキニハ民法ヲ適用ス」と位置づけられている。また、国際連合国際商取引法委員会仲裁規則（UNCITRAL国際商事仲裁模範法）三三条三項には、「いかなる場合においても、仲裁裁判所は、契約の文言によって判断し、当該取引に適用される商慣習を考慮しなければならない」とされている。

興味ある判決例に、借地の期間満了の際に支払われる更新料に関するものがある。東京地方裁判所では慣習になっているとして更新料支払請求権を認めた事例があるが(3)、最高裁判所ではまだ更新料を支払う商慣習または事実たる慣習はないと言う(4)。東京などの大都市ではかなり広く更新料のやり取りがあるが、これなどは、紛争解決規範と見るか見ないかという点で、裁判所と一般とにズレが出ている例である。

なお、慣習については、川島武宜教授が、慣習・習俗・おきて・社会規範と並べて、法社会学的な分析をされている。[5] また、慣習法にも言及して、「慣習法という概念は、多種多様の権利義務的おきての現象のうちで比較的安定したものを指す」とされている。[6]

従来の法解釈学においては、慣習法は事実たる慣習と異なり、前者は法規範たる性質を有するに反して、後者は単に意思表示解釈の材料たる事実上の慣行であるに過ぎない（民法九二条）と説明されており、[7] また、法例二条の規定によって、一般に慣習が法たる効力を有するのは、法令の規定によって認められる場合、または法令に規定のない事項に関する場合に限るものとされている。[8]

この法解釈学の立場と比較すると、川島教授の見解は、慣習にせよ慣習法にせよ、相対化されていることは明らかである。

では、紛争解決学の立場はどのようになるのであろうか。

紛争解決学においては、紛争を解決するにあたって、当事者が紛争解決規範を選び取ってゆくことを前提にしているのであるから、いっそう相対的になる。すなわち、慣習も慣習法も同列であって（成文法や判例なども同列）、上下、優劣の差はない。

もとより、法例二条が壁になって、慣習を紛争解決規範として選ぶことができない事態も発生するであろう。そのときには、双方当事者が慣習を合意の中に取り込んで解決するとか、慣習とは別の紛争解決規範を選択するとか、いろいろな打開策をはかればよいのである。このように、紛争解決規範を相対的にとらえる構えこそ、紛争解決学の真髄なのである。

（1）例えば、川島武宜・潮見俊隆・渡辺洋三編『温泉権の研究』（勁草書房、一九六四年）、同『続温泉権の研究』（勁草書房、一九八〇年）、川島武宜『温泉権』（岩波書店、一九九四年）。

（2）廣田尚久「川島先生と私」（「川島武宜先生を偲ぶ」編集委員会編『川島先生を偲ぶ』日本評論社、一九九四年）二八六頁、木暮金太夫「川島先生を偲んで」（同書）二九一頁。
（3）東京地方裁判所昭和四九年一月二八日判決、判例時報七四〇号六六頁
（4）最高裁判所昭和五一年一〇月一日判決、判例時報八三五号六三頁
（5）川島・前掲書『法社会学上』三一頁〜四三頁
（6）同書四九頁
（7）大隅健一郎『商法総則（新版）』（有斐閣、一九七八年）七五頁
（8）同書八〇頁

7　道　徳

このように、紛争解決規範を相対的にとらえるとするならば、道徳も紛争解決規範として使用できるのではないかという考えも当然出てくると思われる。(1)

川島武宜教授は、「多くの法哲学および法社会学の著述は、法と道徳に関する理論を述べるために一章乃至一節を設けるのが常であります」(2)と述べているので、紛争解決学においても、せめて一項を設ける必要があるだろう。なお、川島教授は、第一に道徳に固有の価値（善）、第二に固有な行動決定の仕方（良心）をあげ、従来とは違ったアプローチの方法で道徳を分析しているが、(3)紛争解決学では、まず紛争解決規範として道徳の使用可能性の有無が問題になるので、一般的な意味から入る方が分かりやすいと思われる。

そこで、「道徳」という言葉の一般的な意味を見ておくことにしよう。

辞書（大辞林）によれば、道徳とは、ある社会で、人々がそれによって善悪・正邪を判断し、正しく行為するための規範の総体。法律と違い外的強制力としてではなく、個々人の内的原理として働くものをいい、また宗教

と異なって超越者との関係ではなく人間相互の関係を規定するもの、とある。

紛争解決学は当事者の自主的解決が中心であり、その方法としても相対交渉を基本にして調停、仲裁へと及んでゆくのであるから、紛争解決規範に強制力があることを必ずしも必要としない。したがって、当事者が紛争解決のために内的原理としての道徳を使用しても、一向に構わないのである。そしてまた、ここに言うように、道徳は人間相互の関係を規定するものであるから、紛争解決規範として使用することは可能ということになる。

そこで次の問題は、道徳がどのようなときに、どのように使用されれば、紛争解決規範としての力を発揮するかということになる。換言すれば、紛争解決規範としての道徳の適切な使用方法が問題になる。

このことに関して、棚瀬孝雄教授は、不法行為責任を支える実質的な道徳的基礎づけとして、個人的正義、全体的正義、共同体的正義の三つをあげ、個人的正義は責任の限定すなわち不法の客観化が不可欠であるため、コミュニティー作りに不可欠な人と人との間を結ぶ責任の観念がこの不法の客観化の中で空洞化される、と言う。また、全体的正義は被害救済のために保険制度などのシステムをつくり社会を合目的的に管理しようとするものであるが、これは「連帯」というもう一つの価値の面では、むしろコミュニティー破壊作用をする。そこで、まさに不法行為がそこから生じてくる、その加害者——被害者間の社会関係がどうとらえられているかということを見ていく必要があり、共同体的正義というもう一つの正義が必要となる。すなわち、当事者がお互い一個の人間として向き合う関係を大切にすると、人格が尊重され、加害から回復まで通時的にみて、加害者が被害者と向き合い、その苦痛を除去するために自分として何ができるかということに大きな関心を持つ、とされる(4)。

ここで明らかになるのは、道徳という概念が人々の意識と要請によって位相を異にし、それに伴って内容を変えるということである。その意味では、一つの法現象に対応する道徳も、相対的な見方が可能だということである。しかし、棚瀬教授の言う共同体的正義は、被害者と加害者との相互の人格の尊重や向き合う関係を確保できるのであるから、個人的正義や全体的正義よりも道徳として高みに達していることは事実である。したがって、紛争を解決するにあたっては、紛争解決規範として直接道徳を使用するのではないにしても、共同体的正義を念頭に置いて手続きを進め、それを実現する解決をすることが望ましい。しかし、事案によっては、現実的な被害救済を優先することが必要な場合もあるだろうし、加害者の責任を明確にすることを望む場合もあるだろう。したがって、全体的正義や個人的正義を同時に実現することがいっそう望ましいということになる。いずれにしても、道徳が紛争解決規範として直接表面に出てくることは少ないとしても、背景に控えて重要な役割を果すのである。(5)

しかし、何が道徳かということについては、民族、世代、職業、社会的地位、価値観などの相異によって相当の違いがある。紛争の局面で、甲がAという道徳をかかげ、乙がAと両立し得ないBという道徳をかかげて一歩も引かなければ、どうにもならなくなる。紛争解決規範の中では、道徳は最も強い価値的、評価的な力を持っているから、紛争解決のためには往々にしてかえって邪魔になるのである。そのような場合には、道徳が持っている価値的、評価的な側面を削ぎ落すか、相互に相手方の道徳とチェンジするか、いったん道徳に引っ込んでもらうか、いずれにせよ当事者にとっては耐え難い、そして人生観を変えるような工夫をして、局面を打開しなければならない（そのような解決法については次節で述べることにする）。

にもかかわらず、道徳は紛争解決規範として絶妙な働きをすることがある。とくにシンプルな道徳が、ときには紛争解決の強烈な切り札になる。例えば、「飢えている赤ん坊を殺す気か」という一喝だけで、養育費を支払う父親だっているのである。

（1）　旧版では、道徳という項は設けず、自然法の項で自然法と一緒に論述していたが、新版ではこれを分離することにした。しかし、道徳と自然法は、紛争解決規範としては似たような働きをするので、相互に参考にしていただきたい。

(2) 川島・前掲書『法社会学上』五二頁
(3) 同書五三頁～六五頁
(4) 棚瀬・前掲論文「不法行為責任の道徳的基礎」六八頁
(5) 旧版では、共同体的正義を紛争解決規範として使ったものとして、金鵄勲章を盗んで川に捨ててしまった青年に対し、被害者が賠償金を要求せず、青年に修行道場に行くことを求めた事例をあげたが、本文の内容を変更したので省略した。

8 自然法

人間の本性そのものに基づいて普遍的に存在する法として自然法というものがあり、この自然法を認め、これによって実定法を基礎づけようとする法思想がある。ホッブス、ルソーをはじめとするこの自然法の思想は、近代合理主義において顕著な展開をして、市民的・自由主義的思想の確立に貢献した。このような考え方に立てば、自然法こそ紛争解決の根本的な規範であるということになるだろう。

しかし、現代の複雑な社会を背景にして、価値観や思想が多元化し、錯綜してくると、何が自然法かということを確定することは困難になる。そのことを意識せずに自然法をそのまま持ってくることは、いかにも大味に過ぎて、紛争解決規範としてとても使えないものになってしまうばかりか、無理に使おうとすると、一方が他方に押しつけるものになり勝ちで、紛争解決規範として使うことがかえって危険な場合も出てくる。

その押しつけを回避しようとすれば、今度は何が自然法かという、言わば形而上学的な議論を延々と続けることになるか、さもなくば、自然法以外のものによって根拠づけをしなければならなくなる。そうなると、結局自然法以外のものを直接探究する方が早いということになる。したがって、自然法の基礎をつくっている、合理性とか、自由とか、平等とか、基本的人権とかの価値概念の中に入り込んで、その中から使えるものを抽出し、具体化する作業を欠かすことができなくなる。

しかし私は、自然法が紛争解決規範として使えないと言っているのではない。道徳と同様に、シンプルな自然法が紛争解決の切り札になることもあるだろう。また、自然法の思想の多くは、実定法の中に埋め込まれているので、直接自然法を紛争解決規範として使用しなくても、その思想を覚醒させて適切な紛争解決をすることがあり得る。(1)

(1)　旧版では、この後に経験則や禁反言の原則に触れたが、新版では省略した。

9　生きた法

社会団体の構成員によって承認され、一般的には実際にも遵守されている規則、すなわち、社会団体の内部秩序を生きた法という。(1) 生きた法は、法社会学ではそのサンクションの在り方などに関心が持たれるが、紛争解決学の関心は、紛争解決規範として使用可能か否か、というところにある。

例えば、生きた法の一つとして、校則をとりあげてみよう。

ある私立高等学校に、普通自動車運転免許の取得を制限し、パーマネントをかけることを禁止する校則があった。この校則は、生徒にとっては他の法規範などの諸規範よりも身近な行為規範である。しかし、この校則に違反した生徒がいて、学校側は自主退学の勧告をし、その生徒は退学した。この学校の措置に対し、生徒側が憲法一三条の自由権、幸福追求権に違反し無効であると争ったが、最高裁判所はこの自主退学の勧告に違法があるとは言えないと判断した。(2) すなわち、生きた法は、公序良俗や強行法規に違反するものでない限り、裁判所が正当性を与える傾向が強いと考えてよいのである。

したがって、社会団体の構成員によって承認されただけのように見える生きた法も、第一に、現実の人々の行動を規律すること、第二に、それが裁判所によって正当化されることという二重の意味で、実質的には法規範と大差ない機能を持つことになるのである。

そうだとすれば、生きた法も紛争解決規範として使用することが可能であるということになる。その場合でも、当事者の選択に委ねられること、相対的に扱われるべきであることなどは、他の紛争解決規範と同様である。

（1）生きた法については、六本佳平『法社会学』（有斐閣、一九八六年）二二頁〜二五頁。なお、旧版には生きた法の項はなかったが、新版ではこれを設けた。

（2）最高裁判所平成八年七月一八日判決、判例タイムズ九三六号二〇一頁

10　経済的合理性

道徳とか、自然法を紛争解決規範として使うこともないではないが、価値観や思想が多元化してくると、その背後にある合理性とか、自由とか、平等とかの価値を追求することによって、普遍的な紛争解決規範を発見したり、創り出したりすることがある。

その中で、最近の傾向として注目すべきことは、「法と経済学」という新しい学際的研究分野である。すなわち、「所有権法や契約法、不法行為法の諸ルールは人間の様々な行動に対して暗黙のうちに価格を設定しているのであり、それゆえ、ミクロ経済学の手法を用いて分析することができるのであるという発想は、一九七〇年代から一九八〇年代はじめにかけて確立した[1]」のである。

法と経済学の成果がそのまま紛争解決規範として使用可能か否かについては、私にはまだ分からないが、「最大化、均衡、効率といった経済学の基本分析概念が法を理解し説明する上でも根本的に重要である[2]」ことは確かであろうし、このような経済学の基本分析概念からあみ出されたシェーマ（方式）が、紛争解決規範として発見

され、創造されることはあり得るだろう。

また、法と経済分析が提示する新たな視点として、「最も大胆な主張は、正義、権利、義務、過失等々の伝統的法律学の概念をすべて経済学の概念に置き換えることで法律学は経済学に還元されるとするものである。これによれば、この還元後には、法律学の術語は無用の長物として廃棄されなければならないという。たとえば、経済理論家の中には経済的効率性の概念で正義の概念を置き換えるべきであると主張する者がいる」(3)とも言う。

これは、規範の概念を経済的効率性の概念に置き換えるべきであるという主張に他ならないが、ここまでくるとにわかに肯定しがたい。確かに、経済的効率性という基準は、それが計算上の合理性を持っているが故に普遍的であり、その普遍性が紛争解決規範として使用される可能性を大きくしていると言えよう。したがって、経済的効率性は、紛争解決規範として、着々とシェアを拡大しつつある。そしてこのことは、市場経済の拡充、グローバリズムなどの社会的趨勢によって裏づけられていると言ってもよいと思う。

しかし、市場経済の拡充やグローバリズムには弊害が伴う。その弊害を意識して、経済の論理ではとらえきれない人間の論理を人間の側に留保しておこうという考えが当然存在する。また現実に、規範の中には経済的効率性で掌握できないものがたくさんある。したがって、経済的効率性をすべての規範に置き換えようとする考えには賛成できない。紛争解決の実務において、当事者が主張する規範を経済的効率性に置き換えようとしても、その当事者がそれを拒否すれば、そこで行き詰まりになる。経済的効率性から見れば圧倒的に有利な条件を示されても、絶対に承服しない当事者は存在するものである。このように人間が経済的効率性以外の「何か」の価値を持っている限り、「経済的効率性の概念で正義の概念を置き換える」という考えをとることはできない。

これまで、法と経済学における「経済的効率性」という概念について述べてきたが、私の言う「経済的合理性」は経済的効率性よりも広い概念である。しかし、経済的効率性よりも広い概念だとしても、経済的合理性を絶対的なものと見ることは誤りである。人間というものは、経済的合理性で割り切るにしては、はるかに複雑なものである。

とは言うものの、経済的合理性が有用な紛争解決規範であることは確かである。そこで、私が経済的合理性を紛争解決規範として使用して解決した事例を紹介しておこう[4]。

都心の優良地に、図のようなA地、B地、C地の三筆の土地があった。A地とB地はほとんど同面積で、C地はやや広い。私のクライアントの甲は、B地の所有者であったが、A地とC地を取得した土地開発会社乙から「A地とB地を交換してほしい」と申入れを受けた。私は甲の代理人として乙の代理人弁護士と折衝したが、結局B地とC地とをくっつけることによって生ずる付加価値を計算して、それを甲と乙との双方で分け合うという交換条件を提案した。

まず、付加価値が生ずる原因としては、次のものがあげられる。すなわち、B地・C地に一つのビルを建てる方がA地、C地に二つのビルを建てるよりも、①容積率がふえる。②共用部分が節約できる。③建築費の単価が安くなる。④エレベーターの基数が少なくなる。

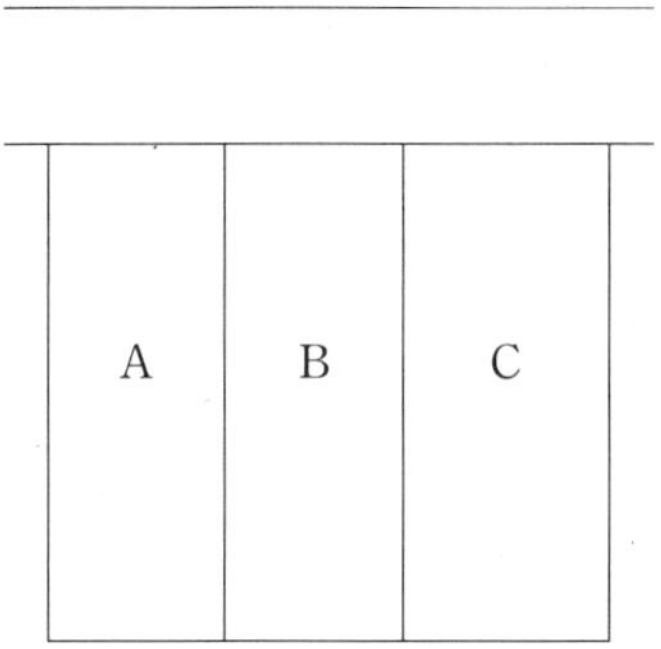

そこで私は、一級建築士に依頼して、A地にビルを建築する場合、C地にビルを建築する場合、B地・C地に一つのビルを建築する場合の三通りの設計図を引いてもらい、それに基づいて、建築費、保証金収入、賃料収入を試算することにした。

まず、建築費から保証金収入を差し引くと、建築当初に建築主が負担する工事費の負担額が出てくる。その計算の結果、BCの場合の工事費負担額と、Aの場合とCの場合の工事費負担額の合計額を比較すると、前者の方が約三〇〇〇万円高くなった。BCの場合は建築費の単価は安くなるが、建物の容積がAの場合とCの場合の合計よりも大きくなるので、工事費負担額が大きくなるのは当然である。

さらに、ビルを賃貸するときの賃料を予測して算出する。ＢＣの場合は容積が大きいので、Ａの場合とＣの場合の合計よりも、年間約一八〇〇万円多くなることが分かった。したがって、工事費負担額の差の三〇〇〇万円は、だいたい二年分の賃料の差で穴埋めできると考えられる。つまり、三年目からは、ＢＣの場合の方が収益の差を出してゆくわけである。

ここで、仮りに、賃料収入の差が年間一八〇〇万円という状態が五〇年間続くとしよう。そして、中間利息を控除するために、年五分新ホフマン係数を用いて計算すると、五〇年の係数は二四・七〇一九、二年の係数は一・八六一四である。工事費負担額を穴埋めしている二年分は除くため、二四・七〇一九から一・八六一四を引くと二二・八四〇五になる。したがって、一八〇〇万円に二二・八四〇五を乗ずると、約四億一一〇〇万円になる。これが、ＢＣの場合とＡの場合・Ｃの場合の合計の収益の差額であり、交換によって生ずる付加価値の概算額である。

次に、この付加価値が生ずるために、Ｂの土地がどれだけ寄与したかであるが、これは、Ａ、Ｂ、Ｃの三筆の土地の坪当たり単価に差がないのであるから、面積で按分すればよい。Ｂ地は三筆の土地の約三割なので、四億一一〇〇万円×〇・三で、一億二三三〇万円になる。この一億二三三〇万円が乙から甲に交付されるべき計算上の数字である。

私は、以上のような計算をして、乙の代理人弁護士に示した。しかしこれは、あくまでも計算上の数字であって、実際には、乙の事業遂行上の危険負担などを考慮する必要がある。したがって、折衝の結果、計算上の金額の七割程度のところで合意し、相対交渉で解決した。

このように、経済的合理性を紛争解決規範として使用すると、アッと言う間に解決してしまうことがある。この事例から、経済的合理性を紛争解決規範として使用する過程で、数字を使うことが多いことが明らかになった。ここで忘れてはならないのは、数字も言葉の一種だということである。したがって、数字の特殊性を頭にたたき込んでおくことが必要である。すなわち、数字は最も抽象化された言葉であって、数字になった時点では絶対的なものである。明確性、一義性という点では、これほど確かなものはない。したがって、数字が力を発揮すると、他の言葉の追従を許さないほどの効果をもたらす。しかし逆に、数字が出てくる根拠に誤りがあると、これほど役に立たなくなるものはない。したがって、数字を使うときには、何度も点検してみる必要がある。

また、相手から数字を突きつけられたときには、その算出根拠を洗い直してみる必要がある。数字には、往々にして数字の魔術というものがあり、こんなものに引っかかるとひどいことになる。逆に、数字の魔術を見破ってドンデン返しをすることもあるが、そういうときには一寸した快感を味わうものである。

数字は絶対的な姿をしているが、紛争解決の局面でこの絶対性をあまり頼りにするのもよくない。人によっては、数字を見ただけで反発する人もいる。また、数字に従うことに感情が許さない人も多い。したがって、紛争解決をするときには、数字だけではダメである。人は数字だけで解決することに納得しないものであると、よく肝に銘じて、ふくらみのある豊かな言葉をつけて数字を出すのがよい。そしてまた、数字をあまり絶対化せずに、政策的な配慮や諸般の事情次第によって、柔軟に修正する気持を持っておかなければならない。しかし、そのような場合でも、出した数字を消しゴムで消してしまうようにするのではなく、その数字を横に置いて、それを睨みながら、すなわち、修正の軌跡を丹念に追跡するようにしながら合意点を目指してゆけば、たいていはうまくゆく。

そして、不思議なことに、数字が悪感情を消してしまうことがある。それは、数字が最も抽象的な言葉であるために、具体的事象としてあらわれるときには、予想を越えるほどの広がりと深さに到達するということを示している。

以上、数字の使い方について述べたが、これは経済的合理性を紛争解決規範として使用する場合にも言えることである。すなわち、経済的合理性は、紛争解決規範として有用なものであるが、それを使うときには、その力と内容を吟味し、限界をわきまえ、扱いを慎重にしなければならない。経済的合理性を不用意に使用すれば、そこに独断が生じ、抽象化の過程で切り捨てられたものから異議を唱えられて、かえって紛争を深刻化してしまうことになりかねない。(5)

なお、経済的合理性は、前述の事例のように、ストレートに、すなわち、それ自体が紛争解決規範として使われることもあるが、他の紛争解決規範を基礎づけたり、他の紛争解決規範と一緒にされて使用されることが多い。その意味からしても、経済的合理性は重要かつ汎用性の高い紛争解決規範である。

(1)　ロバート・D・クーター、トーマス・S・ユーレン著・太田勝造訳『法と経済学』(商事法務研究会、一九九〇年)五頁

(2)　同書一三頁

(3)　同書一三頁

(4)　この事例の詳細は、廣田尚久『和解と正義——民事紛争解決の道しるべ』(自由国民社、一九九〇年)九六頁～一〇九頁。

(5)　旧版では、この後に、成文法という形をとっていても経済的合理性がなければ規範として機能しないものがあると述べ、その例として期間三〇年の定期借地権をあげたが、経済的合理性がないものが紛争解決規範として使用不能であることは成文法に限らないことであり、設例も適切でなかったので、新版ではその部分を省略した。

11　ゲーム理論

鈴木光男教授は、「ゲーム理論とは複数の意思決定主体からなる状況を表現し分析するための言葉の体系である」(1)と言い、「いまでは、経済学、経営学、政治学、社会学、倫理学、さらには、生物学とか、工学など、さ

まざまな学問が、ゲーム理論という新しい言葉によって、その基礎から書き直され、いままで見えなかったものが、その姿を現し、事物は新しい形を与えられるようになりました。この事物を再構築する力こそ、ゲーム理論がもつ力です。それは諸科学を新しく蘇生させ、新しい世界を構築する力となっています[2]」とされる。

ゲーム理論と法律学の関係について言えば、法社会学者や民事訴訟学者が研究をしているが[3]、実務家はそのような研究が行われていることをほとんど知らないであろう。また、法律学をゲーム理論の言葉によって基礎から書き直すことは、それが現実になるとしても、これから相当の年月を要すると思われる。

それでは、ゲーム理論と紛争解決学との関係はどうであろうか。

鈴木教授が、「社会状況における意思決定のための言葉ですから、人間のもつ知性や感性に基づく思考過程、合理性の基準、自己と他者との関係など、人間の社会的存在についての深い洞察に基づいて、柔らかな感覚で、その体系を再構築していく必要があります[4]」と言い、ゲーム理論の基本的精神は、「自由というものの強い意識である。個人間の自由な関係を前提にして、すべての議論が出発する[5]」と言われるところからすると、ゲーム理論は、紛争解決学の問題意識と方法論に非常に近いと言うことができる。

それでは、紛争解決学の側から見て、ゲーム理論の成果をどのように取り入れればよいのであろうか。そのことを考察する前提として、ゲーム理論と紛争解決学との異同を見ておく必要がある。

まず、「複数の意思決定主体からなる状況を表現し分析する」ことについては、紛争解決学もゲーム理論と同じである。そしてまた、「表現し分析するための言葉の体系である」ことも同じであるといってよい。これまで述べたことによって、あるいは、これから述べることによって、紛争解決学も言葉の体系であることは明らかである。

しかし、異なるところはその先のことである。すなわち、紛争解決学は、そこから先に解決に向かってゆく。したがって、具体的な問題を抽象化し、抽象化したことを具体的な問題に戻すというフィードバック作業が行われ、そこに大きな言葉の体系がつくられる。ゲーム理論も「解」に向かってゆくのであるから、同様な作業が行われるのであろうが、やはり抽象化の方に力点が置かれるものと思われる。紛争解決学では、抽象化できない事象はあえて抽象化せず、そのまま残して、残した状態で扱うという方法をとる。

したがって、紛争解決学から見たゲーム理論の関係は次のようになる。

第一に、ゲーム理論の成果は、紛争解決学に相当取り入れることができるであろう。そして、紛争解決学は、ゲーム理論で使われる言葉、概念、方法を取り入れることによって、将来の発展が期待できると思われる。

第二に、紛争解決学はゲーム理論の後から生まれた新しい学問であるから、「再構築」とか「新しく蘇生」などということは考える必要はない。ゲーム理論の後を追い、あるいは並走しながらその成果を取り入れればよいのである。あるいは、紛争解決学の成果をゲーム理論に提供して、相互のフィードバックもあり得るかも知れない。

第三に、ゲーム理論の成果の中には、紛争解決規範として使用できるものがある。紛争解決規範として直接使用することができるものもあるだろうが、その多くは、他の紛争解決規範の基礎として、または他の紛争解決規範を引き出すものとして、あるいは自らは捨て石となってあるべき解決を導くものとして使用されるであろう。

その一例として、「反復囚人のジレンマ」をあげておくことにしたい。(6)

反復囚人のジレンマを説明するためには、まず囚人のジレンマから説明しなければならない。

二人の囚人が、互いに相手が何を言っているか知らされないで牢につながれているとする。片方が相手を裏切って相手こそ犯人だと言い、相手が何も言わないとすれば、裏切った方が無罪になり、裏切られた方は重い罪になる。双方とも互いに相手が犯人だと言えば双方とも有罪となる。しかし、双方が協調して何も言わないとすれば、双方とも有罪になるが罪は軽くなる。つまり、囚人は相手を裏切った方が常に得だが、双方とも裏切るとひどいことになる。そして、双方が協調すればまずまずの結果になるが、自分が協調して相手に裏切られると、最もひどいことになるからうっかり協調できない。これが囚人のジレンマである。

囚人のジレンマ・ゲームを三人以上に拡張したゲームに共有地の悲劇というゲームがある(7)。数軒の農家が山の中に共同で土地を持っているとする。その共有地には牧草がよく茂っていて、そこには、自由に放牧することができる。各農家は、先を争って自分の牛を放牧し、自分の利益の増大をはかる限り、牛の数を増やし続けることになる。しかし、牧草には限りがあり、やがて牧草は枯渇し、共有地の荒廃という悲劇のみが残る。

この囚人のジレンマ・ゲームや共有地の悲劇は、非協調が招く不利益や危険性に警告を発し、非協調から協調に切り替えるときに使うと、有効な紛争解決規範として機能する。すなわち、囚人のジレンマを明確に意識することによって、他の紛争解決規範を引き出したり、捨て石の機能を発揮させて妥当な解決に導くのである。私も、当事者に囚人のジレンマを説明し、協調路線を敷いて紛争を解決したことがある。

さて、二人のエゴイストがこの囚人のジレンマ・ゲームを一回だけ行い、双方が支配された選択肢である裏切りを選んだときには、両方が協調し合ったときよりも損になる。もしこのゲームが決まった回数だけ繰り返され、その回数をプレイヤーが知っているとしても、協調関係を引き出せないことには変りはない。しかし、回数が決まっていないときにはどうであろうか。実際の人々のつき合いにおいては、当事者どうしが相手と何回つき合うか知らない場合がほとんどであろう。

そこで、囚人のジレンマ・ゲームを回数を知らせずに反復して行う反復囚人のジレンマ・ゲームをすれば、どのような結果になるだろうか。アクセルロッドは、対戦の回数を知らせないという条件を設定したうえで、囚人のジレンマ・ゲームを反復して行うコンピュータ選手権を二回開き、ゲーム理論の専門家を競技参加者として招待した。

その結果、トロント大学のアナトール・ラポポート教授が応募した「しっぺ返し」戦略が、第一回選手権で優勝した。「しっぺ返し」戦略は、最初は協調行為をとる。その後は相手が前の回にとったのと同じ行為を選ぶ。

この決定方法は、分かりやすく、プログラムをつくるのも簡単である。そして、人間どうしのつき合いにおいて、かなり多くの場合に協調関係を引き出すものとして知られている。すなわち、「しっぺ返し」戦略は、相手からあまり搾取されず、また、「しっぺ返し」どうしがつき合ってもうまくゆくという望ましい性質を持っている。

アクセルロッドは、さらに第二回選手権を開催した。二回目の参加者には、一回目の結果の詳しい分析を予め知らせていたが、二回目に優勝したのは前回と同じ「しっぺ返し」であった。アクセルロッドは、この「しっぺ返し」の強さの秘訣を分析して、「しっぺ返し」が成功した要因は、自分の方から裏切り始めることはなく、相手の裏切りには即座に報復し、心が広く（ここで心が広いということは、相手が裏切った後でも再び協調する性質で、報復は一回きりで過去のことは水に流してしまうことである）、相手に対して分かりやすい行動をとったことであると言う。

このアクセルロッドの研究の成果は、紛争解決規範として使用することができる。すなわち、自分の方から裏切らない、相手の裏切りには即座に報復するが、心が広く、相手に分かりやすい行動をとるということは、交渉過程の言葉の中に随所に折り込むことができるし、和解の条件として（例えば、過怠約款の書き方）表現することができる。

私は、長い間相対交渉をしていた相手に対し、いよいよ訴えを出さなければならないかと考えて訴状を準備した矢先に、たまたまこの反復囚人のジレンマ・ゲームを読んで、訴状を引っ込め、「自分の方から裏切らない」ということにして交渉を継続したところ、首尾よく和解で解決した経験がある。

このような紛争解決規範を使うと、交渉に自信を持つことができるので、筋の通った道が拓けてくるものである。そして、協調の軌道に乗ったときに、次に取り組むべきことは、協調を持続し、目的を達成するための技術と条件づくりということになる。

（１）鈴木光男『ゲーム理論の世界』（勁草書房、一九九九年）四頁
（２）同書五頁
（３）小島・前掲書『法交渉学入門』二四九頁〜二七五頁
（４）鈴木・前掲書『ゲーム理論の世界』一三頁
（５）同書五一頁
（６）ロバート・アクセルロッド著・松田裕之訳『つきあい方の科学』（ＨＢＪ出版局、一九八七年）。旧版では、囚人のジレンマ・ゲームと反復囚人のジレンマ・ゲームについて、数字を入れて引用したが、その後これは多くの文献に紹介されるようになったので、新版では数字を省略して内容を紹介するにとどめた。しかし、数字が入っている方が理解を深めるので、旧版五一頁〜五七頁、一七四頁〜一七八頁を参考にしていただきたい。
（７）鈴木光男『新ゲーム理論』（勁草書房、一九九四年）一八頁〜二二頁

12　新しく生まれる規範、新たに発見される規範、新たに創造される規範

これまで、さまざまな紛争解決規範を列挙した。ここにあげた紛争解決規範の他にも、俚諺、格言、名言など、いろいろな紛争解決規範が存在する。このように言うと、聞く人によっては、手当たり次第に使えるものは何でも使えと言っているに過ぎない、と聞こえるかも知れない。事実、紛争解決規範は、手当たり次第に何でも使え、というのが私の考えである。

しかし、現存する紛争解決規範を使えばすべての紛争が解決するかと言えば、そうではない。まだ何か足りないのである。何が足りないのかと言うと、まさに今生まれようとしている規範、ようやく発見されようとしている規範、これから創り、育ててゆかなければならない規範があり、そういうものを紛争解決規範に仕立てて使わないと解決しない紛争が、世の中にはたくさんあるのである。

したがって、まさに今生まれようとしている規範に目をつぶり、ようやく発見されようとしている規範を見逃

し、新たに創造されなければならない規範をつぶしてしまったら、紛争解決の重要な鍵を捨ててしまうことになる。しかし、これらの新しい規範は、地下から地上に噴き出てくる泉のようなものであるから、紛争解決規範の根源というべきものなのである。

このことに関連して、合意について考察しておかなければならない。

合意は、新たに生まれようとしている規範を生まれた規範とし、新たに発見されようとしている規範を発見された規範とし、新たに創造されようとしている規範を創造された規範とする作業を成し遂げるものであって、いわば胎児を取りあげる産婆のようなものである。

もともと近代私法における「法」は、合意を契機にして生まれるものである。何らの合意もなく、降って湧いたように生まれるものではない。独裁体制のもとでつくられる法にはそのようなものがあるが、それは正当性が乏しく、長続きするものではない。ましてそのようなものは、紛争解決規範として使用に耐えない。したがって、もともと法は、合意によって世に出され、発見され、創造されたものなのである。すなわち、合意こそ、原初的な紛争解決規範なのである。

このように考えると、合意が紛争解決規範の一つであることが明白になる。これに対して、単なる当事者間の合意が紛争解決規範になると考えることは、勝手に紛争解決規範をつくることを容認するものであって、そのような考えはおかしいという反論を受けるかも知れない。しかし、私はすべての合意が紛争解決規範になると言っているのではない。紛争解決規範として使うことができる合意は、合意以外の紛争解決規範と同様に、公序良俗に反するものであってはならないし、また、他の規範との間に整合性を持っているものでなければならない。

そしてまた、判例や裁判上の和解・調停・仲裁の解決例と同様に、先例的価値があるものに限られる。これは、普遍性と汎用性の問題になるが、先例的価値がある合意を使用することによって、同種の紛争には同種の合意を取りつけることが可能になる。そして、そのような合意は、相対交渉の場で使われるだけでなく、裁判上の和解や調停や仲裁の場でも使用可能になる。

このような新しい紛争解決規範は、誰かの胸のうちに暖められていて、長い間使用されないことがあるが（前述の付帯条件つき最終提案仲裁は、私の胸に約二年間暖められていて、使用する機会を待っていた）、多くの場合は、紛争の局面で妥当な紛争解決規範がないときに、突如生まれたり、発見されたり、創造されたりするものである。したがって、即座に、その場で使用することになるが、そのときには、まるで生まれたての赤ん坊に活躍してもらうような感覚になる。そのような例を、一つあげておくことにしたい。[1]

住宅地の真ん中にマンションを建築する計画が立てられたが、近隣住民が騒いで反対同盟を結成した。マンション建築敷地（図の斜線部分）と近隣住民の住居（図のア～ト）は、次頁のとおりである。

建築主＝業者の当初の計画では、ここに地下駐車場つきの五階建のマンションを建築するということであったが、反対同盟の人々の一致した要望は、五階部分を削り、地下駐車場をつくらないようにすることであった。すなわち、地下駐車場なしの四階建のマンションに設計変更せよ、というのが反対同盟の人々の統一した意思であり、全体の目標である。

ところが、全体の問題とは別に、個々の住民がマンション建設によって受ける被害がある。その主要なものは日照権侵害であるが、その他に、電波障害、風害、工事中の騒音などがあり、場合によっては、井戸の枯渇、地盤沈下なども予想される。また、隣にマンションが建つことによる圧迫感、地価の下落なども無視できない。このような被害は、個々の住民の建物の位置、大きさ、間取りなどによって相違があるので、個々の住民がどのような補償をしてもらう必要があるのかということは、はじめから大きな問題だったのである。

マンション建築に伴う業者と反対同盟の抗争は、それ自体ダイナミックなものであるが、反対同盟の要望の中に、全体としての目標と個々の人々との要求が混ざっているので、いっそうダイナミックな動きをするものである。そして、反対同盟の全体の目標を達成しようとすれば、団体としての結束を強固にする必要がある。業者は

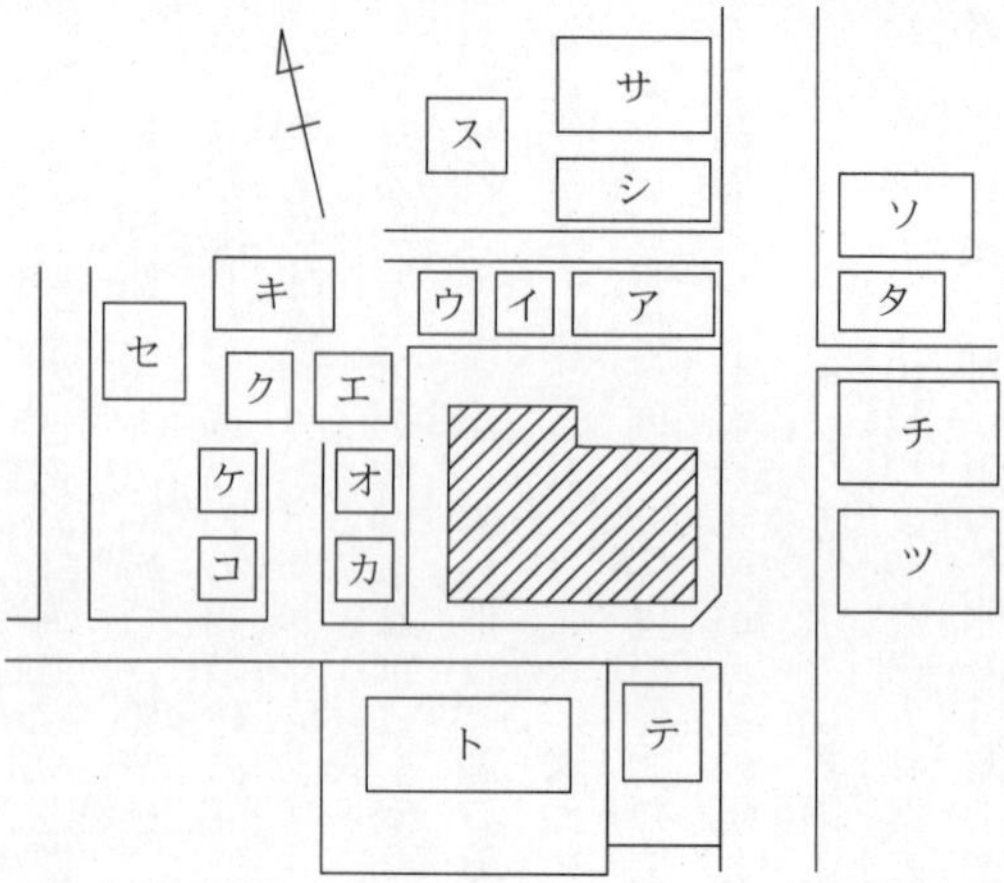

特定の人だけに有利な条件を示して反対同盟を分裂させようとするが、そのような一本釣りに乗って抜け駆けをしようとする人がいると、反対同盟は体をなさなくなり、全体の目標は達成できない。そして一般的に言えば、団体としての結束が強ければ強いほど、業者との間で補償金の額が決めやすくなるし、トータルの額も高くなるものである。

さて、私は反対同盟から相談を受け、その代理人になった。そのとき反対同盟の人々に、絶対に抜け駆けをしないことを約束してもらった。

事件がはじまり、私は、五階部分と地下駐車場を削れという方向で、徹底的に業者とわたりあった。その結果、業者が五階部分と地下駐車場を削ることを約束し、反対同盟の全体の目標は達成された。その交渉の終わり際に補償金の交渉に入り、結局補償金はトータルで七〇〇〇万円と決定した。

さあ、それからが問題である。一体、この七〇〇〇万円をどのように分けるのか。これが本項の主題である。七〇〇〇万円を近隣二〇名でどのように分けるか、そのことを会議の席で議題にしても、二、三の人が小当たりに発言するだけで、あとは皆黙り込んでしまう。つまり、言葉が消えてしまうのである。

しばらく沈黙が続いて、何となく嫌な気分が漂ってくる。人々の胸の中には、「こんなはずではなかった」という思いと、「一体どのように分けるのか」という興味とが交錯しているのであろう。しかし、うっかり発言して欲張りだと思われるのも嫌だし、さりとて自分の権利を人に差し出すのも嫌なのだ。

ややあって、そのような空気を打ち破るように、一人の男性が「先生に全面的に任せましょう」と大きな声を出し、皆がこれに賛成した。

こうして、賽は私に投げられたが、では、私はどうしたらよいのであろうか。

紛争解決学の立場から問題点を抽出し、なすべきことを探してみよう。

第一に、紛争解決学は言葉の体系であるが、この事案では、当事者から言葉が出なくなってしまった。では、言葉が無くなってしまったのかと言えば、そうではない。皆の胸の中には、言葉がたくさん詰っているはずである。そうだとすれば、当事者から言葉を引き出す方法を考えればよいということになる。しかし、会議の席では言葉が出てこないだろう。それでは、私が一人ずつ意見や要望を聞くのはどうだろうか。その方法は私が情報を操作することができるので、公正さが疑われる可能性がある。では、他によい方法はあるのか。

第二に、このような場合に、補償金を分配する紛争解決規範があるのだろうか。例えば、頭数で割れとか、日照権侵害を受ける人と受けない人の割合を五対一にせよなどという規範はない。それでは、何か客観的な基準はあるだろうか。冬至の日の日影図から時間当りいくらと割り出す方法が考えられるが、日照権に影響を受けるのは冬至の日ばかりではない。また、日陰になる家の間取りや、窓の位置や、家族構成によっても影響はさまざまである。さらに、予想される被害は、前述のとおり、電波障害などいろいろある。したがって、公正で客観的な基準は見当たらない。そうだとすれば、適切な紛争解決規範はないということになる。では、新たな紛争解決規範をこの場で創造するしかないのだろうか。

第三に、「先生に任せます」と言われた以上、私が分配額を決めればよいのだろうか。しかし、補償金の合計額が七〇〇〇万円ということは、甲の額が多くなれば乙の額が少なくなる関係になるので、双方代理（民法一〇八条）になってしまう。したがって、私が分配額を決定することはできないことになるが、この双方代理を禁ずる法規範は、私の行動を制約する消極的な紛争解決規範として、また、私にヒントを与えてくれる紛争解決規範として機能しているのである。その制約とヒントによって、私ができることは分配方法の手続を提案することであることが分かってきた。しかし、このような分配は、利害が複雑に絡んでいるので（例えば、甲だけが多額な分配を受けると、乙にも、丙にも、丁にも……影響を及ぼす）、皆が納得する、公正で、強力な手続が必要であろう。それならば、二〇人全員の合意を一気に引き出す手続的な紛争解決規範を創造するのが一番よい。

このように、問題点を抽出し、なすべきことを模索している過程を述べると、解決の道筋が見えるまでに相当の時間がかかったように思われるかも知れないが、そうではない。「皆から言葉を引き出そう」「客観的な基準はない」「双方代理はできない」「全員の合意を取りつける手続をつくろう」という言葉が私の頭に中に玉突きのように出てきて、「先生に全面的に任せましょう」と言われた日の帰りに靴を履くときには、私の頭の中で構想ができあがっていたのである。

要するに、第一から第三までの問題点を同時に解決する方法が発見されればよいのである。

私は、次の会議の日に、全員に一枚ずつ紙を配った。そして、

「皆さん、この紙には、左の隅に全員の名前が一列に書いてあります。今、七〇〇〇万円をどのように分けるのかが問題ですが、一人ずつ、その分け方について、数字を入れていって下さい。その書き方は自由です。何も書いていない封筒を渡しておきますので、書いたものを中に入れ、封をして、次に会うときに、私に渡して下さい。紙には、署名をしても、しなくてもけっこうです。また、ただ数字を書くだけでもよいし、理由や意見を書いてもよい。もちろん、誰かと相談して書いてもよいし、自分だけで書いてもよい。とにかく存分に自由に書いて下さい。私は、それを誰にも見せないで、私だけが読んで、皆で議論したら多分こういうところに落着くのではないだろうかということを読み取って、それでは、こうしたらどうですか、という案を出します。私は、皆さんから相談を受けている立場上、私が決めてしまうのは問題があります。それで、立案者になることにし、最終的には、皆さんが決めて下さい。それから、皆さんからいただいた答は、全部まとめて封をして、絶対に外には出さ

ないことにします。ただし、全員が一致して公開せよ、と言うのなら、そのときだけ、全員の前で公開することにします」と言った。

「そいつはいいや！」と誰かが叫んだ。皆、ガヤガヤと笑い声を立てる。

こうして、新しい紛争解決規範が生まれ、即座に使用された。

二〇人の人々は、たった一枚の紙に存分に意見を書いてくれた。一枚の紙は、見事に豊富な言葉を引き出してくれた。その言葉を冷静にかみ合わせると、議論をしたのとそれほど違いのない程度の結論が見えてくるものである。

私は、二〇人が出した数値を整理し、そこから大勢が日照権侵害を重く見るべきだという意見であることを読み取って、①冬至地盤面においてマンションの影が三時間以上直接落ちるグループ（アイウエオ）、②冬至地盤面において図面上マンションの影が二時間以上落ち、かつ直接窓に影が落ちるグループ（カキク）、③その他のグループ（ケ〜ト）に分けた。そして、グループごとに算出方法を変えたうえで、それぞれの人に対する全員の意見（数値）の平均値と中央値などから各人に対する分配案を算出し、それを「分配案の策定について」という書面にまとめて全員に配布した。つまり私は、近隣住民の人々が書いた意見を読み取って、紙上のディスカッションをたたかわし、案を出しただけである。

さて、決定権は住民の人々にある。しかし、評議は一分もかからなかった。

「これはいい。これでいきましょう」「賛成」「賛成」

――これにて一件落着。

（1）　この事例は、旧版では各論で紹介した。本文では紛争解決規範の創造というところに焦点を当てたために、問題点を抽出するにとどめたが、言葉のやりとりや紛争解決規範を使うタイミングなど参考になる部分が多いので、詳しくは旧版の三〇五頁〜三一四頁をご覧いただきたい。

第二節　紛争解決規範の使用方法

1　紛争解決規範の使用段階

これまで、さかんに「紛争解決規範を使う」とか、「紛争解決規範の使用」という言葉を使ったが、それでは紛争解決規範をどのようにして使うのか、その使用方法をここでまとめておきたい。紛争解決規範の使用方法は、いろいろな角度から検討する必要があるが、まず、紛争解決規範を使用する段階、すなわち、紛争から解決に至るときにどのレベルで使用されるか、ということを整理してみよう。

第一は、解決に結実する言葉の中に直接取り込むことである。紛争の解決は、最終的には、合意=和解、仲裁判断、審判、判決などという形で結論が出る。このうちの合意=和解（以下、意思の形成過程を重視して、ここでは「合意」と言うことにする）には、相対交渉による和解、調停の成立、裁判上の和解などがあるが、和解契約書、調停調書、和解調書という形になって表現される。また、仲裁判断は仲裁判断書、審判は審判書、判決は判決書という形になる。言うまでもなく、この合意、仲裁判断、審判、判決などは、いずれも言葉によって組み立てられている。紛争解決規範を使うということの第一次的な方法は、和解契約書、調停調書、和解調書、仲裁判断書、審判書、判決書などに紛争解決規範が直接使用されることである。これを一次的使用と言うことにする。

第二は、解決=結論に至る根拠、理由づけのために紛争解決規範を使うことである。この場合には、結論には直接表現されないが、その根拠、理由づけとして紛争解決規範が分かるようになっている。紛争解決規範を使う側からすれば、根拠、理由づけのために使うことを意識したり、明示したり、伝えたりしながら、解決=結論を引き出すのである。この場合、積極的な意味で根拠、理由づけをするとは限らない。前節11の囚人のジレンマ・

ゲームのように警告や捨て石のために使うことや、前節12の双方代理のように制約やヒントとして使うことも含まれる。これは言わば消極的な意味の使用方法で、紛争解決規範は使われないことによって絶妙な機能を発揮する。これらの紛争解決規範の使い方を、第二次的な使い方という意味で、二次的使用と言うことにしよう。

第三は、解決＝結論の根拠、理由づけをさらに根拠、理由づけるために紛争解決規範を使うことである。このような紛争解決規範の使い方を第三次的な使い方という意味で、三次的使用と言う。さらに四次的使用、五次的使用などと、延々と続く。これらの段階では、相手方の主張する紛争解決規範と闘う過程で、価値が減殺されたり、変更されたり、捨て石の役目を果して消えてしまったりするものがある。これは一次的使用、二次的使用でも同じであるが、この傾向は次数が増えるに従って、すなわち、時間的に過去に遡るに従って顕著になる。

なお、すでにお気づきのことだと思うが、次数が増えるに従って過去に遡るのである。過去から経時的にみるとすれば、五次的、四次的、三次的、二次的と、時間の経過に従って使用される紛争解決規範が、互いに闘い、あるいは協調し、または価値を増幅したり、減殺したりしながら、ときには変更し、ときには消え去り、そして選択されながら、最終的には一次的に使用されて解決＝結論に至るのである。

三次的使用以下の段階では、紛争解決規範をどのように使ったか、ということが分かりにくい。すなわち、紛争の初期の段階で使われる紛争解決規範は、後から見ると、変形したり、変質したり、部分的に使われたりしているので、掌握することが困難なことが多いのである。しかし、紛争解決規範を使って解決することは、この複雑なメカニズムを解明することによって進歩するものであるから、可能な限りトレースしたいものである。

注意すべきは、一次的、二次的、三次的と言っても、それは紛争解決規範の重要性の順序でないことである。また、同じ紛争解決規範でも、ある場合には一次的使用され、ある場合には二次的使用される。さらに、一つの紛争解決規範が、当事者の解釈によって、ずれが生ずることがある。この関係を図示すると、次の図のようになる。

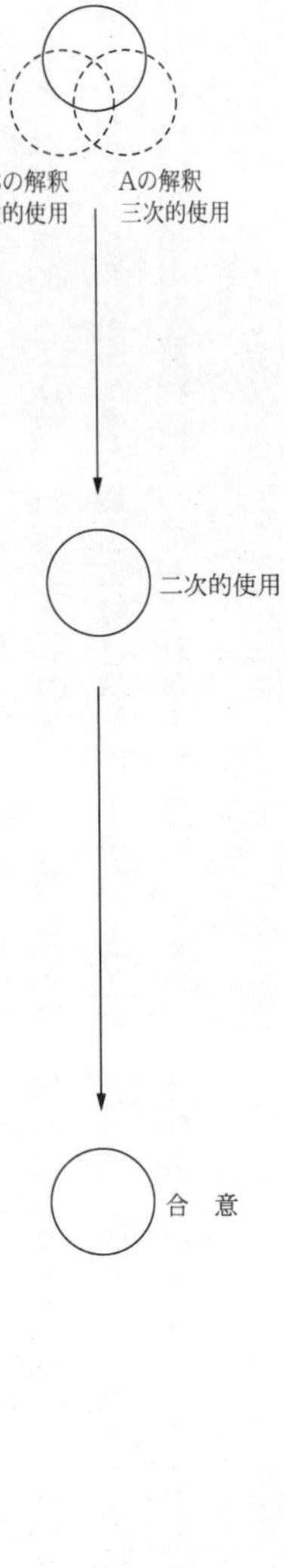

紛争解決規範は、紛争という舞台の中で使われるのであるから、規範相互に矛盾があったり、優劣を決める必要が生ずることがある。こういうときには、紛争解決規範を使うこと自体が闘いとして展開される。

私は、第三章第二節**2**で、根原部落の共有の性質を有する入会権について、富士宮市との間で相対交渉で合意に達したと述べたが（七二頁）、当初は、根原部落は民法上の入会権であると主張し、富士宮市は地方自治法上の財産区であると主張していた。民法も地方自治法も成文法であり、それだけを見ると立派な法規範であるが、この二つの法規範は相互に矛盾しているのである。したがって、紛争解決規範として民法が選択されると根原部落の主張が全部通ることになり、地方自治法が選択されると富士宮市の主張が全部通ることになる。しかし、これを裁判で争えば、おそらく一〇〇年戦争と言われるような長期の熾烈な紛争になるだろう。それは、根原部落にとっても、富士宮市にとっても実益のないことである。そこで私は根原部落の代理人として、富士宮市と折衝を重ね、実質入会・形式財産区という学説[1]を二次的使用の紛争解決規範として使い、選挙権・被選挙権を入会集団に限定する財産区議会を設置する方向で合意に到達して、相対交渉によって解決した。選挙権・被選挙権を限定する財産区議会には先例があり[2]、その先例を一次的使用し、それが根原部落と富士宮市との間で取り交わした覚書に表現された。この関係を動態的に図式化すると次頁のとおりである。なお、前節**11**で、訴状を準備した矢先に反復囚人のジレンマ・ゲームを読んで訴状を引っ込めたと述べたが（一七〇頁）、それはこの事件のことだったのである。したがって、反復囚人のジレンマ・ゲームは私にヒントを与えてくれた紛争解決規範だということになる。それならば、このケースの場合に図式に書き込むことは許されるであろう。

ところで、言うまでもないことだが、紛争解決の最大の関心事は、紛争をどのようにして解決という出口に出すか、ということである。これを、紛争解決規範について言えば、紛争を解決という出口に出すために紛争解決規範をどのようにして使うか、ということになる。

ここで、注意すべきことを二つあげておこう。

一つは、紛争を解決する過程で使われる紛争解決規範は、いずれも言葉という姿をしていることである。したがって、紛争解決規範を使うということは、紛争解決規範を構成している言葉を使うことに他ならない。そうなると、言葉の意味、内容、効果などを正確に掌握することが必要になる。

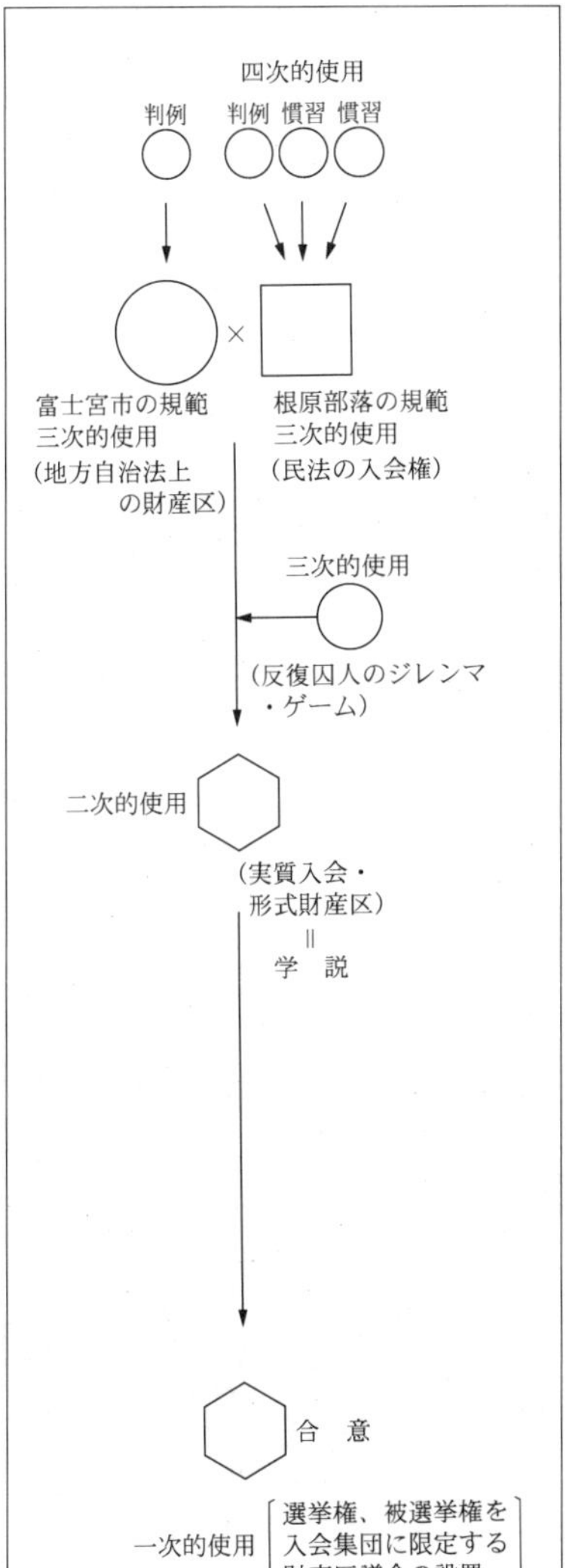

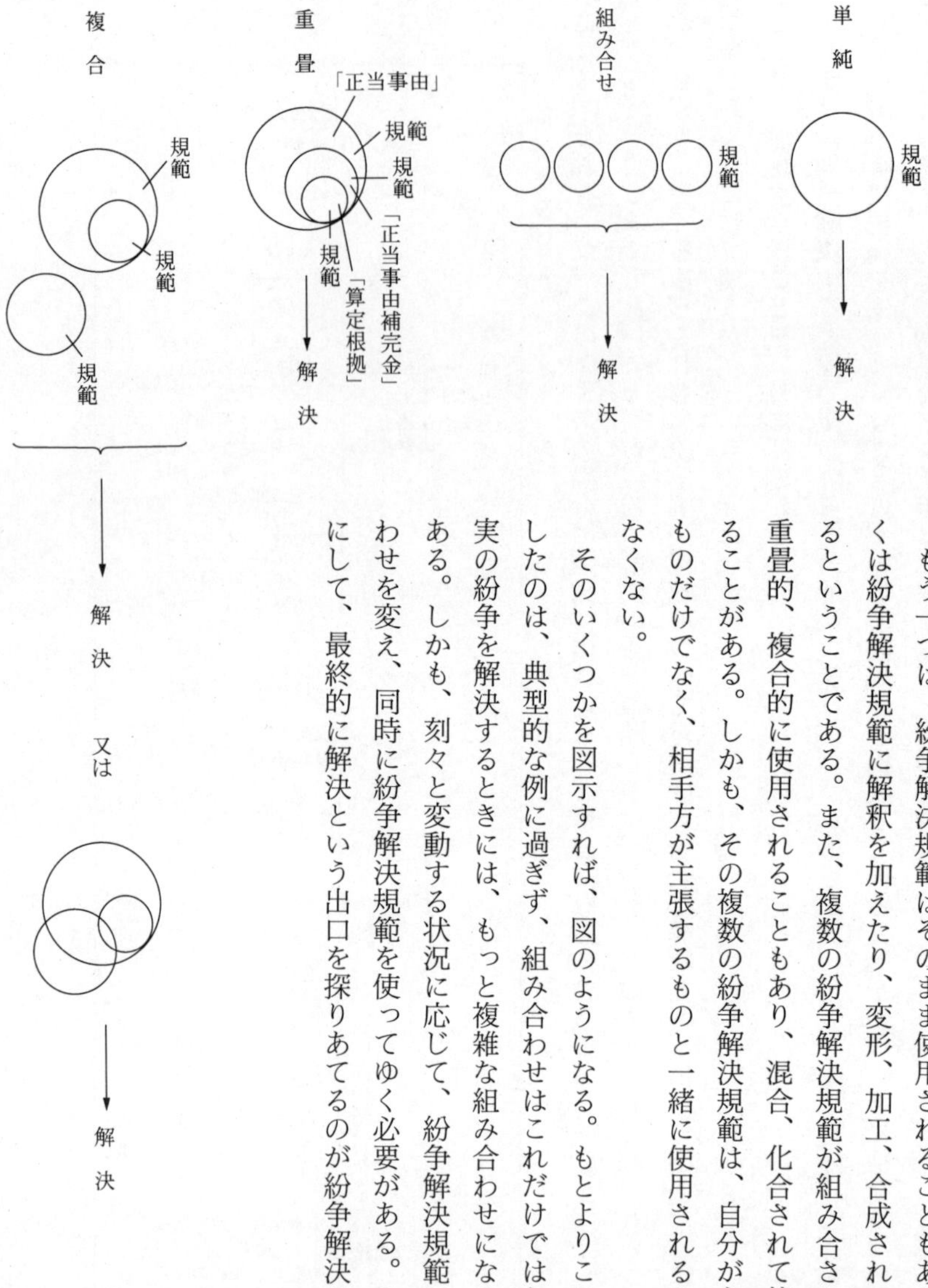

もう一つは、紛争解決規範はそのまま使用されることもあるが、多くは紛争解決規範に解釈を加えたり、変形、加工、合成されて使われるということである。また、複数の紛争解決規範が組み合されたり、重畳的、複合的に使用されることもあり、混合、化合されて使用されることがある。しかも、その複数の紛争解決規範は、自分が主張するものだけでなく、相手方が主張するものと一緒に使用されることも少なくない。

そのいくつかを図示すれば、図のようになる。もとよりここに図示したのは、典型的な例に過ぎず、組み合わせはこれだけではない。現実の紛争を解決するときには、もっと複雑な組み合わせになることがある。しかも、刻々と変動する状況に応じて、紛争解決規範の組み合わせを変え、同時に紛争解決規範を使ってゆく必要がある。このようにして、最終的に解決という出口を探りあてるのが紛争解決の動態である。

紛争解決学の課題は、これらの紛争解決規範の使い方を究明して、具体的な紛争解決の道筋をつけることである。

（1）入会権と財産区の関係については、渡辺洋三編著『入会と財産区』（勁草書房、一九七四年）に詳しいが、とくに「実質入会・形式財産区の法律論」（同書二五六頁〜二六四頁）には、実質入会・形式財産区についてよくまとめられている。

（2）例えば、岡山県小田郡美星町の星田財産区では、星田入会集団の構成員以外の住民に財産区議員の選挙権・被選挙権はない。このことは、星田財産区の実体が入会集団とみれば当然であるが、地方自治法の建前からみれば全住民に認めるのが筋である。この問題を、条例は居住年数条件をつけることで解決しようとした。すなわち「三箇年以来区の区域に住所を有する者」にのみ選挙権・被選挙権を与えることにしたのである。しかし現実には、これらの非権利者は事実上選挙権を行使しないということでおさまっている（同書三一七頁）。

2　紛争解決規範の選択における疎外

ところで、一つの紛争に対して紛争解決規範を使用とするときに、その紛争に対応する紛争解決規範が複数存在することがある。そのときに、どちらの紛争解決規範を使用すればよいのかという問題が出てくる。

この問題については、紛争の内容、当事者の意識などの要素によってさまざまな相違があるので一般論で決着をつけることはできないが、はっきりした意識を持たずに答を出そうとすると、弱い紛争解決規範よりも強い紛争解決規範を使った方がよいと思うであろう。しかし、一つの病気に対して複数の薬があるときに、強い薬の方が常に弱い薬よりもよいかというと必ずしもそうでないように、紛争に対する紛争解決規範も、強いものの方が常によいとは限らないのである。

強い薬に副作用があるのとちょうど同じように、強い紛争解決規範にも副作用がある。その副作用とは、どのようなものなのだろうか。

このことについて、棚瀬孝雄教授は、弁護士が依頼者の道具に徹することによってその自律性を尊重する党派的忠誠(1)に関連して、「本来自分の事件であり、その生きている世界の中で、その倫理に従って解決しなければならない筈の依頼者が、自ら党派的な法援用の中に巻き込まれていく中で、法を今使うことが本当に必要なことなのか、正しいことなのかという適切性の問いを見失っていくことがあるとすれば、依頼者の疎外を生み出す」から「法による疎外」がそこに帰結する、(2)と言う。すなわち、強い紛争解決規範による副作用は「疎外」ということになる。

このことを、分かりやすい例によって考えてみよう。

ある夫婦がよちよち歩きの女の子を連れて旅行に行き、旅館で夕食をした。そのとき、母親の膝に乗っていた幼児が僅かの隙に歩き出して転び、頬が鉄製の鍋の蓋に当たって、頬に直径四センチほどの円形の火傷を負ってしまった。代理人の弁護士は、今どき煮物に鉄製の鍋を使う旅館はないこと、配膳係の女性が置いた煮物の位置がよくなかったこと、その女性が注意するようにと告げなかったこと、旅館業法三条の四の定めにより旅館業者は安全の維持・向上に努める責務があるのにその責務を果たしていないこと、以上により旅館業者に過失があるとして損害賠償の請求をした。

この場合、幸いにして火傷は治癒し後遺傷害もなく、旅館業者が治療費を支払ったので、あとは慰謝料だけということになったとする。しかし、夫婦が旅館業者の非を責め立てるので、弁護士が党派的忠誠の精神を発揮し、是非とも旅館業者の過失を認定させるべく裁判所に訴えを提起したとすれば、どういうことになるだろうか。

まず、旅館業者は看板に傷がつくのを恐れて、必死に防戦するだろう。また、夫婦は裁判の形勢をみて、ほんとうは賠償金がほしかったのでなく、心から謝ってほしかったのだと気づくかも知れない。しかし、弁護士はあくまでも勝訴を勝ちとろうとして頑張る。これが棚瀬教授の言う「自ら党派的な援用に巻き込まれていく」という現象である。

では、裁判所はどのような判断をするだろうか。このケースで旅館業者の過失を認定する裁判官がいるかも知れないが、すべての裁判官が認定するとは限らないだろう。しかし、仮りに過失を認定したとしても、ほとんどの裁判官は大幅な過失相殺をすると思われる。その結果を知った夫婦は、法は何の役にも立たない、法は自分たちの気持を汲んでくれないと思うだろう。あるいは、法に裏切られたと言うかも知れない。これこそ「法による疎外」に他ならない。

何故こんなことになるのだろうか。

それは、使った紛争解決規範が強過ぎたのである。

弁護士は不法行為や旅館業法をかざして裁判を起すよりも、娘を心配した親の気持に対して心から詫びてもらう方向に導いた方がよかったのである。旅館業者も、賠償金でなく見舞金なら支払う気持はあるだろう。それならば、見舞金を支払ってもらう和解の方がよかったということになる。これはいかにも弱い紛争解決規範を使うように見えるが、薬としては効果があり、疎外は起らない。

すべての場合にこのようなことが起ると言うつもりはないが、強い紛争解決規範を選択するとこのような「疎外」が起るということは頭にたたき込んでおいた方がよい。医師も強い薬を使うときには慎重になる。当事者にせよ、代理人にせよ、あるいは調停人、仲裁人にせよ、強い紛争解決規範を使うときには、一度は副作用の有無を点検する必要がある。また、裁判官の判断が慎重であり、ときには保守的に見えるのは、法による疎外を無意識のうちに避けているからかも知れない。これはあくまでも私の仮説であるが。

しかし確かなことは、強い「法」は、強い薬と同様に、慎重に扱われること、すなわち軽々しく扱われないことを要求していると言えよう。そして、薬と違うところは、軽々しく扱われると自ら身を引き、遠ざかってゆくことである。この現象を目の当たりに見てしまうと、法は役に立たないものであり、法に裏切られたように感じる。しかしそれは、法の責任ではなく、援用の仕方が拙いのである。

そのことを意識して、さまざまな紛争解決規範の中からその紛争を解決するために最も適切な紛争解決規範を選択することが必要なのである。そして、選択すべき紛争解決規範には実体的紛争解決規範と手続的紛争解決規範の両方があることを忘れないようにしたい。ちょうど医師が患者を治療するときに、最も適切な薬を選びその適切な使い方を指示するように。

（1）　棚瀬・前掲「語りとしての法援用（二）」一三四頁

（2）　同書一四九頁

3　紛争解決規範のミクロ化、ニュートラル化、化合

これまで私は、たびたび紛争解決規範をミクロ化するとか、評価的価値を削ぎ落とすとか、化合するという言葉を使ってきた。これらの言葉は感覚的に理解できるかも知れないが、やはり現実の紛争に使われる言葉に当てはめて解説をしておく必要があると思われる。しかし、現実の紛争に当てはめることになると、エスノメソドロジー[1]のような手法を使うえに、紛争解決学の手法による分析を加えることになるので、僅かな言葉のやりとりについて解説するだけでも厖大なボリュームになる[2]。したがって、骨組みが分かる程度のことしかできないが、ひととおり概観しておくことにしたい。

なお、ここで評価的価値を削ぎ落とすというのは、紛争解決規範が持っている是非、善悪、正邪などの価値的要素を減殺させてニュートラル化させることである。したがって、ニュートラル化と言い換えてもよい。また、

本節1では、化合の他に紛争解決規範の変形、加工、合成、混合などという言葉を使った。これらも紛争状況における言葉に当てはめて解説する方がよいのかも知れないが、実際に紛争を解決する過程ではその言葉に該当する事態に直面するので、ここでは化合だけにとどめ、その他は該当する事態が発生したときに応用することにしていただきたい。紛争解決規範が組み合されたり、重畳的、複合的に使用されることについても同様の扱いにさせていただくことにする。

ここで注意すべきは、紛争を解決する過程で紛争解決規範がミクロ化されるときには、紛争を構成している事実の方も同時進行的にミクロ化されることである。したがって、これから述べる設例については、紛争解決規範と事実が同時にミクロ化される状況を述べることにする。(3)

さて、問題は紛争解決規範がどのように使用されるかということであった。このことをミクロ化、ニュートラル化、化合という観点から考察することにするが、その前提として紛争解決規範の姿を見ておこう。

金銭消費貸借契約は、例えば、甲が乙に一〇〇万円を貸渡し、乙が甲に同額の一〇〇万円を返還することを約束する契約である（民法五八七条）。これは民法に書かれており、大部分の金銭消費貸借契約は、この成文法がそのまま使用されて、貸した金銭が返還されることになるだろう。これは成文法がそのまま使用される例である。

しかし、甲と乙との関係が紛争状況になると、成文法がそのまま使用されることは少なくなり、多くの場合は、その中からその紛争に役に立つものを抽出したり、解釈を加えたり、あるいはミクロ化、ニュートラル化、化合されたりして、紛争解決規範として使いやすいようにされてから使用されるのである。

比喩的な言い方をすれば、紛争状態にないときには紛争解決規範はマクロ的な存在であるが、紛争状況に入ると、紛争の実態に合わせたミクロ的なものに変化する。前者が紛争解決規範の静態であり、後者が紛争解決規範の動態だと言ってもよいだろう。

ミクロ化された紛争解決規範は、これも比喩的な表現になるが、イオン＝電気を帯びた原子・原子団のような姿をしている。これに対して、静態の紛争解決規範はイオン化していない安定した物質である。安定はしているが、不安定な紛争の動きにはうまくついてゆけない。紛争の動きについてゆけるようにするためには、安定した物質をイオン化して、動き回ることができるエネルギーを与えなければならない。エネルギーを与えると、紛争解決規範は、電気を帯びたイオンのようにさかんに動き回り働き出す。そして、紛争の坩堝の中でもがき回っている紛争当事者の利害、感情などのさまざまな事実と衝突し、ときには反発しつつも、やがて相性のよい紛争解決規範と事実は結びついて、紛争はおさまってゆく。

よい解決とは、紛争解決規範と事実とを、よい形で結びつけることだと言えよう。逆に、事実に合わない紛争解決規範と結びつけようとすると、解決は歪んだものになる。

このことを、一〇〇万円の金銭消費貸借の設例を使って見ておこう。

甲が「乙に一〇〇万円貸した」と主張し、乙が「借りたことはない」と主張しているとする。そしてよく調べてみると（このあたりからミクロの世界に入ってゆく）、丙が乙の代理人だと称して甲から一〇〇万円受け取り、乙にその一〇〇万円を渡していないことが分かった。

乙は、「一〇〇万円借りたなんて寝耳に水だ」と甲を突き放す。

「しかし、借用書に書いてあるではないか。乙代理人丙と」と甲は反論する。

「では、委任状はあるのか」

「いや、このときは委任状は持って来なかった」

「それみろ！」

「だけど、以前中古車を売ったときには、丙は君の委任状を持ってきて私と契約したではないか。あのときは君だって、きちんと八〇万円支払ったではないか」

「それとこれとは話は別だ」

「どこが別なのだ。あのときに代理人だったら、今度だって代理人ではないか」
「あのときだって中古車にしては高かったから、納得できなかったのだ。それで私は、丙と縁を切ったんだ」
「君はそんなこと私に言わなかったではないか。私が丙を信じて、君の代理人だと思うのは当然ではないか」
「それではどうして私に確かめなかったのか。電話一本ですむことではないか」

借用証、乙代理人丙、委任状を持って来なかったこと、中古車の売買、そのときの委任状、話が別かどうか、乙が丙と縁を切ったこと、そのことを甲に伝えなかったこと、甲が丙を信じたこと、しかし確かめなかったこと……と、事実はどんどん細かくやりとりされて、ミクロの世界に奥深く入ってゆく。

ここで、ミクロ化された事実を紛争解決規範にぶつけてみよう。

民法は、代理権なくしてなされた代理行為は本人に対して効力を生じないと定めている（民法一一三条一項）。これに従えば、乙は一〇〇万円を借りる代理権を与えていなかったのであるから、丙が乙代理人丙と書いて甲から一〇〇万円を受け取っても、それは原則として無効であって、乙は甲に一〇〇万円を返す義務はない。甲は丙から取り返さなければならないが、丙が無資力であれば、取り返す見込みはない。

しかし、これには例外があって、表見代理に該当すれば結論は逆になる。表見代理は取引の安全を保護するための制度で、一定の要件を充たせば代理の資格のないものが行った行為でも有効な取引とみなす。民法にはいろいろなパターンの表見代理があるが、この設例の場合は、代理権消滅後の表見代理という類型に当たる（民法一一二条）。この表見代理が成立する要件は、代理行為の相手方が善意（代理権が消滅したことを知らないこと）であり、過失がないことである。

したがって、甲と乙との一〇〇万円の貸借を巡る争いが、丙の出現によって表見代理に該当すれば、丙が乙代理人丙と借用書に書いて一〇〇万円を受け取った行為は効力を生じ、有効となる。したがって、乙は甲に一〇〇万円を返さなければならない。乙は丙に損害賠償を請求して、丙から取り返す方法があるが、丙が無資力であれば取り返す見込みは薄い。

無権代理行為を無効にするのは、丙の不正を許さないということであるから、正義の実現を背景にしている。一方、表見代理も「取引の安全を保護する」という立派な正義を背負っている。したがって、ここでは評価的な価値の高い規範が衝突していることになる。表見代理を巡る判例はたくさんあり、これを分析すると、多くの判例は、丙に権限があったと信ずべき正当な理由があったか否かということで勝負が決まっている。(4) そして、乙と丙との人間関係、例えば丙が乙の親族であったか、印鑑を常に丙が使えるような関係であったか、などということが細かく検討され、判決が出されている。しかし、結局のところ、表見代理が成立すれば甲の勝ち、成立しなければ乙の勝ちになる。このような結論を出すのであれば、紛争解決規範をミクロ化する必要はない。また、別々の正義を担った評価的価値の高い規範のどちらかを選択するのであるから、ニュートラルな紛争解決規範の登場をうながす必要はなく、したがって紛争解決規範の化合も起らない。この段階では、まだマクロの世界のことだと言ってよいだろう。

これに対して、さらにミクロの世界の事実を追求したいと考える当事者もいるであろう。また、裁判官や調停人、仲裁人もその方が望ましいと考えることがあるに違いない。そうすると、ミクロの世界で動き回っている事実に着目することになり、紛争解決規範をその事実の間尺に合わせてミクロ化して解決することを模索するようになる。

そしてそのときには、「対立する利害間の比較衡量を無視すべきではない」という第三の正義が登場する。この第三の正義は、正義とは言え、無権代理や表見代理の正義と比較すると、格段に評価的価値が少ない。そもそも間に割って入って両方の顔を立てるような紛争解決規範であるから、ニュートラルな性格が強いものである。すなわち、評価的価値の高い二つの紛争解決規範が衝突した結果、ニュートラルな紛争解決規範が出てきたと言うことができよう。譬えて言えば、強い酸性の塩酸の塩素と強いアルカリ性の苛性ソーダのナトリウムが化合して、中性の塩化ナトリウム（食塩）になったようなものである。そして、この紛争解決規範はミクロ化されて、すなわち、「利害」「比較衡量」「無視すべきでない（つまり、相手の利益を尊重する）」などの要素に分解されて、そこに一つ一つのミクロ化された事実が結びつけられる。そして、それらが計量されてゆく。このことを甲と乙の言葉のやりとりで追ってみよう。

「久しぶりに丙がやって来て、突然金を貸せというのは、君だって怪しむべきではないか」

「そう言えば、丙の手が少し震えていたなあ。そのときは一瞬おかしいと思ったのだけど、すぐに金を銀行からおろさなければならないと思って、忘れてしまったのだ」

こうなると、乙の方に分があるだろう。利害の比較衡量という観点からすると、乙に八分、甲に二分というあたりだろうか。

「しかし、丙は君の親戚だろう？」

「そうだけれど、遠い親戚だよ。いとこのいとこだ」

「だけど君は、丙に使い走りをさせていたではないか」

このあたりは甲の方に分がある。判例では近親者である方が表見代理を認めやすくなっているので、そのような判例をここに紛争解決規範としてぶつけると、だいたいの利害の計量はできる。この場合には、甲に七分の理、乙に三分の理というところだろう。

このように一つ一つの事実に、それにふさわしい紛争解決規範を結びつけて利害を計量してゆくと、甲の言い分は、

「全部とは言わないが、七〇万円ぐらいは払ってくれよ」

ということになったとする。ここで、乙が三〇万円と粘って解決がつかなければ、仲裁を申し立てて、付帯条件つき最終提案仲裁（一四八頁）で解決しようということもあるかも知れない。そうなればここで、付帯条件つ

き最終提案仲裁が、エネルギーを帯同して生き生きと登場することになる。

しかし、たいていは乙が、

「七〇万円は高いよ。五分五分として五〇万円がいいところだよ」

と応ずるだろう。

「しかし、足して二で割るというのはどうかな。私の方がちょっと分があるよ。何しろ丙と君は親戚なのだから。よし、六〇万円で手を打とう」

と結論が出て、甲と乙は和解する。

この設例はかなり単純化しているので、ミクロ化、ニュートラル化、化合と言っても、それほど微細なものではない。それでも、おおまかなところは掌握できると思われる。実際の紛争では、さらに複雑なミクロ化、ニュートラル化、化合が行われる。

大切なことは、このミクロ化、ニュートラル化、化合などの紛争解決規範の使用方法を頭に入れておいて、紛争解決のさまざまな局面で意識して実践することである。紛争の最中には、目先の事柄に心が奪われて、ついこのようなことを忘れてしまい勝ちになるが、一歩離れて、紛争解決規範の使い方を意識のうえに乗せると、多種多様な方策が見えてきて道が拓けることが多い。

(1)　エスノメソドロジーの手法については、樫村志郎『「もめごと」の法社会学』(弘文堂、一九九〇年)、同「合意の観察可能性」(井上治典・佐藤彰一共編『現代調停の技法〜司法の未来〜』判例タイムズ社、一九九九年)二九四頁〜三〇七頁
(2)　例えば、水谷暢編・「交渉と法」研究会一九九四年度研究報告書『実験法廷——即興劇企画——』(文部省科学研究費補助金助成研究報告書、一九九五年)は、紛争解決学と全く同じ手法で分析しているのではないが、それでも

全体でＢ４版六三二頁のボリュームがある。
（3）　この設例については、廣田尚久『上手にトラブルを解決するための和解道』（朝日新聞社、一九九八年）に書いたので、詳しくは同書四八頁～六〇頁。
（4）　表見代理の判例については、旧版の各論で、大阪地方裁判所昭和六二年二月二〇日判決、判例タイムズ六五五号一五八頁を詳しく分析したので、参考にしていただきたい（旧版二四〇頁～二五九頁）。

第三節　紛争解決規範の相互関係

1　実体的紛争解決規範と手続的紛争解決規範

紛争解決規範には、実体的紛争解決規範と手続的紛争解決規範があることは、これまでに度々述べてきた。そこで実体的紛争解決規範と手続的紛争解決規範の関係を整理しておくとともに、とくに手続的紛争解決規範についてまとめておくことにしたい。

実体的紛争解決規範と手続的紛争解決規範との関係は、おおよそ実体法と手続法との関係と同じであるといってよい。紛争は、一定の手続に乗せられて解決される。その紛争解決の際に使用される手続が手続的紛争解決規範である。すなわち、手続的紛争解決規範の流れのうえで、紛争を構成している事実に実体的紛争解決規範が適用され、紛争は解決に導かれる。手続が不公正、不適切であれば、紛争はなかなか解決の軌道に乗らない。また、不公正、不適切な手続を使用して無理矢理に解決しても、その解決は歪んだものになり、当事者に不満を残す。もとより、適正な実体的紛争解決規範を使用することは大切なことであるが、その前に公正、適切な手続的紛争解決規範を選択し、しかもそれを公正、適切に使用しなければならない。また、公正、適切な手続的紛争解決規範を公正、適切に使用すると、補償金分配の解決例（一七三頁～一七八頁）で見たように、それだけでほとんど解決されてしまうことさえある。したがって、手続的紛争解決規範を選択し、使用することは、紛争解決の内容を左右するほどの重要性を持っているのである。

以上が実体的紛争解決規範と手続的紛争解決規範との関係の概要であるが、本章第一節の紛争解決規範の類型で述べたものは大半が実体的紛争解決規範であったので、ここでは、手続的紛争解決規範についてのみ、その特徴をまとめておくことにする。

まず、紛争解決学においては、訴訟手続、仲裁手続、調停手続、相対交渉の手続などの大枠の手続の他に、その中で行われる論理上の枠組みのような手続的ルールを含め、そのすべてを指して手続的紛争解決規範と言う。したがって、紛争解決規範の中には、例えば訴訟手続のように、多数の手続を包含していて体系をなし、全体としては制度と言われるほどの質量のものもあれば、因果関係の割合的認定のように、解決のための出口に設けられる論理上の枠組みだけの個別的なものもある。すなわち、手続的紛争解決規範は大小、複雑・単純、全体・部分を問わない。

私は、紛争解決規範を紛争解決のためにそれを使うことが正当とされる基準と定義したが（二一一頁）、紛争解決のために使うことが正当とされる手続上の基準が手続的紛争解決規範であるから、このことは当然である。したがって、例えば、当事者が仲裁機関に仲裁の申立てをすることは、全体としての仲裁手続を手続的紛争解決規範として使うことになり、当事者が仲裁機関において仲裁人を選定することは、その機関の仲裁人選定を定める規則を手続的紛争解決規範として使うことになる。もっとも、紛争が発生しなければ、それらの手続的紛争解決規範は顕在化しないが、いったん紛争が発生すれば、それらの手続的紛争解決規範が発動を要請され、機能を発揮する。これらは全部、手続上のルールを定める論理上のシステムであるということでは同じであるから、大小、複雑・単純、全体・部分を問わず、これらのすべてを含めて、手続的紛争解決規範と言うのである。

ここで、手続的紛争解決規範の特徴と使用上の留意点をいくつかあげておかなければならないだろう。

第一に、手続的紛争解決規範の中には、訴訟手続のように厳格なものから、相対交渉のように柔軟なものまでさまざまなものがある。場合によっては手続的紛争解決規範を使ったことが意識されないようなものさえある。また、規範やルールとして認識されていないような、すなわち、単なる事実に過ぎないようなものもある。例えば、貸金返還請求について弁護士に相談すれば、ほとんどの弁護士はまず最初に内容証明郵便を出すだろう。これは、単に実体上の請求権を行使するという事実であるが、後に訴訟手続に入ることに備えて、催告や時効中断の手続を踏まえたか否かを立証するための行為でもある。したがって、内容証明郵便を出すことが手続的紛争解決規範を使ったことになるか否かは言葉の問題であるが、少なくとも手続的紛争解決規範に繋がる手続であることは確かだろう。

では、内容証明郵便を出さずに、まず電話をかけて請求するのはどうであろうか。これは、単に電話をかけるという事実に過ぎないように見える。しかし、内容証明郵便を出すことが手続的紛争解決規範あるいはそれに繋がる手続だとすれば、それを裏返しにしてあえて出さないことも手続的紛争解決規範あるいはそれに繋がる手続ではないのだろうか。実際に最初に内容証明郵便を出すか、電話で請求するかによって、紛争解決の道筋が変ることはよくあることである。すなわち、催告の意思表示や時効中断の効果を明確にするためには、内容証明郵便は有力な手段であるが、最初に内容証明郵便を出したばかりに関係が硬直化して相対交渉ができないこともある。そうだとすれば、相対交渉を手続的紛争解決規範に選択することにして、まず、電話をかけるという手続から入ることは大きな可能性を持つのである。そして、まず電話をかけるというところに言葉の枠組みをつくれば、それがまさしく手続的紛争解決規範になるのである。

こうしてみると、手続的紛争解決規範の中には、定型化されたものと不定形なものがあることが分かる。とくに相対交渉に使われる手続的紛争解決規範は不定形なものが多い。しかし、その不定形なものを定形化し、汎用性の高いものに仕立てることも、紛争解決学の課題なのである。

第二に、訴訟手続のような体系的な手続的紛争解決規範と因果関係の割合的認定のような個別的な手続的紛争解決規範の関係を見ておきたい。

因果関係の割合的認定(1)については、先例的価値のある判例として本章第二節で紹介したが（一四三頁）、ここで手続的紛争解決規範としての論理と位置を明確にしておきたいと思う。

最初の判決は、追突事故の被害者が頸椎鞭打損傷を負い入退院を重ねていたが約二年後に突然倒れ、歩行不能に至った場合、その症状が事故と相当因果関係を有するか否かが争われた事件で、裁判所は、「肯定の証拠と否定の証拠とが並び存するのであるが、当裁判所は、これらを総合した上で相当因果関係の存在を七〇パーセント肯定する」と認定し、次のとおり判示した。

「当裁判所は、損害賠償請求の特殊性に鑑み、この場合、第三の方途として再発以後の損害額に七〇パーセントを乗じて事故と相当因果関係ある損害の認容額とすることも許されるものと考える。けだし、不可分の一個請求権を訴訟物とする場合とは異なり、可分的な損害賠償請求権を訴訟物とする本件にような事案においては、必ずしも一〇〇パーセントの肯定か全然の否定かいずれかでなければ結論が許されないものではない。否、証拠上認容しうる範囲が七〇パーセントである場合に、これを一〇〇パーセントと擬制することが不当に被害者を有利にする反面、全然棄却することも不当に加害者を利得せしめるものであり、むしろ、この場合、損害額の七〇パーセントを認容することこそ、証拠上肯定しうる相当因果関係の判断に即応し、不法行為損害賠償の理念である損害の公平な精神に協い、事宜に適し、結論的に正義を実現しうる所以であると考える(2)」

この判決については、担当の倉田卓次裁判官自身が「要件事実認定の悉無律を疑う議論自体が暴論と見えたから」これに従う判決例が少ないと述べられていることは、前に述べたとおりである（一四五頁）。また、訴訟手続の中では使用されないが、訴訟手続外の紛争解決システムの中で頻繁に使用されているということについても前述した（一四四頁）。

そこで、この因果関係の割合的認定についての考察を進めるうえで、まず先にこの理論に対する賛否、あるいは評価の問題を見ておかなければならない。

倉田裁判官が言われるとおり消極説が多い中で、私は、因果関係の割合的認定は和解に親和的であり、和解手続の中で積極的に使用されるべき論理上の機械装置であるという考え方のもとに、この理論を好意的に評価していた。(3) しかし、この私の考え方に対して、伊藤滋夫教授から「割合的認定の理論の考え方を判決において一般的に採ることが、一般人の常識にかなうからそうすべきであるとまでいっておられるものではないと考える」(4) と指摘していただいたように、私は訴訟手続一般においてもこの理論を採用するべきだとは言っていなかった。

また、伊藤教授は、悉無律を疑う議論を暴論と見たからではなく、①当該事件における当事者の納得、②当該事件における解決についての第三者の納得、③紛争についての将来の裁判上の解決の見通しとこれに対処する方法の存在、以上の三点をファクターとして具体的に考察したうえで消極論に立たれているが、(5) このことは、体系的な手続的紛争解決規範と個別的な手続的紛争解決規範との関係の在り方を示唆している。

すなわち、訴訟手続は原則として一〇〇対ゼロの勝ち負けという結論を出す論理上のシステムであり、割合的認定は一〇〇対ゼロという悉無律を打ち破る論理上のシステムである。したがって、訴訟手続という体系的なシステムの中に、この個別的な論理システムをはめ込むことには、どこかに無理が出る。その無理がどこに出るかと言うと、伊藤教授が指摘された①～③に他ならない。では、訴訟手続の中でなく、訴訟手続外の紛争解決システムで使用すればよいということになるが、訴訟手続の中で割合的認定が使用できるか否かが目下の問題であるから、それでは答にならない。

ところで、原則として一〇〇対ゼロの勝ち負けという結論を出す訴訟手続は、後に詳しく述べるように、事案によっては裁判官の心証を歪める側面を持っている。なぜならば、例えば当事者間の権利の重さ（「権利の重さ」の意義についても後に述べる）が七〇対三〇の争いでも、一〇〇対ゼロの判決を出さなければならないからである。

これが倉田裁判官の言われる「証拠上認容しうる範囲が七〇パーセントである場合に、これを一〇〇パーセントと擬制すること」という意味である。しかし、割合的認定をすることが可能であれば、七〇対三〇の判決をすることができる。したがって、割合的認定は、権利の重さが一〇〇対ゼロでないにもかかわらず、一〇〇対ゼロの判決を言渡さなければならない裁判官が、そのときに起るはずの心証の歪みを解消するための論理システムであると言えよう。だとすれば、訴訟手続の中においても、この割合的認定は、極めて有益な手続的紛争解決規範であると言うことができる。

そこで、割合的認定を訴訟手続の中にはめ込む手立てがないかという問題に直面する。ここでクリアすべきことは、伊藤教授が指摘された三点のファクターである。すなわち、この三点をクリアして割合的認定を訴訟手続にドッキングできればよいのである。

私は、裁判所が訴訟手続の一定の段階で割合的認定をする旨当事者に告知し、それに関する攻防をすることを折り込んで、割合的手続を訴訟手続に追加するシステムを設けることによってこの問題を解決する方法があると考えている(6)。このような手続を設ければ、伊藤教授が指摘された三点のファクターはすべてクリアできるはずである。すなわち、訴訟手続という体系的な手続的紛争解決規範と割合的認定という個別的な手続的紛争解決規範とを結びつけるための、バインダーのような手続的紛争解決規範をもう一つつくるのである。

以上のとおり、新しく生まれる個別的な手続的紛争解決規範は、元からある体系的な手続的紛争解決規範とははじめから調和するとは限らない。しかし、その個別的な手続的紛争解決規範が有益なものであるならば、別の体系的な手続的紛争解決規範の中で使用することも可能であり、元の体系的な手続的紛争解決規範と調和させる手続的紛争解決規範をつくって使用することも可能になる。なお、このようなことは、手続的紛争解決規範だけでなく、体系的な実体的紛争解決規範と個別的な実体的紛争解決規範との間でも起ることである。

第三に、手続的紛争解決規範は無色透明で中立的なものと思われるかも知れないが、決してそうでないということを留意点としてあげておかなければならない。すなわち、手続的紛争解決規範それ自体は、何らかの歴史的背景のもとで、歴史的役割を担って生まれるものであって、大なり小なり思想性がある。このことに関しては、実体的紛争解決規範と同じである。実体的紛争解決規範についてこのことを言うと、誰でも納得できると思われるが、手続的紛争解決規範について同じことを言うと奇異に思われるかも知れない。しかし、あらゆる規範に思想性があるように、手続的紛争解決規範に思想性があることは紛れもない事実である。したがって、このことに無感覚になって、無色透明性、中立性を装うと、それだけで信頼を失うことがある。

このことから明らかになるのは、どのような手続的紛争解決規範を選択するかということについては、それを選択する当事者や代理人の主観、好み、利害、経験、そして思想が反映されるということである。しかし、いったん手続的紛争解決規範が選択された以上、それは公正、中立に使用されなければならないし、客観的で透明性が高ければ高いほど望ましい。ここが手続的紛争解決規範の難しいところであり、面白いところである。この選択前の主観性と選択後の客観性は、譬えて言えば、野球をするか、サッカーをするか、相撲をするかは、好みや都合や技術などによって選択されるが、いったん野球と決めて試合が始まった以上、公正性、中立性、客観性、透明性の高い野球のルールに従うというのと似ている。

第四に、このことと関連するが、手続的紛争解決規範が選択されてそれを使用する段階に入った以上、公正性と中立性は徹底的に維持したい。ここで「維持したい」と言って「維持すべきである」と言わなかったのは、これを徹底的に維持することは難しいからである。

まず、当事者の立場に立ったときのことを考えてみよう。当事者にしてみれば、手続的紛争解決規範が自分の方に一方的に有利に使用されれば、結論も有利になることが目に見えている。したがって、ルールを曲げてでも手続的紛争解決規範を自分側に有利に使用しようという誘惑に常に魅かれていると言ってよい。しかし、ゲームを想定すれば分かることだが、手続きを曲げるほどアンフェアな印象を与えるものはない。

また、裁判官、仲裁人、調停人の立場に立てば、実体的紛争解決規範よりも手続的紛争解決規範の方が目立たないことが多いから、手続的紛争解決規範を多少操作することによって、紛争解決の方向づけをすることが可能になる。よく指摘されることであるが、公正性、中立性に鈍感な調停人が、交互方式による調停の席で聞いた当事者の本音や弱点を逆に説得の材料に使うようなことが起る。このようなことは、結局のところ手続の信頼を失い、紛争解決システムを疲弊させることになる。

したがって、手続的紛争解決規範は、公正かつ中立を旨として使用したい。当事者の立場に立つにせよ、調停人などの第三者の立場に立つにせよ、もし公正性、中立性に欠けるような行動をとれば、信頼を失い、手続の進行に混乱、破壊をきたして、紛争解決が不能になるか、解決したとしても不本意な解決しかはかれなくなるからである。

なお、もうひとつ留意すべきことは、当事者がいったん手続的紛争解決規範を選択して使用し始めると、次に選択する可能性のある手続的紛争解決規範がスタンバイすることがある点である。そのような場合には、先行する手続は、徹底的に公正、中立に運営しておかなければならない。例えば、調停手続をすすめているときに、後に最終提案仲裁をすることが予測されたとしよう。そのときには、調停人がそれまでに双方の当事者から公正、中立だと思われていなければ、当事者は最終提案仲裁を選択しない。なぜならば、この調停人は必ず相手方の最終提案を選ぶだろうと思われているときに、それでも最終提案仲裁を選択する当事者はいないからである。

（1）　倉田卓次裁判官は、「交通事故訴訟における事実の証明度」（鈴木忠一＝三ケ月章監修『実務民事訴訟講座（3）交通事故訴訟』日本評論社、一九六九年）一三三頁において、確率的心証という用語を使用されているが、本書では心証の確率的数値に立ち入るのでないので、一般的に使用されている「割合的認定」という用語を使うことにする。

（2） 東京地方裁判所昭和四五年六月二九日判決、判例時報六一五号三八頁
（3） 廣田尚久『弁護士の外科的紛争解決法』（自由国民社、一九八八年）一二二頁、旧版三八頁〜三九頁。
（4） 伊藤滋夫『事実認定の基礎』（有斐閣、一九九六年）二〇一頁
（5） 同書二〇一頁〜二〇五頁。
（6） 廣田尚久「裁判官の心証形成と心証の開示」（吉村徳重先生古希記念論文集『弁論と証拠調べの理論と実践』法律文化社、二〇〇二年）四七二頁〜四七七頁

2 紛争解決規範のトモグラフィー

では、多数の紛争解決規範が存在するときに、そのトモグラフィー（断層撮影）を撮るとすれば、それはどのようになっているだろうか。紛争解決学はミクロの世界に関心があるので、一つの紛争解決規範のトモグラフィーを撮ることも興味深いことだが、ここではそのようなものでなく、ある当事者が紛争に直面して一定の局面にさしかかったときに、その当事者を取りまいているすべての紛争解決規範がどのようになっているかということを知るためのトモグラフィーを撮ったとすれば、それはどのように写っているかということをテーマにしたい。

私がそのことに答える前に、学説をひととおり見ておくことにしよう。ただし、以下の学説は、問題の設定の仕方が私とまったく同一というわけではない。和田仁孝教授が全体システムの関連モデルとして整理されているように[1]、学説はシステムに焦点が当てられている。しかし、私の見解もこの中に引用されているとおり[2]、共通の関心と問題意識があることは事実であると思うので、ここで学説と対比する形で私の見解を述べることは、意義のあることだと思う。

小島武司教授は、「紛争ないし対決が多面的かつ多層的で独自の個性を有する複雑な実体を有する以上、諸紛争を処理するためのシステムは、その幅、性質、深度において異なる多彩な救済ルート（法道ないし法路）を用

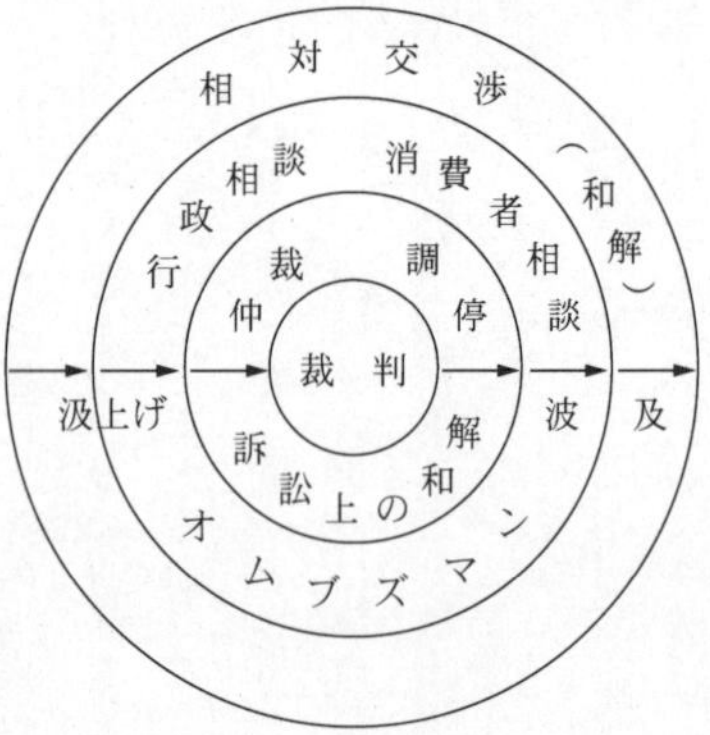

意して、多様なニーズ（諸ニーズ）を満たす構造と実質とを持たなければならない。このような包括的な救済ルートを有機的に組み合された統一体として把握することがきわめて重要であるとの認識に立つとき、われわれは、「正義の総合システム」ともいうべきものに想達するはずである。この構想は、静的な多元救済ルートの構造と各ルート間の動的な交流の動きの二面から考察される必要がある。多元的な構造の点はいく度か分析されてきたが、動的な交流の側面は、これまでいささか軽視されてきたきらいがある」[3]として、正義の総合システムの静的構造と動的交流を提示している。これを図示したのが上図である。

これに対し、井上治典教授は、①「法的基準」そのものに懐疑的であり、むしろ、裁判外の方式の「日常的コミュニケーションの論理」をもっと裁判にとり入れて裁判を「裁判外化」することこそ、現時の課題であるとみる。②基準のみならず手続としても裁判を中心に見ることはせず、他の方式と同等の「ワン・ノム・ゼム」であるとみる。比喩的に言えば、小島の「富士山志向」に対する井上の「八ヶ岳志向」である。③小島は裁判までくればそれが最終項とみる立場に結びつきやすいが、井上は裁判は解決過程の中間項であり、訴訟から出たのちにさらに交渉やあっせんが続いていくことを当然のこととして容認する。④小島は訴訟は法的基準による裁断として、他の方式とは異質なものととらえるのに対し、井上は訴訟をも他の方式と同質の連続的なものととらえ、そこにも当事者の自律性をとり込む必要がある、[4]と言う。

その井上教授の紛争処理のフローチャートを描いたネットワーク図が次頁の図である。

この井上教授の批判に対し、小島教授は、正義の総合システムの構図における規範の相互交流の矢印を事件の流れを示すものと誤解されているが、この構図は事件フローを限定する何らの要素を示すものでなく、批判は的

がはずれていると言い、井上教授の提言に検討を加えている。(5)

小島教授と井上教授の両論を私が比較検討する余力はないが、小島教授は正義の総合システム論であり、井上教授は紛争処理のネットワーク論であるから、立論者の位置と視点、立論の目的や関心、着眼点の位相、着眼の対象などが微妙に相違しているのではないかと思われる。

その相違点を踏まえれば、私は、小島教授が諸紛争を処理するシステムに多彩な救済ルートを用意する必要があるとし、正義の総量を著しく引き上げるためにそのシステムの静的構造と動的交流を同時に図式化されたのは、すぐれた理論であると思う。

ただ、敢えてこの位相で私が図をつくるとすれば（私の場合も着眼している位相などが異なるので、この位相では図をつくらないのが私の立場であるが）、小島教授の図の一番外側にある「相対交渉」が中心にきて、中心にある「裁判」が一番外側にくる。すなわち、項目の順序がちょうど逆になる。これは、紛争解決学は私的自治を間近に見て、遠くの司法を見通すからであって、反対の側に目の位置がある民事訴訟法学と逆になるのは当然である。

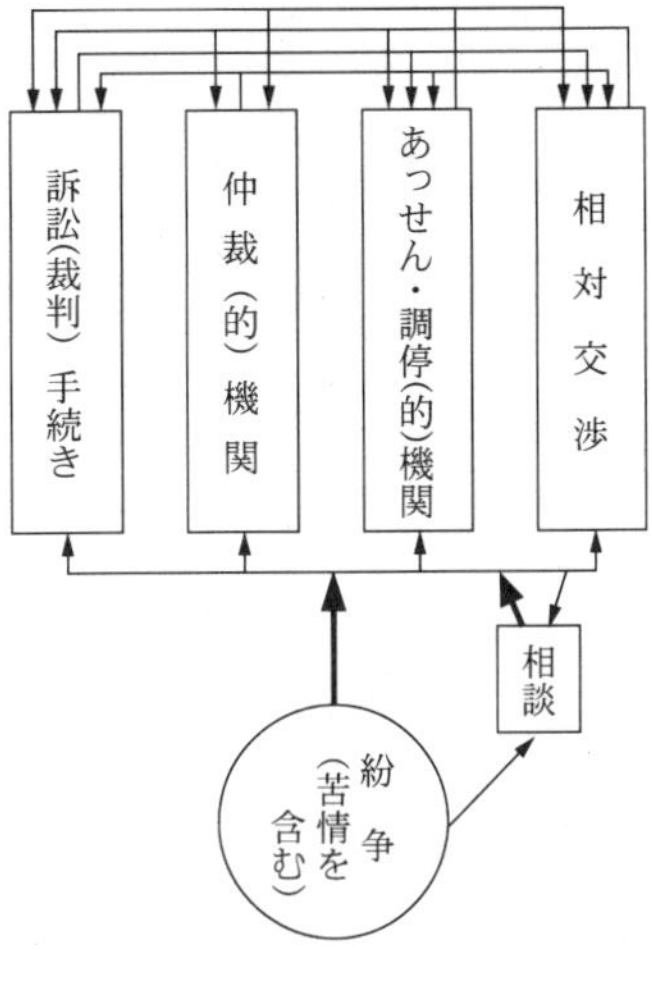

また、井上教授の基準のみならず手続としても裁判を中心に見ないこと、裁判と他の方式とは同質の連続的なものであるとの考え方や問題意識には、私も賛成である。

しかし、私が着眼している位相などは、井上教授とも若干相違がある。私と小島、井上両教授との相違点は、次のとおりである。

第一に、小島、井上両教授は、システムとして相対交渉、相談、調停、仲裁、裁判をあげているが、これは私の用語によれば体系的な手続的紛争解決規範のレベルである。これに対し、私は、位相をもっと深いところに落とし、個別的な手続的紛争解決規範のレベルにも着眼する。したがって、その位相では、体系的な手続的紛争解決規範も個別的な手続的紛争解決規範も同列なものとして存在している。

第二に、手続的紛争解決規範のみならず実体的紛争解決規範もひとつの時空間的構造の中に同時に存在しているから、実体的紛争解決規範も図の中に入ってくる。しかも、実体的紛争解決規範と手続的紛争解決規範が連結したりしている。

第三に、私は当事者の位置で紛争の深奥を見ることを前提とし、紛争の局面における紛争解決規範の相互関係に着眼することを目的としているので、原初形態にある紛争解決規範を見ることからスタートする。なぜならば、人々が紛争を解決するときには、原初形態にある紛争解決規範をいきなり使いはじめることが多いからである。そして、原初形態にある紛争解決規範を飛ばしてしまったら、紛争解決の深奥を見落としてしまうからである。

したがって、これらの多数の紛争解決規範の存在について、紛争の初期段階のトモグラフィーを撮るとすれば、上図のようになる。

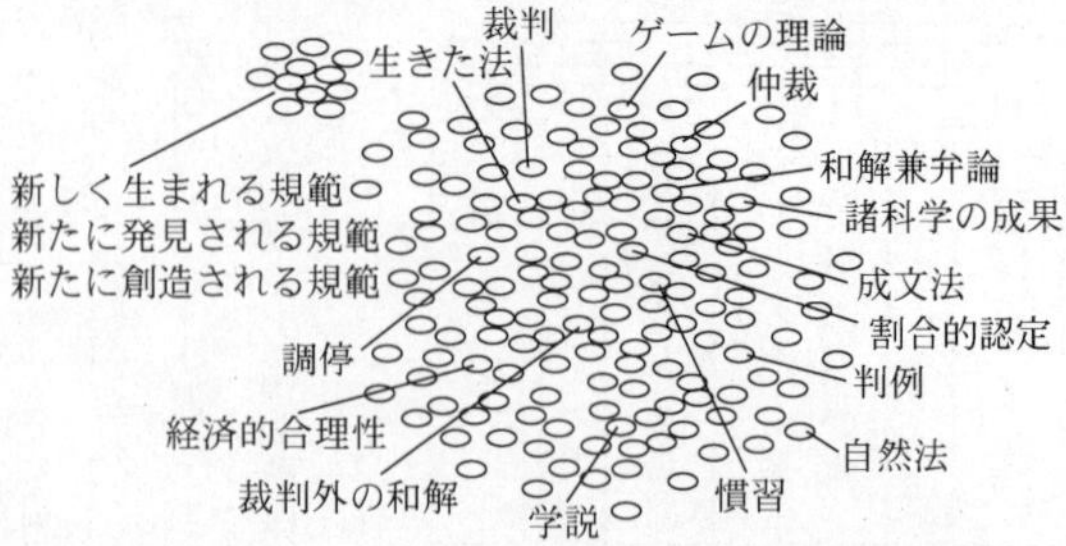

ただし、これは四次元の時空間的構造を二次元の平面に書いたものであるから、時間的要素が表現されておらず、また立体があらわされていない。キュービズムの絵のようにするのがより正確かも知れない。さらに、一応成文法、判例、裁判、調停、慣習、生きた法等々と示したが、これは一つのところにとどまっているのではなく、めまぐるしく動いているものである。

和田仁孝教授は、この私の説に対してダイナミズムなモデルであると評価したうえで、また、井上教授の説を「制度理念の呪縛」から自由なモデルであると評価したうえで、これらのいずれのモデルにおいても、いかなる機関におけるセッションであれ結局は紛争処理主体である当事者の水平的交渉の中に動員されていくものに過ぎないという点が十分に把握され表現されていないとして、紛争処理の全体モデルを上図のように図示した。

そして、「ここでは、全体的システムの基底構造として当事者間の水平的交渉関係に正当な重みを与え、各紛争処理機関をそこに動員される通過点として措定している。またそこには「処理の法的性格」や「使用規範の種類」等のスタティックな要素に沿った序列構造はない。ある場、ある時点での状況に応じて、各機関でのセッションやその水平的交渉への影響の内実が、これらスタティックな要素の程度をアドホックに決めていくからである」と言う。[6]

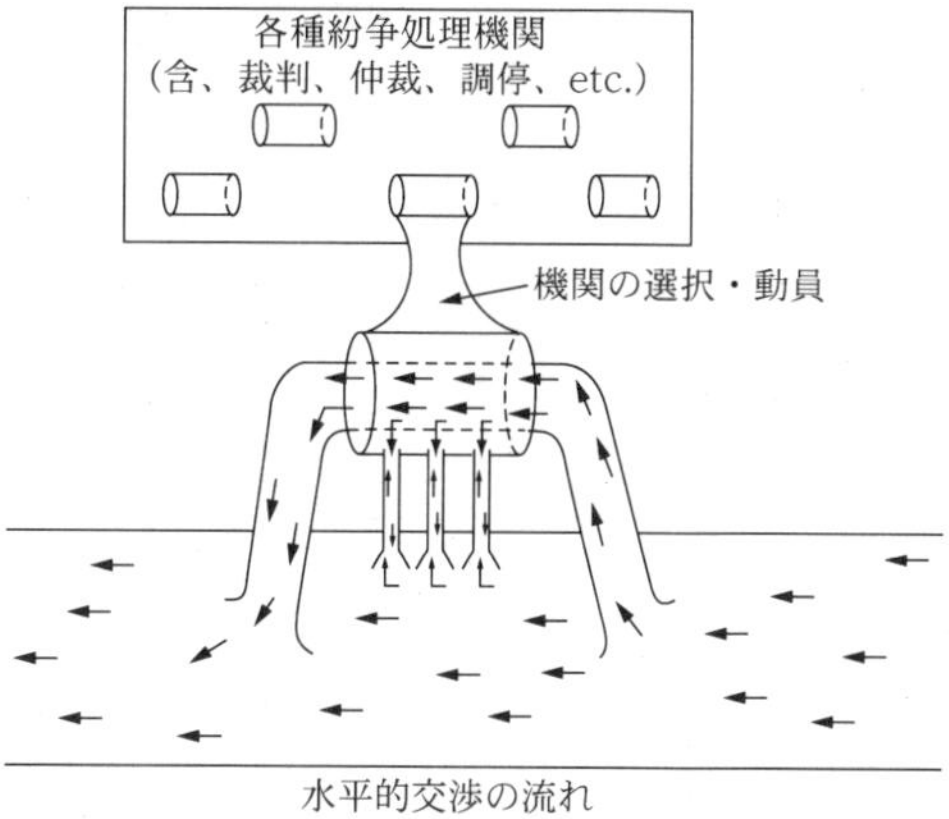

この和田教授のモデルは、よくできていて説得力がある。また、当事者の水平的交渉関係に正当な重みを与える等の目的や関心は、私とほぼ同じであって、立論には賛成である。しかし、ここでもやはり立論の視点と対象の位相の違いがあることは確かだと思う。

その主な相違点は、まず、和田教授が紛争処理の全体モデルを図示したのに対し、私は多数の紛争解決規範のトモグラフィーを図示したところにある。したがって、小島、井上両教授と比較したのと同じように、私の方が位相が深く、低い。それに伴って、私の場合は裁判等の体系的な手続的紛争解決規範だけでなく、個別的な手続的紛争解決規範が出てくる。

また、和田教授の図では実体的紛争解決規範は水平的交渉の流れの中に入ってくるのであろうから、そうだとすれば、実体的紛争解決規範を図の中に入れることは同じであるということになる。しかし私の場合は、実体的紛争解決規範と手続的紛争解決規範の位置に区別はない。ただ、私の図は、紛争の初期段階の時点のトモグラフィーであるから、紛争がかなり進行した後の時点のトモグラフィーは相当違うものになると思う。

さらに、和田教授は「機関の選択・動員」を図の中に入れているが、私はそれを図からは除外し、前節から前項にかけて別に論じている。私は、選択・動員だけでなく、ミクロ化、化合等々を全部含めて紛争解決規範の使用方法として論ずる必要があったので、別個の扱いとしたのである。

なお、私がここで示した図は、紛争の初期段階の一定時点のトモグラフィーに過ぎないから、(7)断層撮影写真が変化するように時間経過に従って変化する。したがって、時間経過ごとに図を並べ、それを立体的に繋げればより正確になると思う。また、それぞれの紛争解決規範を切り離して同じ大きさの楕円形で示したが、紛争解決規範は重なっていたり、繋がっていたりするものもあり、大きさにも大小がある。もっともこれらはすべて仮りの表現であるからそのことに意味があるわけではないが。

しかし、立論の視点や対象の位相に相違があるにしても、紛争解決システムの全体像を把握し、それを図示することによって表現しようと試みていることは、小島教授、井上教授、和田教授それと私に共通している。これは、紛争解決は裁判だけでなく、裁判以外の紛争解決システム全般に視野を広げて取り組まなければならないとする考えの当然の帰結であるが、時代は確実にその方向に向かって進んでいるという認識を深める事実に他ならない。

(1)　和田仁孝『民事紛争処理論』(信山社、一九九四年) 九七頁〜一〇一頁
(2)　旧版六四頁
(3)　小島武司「紛争処理制度の全体構造」(講座民事訴訟①『民事紛争と訴訟』弘文堂、一九八四年) 三五九頁〜三六〇頁

（4）　井上治典・三井誠『法と手続き』（放送大学教育振興会、一九九二年）五三頁～五四頁

（5）　小島武司『裁判外紛争処理と法の支配』（有斐閣、二〇〇〇年）二四頁～三二頁

（6）　和田・前掲書『民事紛争処理論』九九頁～一〇一頁

（7）　このことは、旧版では明確に書いていなかったので、表現に不十分、不正確なところがあった（旧版六二頁～六四頁参照）。

第七章　紛争解決の技術

第一節　言葉と論理上のフレーム

1　言葉という道具

これまで、紛争解決学の成立、定義、領域を論じ、さらに紛争解決の客体、主体、代理人、紛争解決規範について論述してきた。しかし、これらのことを頭の中に入れたとしても、それだけでは紛争を解決することはできない。なぜならば、これらの事柄は言わば基礎的な概念に過ぎないが、実際に紛争を解決するためには、具体的な行動を起さなければならないからである。そしてその行動は、単に闇雲に駆けずり廻ったり喋りまくるのでは駄目であって、解決という宝物を掘り出すための道具と技術を使って、着実に行動することが必要なのである。したがって、具体的にどのようにして紛争を解決するかという問題に答えるために、ここで紛争解決の技術をまとめておきたい(1)。

ところで、技術には道具が必要である。もとより、素手で何事かを成し遂げる技術はあり、それはそれで貴重なものであるが、素手で行うことには限界がある。したがって、紛争解決の技術について考察する前に、その技術が必要としている道具について検討しておかなければならない。

注意すべきことは、紛争解決のために使われる道具は、歴史的制約を受けていることである。言うまでもなく、私がこれまでに述べたことは、いずれも現代、すなわち「今、ここで」という時点における歴史的な制約を受けている。もとより絶対的真理というものが仮りにあるのだとすれば、それを取り込まなければならないが、紛争解決に関して「これが絶対的真理だ」というものは、私には思い浮かばない。したがって私は、そのような絶対的真理を前提にして述べているのではなく、すべて歴史的な相対性の中で論述しているのである。しかし、「今、ここで」と言っても、現在だけを念頭に置いているのではなく、過去の歴史の所産を踏まえたうえで、将来をにらみ、また取り込んで論じたものもあるが、いずれにせよ、絶対的、永久的なものとして論述したものではなく、歴史的、相対的にみて、ここらあたりが正しいだろう、この辺までは言えるだろうという気持で述べたものに過ぎない。

　これから述べる紛争解決の技術、そのための道具も、これまで述べた事柄と同様に「今、ここで」というときの技術と道具であって、あくまでも歴史的なものである。

　ところで今、紛争解決の道具は何か、ひと言で答えよ、と問われたら、私は躊躇なく「言葉」であると答える。そして現在のところは、大略においてそれは正解だと言ってよいと思う。しかし、この問いが戦国時代に発せられたのであるとすれば「武力」が正解で、卑弥呼の時代なら「呪術」が正解だろう。

　紛争解決の道具が、呪術から武力へ、武力から言葉へと変転したことは、支配の道具が呪術から武力、武力から言葉と移り変わってきたこととほぼ見合っている。したがって、「法の支配」と言われるものは、これも歴史の所産に他ならないが、要するに言葉による支配であって、呪術による支配でも、武力による支配でもないということである。

　しかし、今現在においても、武力による支配という現実が存在している。また、武力による支配が顕在化していなくても、武力を背景にした支配が未だに行われていることは、厳然たる事実である。そして、武力による支配が行われているところでは、紛争解決の道具として最終的には武力が使用される。言葉によって紛争を解決するよりも、手っ取り早く、強力で、直截に思いを通すことができるからである。

では、呪術の方はどうであろうか。二十一世紀を迎えた今日においても、呪術によって紛争解決をはかろうとする勢力は未だに強い。世界中に宗教的な対立があることは言うまでもないが、卑近な例をあげれば、全国の弁護士に支払われる金銭の合計が、全国の宗教団体に集まる金銭の合計よりはるかに低いことは、確かめるまでもなく明らかだろう。それはいったい何故であろうか。おそらく言葉は奇跡をもたらさないが、呪術は奇跡をもたらすと思われているからであろう。

したがって、紛争解決の道具としての言葉は、それほど頼りにされていないのかも知れない。少なくとも、言葉が紛争解決の道具として使用されることは、まだ世の中全般の支配的な趨勢にはなっていないと思われる。

しかし、近代が法の支配を原則としている以上、呪術や武力による紛争解決を前面に押し出すわけにゆかないことは、人類共通の了解事項であると言ってよいだろう。だとすれば、「言葉によって紛争を解決する」ことは、十分に掘り下げて研究するに値することであり、これこそ紛争解決学の主要なテーマである。

「言葉」は、廻りくどく、一見ひ弱で、目の前で奇跡を見せるものではないかも知れないが、ときには呪術や武力が及びもつかないような、敏速かつ強力で、奇跡的な解決をもたらすことは、多くの人々が認識し、経験している。

論理の展開が拡散した嫌いがあるので、紛争解決のための道具としての言葉というところに話を戻すことにしよう。ただ、私が「言葉」を「呪術」や「武力」と比較したのは、紛争解決の道具としての歴史的な位置づけを明らかにし、言葉という道具の性能を強く認識するために必要であると考えたからであることを注記しておきたい。

そこで、紛争解決のための道具としての言葉の性能に注目することにしよう。

これから言葉の性能について考察するが、ここでは、紛争解決のための道具として使用される言葉に関連するところに限定することにしたい。言葉の性能に関する言葉論については、扱っている分野が極めて広く（言葉の性能については、言語論、交渉論、コミュニケーション論などの中で展開される）、厖大な文献もあるので、[2]ここではごく簡潔にまとめることにとどめることにする。

言葉の性能については、言葉が持っている性質（すなわち、どんな道具であるか）と言葉の機能（すなわち、どんな働きをするか）に分けて考察するのが理解されやすいと思われる。なお、これから述べることについては、同じようなことが既に誰かによって語られているかも知れないが、ここではいちいち文献に当たらずに、あくまでも私の論理や言い回しに従って論述させていただくことにしたい。

そこでまず、言葉が持っている性質であるが、ここで言う「言葉」とは、単語だけでなく、複数の単語で組み立てられた「文章」をも含めることにする。また、これから「言説」という言葉を使うことがあるが、ここで言う「言説」とは、言葉を使ってものを言うこと、またはその言葉の意である。

第一に、言葉のうえでは、どのようなことでも言えるということである。例えば、「明日、太陽の引力によって月が引っ張られ、太陽に吸収されて月がなくなる」ということは、言葉のうえで言うことは簡単である。この言説については、現在の天文学によってあり得ないことは証明できるであろう。それに、明日一日が過ぎれば真偽は分かることである。では、「明日」を「一五〇〇年後」に置き換えたらどうであろうか。これも天文学によって真偽を論ずることはできるだろうが、今、ここにいる人々には真偽を経験することはできない。真偽を経験することができないのに、言葉のうえだけでは成り立つという性質は、紛争解決の局面でしばしば利用される。

第二に、このことに関連することであるが、虚の言説に強制力を賦与すると、当面は真実として扱われることである。これを敷衍すると、言葉には強制力、あるいはそれに類する力を呼び寄せる性質がある。天動説はそのような力によって守護されていたために、長い間人類にとっては真実であった。「武力の支配」から「法の支配」に移行したことは喜ばしいことであるが、法の支配が言葉による支配である以上、その病理現象に着目すると、手放しでは喜べないところがある。

この第一と第二の性質は、いかにも馬鹿馬鹿しいもののように見えるが、紛争解決の局面では、しばしば臆面もなく利用される。すなわち、虚を実にし、偽を真にするためにさまざまな言説が用いられるのである。しかし、虚や偽の上に楼閣を築いても、真の意味の解決はできない。したがって、第一、第二の虚偽性、欺瞞性を暴いて、よりよい解決に導かなければならない。その虚偽性、欺瞞性を暴く道具としても言葉が使用される。この虚偽性、欺瞞性を暴く道具としての性質が、言葉の性質の第三である。

したがって、第四に、一定の言説に対して、虚実、真偽を問われることが多い。また、言説の中に評価的な意味が込められるか、評価的な意味が込められていると思われることが頻繁に起る。これらのことが、誤解を生んだり、感情的な反発を呼び起こすことがある。紛争解決の局面でこれらのことを放っておくと、いつまでも尾を引いて紛争がなかなか解決しない。したがって、虚実、真偽を見極め、評価的意味の質量を認識する作業が不可欠になる。そのような作業をする道具としても言葉が使用される。

第五に、紛争解決のための道具として、よい言葉とよくない言葉があることは否定できない。すなわち、性質の良し悪しは言葉にも存在する。紛争解決の局面においては、おおよそのところ、事実によって検証することができる言説がよい言葉で、事実によって検証できない言説がよくない言葉であると言えよう。この点では、紛争解決のために使用される言葉と、あるジャンルの詩作のために使用される言葉とは、著しい対比をなしている。なお、この性質には当然程度の差があり、また、同じ言葉でも使用される場面によって良し悪しが変化することがある。

第六に、言葉は力を持っている。言葉が動態にあるときには、その力はエネルギーになる。紛争解決の局面において、言葉が持つ力、エネルギーのうちで大切なのは「説得力」である。その説得力は、事実による裏づけがしっかりしていればいるほど強いものになる。そしてその事実も言葉によって語られる。

以上のように、言葉の道具としての性質を押さえたうえで、言葉の機能、すなわち働きについてひと通り見ておきたい。

その一は、紛争の対象を認識し、それを言語化して当事者の意識の中に組み入れる働きをする。(3)

その二は、紛争の原因を認識する道具としての働きをする。紛争の原因は、意識、潜在意識、無意識のいろいろな層から発生し、はじめのうちは言葉によって表現することは難しいが、時間の経過に従って、紛争の原因を言語化して認識するようになる。

その三は、紛争解決規範を構成している言葉を認識し、解釈する働きをする。

その四は、当事者の意識の中で、事実を構成する言葉と紛争解決規範を構成する言葉をぶつけ、紛争と解決に対する意思を形成する働きをする。

その五は、当事者の意思を相手方に伝える道具としての機能を持っている。もとより、意思を伝達するための道具は、言葉だけではない。顔や目の表情、態度、音楽、絵画など、人間は自己の意思を表現し、他者に伝えるためのさまざまな道具を持っている。しかし、言葉の表現力と伝達力は、言葉以外のものに比べて、圧倒的に強く、大きく、また明確である。

その六は、相手方から伝えられた言葉を受け取って、自己の中で再構成や解釈をする機能を持っている。

その七は、これまでの働きのフィードバック作業によって、紛争当事者間の合意形成を引き出す働きをする。

また、合意形成が不可能なときには、第三者による裁定を引き出す働きをする。

その八は、言葉は自ら合意に結実する働きをする。合意形成が不能なときには、裁定の内容を構成する働きをする。

これらは、必ずしもここに並べた順序で機能するわけではない。順序が入れ替わったり、行ったり来たりしたり、同じ機能が何度も使われたりする。

言葉にこれらの機能があることは、あまりにも当然のことであるが、紛争解決の渦中にあるときにはとかく忘れがちになる。紛争の最中には、言葉をさかんに使うことになるが、言葉のどの機能を使用するのかを自覚していると、言葉はうまく働いてくれるものである。これは、大工道具を想定すればすぐに分かることであるが、言葉は他の道具と同様に使用上の注意をわきまえているか否かによって、その働きに雲泥の差が出てくるのである。しかし、言葉は目に見えないので、このことについては無神経になりがちになる。

すぐれた紛争解決の技術とは、道具としての言葉を十全に生かして使う能力に他ならない。

（1）　旧版では、「道具と技術」という章を、「機関」「和解」の後の第八章に置いた。しかし、紛争解決の技術は、紛争解決規範の使用方法と密接な関係があり、また、技術を習得して和解などを行うことが望ましいので、新版では、本章を、「紛争解決規範」の次、「和解」の前に置くことにした。

（2）　古くは意味論 Semantics の立場から、S・I・ハヤカワ著・大久保利忠訳『思想と行動における言語』（岩波書店、一九五一年）、そして交渉論の立場から、ロジャー・フィッシャー、ウィリアム・ユーリー、ブルース・パットン著・金山宣夫、浅井和子訳『新版ハーバード流交渉術』（TBSブリタニカ、一九九八年）、またエスノメソドロジーの立場から、樫村・前掲書『「もめごと」の法社会学』、紛争の渦中の厖大な言葉を扱ったものとして、水谷・前掲書『呪・法・ゲーム』等。

（3）　河合隼雄教授は、言語化されることによって認知されたものが自我の体系に組み入れられることを説明しており（前掲書『コンプレックス』二二頁）、旧版ではその部分を引用したが、新版では省略した。

2　言葉の操作と論理上のフレーム

言うまでもなく、法律は言葉でできている。法律だけでなく、法規範以外の紛争解決規範もすべて言葉でできているのである。そして、紛争も、言葉で語られる。また、紛争を解決しようとして、あれこれ思案をめぐらすときも、言葉を使って考える。最後に結論を出すときも、言葉を使って表現される。ハムレットの台詞ではないが、「ことば、ことば、ことば」であり、また「太初にことばありき」である。

紛争解決のための道具が言葉であることははっきりしたが、それではその道具をどのように操作するか、すなわち、言葉をどのように使うかが、次の課題になる。

これまでに述べてきたことと若干重複するが、言葉の操作という視点から、ここで今一度整理しておく必要があるだろう。

すなわち、言葉という道具を操作するときの注意点は、おおよそ次のとおりである。

まず第一に、紛争を解決しようとするならば、一定の手続を踏んで行わなければならないが、その手続の意味を言葉を使って明らかにする必要がある。

ある紛争を解決しようと思えば、どのような手続を使うか、ということを選択しなければならない。手続的紛争解決規範の選択については、前章第三節**1**で述べたのでここでは繰り返さないが、手続が示す言説を理解するためにも、手続を駆使して解決をはかるためにも、適切な言葉が必要となるのである。

第二に、紛争を解決するためには、紛争解決規範を使わなければならないが、紛争解決規範が言葉でできていることは再三述べたとおりである。そして、その紛争解決規範をそのまま使えることは少ないのであって、紛争解決規範を使用するときには、その意味と論理構造を明らかにしたうえで使わなければならない。これは、多くは解釈と言われるものであるが、しかし、解釈と言うだけでは狭い。その紛争解決規範がどのように動いているかという観点から、その動態も明らかにしなければならない。解釈といい、動態の認識といい、これらはすべて言葉を使って明らかにされる。

第三に、紛争の意味と論理構造を、言葉によって解明することである。

紛争のなまの事実——例えば、借りた、貸した、殴った、車で撥ねた、などという事実は、すべて言葉で語られる。また、悔しい、悲しいなどの感情や、痛い、苦しいなどの感覚も、言葉で表現される。「痛い」という感覚を伝えるのは難しく、それがシクシク痛いのか、鈍痛なのか、うまく表現することが困難で、いったいどういう言葉で表現したら正確に伝えることができるのか、四苦八苦することがある。しかし、何とかしてその「痛い」を伝えなければ、その後の対応が間違ってしまうのである。

そしてさらに、紛争を表現する言葉は、そのままでは使えないことがある。そのときに意味づけをしたり、組み立てたり、整理したりして、相手に伝えなければならない。この意味づけ、組み立て、整理という操作も、言葉を使って考え、言葉を使って行われる。そして、できあがったものもまた言葉であり、相手に伝えるときも言葉を使う。

この紛争の意味と論理構造を明らかにすることはなかなか難しいが、正確に言葉を探り当てるか否かが、紛争解決の鍵になる。

第四に、手続的紛争解決規範、実体的紛争解決規範にさまざまな事実、感覚、感情を当てはめ、解を探す。この解こそ解決という出口であるが、この当てはめの操作において、言葉が使われる。

以上の第一から第四までの操作をするためには、知識や経験、そして技術が必要である。その知識や経験も言葉を使って蓄積される。蓄積された言葉を忘れたり、消失してしまうと、せっかくの知識や経験も使用できなくなる。そして、「技術」と言われるものも、要するに言葉を探り当て、言葉を操作する技（わざ）に他ならない。その技術のほとんどは、言葉を使って伝承される。

紛争解決規範は物理的につかむことができる物体ではない。紛争を構成する事実も、紛争解決の過程に乗せられる段階に入ると、物理的に存在するものではなくなってしまう。そのようなものを、言葉によって示さなければならないのであるから、言葉の操作が如何に大切なものであるかということは分かるであろう。

そのようなものを掌握するために、論理上のフレームを置くことによって解決する方法がある。

これまでに述べた手続的紛争解決規範は、言い方を換えれば、そのような論理上のフレームであると言うことができる。ここでは繰り返さないが、因果関係の割合的認定（一九六頁～一九八頁）、補償金の分配におけるペーパー（一七三頁～一七八頁）、付帯条件つき最終提案仲裁（一四八頁、三八一頁～三九〇頁）などは、すべてそのような論理上のフレームである。

論理を一本道でグイグイ押しても、行き詰まって先に進まないことがある。そういうときには、これらの例のように論理の枠組みをつくり、すなわち、フレームのようなものを置いて、そこに飛び移り、またフレームを置いて飛び移ってゆくと、結論に辿り着くことがある。それは、論理上のフレームを置くことによって、それまでに使用されていなかった多くの言葉を使用可能なものにするからである。すなわち、論理上のフレームは、言葉の世界を一気に拡張し、それまでに見えなかった地平を見せてくれるのである。

このように、言葉の使い方は、さまざまな工夫によって広がり、また開発されてゆく。そのようなことを知り、修得することによって、紛争解決の技術を高めることができるのである。[1]

（1）　旧版ではこの後に「言葉の使い方の比較」という項を設け、訴訟、裁判上の和解、裁判外の和解の手続上の構造の違いと言葉の使用方法の相違の関係について論述した（旧版一九〇頁～一九五頁）。しかし、そのうちの必要な部分については他のところで言及するので、ここでまとめて論述する必要性がないため、新版では省略した。

第二節　因果律と共時性の原理

1　因果律

紛争解決の技術のベースとして意識しておくべきことは、まず紛争をとりまいているさまざまな事象（事実と現象）の意味を正確にとらえることである。

さまざまな事象の意味を正確にとらえる方法の一つは、何が原因で何が結果かという因果の連鎖関係を辿ることである。その紛争に関係がありそうな事象、認識できる限りの事象を全部頭に置いて、そして紛争の最中に起ってくるいろいろな事象も全部とり込んで、そのうちのこれとこれは因果関係がある、その結果が次には原因になってさらに次の結果が出てくると、鎖を手繰り寄せてゆくと、だんだん解決の道筋が見えてくる。

もともと法律は因果律でできていて、ああなればこうなる、こうなればああなると因果関係を繋げて論理を展開する形に組み立てられている。したがって、因果律に従って紛争を解決する方法は、法律の世界ではオーソドックスなやり方である。とくに、訴訟システムを使って紛争解決をはかるときには、因果関係が繋がっていなければ問題にされない。そしてまた、法律に定める要件と法律がもたらす効果には因果関係がなければならないのである。

現実に、ほとんどの紛争は、因果律の示す道筋に乗せて運ばれ、解決という門から出てゆくことになっている。したがって、因果の連鎖関係を辿り、紛争をとりまいているさまざまな事象を正確にとらえることは、基本的な紛争解決の方法であると言うことができる。

こうして見ると、「法」の世界が因果律という法則のみによって支配されていると人々に信じられていたことに、何らの不思議はない。

ところが、事象の意味を正確にとらえる方法は、因果の連鎖関係を辿るというだけでは不十分である。社会は複雑、厖大であり、人間もその深層まで含めると、複雑で奥が深い。因果の連鎖関係ではとらえきれないが、紛争解決のためには何らかの意味を持っているものが、さまざまな事象の中に存在しているのである。したがって、さまざまな事象の意味をとらえるためには、因果律とは別の方法を考えてみる必要が出てくる。

2　共時性の原理

紛争をとりまいているさまざまな事象の中には、他の事象とは何の関係もないものが混ざっていることがある。他の事象の原因にも結果にもなっていない、一見偶然と思われるような事象があって、しかもそれが、紛争にも、解決にも重要な意味を持っていることがある。しかし、これまで「法」の世界では、そのような事象は因果律に関係のないものとして無視されていた。したがって、法律家も、偶然のようなものの意味を取りあげることはなかった。

ところが、分析心理学の創始者ユングは「意味のある偶然の一致」を重要視して、共時性の原理というものを考えた。この共時性の原理について、少し長くなるが、河合隼雄教授の説明を引用させていただきたい(1)。

自己実現における重要な要素として、「時」ということがある。いままで何度も述べてきたように、無意識は意識の一面性を補償するはたらきがあるが、その無意識が意識へ作用を及ぼし、全体性の回復への始動がはじまる「時」というものが存在する。

謹厳実直な人がちょうど給料日の翌日に、昔の友人にひょっこり出会う。友人に誘われるままに競馬を見にゆき、そこで給料袋を落としてしまい、同情して友人が買ってくれた馬券が大あたりする。これが、この実直な人の競馬におぼれて借金を重ねる話のはじまりである。(中略)

実直な人の無意識内に形成されていった補償傾向が意識に突入してくる「時」、それはいつか解らない。しかし、その時がくると、いろいろと偶然に面白いことが生じるのである。あのときに、あの友人に会わなかったら、給料を落とさなかったら、などと嘆いてみてもはじまらないのである。(中略)

個性化の「時」の出現に伴って、われわれはしばしば、不思議な現象に出会う。競馬の人の例もすこしそのようなところがあるが、偶然にしては、あまりにも意味が深い偶然と考えられる現象が起るのである。夢と現実の一致などということも生じる。

ユングはこのような「意味のある偶然の一致」を重要視して、これを因果律によらぬ一種の規律と考え、非因果的な原則として、共時性（synchronicity）の原理なるものを考えた。つまり、自然現象には因果律によって把握できるものと、因果律によっては解明できないが、意味のある現象が同時に生じるような場合とがあり、後者を把握するものとして、共時性ということを考えたのである。

共時性の原理に従って事象を見るとき、なにがなにの原因であるかという観点ではなく、なにとなにが共に起こり、それはどのような意味によって結合しているかという観点から見ることになる。われわれ心理療法家としては、因果的な見かたよりも、共時性による見かたでものを見ているほうが建設的な結果を得ることが多いようである。(2)

紛争解決に取り組んでいる最中にも、しばしばこのようなことが起こる。私が共時性の原理に助けられて紛争を解決した例をあげれば枚挙にいとまがないが、一つだけ例をあげておきたい。

かつてある農業協同組合の組合長が詐欺師に騙されて三億円余りの手形をパクられた事件を担当したことがあった。手形のパクリというのは、正常な取引がないにもかかわらず手形を振り出させ、その手形を第三者に売って現金化する詐欺の手口である。売られた手形は次々に裏書きされて転々と譲渡され、それが詐欺によって振り出された手形であることを知らない第三者の手に渡ると、騙された振出人は手形に書かれた額面全部を支払わなければならない。裏書人はみんなグルだと主張しても、手形上裏書きの連続性があれば振出人の支払い義務は免れることはできない。

私は、農協から依頼を受け、早速サルベージにかかった。サルベージというのは、騙し取られた手形を捜し出し、安く叩いて買い戻すことである。サルベージが不成功になって額面どおりに支払うはめになったら、農協は潰れてしまう。

ある日、農協が詐取された手形を持って、見知らぬ男が私のところにやって来た。そして「善意の第三者だから今すぐ払え」と怒鳴り立てる。そこで私がふと名刺を見ると、それはまったく別の事件――マンションを建設すると偽って金を集めておきながら会社を倒産させて金を流用した事件――の関係者であることが偶然に分かった。ちょうどそのマンション事件の被害者の代理人として私の提出した訴訟が新聞に出たばかりだったので、その新聞を見せながら、

「あなたは誰にものを言っているの？　この事件の訴状は誰が書いたと思いますか？　マンションの金がどこに流れたか知りたいと思っていたところだが、ははあ、こういうところに使っていたのですね。騙される方は騙される方で繋がっているし、騙す方は騙す方で繋がっているものですね」と言ってみた。

見る見るその男の額から液体が出てきてふくらんだ。冷や汗というものは本当に出るものである。

「先生、お人の悪いことを」

「私は探偵ではないので、詮索するよりも事件を一つ一つ筋道通りに解決すればよいのです。それで、つべこべ言わずにこの手形はまけてくれますね」

という次第で、私は、相当たたいてその手形を回収した。

解決の鍵をにぎる人と電車の中で偶然に会ったり、土地を買う相談を受けたら売主が知人であったり、難事件だと覚悟して訴訟を出したところ相手の弁護士も担当裁判官も同期生であったり、このような一見偶然に見えることが出てくると、解決が間近に迫っている知らせである。私は、ユングの言う共時性の原理に助けられる機会が多い方かも知れないが、このようなことはほとんど日常的になっている。

私の経験からすれば、紛争解決に共時性の原理を生かすことは極めて自然なことであるが、法律家がこれを正面から提唱したのは、旧版で私が述べたのが最初ではないかと思われる。これまで法律家の世界では、このよう

な話をしても相手にされなかったが、旧版で私が言いはじめて以来、賛成や共感してくれる人が徐々に増えてきた。(3) このことは、極めて興味深い現象である。それはおそらく、①紛争の複雑化が因果律だけでは解明できなくなっていることを認識させるようになってきたこと、②紛争解決が困難になりさまざまな力を使って解決する必要性が高くなってきたこと、③紛争解決システムとして訴訟の他に裁判外紛争解決（ＡＤＲ）の存在が視野に入ってきたこと、④心理学、カウンセリング、心理治療の成果を紛争解決に生かそうという傾向が強くなってきたこと、⑤「近代」の揺らぎが心理的要素に関心を向けるようになったこと、などが原因ではないかと思われるが、これはあくまでも私の仮説である。

しかしいずれにせよ、紛争はもともと因果律だけでは収まりきれないものであって、当然因果律の枠から飛び出している部分がある。したがって、共時性の原理によってはじめて掌握できるものが多い。そのようなものを因果律だけで解決しようとしても無理なのであって、共時性の原理によって解決できるのであればそれに越したことはない。河合教授が「因果的な見かたよりも、共時性による見かたでものを見ているほうが建設的な結果を得ることが多い」と言われるように、私の経験でも、共時性の原理によって解決する方が建設的な結果を得られたという実感がある。

しかし、私がこのことをいかに強調しても、まだ十分には信じられないだろう。私に言わせれば、共時性の原理が出てくる場面が少ないのではなくて、それが存在するにもかかわらず、意識のうえに取り出してくる力が弱いだけのことである。

（1）　旧版では、共時性の原理について、第九章「紛争解決の全体像とジレンマ」の中で論述したが（旧版二一三頁～二一六頁）、紛争解決の技術のベースとして意識しておくべきこととして、因果律と対比するために、この位置に置くことにした。

（2）　河合・前掲書『無意識の構造』一八〇頁～一八三頁。
（3）　旧版には「法律家の世界では、このような話をしてもほとんど相手にされない。相手にされないどころか、異端児と扱われるのがオチである。なぜならば、法律の世界は、徹頭徹尾因果律で律せられているからである。従って、共時性というような、つかみどころのない概念を持ち込まれることは、不都合なのである」と書いたが（旧版二一六頁）、新版では本文のように改めた。

第三節　技　術

紛争解決の技術については、これまでに多くのことが語られている。(1) 例えば、競争的戦術と協力的戦術に関して、次のようなことがあげられている。

交渉の戦術には、大きく分けて競争的戦術と協力的戦術に区別される。競争的戦術の内容としては、
①高い水準を出す
②その高い要求水準を交渉の過程を通じて堅持する
③あまり譲歩・妥協をしない
④するとしても小さな譲歩しかしない
⑤高飛車な態度をとる
などがあげられている。

実証的研究によれば、このような競争的戦術によって、多くの場合により多くの利益を得ることができる。しかし、競争的戦術によって、不十分な情報を補うこと、言い換えると、調査・準備不足を競争的戦術でカヴァーすることはできないことも示されている。さらに競争的戦術は、合意に到達できない危険を増加させる。（中略）

協力的戦術の内容としては、

①共通の立脚点（コモン・グランド）を求め

②共通の利益・利害の立場から交渉し

③合理的・論理的な説得を客観的な分析に基づいて行うよう努力し

④相手の立場にもなって考え

⑤公正・公平な紛争解決を求めて問題解決型の交渉を行おうとする

等があげられている。協力的戦術は、交渉決裂の危険が少なく、公平な解決に至る場合が多く、当事者が満足を得る場合も多い。協力的戦術の弱点は、相手方につけいられる危険があることと、いわばそのソフトな態度が立場の弱みの自認と解釈されてしまう危険がある点などである。(2)

これなどは日常生活の中での駆け引きにもよく使われるテクニックである。

紛争解決については、次々に新しい技術が開発されていると考えてよいだろう。したがって、紛争解決の技術を磨こうと思ったら、新しい技術を研究し、仲間とディスカッションをし、実際に紛争を解決して経験を積み、自らその技術を身につけるのがよい。

このように、技術については多くのことが語られているが、私の経験によってつけ加えることがあるとすれば、次のようなものであろうか。もっとも、この中には、すでに人々によって語られているものもあるかも知れない。しかし、私なりの意味づけをして、ここにまとめておくことも、必要なことかと思う。

なお、以下の技術は、弁護士が行う裁判外の和解における技術を念頭に置いて述べているが、弁護士でなくても応用できるし、また、裁判外の和解以外のシステムを使って紛争を解決する場合にも応用できると思う。いずれにせよ、紛争解決学の立場から紛争解決の技術の道筋を論述すればこうなる、という観点から整理したものであると理解していただきたい。

第一は、人の話をよく聞くことである。

人の話をよく聞くということは、話の内容を正確に、偏見を持たずに聞くということであるが、これは当然のことであって、この段階はまだ序の口である。

クライアントの話を聞くだけでなく、相手方の言うこともよく聞かなければならない。たとえそれが不愉快なことでも、何を言っているのか、正確に偏見を持たずによく聞くことが大切である。ケースによっては、相手方から直接話を聞くことができないことがあるが、周辺の人から間接に伝えられることやさまざまな資料に基づいて、相手方の「話」をよく聞くことが必要である。

人の話をよく聞くということにも、いくつかの方法がある。

まず、ただひたすら聞くという方法である。ひたすら話を聞いているうちに、当事者自身が紛争の意味を知り、いろいろな気づきをして、解決方法を見つけてしまうことがある。これは、紛争解決の一つの理想の姿であるが、児童文学『モモ』に出てくるので、(3) モモ方式と言ってよいであろう。アメリカでは調停技法が発達してきたが、そのうちの transformative（変容力のある）方式で採用している技法は、このモモ方式によく似ている。

しかし、漫然と事情を聞くという態度では、かえって不信を招く。モモは、耳をすまして注意深く話を聞くのであるが、真剣に聞いてもらっているか否かは話をしている方に正確に伝わるものである。ひたすら聞くという意味は、話している人の身になって、いわば全知全能をかけて聞くのである。

ところが、そのように真剣に話を聞いても、それだけでは解決に繋がってゆかないのが現実の紛争の難しいところである。そこで、さまざまな紛争解決規範を頭に置きながら聞くことが必要になってくる。そして、深く深く聞く、さらにひたすら聞く——事件によっては祖先の話を聞く。この人の亡くなった母親なら何と言うだろうか。その声を耳をそばだてて聞く。この人の潜在的な欲求は何だろうかと、心の奥に入って聞いてくる。「ききみみずきん」という民話があるが、それをかぶると鳥や木の声が聞こえるというその「ききみみずきん」をかぶっていれば、もっと聞こえるはずだと思って耳をそばだてるのである。

そして、その人の意識下にあるもの、潜在意識や無意識にあるものまでをも聞く。潜在意識や無意識にあるものを聞く方法としては、「あなたが言いたいことは、本当はこういうことではありませんか」と聞き返してみれば、分かることがある。それが出てくると、その先のことを次々に聞くことができて、話に筋道がついてくる。

また、仮定線を引いて聞くことも効果的である。例えば、アパートを借りている人が貸主から急に家賃を三〇パーセント値上げすると請求されたとする。そのときに、「大家さんはアパートを売りに出しているのかも知れない。そのために追い出したいのだろう」と仮定線を引いてみて、それに間違いないということになれば、家賃値上げの厳しい交渉をすることと、立退料をもらって引越すことを秤にかけながら折衝する余地がでてくる。そしてそのときには、交渉のやり方も変わってくるはずである。

さらに進んで、透視術に到達すれば最高である。透視術と言っても、私は勉強をしたわけではなく、本当の透視術がどんなものか知らないが、深く人の話を聞いているうちに、相手方の姿が目に浮かぶというか、直感で分かることがある。その浮かんできた姿を鍵にして、事実を引き出すように聞いてゆくと、一気にたくさんのことが出てきて、それが解決の手掛かりになる。例えば、ビルのオーナーから立退きを迫られているクライアントからあれこれ事情を聞いているうちに、そのオーナーの姿が目に浮かんできたので、「その人は大柄で愛嬌がいいでしょうが、なかなか体の動きが早いので油断できませんよ」と言ってみると、クライアントはキョトンとして、「アレッ！　先生はこのオーナーを知っているのですか？」と驚く。そこで私が、「いや、知りませんけれども、透視術で分かるのです」とちょっとハッタリを言って、「看板などを持って行かれないように注意しなければいけませんよ」と言うと、「そうなんです。いつか置看板を勝手に持って行ってしまったので、喧嘩したことがあるのです」などという事実がゾロッと出てくる。

いつもこういう透視術を使えるわけではないが、頭がよく動いているときには、これがけっこう当たるものである。透視術と言えば特殊技術のように思われるかも知れないが、瞬間的に感じたものによってヒントが与えられたり、将来の予測を立てることがあるので、私は直感によってつかんだものを言語化して、その意味を考えることを心掛けている。

また、訓練すれば透視術を修得することができるということを仄聞したことがあるが、私も多少の訓練をしている。どうやって訓練をするのかというと、私の自己流かも知れないが、「当てっこ」をするのである。例えば、損害賠償を一〇〇〇万円請求したが、相手方はいくらの回答をよこすか、というような。当たれば読みが正しかったということになるので、その読み筋どおりに追ってゆけばよいし、外れればどこがどういうふうに外れたか、読み筋の立て直しができる。こういう「当てっこ」をたくさんやっているうちに、直感が冴えてきて、理屈抜きで当たる確率が高くなってくる。

近代に入ってから科学が発達し、それによって紛争解決の技術も進歩したことは否定できないが、科学の発達によって、かえって大切なものを削ぎ落としてしまったことも確かである。その削ぎ落としてしまったものの一つは、動物としての人間がもともと持っていた直感力だろう。この動物的な直感力によって解決できる紛争があるならば、それを使って解決すればよいのである。

いずれにせよ、話を正確に、偏見を持たずに聞くという段階から透視術の段階までを含めて、人の話をよく聞くと、たいていの紛争は、それだけでかなりの見通しが立ってくる。

第二に、当事者の利害をよく知って、頭に入れておくことも、大切なことである。

紛争解決は、当事者の利害を嚙み合わせて、出口に到達することがポイントであるから、利害を無視したり、利害に対して適切な答えを出さなかったりすれば、まず解決は望めないと思って間違いない。したがって、人の話を聞いた後に、当事者の利害を整理し、頭に叩き込んでおくことが必要である。複雑な事件であれば、図面や表にしておくことが、けっこう有効である。

第三に、当事者の利害を頭に入れた後で、その利害を計量しておく、数字で出せるものは数字で出しておく、ということも有用な技術である。

例えば、損害賠償の事件で、相手方の思惑が、言葉の端々でいくら以上いくら以下ということがだんだん分かってくるから、それらのものを計算して、それが理屈の上で立つのか立たないのか、ここは強い、ここは弱いということを量ってみると、数字の上からの見通しが見えてくるものである。

とくに和解による解決は、当事者双方の利害を全部満足させることはできないことが普通である。当然一部を引っ込めたり、削ったりしなければならない。そのときに、利害を計量し、優先順序をつけておけば、かなり上手に相手方の利害と噛み合わせることができ、解決の目途もついてくる。

第四にあげなければならないのは、確かな情報を集めておくということである。

ここでは逆に、相手方の情報が素晴らしかったために、してやられた例をあげる。

私のクライアントは、下図のような袋小路の奥のA地の借地権を持っていたが、家は相当古くなっていた。そして、この細い道路だけでは、建物の建替えが建築基準法上できない。そこに地上げ屋が、前面の広い公道に接続している隣地Bを買い取り、それからA地の底地も地主から買い取ってしまった。そのうえで、クライアントにA地の借地権を売れと言ってきた。私は、クライアントと相談のうえ、B地と一体になって建替えが可能になるためにA地にも付加価値がつくから、その点も勘案した相応の代金でならば売ると答えた。この細い袋小路がまともな道路であれば、一億円はする借地権なので、道路がなくても、話半分で五〇〇〇万円位の評価はかたいと考えていた。

ところが、地上げ屋はどうしても二〇〇〇万円にしろという。おまけに社長という人

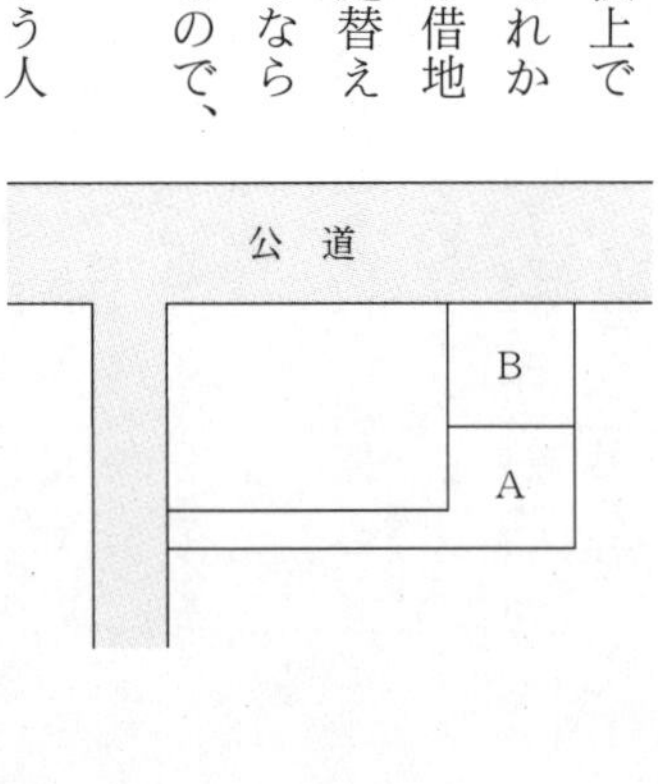

がやってきて、洗い晒しの青いジャンパーを着て妙な雰囲気をかもしだすので薄気味悪い。私のクライアントもこの青ジャンパーに眩惑されて気味悪がって、建物を修理して人に貸すという別の方法を検討する気力がなくなってしまった。それでも、二〇〇〇万円はひどいと私は粘ってみた。ところが、相手方は二〇〇〇万円でよいはずだと言って、例の競争的戦術（二二三頁）という方法でテコでも動かない。「高い要求水準を交渉の過程を通じて堅持する。あまり譲歩・妥協をしない」という判で押したようなやり方で押してくる。こちらもあまりにも見え透いていてシャクだったが、どうもおかしいと思ってクライアントに聞いてみたところ、以前にこの地上げ屋のダミーのような男がやって来て、一五〇〇万円で売れと言うので、「せめて二〇〇〇万円の線を出さなければスタートに着けない」と言ったという。つまり相手方は、こちらが二〇〇〇万円でもよいから早くケリを着けたいということを、もうちゃんと知っていたわけである。修理して人に貸すような意欲はないという、最も強い情報も握っていたのである。これではどうにも太刀打ちできない。クライアントもあまり頑張らなくてよい、早くケリをつけてほしいと言うので、先ほどの戦術の「するとしても小さな譲歩しかしない」という公式通りにやられてしまって、結局二六〇〇万円で手を打った。

このように、紛争解決の局面では、情報が決め手になることがあるから、情報の収集は、紛争解決の基本的な技術と言うことができる。

第五に、人の話を聞いたり、利害を頭に入れたり、その利害を計量したり、情報を収集したりしながら、事件の核心をつかむことが大切である。紛争が事件としての形を備えてくるようになると、必ずと言ってよいほど当事者双方の利害が衝突し、激しく燃えているところがある。それをできるだけ早く、的確に探り当てることが必要である。「アッ、ここに癌がある！」――これが発見できれば、あとはこれを取るだけでよいということになる。

医師に譬えれば、これまでのところで正しい診断がついたということである。ここから先は治療の技術ということになる。

紛争には必ず相手がある。相手があるから、こちらがいくら紛争解決規範を使って解決をしようとしても、相手が乗ってこなければ、そこでおしまいになってしまう。まして訴訟を出すのではなくて、和解によって解決するときには、裁判外で相手を乗せなければならないから、少し特殊な技術を開発しておく必要がある。つまり、「これは裁判外で解決した方がよいな」というコンセンサスを獲得することが大切なのである。したがって、癌をとるように、一気に解決する方が魅力的だし、また感動的であるから、そのためにはどうしたらよいか、そこにいくつかの工夫が必要になるわけである。

そこでまず、技術の第六として、事件解決の新手を考えることがあげられる。

新手の例としては、すでに付帯条件つき最終提案仲裁（一四八頁、二一七頁）、補償金の分配（一七三頁〜一七八頁）、土地交換事件（一六三頁〜一六四頁）をあげたので、ここでこれ以上つけ加える必要はないと思う。[4]

「新手を考える」という意味は、実際の紛争の最中に何かよい方法がないかと考えているうちに新手を発見することと、常日頃世の中で起っている事件に接したとき、自分だったらどのように解決するかとあれこれ考えた末に、自分ならこう解決するという新しい方法を編み出し、それをあたためておくこと、という両方の方法を指す。ちょうど棋士が棋戦の最中に新手を発見すると同時に、日頃の研究中に新手を編み出すことと似ているから、「新手を考える」ことは、まさしく技術に他ならない。

棋士の例でも分かるように、ふだんの研究の中で新手を編み出すことは多い。また、そのような研究を重ねていると、いざ紛争というときに新手を発見する確率が高くなる。そして、研究の成果としての新手をあたためておくと、不思議にその新手を使う機会がやってくるものである。

第七に、ノウハウを蓄積することも大切な技術であると言えるだろう。

例えば、借地人が借地権を金銭に換えたい場合に、地主の底地と一緒に借地権を第三者に売却する方法で解決することになったとしよう。そのような解決に備えて、いろいろな関連の法規を調べてノウハウとして蓄積しておく必要がある。すなわち、そういう場合には、いずれ土地の上に建物を建築するだろうから、建ぺい率、容積率、道路斜線等について建築基準法や条例を調べておいて、取引条件に反映させることが不可欠になる。ときには、古都における歴史的風土の保存に関する特別措置法（古都保存法）とか、埋蔵文化財に対する文化財保護条例などというものまで調べておく必要がある。それらのことは、訴訟では単なる事情として扱われて中心的な問題にはならないが、裁判外の和解による解決となると、これを落としていたら大変なことになる。

このような知識の集積がノウハウになり、それを持っていることが、当事者に対して強い説得力を持つことになる。

第八は、卓抜なアイデアを出すことである。

そのコツは、法律上の要件事実にとらわれないことである。例えば、義兄（亡夫の兄）の土地に建物を建てさせてもらっているクライアントが、義兄から相続対策として屋敷の全部を売りたいので明渡しをしてほしいと要求されたケースがあった。これを法律の定める要件事実のうえで争うとすれば、使用貸借の返還時期が到来したか否か、使用収益の目的が終わったか否か、というあたりが問題になって、判例も分かれるところである。しかし私は、義兄がクライアントのためにマンションを買い、クライアントに死因贈与をする、そのための仮登記もする、というアイデアを出し、双方がこれに合意して気持よく解決した。(5) 要件事実にこだわっていると、とてもこのような解決はできないものである。

あの手この手の知恵を絞って卓抜なアイデアを出すと、相手方もそのアイデアに乗ってきて、ときには感動的な解決に到達することができる。

第九に、論理の枠組みをつくって、それを使用することである。

このことについては本章第一節**2**で述べたので（二一七頁）ここでは繰り返さないが、要するに、論理の枠組みをつくって、つまり、フレームのようなものを置いて、そこに飛び移って、またフレームを置いて飛び移ってゆくと、結論に辿り着くことがある。この技術を持っておけば紛争解決のレベルは向上する。すなわち、論理の枠組みを数多く蓄積しておいて、その蓄積を縦横に使う技術を持つとともに、ことに当って新しいフレームをつくる技術を持っていれば、鬼に金棒ということになる。

ところで、新手を考えたり、ノウハウを蓄積したり、卓抜なアイデアを出したり、論理の枠組みをつくったりすることは、結局何を目指しているかと言えば、それは、よい解決案ということになる。古今東西、紛争解決のエッセンス、すなわち、紛争解決の核は、よい解決案に他ならない。したがって、具体的で分かりやすい解決案をつくることが、紛争解決の第一〇番目の技術となる。

どんな複雑な事件でも、解決は簡潔なものになる。このことは、実際に紛争解決をした経験がある人ならば、誰でも体験していることだと思う。また、結論が簡潔であればあるほど、成功率が高いと言える。生命を脅かしていた癌でも、取り出してしまえば掌に乗るものであろう。これと同じように、血眼になって争っていた複雑な事件も、解決してしまえば、一枚の和解契約書になるはずである。このことを見据えて、すなわち頂上の一点を睨んで、ひたすら具体的で分かりやすい解決案を探し当てることが肝腎である。

第一一に、解決案を発見できれば、あとは当事者をそこに誘導すればよいだけである。ちょうど飛行機が滑走路に着陸するように、スウーと滑り込むのがコツである。そのためには、適切な言葉を使って、当事者を案内すればよい。ここまでくれば、技術というほどのものを使わなくても、自然流で無事解決できる。

以上が私の考えている紛争解決の技術である。ここでは和解にウエイトが置かれているが、紛争解決学は私的自治の原則に基づく合意による解決を重視しているのであるから、それは当然のことである。

とは言え、私も、いつもうまくゆくわけではない。ときどき四苦八苦して往生する事件にぶつかる。しかしそれでも、これらの技術を思い起こして紛争解決に当ると、何とかよりよい解決に辿りつくことができる。すなわち、意識して技術を蓄積し、意識してその技術を使用すると、事件解決の質と量を豊富にし、成功率を高めることができるのである。

（1）二一四頁の注(2)にあげたものの他に、例えば裁判官の著述として、草野・前掲書『和解技術論』

（2）太田勝造『民事紛争解決手続論』（信山社、一九九〇年）二二〇頁～二二二頁

（3）ミヒャエル・エンデ著・大島かおり訳『モモ』（岩波書店、一九七六年）二〇頁～三〇頁。円形劇場に住む小さなモモは、人の話を聞く才能を持っていて、彼女がただじっと座って注意深く聞いていただけで、激しく争っていた二人の男はその原因に気づいて和解をする。

（4）旧版では、ここで建築基準法上の脱法行為をとがめて設計変更を迫る新手の例をあげたが（旧版二〇三頁）、新版では省略した。なお、各論には、貨幣価値の異なる国における損害賠償請求事件の演習問題をあげたので、参考にされたい（四二二頁～四二四頁）。

（5）このケースについては、旧版の各論で紹介した（旧版二七九頁～二八七頁）。

第八章　和　解

第一節　和解へのアプローチ

『仲直り戦術――霊長類は平和な暮らしをどのように実現しているか』の著者ドゥ・ヴァールは、攻撃の研究は精力的に行われているにもかかわらず、人間の私的な交渉における和解のデータが驚くほど少ないと述べ、次のように言っている。

私は、最近、人間の攻撃性を研究している世界的に著名なアメリカの心理学者に、和解について何がわかっているのかとたずねた。ところが、彼はこのテーマについて何も知らないばかりか、その言葉が新奇なものであるかのように私を見たのである。私は、もちろんこれをいくぶん誇張して書いている。しかし、それは問題ではない。彼は、この質問に考え込んでくれたものの、明らかにこの概念について考えたことがなかったのだ。人間どうしの争いは避けがたいものであり、攻撃には長い進化の歴史があるのだから、論理的に言えば、問題処理のための強力なメカニズムがあるはずだと私が主張したとき、彼の興味はいらだちに変わった。彼はこうした進化の道筋を理解しようとせず、あいかわらず、いちばん大切な目標は攻撃行動の原因を理解しこれを取り除くことにあるのだとの主張を繰り返したのである。(1)

確かに、紛争の研究と比較すると、和解の研究は極めて少ない。国会図書館で調べても、和解に関する本は、宗教書かさもなくばせいぜい訴訟上の和解を論じたものしかない。(2)

しかし、注意深く周囲を観察すると、近年和解の重要性が認識され、和解への期待がふくらんできたことが分かる。そして、さまざまな角度から和解へのアプローチが試みられていることも理解できる。そこでまず、それらのアプローチの在り方をここで概観しておきたい。

冒頭にドゥ・ヴァールを引用したので、まず霊長類学からのアプローチを見てみよう。彼は前掲書の中でチンパンジー、アカゲザル、ベニガオザル、ボノボ（ピグミーチンパンジー）の霊長類をとりあげ、その和解行動を豊富な事例をあげて分析している。例えば、ボノボは、争いのあとに性的接触が増えることを指摘し、性的な和解の技巧は、ボノボにおいて進化の頂点に達していると言い、次のように述べている。

　社会的性行動というものを考えずに、ボノボの社会をとらえることはできない。それは、いわば潤滑油のないエンジンのようなものだろう。性的な紛争解決の手段は、ボノボの社会をまとめるカギであり、それぞれが、幼いころからその戦術的な価値を学んでいる。（中略）人間の祖先は、相手をなだめ相手と結びつける性の役割を通過して進化してきたのかもしれない。(3)

この記述は、紛争解決と性という紛争解決学の一つの重要なテーマの存在を示唆しているが、これに限らず、霊長類学が和解の重要性を認識し、そのメカニズムを解明するという方法でアプローチを試みていることは明白である。

また、ゲーム理論からのアプローチも力強いものがある。

アクセルロッドが反復囚人のジレンマ・ゲームのコンピュータ選手権を開催したところ、最初は協調行為をとりその後は相手が前の回にとったのと同じ行為を選ぶプログラム「しっぺ返し」が優勝したことについては前述した（一六九頁〜一七一頁）。彼はさらに、協調関係が進化し得ることについて分析し、次のように結論を出している。

協調関係の基本は信頼関係でなく、関係の継続である。条件さえ整えば、試行錯誤を通じて相互に報酬を得られることを学んだり、他の者がうまくやっているのを真似したり、または、自然選択という機会的プロセスによってうまくやれない戦術が除去されたりして、プレイヤーどうしが互いに協調しあう関係を実現できる。互いに相手を信じようと信じまいと、長い目で見ればそれはあまり重要なことではなく、互いに協調しあう安定した条件が熟しているかどうかが問題なのである。(4)

いったん互恵主義がうまくいくということが人々の間に広まると、それは実行に移される。（中略）互恵主義の価値は、自分だけが奇をてらって採用するときだけうまくいくというわけではなく、皆の間に広まれば広まるほど有効性を固めていく。(5)

この分析は、紛争解決の在り方についてもなかなか示唆的である。

やや大胆にあてはめることになるが、訴訟は常に相手を裏切る「全面裏切り」戦術に似ている。なぜならば、訴訟は当事者双方が一〇〇対ゼロの勝ち負けの力学に引っ張られるので、まさしく囚人のジレンマに陥り、相手に痛撃を与える主張、立証に終始するからである。すなわち、うっかり協調して相手に裏切られると、自分は得点を稼げないばかりか、相手に得点を稼がれてしまう。したがって、双方とも「全面裏切り」のカードを出すことになる。判決によって必ず勝ち負けが決まるところは、「全面裏切り」どうしの争いが引分けになるのとは結果を異にするが、全体を通してみると双方の得点（利益）の総和が低くなることは同じである。

訴訟において相手がどうしても勝負にこだわれば、こちらが協調すると負けてしまうので裏切りにつき合わなければならないが、相手が協調すると分かれば、こちらも協調することによって双方の得点を引き上げることができる。

したがって、紛争が起ったときには、当事者双方は互いに相手の出方を探りながら、「協調」か「裏切り」かのカードの切り方のタイミングを狙うことになる。相手が「しっぺ返し」と分かれば、こちらも協調して、相手に得点を与えながら自分も得点を獲得する和解に望みをかけた方が得策である。このようにして和解の道が拓けてくれれば、双方の得点の総和を高めることができる。

これが一つの紛争を巡る和解への道筋であるが、社会全般を見るとどうなるであろうか。

「全面裏切り」が全体にゆきわたっている社会の中に「しっぺ返し」の小さな一団が割り込んでくると、「しっぺ返し」は内輪づき合いをして高得点をあげるようになってくる(6)。先住民の「全面裏切り」信奉者たちが相変わらず裏切りばかりをやって、勝った負けたと一喜一憂しているのを尻目に、「しっぺ返し」は内輪づき合いで和解による高得点をあげつつ、「全面裏切り」にぶつかると協調せずにそこそこの勝負を挑む。かくして、ゲーム（紛争）が反復されるに従って、関係継続の価値が尊重され、「しっぺ返し」のシェアが広がって、「全面裏切り」は片隅に追いやられて行く。

このことも、訴訟と和解にあてはめることができる。すなわち、訴訟システムが全体にゆきわたっている社会の中に和解システムを使用するグループが割り込んで高得点をあげるようになってくると、関係継続を重視する和解のよさが享受され、そのシェアを拡張するようになってくるのである。

このように、裏切りから協調へ、訴訟から和解へという方向は、反復囚人のジレンマ・ゲームからも説明できる。すなわち、ゲーム理論からの和解へのアプローチは、強力で明晰であると言わなければならない。

ここまでくると、体系的な「和解学」が存在してもおかしくない。私が国会図書館で検索したところ、タイトルの中に「和解学」の単語がある著書は「ひとつも見つかりませんでした」だった。(7)けれども、視野を海外にまで広げると、どこかに和解学が存在していることはあり得ることだろう。しかし、仮りにあったとしても、まだポピュラーなものにはなっていないと思われる。

もし、和解学が存在するとしたら、そのかなりの部分は紛争解決学と重なり合うと思う。しかし、和解学は紛争解決学とは領域を異にするし、その方法にも異同があると考えられる。いずれにせよ和解学と紛争解決学は、相互によい刺激をし合って、ともに発展するであろう。

今、視野を海外にまで広げると言ったが、その足音はすぐそこに聞こえるのである。

毎日新聞の「紛争解決、和解のために」と題する記名記事を読んでみよう。

「9・11同時多発テロ事件」から約4カ月。「正義か邪悪か」「敵か味方か」といった二元論でなく、もっと長い歴史の流れの中で出来事を理解しよう、とする空気が広がっている。敵対する集団や個人の間に立って、紛争解決、そして和解へと向かわせる努力。私が最近接触した二つの動きを紹介し、「調停者としての日本人の役割」を考えてみたい。平和憲法は「戦争をしない」というだけでなく、「国際平和の達成に全力を挙げる」ことを求めているのだ。

その一つ。テロ事件のあと、米国各地で白人がイスラム系の人々を襲う「憎悪の犯罪」が多発した。その中のある事件の当事者に「仲直りさせよう」と、いま一人の日本人留学生が奔走している。

ジョージメーソン大学（バージニア州）紛争分析解決学部博士課程の新井立志さん（32）。10月初めにワシントンで平和問題の学習会に参加した。テーマは、地元の非イスラム系の男性（49）が、たまたま「アフガン・ベーカリー」と店名が大書された車と出合い、運転していたアフガニスタン系米国人（33）に殴りかかり、けがをさせたというケースについて「事件の当事者が和解する方法」の検討だった。（中略）

これだけなら「机上の空論」と冷笑されそうだが、新井さんが「実際に当事者に会って仲直りさせようよ」と提案。被害者側はシナリオに沿って、加害者の行為に反発する近隣のアフガン人たちに「和解」を伝えることを承諾した。これを踏まえて加害者側とも話を進め、両者が握手するよう働きかける。

その2。世界の紛争地に出かけて「第三者としての非暴力的介入」で問題解決を目指す非政府組織「国際平和旅団」（略称PBI、本部・ロンドン）に初めて日本女性が参加する。横浜市に住む派遣社員、野田真紀さん（26）。日本人としては3人目だ。2月初めまでにインドネシアへ出発、海外からの団員約10人とともに、ジャカルタやアチェなどで民主主義や人権運動に携わる地元の活動家らに付き添い行動する。（以下略）

（二〇〇二年一月九日付毎日新聞・長谷邦彦（大阪特報部）「記者の目」）

「紛争分析解決学部」の存在も私にとっては刺激的だが、和解学もどうやら実践が先行しているらしい。和解へのアプローチは、まだまだたくさんある。最近では、文学でも宗教でも、その他ありとあらゆるところで「和解」の文字を目にするようになった。しかし、あまり話が拡散するのもよくないので、それは来るべき和解学に譲ることにしよう。(8)

けれども、ここで裁判上の和解に言及しなければ、紛争解決学としては片手落ちになるだろう。裁判上の和解については、次章第一節**3**で詳しく述べるので、ここでは和解へのアプローチという観点から、その位置づけだけをしておくことにしたい。

前述のとおり、裁判所には「和解判事となるなかれ」という戒めが旧くから伝えられており（一四六頁）、裁判が正道で和解は邪道という考えが支配していた。しかし、裁判上の和解は、むしろ正道であるという考えが裁判所の内部からも公にされるようになって、現在では和解を積極的に評価する考えがむしろ主流になったと言ってもよいだろう。草野芳郎裁判官は、「判決派は、私が「判例タイムズ」の和解技術論を出した昭和六一年（一九八六年）当時でも有力でした。当時の私は、ある種の緊張をもって和解派を名乗ったのです。しかし、現在では、ほとんどの裁判官が積極的に和解を進めており、判決派の考え方は極めて少数となりました」[9]と言っている。私が前掲書『弁護士の外科的解決法』で裁判外の和解を提唱したのは一九八八年だったが、当時の私も相当の緊張感を持っていた。今や和解派を名乗ることに緊張する必要はなくなったが、その当時を思うと隔世の感がある。すなわち、この十数年の間に、裁判上の和解は押すに押されぬものになったのである。

司法統計年報（二〇〇四年）によれば、地裁通常訴訟既済事件のうち欠席判決を除けば、判決で終結する事件は約四万四七〇〇件であるのに対し、裁判上の和解で終結する事件は約五万一三〇〇件である。すなわち、判決よりも裁判上の和解が上廻っているのである。

旧版でも指摘したことであるが、水俣病の民事訴訟が和解で解決することは、ひと昔前には想像ができなかった。しかし、各地の裁判所で和解が勧試され、現実に和解で解決されたことは公知の事実である。川崎製鉄の大気汚染公害責任が争われた千葉川鉄訴訟も、一九九二年八月一〇日、東京高等裁判所において和解で解決した。この潮流はその後も続き、トンネルじん肺訴訟（二〇〇一年二月一四日付朝日新聞）など、社会問題になった大型訴訟でも、裁判上の和解で解決した例は、枚挙に暇がないと言ってよいほどである。

このように、裁判所の中においても、和解へのアプローチが深く大きくなってきたことは明白である。

（1）　ドゥ・ヴァール・前掲書『仲直り戦術――霊長類は平和な暮らしをどのように実現しているか』二五九頁

（2）　この「和解」の章は、旧版では「機関」の章の後にあった。しかし、人々が紛争解決をはかるときにはまず和解を試みること、相対交渉による和解のみならずＡＤＲ機関における和解も含めて論じる方が適切であること、以上の理由で新版では「和解」の章を「機関」の前に置くことにした。それと同時に、旧版の内容を大幅に変更した。

(3) ドゥ・ヴァール・前掲書二五頁
(4) アクセルロッド・前掲書『つきあい方の科学』一八九頁
(5) 同書一九七頁
(6) このことについても、アクセルロッドは同書五六頁〜七二頁で詳細に論証している。
(7) 私は旧版で「これからはさまざまな方向から和解を研究し、体系的な和解学を確立することが必要とされるであろう」(旧版一五五頁)と述べたが、旧版から九年を経た今日においても、まだ和解学はできていなかったことになる。そこであらためて和解学を提唱したいが、このことについては後述する(三四五頁)。
(8) 私も『壊市』(汽声館、一九九五年)、『地雷』(毎日新聞社、一九九六年)、『蘇生』(毎日新聞社、一九九九年)の小説三部作を書いたが、その主要なテーマの一つは和解である。
(9) 草野・前掲書『和解技術論』九頁

第二節　和解の歴史的意義

ドゥ・ヴァールをして「データが驚くほど少ない」と言わせた和解も、これほど各方面からアプローチが試みられるようになってくると、その奥に歴史的必然性とも言うべき何か大きなものの存在を感じさせる。そこで、和解が必要とされるようになった歴史的必然性、すなわち、和解の歴史的意義をここで探究しておくことにしたい。

このことについても、さまざまな角度から論ずることが可能である。

第一に、近代が成立した当初には、これほど社会が複雑になることは予測されていなかっただろうが、とくに高度経済成長以降は、社会や経済の仕組みが格段に複雑になったことがあげられる。国内における仕組みが複雑になっただけではなく、国際的にもボーダーレスの社会になって、海外から人や物資や情報が溢れるように流入し、またそれらが海外に流失する。経済は資本や商品や情報の流出入を抜きにしては語れなくなり、それに伴って複雑な紛争が起ってくる。

また、古い価値観は忘れられ、新しいモードの波が押し寄せてくる。多様な価値観が生まれ、その相違が対立関係をつくりだす。そして、かつては普遍的に存在していた共同体のシステムは、今やほとんど消失した。

しかし一面では、個人の権利が確立したとも言えよう。個人の権利の確立はそれ自体は望ましいものではあるが、それは同時に個々の権利や利害の多様化をもたらしたために、いったん紛争が発生すると、相互の権利や利害が錯綜して、解決の道筋を発見することが困難になった。

それらの諸現象がますます人々や企業の自己主張を強くさせた。しかし、解決の拠り所とする規範の方もまた多様化し、複雑になってきた。そしてこのことは、規範の崩壊現象に拍車をかけることになった。

この社会、経済の複雑化、価値観の多様化、規範の相対化・崩壊現象という極めて現代的な問題に対しては、従来の訴訟を中心とする紛争解決システムだけでは対応することができなくなってきた。そこで、新しい紛争解決システムが模索されるようになり、和解の重要性が人々に認識されるようになってきたのである。

第二に、規制緩和、自己責任という現今の社会的、政治的潮流からの歴史的必然性である。

右肩上りの高度経済成長が終焉し、わが国では長期の経済的逼塞状態が続いている。この状態を打開するための方策として規制緩和が叫ばれ、さまざまな局面で規制緩和の政策が現実に打ち出されている。

高度成長の時代には、行政が規制を設けると同時に、人々を保護し企業を援助する政策をとっていたが、規制緩和の時代になると、行政は規制の枠を外すとともに、人々や企業の自己責任に委ねることになった。すなわち、規制緩和政策が志向するところは、競争原理を導入することによって経済を活性化しようということであるが、このことは、わが国ばかりでなく、いわゆる先進諸国が採用している基本的な政策であることは周知のとおりである。

この規制緩和、自己責任の潮流は、紛争という法現象に何をもたらしたかというと、それは、自分の紛争は自分で解決せよ、ということに他ならない。すなわち、当事者の合意に基づいて、紛争を適切に解決するという道筋をはっきりと浮き立たせることになったのである。

競争原理は、紛争解決以外の経済活動の分野で働く原理であるが、その競争原理をそのまま紛争解決の局面に持ち込まれると、対立関係が硬直化して出口が見えなくなる。したがって、紛争解決の場面では「競争」よりも「協調」が望まれることが多くなる。そのことは、自分の紛争を自分で解決するという自己責任の原則に呼応している。

このようにして、規制緩和、自己責任という観点からしても、和解の重要性が認識されるようになったのである。

第三に、私的自治の観点から、和解の歴史的意義を考えてみよう。

民事の紛争はもともとは国家権力に関係にない私人間の争いであるから、その解決は当事者自身に委ねる方が望ましい。その私的自治を促進する方法が和解に他ならない。

現代人は、規範の崩壊現象を目の当たりにしながら、複雑な社会、経済の中で、多様な価値観を持って生活している。このことについて別の見方をすれば、自我が確立し、個として尊重されなければならなくなったということである。したがって、現代人はようやく法的主体らしくなったと言うことができよう。近代がはじまって早々に唱えられた「私的自治」が、地球上の資源が枯渇し、他国を征服できなくなり、人権の尊重が切実になった今日に至ってはじめて、現代的装いを新たにして、ここで蘇ってきたのである。その私的自治を支える基礎の多くの部分は、和解によって組み立てられているのである。

第四に、法の支配の関係から、和解の歴史的意義を考察しておきたい。

前に述べたとおり、法の支配は近代以降の社会の基本原理であり、武力の支配に対置される概念である。またこれもすでに述べたことだが、武力の支配から法の支配へと移行したときに、武力で勝ち負けを決めていたことが、法で勝ち負けを決めるようになった。すなわち、和解をせずに訴訟システムだけを使用するのであれば、「武力」が「法」に変わるだけで、「勝ち負け」は残ってしまうのである。

しかし、訴訟は半数の勝者と半数の敗者をつくる。勝者は法を自分のものにすることができるが、敗者は自分のものにできないばかりか、ときには法に敵対的になる。

これに対し、和解は「勝ち負け」の部分を変える。すなわち、和解には勝者も敗者も存在せず、自らの納得のもとに解決するのであるから、すべての当事者が法を自分のものにすることが可能になる。そして、その方がはるかに「法」は浸透し、法の支配はよりいっそう貫徹するようになる。

ここで、私的自治と法の支配とを併せて考察してみよう。法の支配が貫徹され、人々が法を自分のものにすることができるようになると、人々は、自分の紛争を自分で解決する能力をどんどん身につけるようになる。すなわち、私的自治は、自己増殖の運動過程に入るのである。そして、法の支配と私的自治とが好循環の軌道に乗り、その結果人々に多くの福利をもたらす。

やや大袈裟になるが、和解にはこのような歴史的転換の可能性が秘められているのである。

第五に、循環型社会という観点から、和解の歴史的意義を見ておかなければならない。

二〇〇〇年六月に循環型社会形成推進基本法（平成一二年六月二日法律一一〇号）が施行されたが、この法律の制定を待つまでもなく、持続可能な循環型社会を形成することは、世界中が志向する問題になっていた。

このことを紛争にあてはめれば、今や、社会も経済も、紛争のために多くのコストを費消することはできなくなってきたということになる。

しかし、人々が生活し、企業が活動する以上、紛争が発生することを避けて通ることはできない。したがって、その紛争を可能な限りコストをかけず、ロスを最小限に抑えるシステムを持つことは、切実な要請になってきたのである。
もし、一つ一つの紛争にいちいち国家権力を発動し、強制執行をしなければならないとすれば、そこに費やすコストは、莫大なものになるであろう。しかし、和解によって紛争を解決すれば、そのようなコストは不要になり、ロスは少なくなる。

ある人が今、紛争を和解によって解決したとしよう。和解の重要性を認識し、そのよさを享受した彼（もしくは彼女、以下同じ）は、そのことを自己のものとして内在化してしまうであろう。その彼が、また別の紛争に直面した。しかし彼の相手方も、かつて和解によって紛争を解決した経験があり、和解のよさを自己のものとして内在化しているとする。それでも紛争は回避できずに、二人は相対峙することになった。そこで彼は、十分に主張し、相手方の主張を聞く。そして、相互に相手の言い分を理解し、適切な紛争解決規範を使って、納得のうえで和解をする。このプロセスを通じて、彼は相手方を認め（recognize）、自己に力をつけて（empower）、社会に戻ってくる。そこには勝者も敗者もおらず、合意に基づいて解決したのであるから、双方の継続的関係は維持される。

訴訟は、法の違反者にサンクションを与えるための有権力の行使であるから、その目指すところは、法秩序の回復である。したがって、当事者間の関係が遮断されてもやむを得ないとされている。しかし、和解の目は将来に向けられているから、重視されるのは当事者間の関係の改善である。

このことを社会全体の視野で見てみよう。和解においては、紛争当事者の一方に敗者の烙印を押して社会から脱落させることは望まれない。逆に、その社会の構成員が紛争に陥ったとしても、紛争解決のプロセスを通して蘇らせ、健全な構成員として復活させることを目指している。すなわち和解は、健全な構成員によって社会を組み立てることを目指す仕組みに他ならない。

したがって和解は、循環型社会を志向しているのである。このことは、地球上の資源が枯渇し、持続可能性の高い循環型社会が目標とされることと見合っている。やや比喩的な表現になるが、和解は、循環型社会の紛争解決版なのであって、ここに和解の極めて重要な歴史的意義が存在するのである。

以上が和解の歴史的意義である。和解にはここに述べたような歴史的意義を有していることは確かであるが、実際に和解がその歴史的意義どおりに役割を果たしているかといえば、必ずしもそうではない。すなわち、和解のよさはまだ人々に知られておらず、十分に浸透していないのが現状である。

平たく言えば、和解とは、争いをやめて仲直りすることである。ただそれだけの単純なことであるが、ヒトという動物はよほど和解を苦手としていると見え、和解をひろく世の中の原則として敷衍することにはまだ成功していない。すなわち、人間の歴史は専ら争いの歴史として語られており、和解はまるで刺身のつまのようにしか扱われていない。また、先ほど文学のうえでも和解の文字を見るようになったと言ったが、争いをテーマにした血なまぐさい文学はまだまだ有力な位置を占めている。(1) したがって、和解よりも争いに関心が寄せられている現実があることは否定できないが、そのことをここで詳しく論証する必要はないだろう。しかし、この現実を厳粛に受け止めつつも、和解のよさをひろめ、社会に浸透させるために、和解に関する研究を地道に深める必要があると思う。そしてその深奥に迫るためには、和解の論理構造を解明しなければならない。

(1)　当然のことであるが、私は争いをテーマにしている文学に問題があると言っているのではない。むしろ逆に、争いをテーマにした文学にすぐれたものがあると言わなければならない。これもまた当然のことであるが、それらのすぐれた文学が争いを奨励しているわけではない。それもまた、逆である。例えば、G・ガルシア・マルケス著・高見英一訳『悪い時』（新潮社、一九八二年）、イスマイル・カダレ著・平岡敦訳『砕かれた四月』（白水社、一九九五年）などは和解を論ずる者の必読書であるが、これらのすぐれた小説を読むと、人の遺伝子に深く刻み込まれている争いの凄まじさがよく分かり、和解の意味を問い直さざるを得なくなる。

第三節　和解の論理構造

1　和解の深奥に迫る方法

前節で述べたように、和解とは争いをやめて仲直りすることである。しかし、ただそれだけの単純なことを人間は苦手としていたので、私も、和解へのアプローチや歴史的意義から和解の重要性を説き起こさなければならなかった。これは言わば、和解についてのマクロ的な考察であると言えよう。しかし、和解の深奥に迫るためには、よりミクロ的な方法を採用する必要がある。

すなわち、和解をするためには当然「どのようにすれば争いをやめることができるのか」「どうすれば仲直りをすることができるのか」という問題に直面するのであるから、前章の「紛争解決の技術」で述べたように、言葉という道具を使うことが必要になってくる。したがって、和解において、どのような言葉をどのように使うのかを知る必要があり、そのために和解の論理構造を解明することが不可欠になるのである。

ところで、和解は紛争解決のゴールである。しかし、紛争解決のゴールは和解だけではない。仲裁における仲裁人の仲裁判断や訴訟における裁判所の判決なども、それぞれ紛争解決のゴールであると扱われている。したがって、和解は紛争解決のゴールの一つではあるが全部ではない。しかし、若干の主観的な評価を加えることになるが、紛争解決学においては当事者の合意を重視するから、当事者の納得の総量という観点からすれば、和解は和解以外の紛争解決よりも一般的にはより望ましい解決方法であると言える。

ここで、紛争解決学の定義を想起する必要があるだろう。すなわち、紛争解決学とは、「紛争解決規範及び合意の形成、構造、内容、使用、効果を解明するとともに、紛争解決規範を使い、合意に到達することによって紛争解決をはかる、当事者の諸現象並びに紛争解決システムを解明する」学であるから、合意に到達することを意味する和解は、もともと紛争解決学の中心的な課題なのである。

しかし、「和解」という言葉は、合意に到達するゴールの地点だけを意味しているわけではない。そのゴールに到達するまでのプロセスをも含めて「和解」という言葉で表現しているのである。結論も重要であるが、結論に至るプロセスもまた重要である。したがって、和解の深奥に迫るためには、そのプロセスと結論の全体についてあたかも解剖図をつくるような作業が必要になるのである。その一つとして、和解の論理構造を解明する方法があるのだと私は考えている。

なお、プロセスに関して言えば、紛争当事者が当初から和解をする前提で相対交渉に入り、最終的に合意に到達する道筋だけが和解ではない。紛争解決システムは、相対交渉に限らずさまざまなものがある。例えば、第三者の調停人を挟んで当事者が和解をすることもあるし、裁判上の和解もある。したがって、この章における和解についての考察は、紛争を和解によって解決することを目指すべての手続とその内容に及ぶことにしたい。具体的に言えば、相対交渉による和解のみならず、あっせん、調停等の裁判外紛争解決機関（ＡＤＲ機関）における和解や裁判上の和解等の裁判所内で行われる和解等々、その名称の如何にかかわらず、和解に関する共通のテーマを扱うものである。したがって、ここで述べることは、とくに断らない限り、すべての和解のプロセスとその結論であると理解していただきたい。(1)

ここで注意を要するのは、これまで和解の中核は「互譲」であると言われていたが、私はそのような単純なものであると考えていないということである。すなわち、和解は、一般的には、紛争当事者が互いに譲歩し合って合意をとり結び、その紛争をやめることであると説明されている。しかし、互譲という言葉は外延が大きく、曖昧である。この曖昧さが、和解はいいかげんなものである、足して二で割るやり方に過ぎない、という誤解を招いていた。そして、その誤解が和解の積極的な価値を長く覆い隠していた。

私は、和解を語るときには、互譲という言葉を使わない方がよいと思っている。確かに、和解をするときには、互譲は必要であるし、互譲があった方が和解はしやすい。しかし、紛争というシビアな破壊的な場面では、互譲だけではとうてい綻びを縫い合わせることはできない。互譲よりも、もっとしっかりした糸で縫い合わせなければ解決には到達できないものである。すなわち、互譲はあくまでも従たる役割しか果せないものである。それでは、主たる役割は何が果すのだろうか。ここでまた紛争解決学の定義を想起する必要があるのだが、それは、紛争解決規範に他ならない。

以上により、和解を簡潔に定義するとすれば、紛争当事者（調停人、仲裁人、裁判官などの第三者や弁護士などの代理人が参加しているときには、それらの人々を含めて）が紛争解決規範を使い、合意によって紛争を解決するプロセスとその結論であるということになる。

そこで、いよいよ和解の論理構造を解明することになるが、和解は柔軟で不定形な手続であるために、それ自体として掌握されやすい形になっていない。私は、そのことが和解についての研究が深まらず、和解の深奥に迫ることができなかった原因であると考えているが、それはすなわち、和解の論理構造を解明するためには工夫を要するということに他ならない。そこでその工夫の一つとして、まず和解の利点と特徴を見ておきたい。和解の利点と特徴は、和解の論理構造の道標となるからである。見方を換えれば、和解の論理構造の在り方から、和解の利点や特徴の多くが出ているのだと言うことができる。したがって、和解の利点と特徴を見ることによって、和解の論理構造が浮かび上ってくるのである。そこで次項では、和解の利点と特徴をおおまかに見ることにする。

しかし、それだけでは和解の深奥に迫ることはできない。困難なことに、和解の論理構造が柔軟で不定形であるために、それだけを考察しても明確に掌握することはできないのである。そこで、訴訟の論理構造と比較することによって解明することを試みたい。言わば、訴訟という鏡に映しながら和解の論理構造を探究するのである。そのような方法をとることによって、和解の論理構造をようやく明確に理解することができるようになる。そこで次々項では、まず鏡の方の訴訟の論理構造を明らかにし、それと和解の論理構造とを比較検討する方法で、考察を深めることにしたい。

(1)　この章における和解の論理構造等に関する論述は、廣田・前掲書『紛争解決の最先端』及び同『民事調停制度改革論』においては裁判外紛争解決（ADR）のそれとして論じたものが多い。しかし、ADRのおける和解は、広く一般で行われる和解と共通のものであるから、本書では、ADRの箇所にではなく、この和解の章に置くことにした。したがって、ADRの論理構造は、そこで和解がすすめられている限り、本章の和解の論理構造と同一であると考えていただきたい。もっとも、利用する手続如何によって、ここで論述する論理構造が明確に出たり出なかったりする等若干の相違が生ずることがある。それは、具体的ケースによってバラツキが出るという当然の帰結であるが、そのことをも含んでおいていただきたい。

2　和解の利点と特徴

和解の利点や特徴については、法社会学者なども多くの関心を寄せ、いろいろな方向から論じられている。その一つとして、六本佳平教授の見解をここに引用しておくことにする。

個々の紛争ケースにおける裁判所手続の現実の発動には、法的取扱いの一面性、法の与える解決の限定性、法的判断基準の実際からの乖離、社会関係に対する硬直化効果、疎外効果といった諸限界が明確なかたちであらわれる。それと対比して、紛争の非公式な処理は——それが適切に行われる場合には——公式的処理の欠陥をさけた、十全な解決をもたらしうるという利点を持っている。

すなわち、非公式処理においては、広く共有されている道徳的な社会規範、または公的な判断基準（法的規範）による評価を基礎としながら、次のような解決方法をとることが——少なくとも論理上は——可能である。すなわち、

①　個々の紛争の特殊な背景や事情に応じて、より広い範囲の事項を考慮して処理すること。

② 各ケースに含まれる具体的な事情に応じて、現実的に達成可能な解決案を考案すること。
③ 私事の秘密を維持し、微妙な暗黙の了解の利点を活用すること。
④ 感情や自尊心を傷つけない伝達方法により、説得や時には周囲の圧力などを適宜活用して、自発的な合意により解決方法をさぐることにより、当事者の間の円満な社会関係の維持・継続をはかること。
⑤ 当事者及び周囲の人々の、明示的、黙示的な意見表明による直接的または間接的な参加の下で、それらの人々の日常的な正義感覚からあまりはなれない了解可能な規準に従った処理をすること。
⑥ 同時に、そのような非公式の処理過程を通じて、直接的または間接的に参加する周囲の人々の正義感覚を再確認し、また発展させるという教育的機会を提供すること。(1)

ここで、裁判所手続を公式的処理、裁判所外の手続を非公式処理とされているのには違和感があるが、(2) いずれにせよ、この見解は、和解の利点と特徴をほとんど言い尽くしていると言えよう。

したがって、これと重複するかも知れないが、私なりに補足しながらまとめてみると、和解の利点と特徴は、次のようになるかと思われる。なお、ここまでくると、どうしても訴訟を意識し、訴訟と比較しながら論ずることになる。

第一に、訴訟は過去の事実の存否に目が向けられるが、和解の視点は将来に向けられている。したがって、当事者双方の利害をうまく嚙み合わせることによって、生活設計や事業計画を折り込みながら解決することが可能になる。

和解のよさを強調する例として、オレンジを巡る姉妹の争いがよくあげられるが、(3) ここでは少しバリエーションを加えて考えてみたい。

例えば、ミカン山のミカンの所有権の存否を争って訴訟をしたとする。争っているうちにミカンが熟れ過ぎて、使い物にならなくなるかも知れない。ところが当事者の利害をよく聞いてみると、一方はミカンの中身をとってジュースにして売ろうとしており、一方はミカンの皮をとってママレードにして売ろうとしていることが分かった。和解なら、中身と皮を分け合って、二人とも事業として成功することができる。しかし、訴訟ならば、相手がどんな事業を考えているかなどということは単なる事情として扱われ、重要な事柄ではない。土地の所有権と立木との関係、明認方法は何か、果実とは何か等々、気の遠くなるような過去の事実を、丁々発止と闘わさなければならない。これではとうてい収穫の時期までには終わりそうはない。仮にうまく収穫の時期までに白黒がついたとしても、ジュース業者が勝てば皮は捨てるだろうし、ママレード業者が勝てば中身はいらないだろう。紛争解決にあたって、過去に目が向いているか、将来に目が向いているかということは、これだけ差が出てくるのである。

第二に、和解は法の欠缺を埋める形で解決をすることができる。その例としては、入会権の事件を和解で解決した例をあげることができるが、すでに述べたのでここでは繰り返さない(4)。

第三に、和解によれば、法律が予定していない方法でも解決をすることができる。その例としては、借地人が借地権を金銭に換えたい場合があげられるが、これについては次項で述べることにする。

第四に、和解においては、多様な解決をはかることができる。すなわち、和解には一〇〇対ゼロの勝ち負けという解決以外に多様な出口がある。これも借地人が借地権を金銭に換えたい場合にあらわれるので、次項に説明する。借地人が借地権を金銭に換えたいときの例は、法律が予定していない方法の解決例であると同時に多様な解決方法がある例にもなるので、次項では一つの例で二つの利点・特徴を解説することにしたい。

第五に、和解は、解決方法においても、手続においても柔軟性に富んでいるという特徴がある。これは、和解の利点であるが、一方では和解が不定形で掌握しにくいという批判の対象にもなっている。

第六に、現実的な問題になるが、訴訟に出しにくい事件、出せない事件を手掛けることができるということである。例えば、訴訟は公開が原則なのでプライバシーが公になってしまうが、非公開が原則の和解であれば、プライバシーを守ることができる。

第七に、これも現実的なことであるが、訴訟をすれば多くの時間がかかるが、和解であれば比較的迅速に解決することができる。訴訟をすれば、判決をとるまでに長時間の歳月を要し、終わったときには世の中が変わってしまっていて、争っただけの意味を見出せなくなってしまうこともあるが、和解ならば、当事者の生活事実にタイミングを合わせながら解決することができる。

第八に、社会の変動によって生まれてくる新しい権利を取り入れて解決することができるという利点をあげることができる。その例として等価交換があるが、これについても次項で説明する。

（1）　六本佳平『法社会学』（有斐閣、一九八六年）二三九頁〜二四〇頁

（2）　同書二三七頁。なお、六本はここで「裁判所外での非公式の紛争処理過程は、あらゆる紛争処理がそこを経由するという意味で、紛争処理の第一次的な形態であり、また、裁判所手続の使用を含むさまざまな法使用の背景をなす過程である」と言っている。

（3）　ロジャー・フィッシャー外・前掲書『新版ハーバード流交渉術』八八頁。なお、ミカンを争う姉妹の設例については、各論で詳述する（四二五頁〜四三八頁）。

（4）　根原部落県有地入会事件について本書七一頁〜八〇頁、根原部落共有地入会事件について同一八〇頁〜一八一頁。

3　訴訟の論理構造と和解の論理構造

前々項で述べたように、本項では、訴訟の論理構造を説明し、それと対比しながら和解の論理構造を解明することにする。

その前に、これから「権利」という言葉がよく出てくるので、その意味を明確にしておきたい。
私は、「権利」という言葉を「訴訟に提出した書証、人証、法規範、学説、判例、慣習、道義、価値観などの総体及びその価値判断」という意味で使うことにしている。(1) ただしこれは、訴訟を念頭に置いたものであって、訴訟以外の紛争解決システムを念頭に置くときには、「訴訟に提出した」という言葉を「当事者が持っている」とか「当事者が主張する」という言葉に適宜置き換えなければならない。

この定義については、伊藤滋夫教授から「廣田弁護士は現実の権利というものを考えるに当たっては、訴訟における立証状態も含めて考えるべきであるとの態度を採っておられるのであるが、さらに法規範、学説、判例などの面からみて、問題となるある状態を法的に評価してどの程度一方の当事者が実質的に権利を有しているといってよいかという問題も含めて考えておられる(2)」と指摘していただいたが、まさにそのとおりである。したがって、私の言う権利は、訴訟の各段階で動くものであるが、判決言渡し直前の段階では、法規範などによるすべての評価を終えて、専ら裁判官の脳裏の中に表現されている。

ところで、訴訟は言葉でできているシステムである。そのことは、相対交渉や調停などによる和解でも同様である。さらに言えば、仲裁判断や裁判上の和解も、言葉でできているシステムであることは同じである。すなわち、ここで言う論理構造とは、言葉でできているシステムであると言うことができる。

さて、訴訟では、当事者がその主張と立証を、あたかも原料を機械の中に入れるように、言葉という形にしてインプットする。裁判官は言葉で考え、言葉でできている法律、判例にあてはめ、言葉でできている手続を通しながら原料を加工し、最後に判決という言葉でできた製品をアウトプットする。

したがって、訴訟というシステムは、機械装置のようなものである。機械装置であるから、そこには、その機械の仕様がある。訴訟の論理構造を解明することは、そのシステム＝機械装置の仕様書を書くことに他ならない。なお、ここで仕様というのは、言わば事件を動かすソフトのようなものである。

そこで、訴訟の仕様書を書いてみよう。[3] そして、訴訟の一つの仕様に対比する和解の仕様を述べるという方法で考察を進めることにする。

仕様の第一は、訴訟は原則として一〇〇対ゼロの勝ち負けという形で結果が出ることである。訴訟の中には、誰の目からみても白黒が明らかであるという事件がある。そのような事件については、一〇〇対ゼロの判決で勝ち負けを決めることは格別おかしいことではない。したがって、そこでは原則として一〇〇対ゼロという訴訟の仕様に問題は起らず、訴訟システムは健全に機能するのである。

ところが、事件の中には勝ち負けの微妙なものがある。とくに、訴訟になるほどの事件であれば、当事者双方に相応の権利があるので、一〇〇対ゼロで割り切れるものばかりではない。そのような事件でも、裁判官は双方の権利を秤にかけて、勝ち負けを決めなければならない。

誰の目からみても白黒が明らかな事件は、訴訟のシステムは通常適切に作動するから、議論の対象から外すことにしよう。問題になるのは、秤にかけても右に傾くか左に傾くかよく分からない事件や、ある裁判官が秤にかければ右に傾くがある裁判官が秤にかければ左に傾く事件が、けっこうあるということである。

訴訟において、当事者双方から提出される書証、人証、法規範、学説、判例、慣習、道義、価値観などの一つ一つの資料と判決の結果との因果関係を実証的に結びつけることは、多くの場合不可能なことであろう。また、ありとあらゆる資料を価値評価し、これを総合して権利の重さとして数字であらわすことも、極端な場合を除いて、まず不可能なことである。しかし、「秤にかける」という操作が現実に行われていることは確かであり、したがって、そのことは、権利の重さについて少なくとも相対的な比較が行われていることであるから、当事者双方の権利の重さを百分比（パーセント）であらわすことは、話をすすめるうえで分かりやすく、また、現実性があることである。

事実、法律実務家の間では、次のように言われている。[4]

民事訴訟では、権利の重さが五一パーセントの方が一〇〇パーセントの勝ちになり、四九パーセントの重さがあってもゼロの負けになる、と。

つまり、判決は、原則として一〇〇パーセントの勝ちか、ゼロの負けしかない。これが訴訟をした場合のとどのつまりの結論である。したがって、判決の結果、五一パーセントの当事者は一〇〇パーセントの成果をとり、四九パーセントの当事者はゼロということになる。これは、現在の訴訟制度を前提とする限り当然のこと、あるいはやむを得ないこととされている。

そうすると、これはどういうことになるのであろうか。権利の重さが五一パーセントの当事者は、裁判をしたことによって権利が一〇〇パーセントにふえたことになる。つまり、相手方から四九パーセントの権利を奪ってしまうことになる。四九パーセントの当事者は、訴訟に負けてゼロになるのであるから、本来持っていた四九パーセントの権利を奪われてしまうことになるのである。

言うまでもなく、裁判は国家が行う作業である。そして、負けた方は、判決のとおりに履行しなければ、強制執行を甘受しなければならない。つまり、国家権力を背景にして、一方は本来の権利に加えて相手方の四九パーセントの権利を奪い、もう一方は四九パーセントの権利を奪われてゼロになるのである。これは考えてみれば恐ろしいことではないだろうか。

五一パーセント対四九パーセントというのは最も極端な場合を想定しているのであるが、その比率が六〇パーセント対四〇パーセントでも、七〇パーセント対三〇パーセントでも、勝った方が負けた方の権利を奪い、本来持っていた権利をふやすことは同じである。

しかし、紛争に直面している当事者が、ほんとうに望んでいるのは、このような結論であろうか。

もちろん紛争の中には、どうしても一〇〇パーセントの勝ち負けをつけなければならないものがある。しかし、紛争に直面した人がまず最初に望むことは、何とかして紛争を解決したいということである。したがって、ほとんどの人は、紛争が解決すればよいのであって、何が何でも勝負をつけたいと思う人はむしろ稀である。そして、訴訟を提起するときにも、ほとんどの場合は、目の前の紛争を何らかの形で解決してほしいと考えて訴えを出すのである。つまり、勝つことを望んでいるよりも、解決することを望んで訴訟をするのである。ところが訴訟は、請求権の有無を巡って行われるという構造を持っており、判決という結論は、勝ち負けという形であらわれる。そうすると、紛争を解決してほしいという最初の願望と、勝負をつける判決との間にギャップが生ずることになる。

民事訴訟を提起し、判決で勝負をつける限り、五一パーセントは一〇〇パーセントになり、四九パーセントはゼロになる。これは極端な例であるが、訴訟が権利の実体から遊離して、当事者の願望から大きく踏み外す内在的な危険が、ここにあるのである。

訴訟が原則として一〇〇対ゼロの勝ち負けを決める有権的な判断であるということは、国家の制度としての必要性があることは認められるが、紛争解決のソフトという側面から見たときには、事件によっては適切に機能しないことがあるのである。

勝ち負けが誰の目から見ても明らかな事件については、一〇〇対ゼロの判決をしても問題にされることはなく、人々は、訴訟によって正義が実現されたと意識するであろう。しかし、当事者双方の権利が拮抗しているときに、一〇〇対ゼロの勝ち負けによって、勝った方が負けた方の権利を奪うことを目の当たりにしたとき、訴訟はかえって不正義な結果をもたらすと受け取る人も少なくないのではないだろうか。(5)

そうだとすれば、当事者双方の権利が五一パーセント対四九パーセントならば、できることなら五一対四九に近いところに線を引くことこそ妥当な解決であり、また正義にかなうと言うことができる。そしてその方が、勝負をつけるよりも目前の紛争を解決してほしいという当事者の願望に合致するのである。

ところで、訴訟の仕様の第一は、原則として一〇〇対ゼロの勝ち負けという形で結果が出ることであった。これに対比する和解の仕様は、一〇〇対ゼロの勝ち負けという形ではなく、当事者双方の権利に相応する解決をはかることができるということになる。(6)

仕様の第二は、訴訟は原則として出口が一つであることである。(7)訴訟の出口が原則として一〇〇対ゼロの判決であることは前述のとおりであるから、ここでは繰り返さない。この出口一つという訴訟の仕様に対比する和解の仕様は、一〇〇対ゼロの解決に限らず、それ以外に多様な出口があるということである。

その例として、借地人が借地権を金銭に換えたいときの解決方法をあげておこう。

借地人が相続の機会や資金調達の必要があるときに、その借地権を金銭に換えたいと考えることはよくあることである。そういうときには、借地人は、まずその借地権を誰かに売ることを考える。しかし、借地権を第三者に譲渡するときには地主の承諾を得なければならない。ところがそういう場合に、すっきりと承諾する地主は滅多にいないのものである。

借地法が一九六六年に改正される以前は、地主の承諾がないままに借地人がその借地権を第三者に譲渡してしまって、あとから地主から契約違反で解除され、訴訟が提起されて、訴訟の場で、黙示の承諾があったとか、解除が無効であるとか争われていた。そのような訴訟が多かったのは、借地権に財産的価値がついたこと、経済活動が活発になったことなどのさまざまな社会的、経済的変動がその背景にあったからである。

しかし、そのような紛争について、一〇〇対ゼロの勝ち負けを決めることは、負けた方の利害を大きく損うので、実質的な妥当性を欠く結果になることが少なくなかった。もともとの借地人の願望は、借地権を金銭に換えたいというところにあったのであるから、借地人の希望を叶えつつ地主の利益を守る方法があれば、当事者双方にとってその方が望ましいはずである。そこで、借地法に第九条ノ二が追加され、地主が承諾をしなければ、借地人は裁判所に地主の承諾に代る許可を求めることができるように改正された（この条項は、一九九二年に施行された借地借家法にも受け継がれている)。この場合、裁判所は地主との間の衡平をはかるために、借地人に対し地主に金銭を支払うことを命ずることができるようになった。また、地主は、第三者に借地権を譲渡するのならば、自分が買い取ると申し立てて、借地人と第三者との取引に介入することもできるようになった。

この手続は、民事訴訟法による手続ではなく、非訟事件手続法による非訟手続で行われるのである。このような手続ができたことは、一〇〇対ゼロの勝ち負けという訴訟の原則が、非訟手続を使うことによって、その限りで修正され、紛争解決の出口が一つふえたことを意味する。

では、裁判所が非訟手続を用意すればそれで十分になったかと言うと、そうではない。社会の変化の方が裁判所システムの変化よりもはるかに激しく、その在り方は複雑なのである。だいいち、この非訟手続に乗せようとする場合には、借地人は借地権を譲り受ける第三者を探して来なければならない。しかし、借地権は法的に不安定であるし、金融機関は借地権を担保にして融資することには躊躇するものである。

それでは一体借地人はどうしたらよいのであろうか。

もともとの借地人の願望は、借地権を金銭に換えたいということであった。それならば、非訟手続が予定している手続だけに頼らずにもっと他にも解決のための出口があるのではなかろうか。このように考えると、さまざまな出口が見えてくる。考えられる出口を列挙すると次のとおりとなる。

①　地主の底地と一緒に借地人が借地権を第三者に売却する。

この出口に出る道筋は割合簡単で、地主の底地と借地人の借地権を同時に第三者に売るという合意を取りつけたうえで、その場合の取り分の比率を決めておき、それから買い手を見つければよいのである。

②　地主に借地権を買い取ってもらう。

この方法はもっと簡単で、要は地主が借地権を買い取ると言えば、あとは売買代金を決めればよいだけである。これは前述の非訟手続の介入権の行使と結論は同じになるが、第三者の買手を探してきて非訟手続を経るというような迂遠なことをする必要がない。

③　地主の底地と借地人の借地権を交換する。

例えば、一〇〇坪の土地について借地権を持っている場合、それを六〇坪と四〇坪に切って、借地人は四〇坪の借地権を地主に譲渡する。これと交換に、地主は六〇坪の底地を借地人に譲渡する。交換後は、地主は四〇坪の所有者、借地人は六〇坪の所有者になるので、借地人が金銭をほしければ、その六〇坪を売却すればよい。

④　借地人が地主の底地を買い取る。

これは②と逆のケースであり、借地人は資金の目処をつけなければならないが、買い取り後はさまざまな利用方法や資金調達方法があり得るので、借地人のためにはかえって利益になることがある。

⑤　地主と借地人が一緒に再開発する。

地主と借地人が一緒に再開発してマンションを建設しようというスケールの大きい解決方法もある。この場合は、借地人はマンションのいくつかの部屋の区分所有者になるが、金銭が必要ならその全部または一部を売却すればよい。

以上のように、借地人が借地権を金銭に換えたいときには、法律が予定していない解決方法＝出口として①～⑤が考えられる。したがって、借地人が借地権を金銭に換えたいときには、①～⑤のうちのいずれかで解決することを狙い、地主と折衝を重ねて合意を取りつけ、和解によっていずれかの出口から出ればよいのである。これらの出口はいずれも訴訟の仕様にはないものであって、多様な出口があるという和解の仕様を使ってはじめて可能になるのである。(8)(9)

仕様の第三は、訴訟は、請求権を構成する要件事実、それに対する抗弁、その抗弁に対する再抗弁……という形で判断が行われることである。

例えば、建物の貸主が借主に対して立退きを請求する訴えを提起したとする。まず貸主が請求原因として、自ら建物を所有していること、借主がその建物を占有していることを主張し、借主がそれを否認したところ、六〇対四〇で貸主に理があった。次に、借主が抗弁として賃貸借契約を締結したと主張し、貸主が否認して、これが九〇対一〇で借主に理があった。さらに、貸主が再抗弁として合意解約を主張し、借主が否認して、これが六〇対四〇で貸主に理があったとする。そして、借主が再々抗弁として詐欺取消を主張し、貸主が否認してこれも六〇対四〇で貸主に理があったとしよう。この場合には最終的な再々抗弁のところで勝負が決まり、貸主の勝ちとなる。しかも、一〇〇対ゼロの勝ちである。各主張には軽重があるので、単純に足し算をするのもよくないが、仮りに、貸主と借主の得点を合計すると、貸主一九〇点、借主二一〇点となり、最終的な勝ち負けとは結論が逆になってしまう。論理の組み立てのうえからすると、訴訟の結論としては妥当だとしても、負けた方の借主にも相当の理由があったことは確かであろう。これがゼロというのは、いかにも芸がないように思われる。

この請求原因、抗弁、再抗弁、再々抗弁……という組み立てが訴訟の仕様であるが、これに対比する和解の仕様はこのような組み立てがないということである。したがって、仕切りとしての枠がなく、自由に行き来することができる。そして、権利の計量も仕切りの壁を取り払って、総合的に行なうことが可能になる。

仕様の第四は、訴訟は、要件事実に該当するか否かの判断が中心で、法の定める要件—効果という論理の道筋に拘束されることである。[10]

これを仮りに要件事実主義と言うことにするが、要件事実主義は、当事者が持っているさまざまな事実（これが紛争解決の重要な鍵になることが多い）を、しばしば要件に関係のないもの、すなわち事情として切り落としてしまう。

この要件事実主義という訴訟の仕様に対比すると、和解の仕様は、要件事実に拘束されず、さまざまな事情を考慮して解決することができることである。一例をあげれば、単に金銭を支払うだけの事件でも、期限猶予型、分割払い型、一部減額型、一部完済後免除型、違約金型、連帯免除型、担保取消し型、自然債務型、早期履行増

額型等と、事案の内容や当事者の資力などの事情を考慮して、多様な解決をはかることができる。(11)

仕様の第五は、訴訟の論理構造は、三段論法であることである。

訴訟は、小前提の事実を大前提の法規範にあてはめ、結論の判決を出すという構造になっている。したがって、この構造の筋書きどおりならよいが、形式と実質を同時に計量するとか、一方が名を取って一方が実を取るとか、そのような必要があるときにはシステムが作動しない。

これに対比される和解の仕様は、三段論法にこだわらないということである。その試みはさまざまになされているが、例えば前に述べた最終提案仲裁では、最終提案を選択する場面で三段論法を使わず、一方の最終提案を選択しただけである（一四八頁）。

仕様の第六は、訴訟は、因果律に従うことである。

原因—結果、原因—結果という流れに乗ってゆかなければならないから、因果関係はないが紛争解決には役立つという事実が出てきても、訴訟では無視されて、せっかくのチャンスを逃すことがある。

これに対比される和解の仕様は、因果律にこだわらずに、例えば共時性の原理を使って解決することができるということになる。共時性の原理とその実例については、すでに述べたのでここでは繰り返さない（二一九頁〜二二三頁）。

仕様の第七は、訴訟は、近代私法の基本原則である自由意思の上に成り立っていることである。

したがって、自由意思を踏まえるだけで解決できる紛争には適しているが、紛争は潜在意識や無意識から起ることもあるので、潜在意識や無意識を原因とする紛争には正しい答えが出せない。

これに対比される和解の仕様は、潜在意識や無意識に配慮し、それを意識化することによって解決することができることである。その例としてはワキガ事件があげられるが、これについてもすでに述べたので、ここでは繰り返さない（六二頁〜六七頁）。

仕様の第八は、訴訟では、請求権という形になっていなければならないことである。請求権という形になっていなくても、紛争の様相を帯びることがあるが、訴訟はそのような紛争には対応できない。

これに対比すれば、和解の仕様は、まだ請求権という形になっていない場合でも、対応できるということである。例えば、等価交換の場合には、一方が他方に等価交換せよという請求権はない。しかし、等価交換を望む当事者が関係者と折衝をしたり、複数の関係者が集まって協議したりして、等価交換を成し遂げることはよくあることである。和解が発達すれば、そのような場合に十分に対応することができるようになるであろう。

訴訟と和解の仕様を対比すれば、以上のとおりになる。

訴訟の重いところは、訴訟の仕様の第一から第八までの全部に該当しなければ、うまく作動しないことである。譬えて言えば、訴訟は自動車ならば自動車だけをつくる機械である。したがって、鐘やら、顕微鏡やら、インスタントラーメンやら、椅子やら、金庫やら、あるいは電気やら、船やらは、つくることはできない。そういうものをつくろうとして、何でもかんでも訴訟の中に抛り込めば、変なものができる。訴訟の遅延の真の原因は、訴訟ができないことや訴訟が苦手とすることまでもやらせようとして、何でもかんでも原料を放り込むからである。

これに対して、和解のソフトは極めて多様性に富んでいる。ほとんど無尽蔵だと言ってよいほどである。もちろん、必要があれば、訴訟で使われているソフトを一部使用することもできる。そして、特徴的なことは、和解の場合は、どれか一つ傑出したソフトがあれば、ほとんど他のものを使わなくてもよいことがある。

以上のように、訴訟の論理構造を鏡にして、和解の論理構造を明らかにすることを試みた。社会の複雑化、価値観の多様化、規範の相対化・崩壊現象の進行に伴って、この和解の論理構造を使用して紛争を解決する必要性はますます増大すると思われる。

（1）旧版一二九頁

（2）伊藤・前掲書『事実認定の基礎』二〇〇頁

（3）訴訟の論理構造を書くことは、本来は次章の「裁判所」の節で行うべきことであるかも知れず、旧版ではそのようにしたが、和解の論理構造を明らかにするためには訴訟の論理構造と比較する必要があること、紛争解決学としては訴訟はその研究・実践に関連がある限りで対象になること、以上の理由によって、紛争解決学の中心的なテーマである和解の章の中で論述することにした。なお、旧版では、「裁判の論理」という項を設けたが（旧版一二二頁〜一三五頁）、仕様書という形で整理はしていなかった。訴訟の仕様書という言葉を使って整理したのは、廣田・前掲書『紛争解決の最先端』に〈資料〉として掲載した「日本仲裁協会（仮称）設立を必要とする理由書」（一九九八年）が最初であった（同書一五七頁〜一五八頁）。この新版では、和解の論理構造を解明するために、訴訟の仕様書を書く形にして、旧版の内容をここに盛り込むことにした。

（4）以下に言う百分比は、証明度を示すものではなく、勝ち負けを決定する蓋然性の程度として述べるものであるが、これを証明の程度の問題に引き直すことは可能である。証明度との関係については、廣田・前掲論文「裁判官の心証形成と心証の開示」四四二頁。なお、裁判官の心証形成に関しては、二七二頁〜二七九頁で詳しく述べる。

（5）当事者双方の権利が拮抗した事件において、訴訟が正義を実現しなくなるということについては、旧版一三〇頁〜一三四頁に書いたが、廣田・前掲書『和解と正義——民事紛争解決の道しるべ』一九五頁〜一九九頁では、正義の実現という観点から判決と和解とを比較して論じた。しかしここでは、訴訟と和解の論理構造の解明が課題であるから省略した。

（6）訴訟と和解を対比して詳しく判例を分析したものとして、同書一七八頁〜二〇九頁。

（7）これまでは、原則として一〇〇対ゼロの判決ということと、出口が一つであることを一つの仕様としてまとめて論述していたが（廣田・前掲書『民事調停制度改革論』五〇頁）、この新版ではこれを二分した。

（8）旧版ではこの後に借地権の歴史を振り返り、借地権が消滅過程を辿っていることを詳しく述べた（旧版一五九頁〜一六五頁）。しかし、借地権の歴史はわが国の特殊な問題であり、旧版後の借地権の推移からすれば重要性が少なくなったと考えて、新版では省略した。とは言うものの、借地権に関して紛争解決の出口が多様化したことは、紛争解決の客体のところで述べた時間的条件（歴史的条件）と空間的条件（社会的・経済的条件）との関連で考察するといっそう理解が深まるので、旧版を参考にしていただきたいと思う。なお、借地権に関し、法社会学の手法を用いて調査・分析した著書として、瀬川信久『日本の借地』（有斐閣、一九九五年）。

(9)　井上治典教授は、和解的判決を提唱し、「一部認容判決、引換給付判決、将来給付判決、割合的認定判決、調停にかわる判決など、和解的判決を認めていく素地は広範に存在する」（『民事手続論』有斐閣、一九九三年・一三九頁）と言われる。この和解的判決が行われるようになると、出口一つという訴訟の仕様は相当変更されることになる。しかし、仮りに和解的判決が行われるようになったとしても、一部認容判決などとともに、原則に対する例外と考えるべきであろう。

(10)　これまでは、請求原因、抗弁、再抗弁……ということと、要件事実主義を一つの仕様としてまとめて論述していたが（廣田・前掲書『民事調停制度改革論五一頁』）、この新版ではこれを二分した。

(11)　草野・前掲書『和解技術論』九四頁〜一〇六頁

第九章　紛争解決機関

第一節　裁判所

1　裁判の機能

紛争には、必ず相手が存在する。そして、当事者が紛争を解決しようとするとき、最初に苦心することは、どうやって相手方にアプローチするかということである。このことは、代理人が当事者から相談を受け、当事者を代理して紛争を解決しようとするときも同じである。すなわち代理人にとって、どのような方法で相手方にアプローチするかということは、ただちに問題になるのである。

この場合、相手方に直接連絡をして、相手方との折衝に入ることもあるが、第三者の意見を聞いたり、判断をあおいだりしながら紛争解決をはかることもある。前者の場合は、間に紛争解決機関を介在させない方法であるが、後者の場合は間に紛争解決機関を介在させる方法である。

紛争解決機関を介在させない方法は、示談とか、和解交渉とかいわれるもので、私は、そのプロセスを相対交渉と呼んでいる。また、そのプロセスと結論の双方を含めて、あるいは結論として到達した合意を「和解」と言うことにしているが、「和解」については前章で述べたので[1]、この章では、間に紛争解決機関を介在させて紛争解決をはかる方法について論述することにする。

紛争解決機関にはさまざまなものが存在するが、一般的にはその中心に位置するのが裁判所であると考えられていた。そして、その周囲を調停機関や仲裁機関などの裁判外の紛争解決機関がとりまいているとされていた。しかし私は、これらの紛争解決機関は、同心円[2]あるいは円錐台[3]のような形で存在するのではなく、社会の中に対等の関係で並存しているのだと考えている。

これらの紛争解決機関やその機能については、民事訴訟法学者や法社会学者などによって、これまでにさまざまな角度から研究がなされてきた。したがって、それらの研究については、民事訴訟学者や法社会学者などの著述に委ねることにして、ここでは紛争解決学の立場から紛争解決機関を考察することにしたい。

紛争を解決するにあたって、当事者が紛争解決機関を介在させるか否かということは、当事者の行動の相違にすぎない。すなわち、そのことは、紛争解決過程の全体からみると、当事者にとっては一連のプロセスの中の一局面にすぎないのである。しかし、紛争に直面した当事者が、訴訟を提起せずに相対交渉をするか、裁判外紛争解決機関を利用するか、あるいは訴訟を提起するかということは、現実には相当大きな相違がある。それは、紛争を有利に解決するための戦略であるというだけでなく、それに要する費用や時間にも相違をもたらすので、一局面にすぎないとは言え、当事者にとっては極めて重要な決断を要する事態なのである。そして、その方法をいったん選択すると、使用する紛争解決規範にも相違をもたらすなど、さまざまな違いが出てくる。それだけでなく、ときには当事者の心理にまでも影響を及ぼす。そのような相違に着眼すると、紛争解決機関を介在させるか否かということは、ほとんど決定的な違いが出てくるので、これを峻別して各別に論ずることは、むしろオーソドックスな方法であると言えよう。

しかし私は、紛争解決学の在り方としては、連続性を重視すべきであると考えている。それは、紛争解決機関を介在させることと、介在させないこととの間に相互移管性があるからである。また、相互移管性があると認識したうえで柔軟に対処する方が望ましい結果を得ることが多いからである。そして、現実に紛争解決機関が連続性をもって存在しているからである。例えば、裁判上の和解や調停は、現実に訴訟との間で相互に移管されることが多いが、それらは紛争解決機関を介在させながら内容的には和解をはかるものであり、形式と内容がクロスしているから、もともと相互移管が行われやすい形になっているのである。

この紛争解決機関を介在させることと介在させないこととの連続性について、別の見方をしてみよう。紛争を解決するにあたって、エネルギーを帯同した微細な言葉を扱わなければならないことは、すでに述べたとおりである。この微細な言葉からみると、いろいろな紛争解決機関の枠組みは、極めて大きくできている。したがって、微細な言葉は、本来どの紛争解決機関をも通過できる仕組みになっているはずであって、要はそのような言葉がどこを通ればうまく解決するかという問題にすぎないことになる。

このような見方をすると、紛争解決機関を介在させる方がよいか否かということは、紛争によって相違するから、一般論としては決められないということが分かる。すなわち、ケースバイケースである。しかし、敢えて言うならば、私は和解が基本であると考えているが、和解については前章で述べたのでここでは繰り返さない。

ここまで、裁判の機能を述べる前提として紛争解決機関を介在させるか否かについて言及したが、裁判の機能に話を戻そう。

裁判の機能については、民事訴訟法や法社会学などで、さまざまな角度から研究が行われている。それらの業績に従えば、私がとくにつけ加えることはないが、裁判の機能として一般的に言われていることを、ここでひとおり整理しておく必要はあるだろう。

第一に、裁判所に提起された個々の紛争について最終的な勝ち負けを決め、それが物理的強制力によって裏づけられていることである。

第二に、勝ち負けの判断の過程で、規範について新たな解釈をしたり、新たな規範を創造することもあることである。

第三に、間接的には、類似の紛争について解決の指針を与えることである。これは、判例が他の事件の解決の参考にされたり、指針になったりすることを指す。

第四に、権利（この場合の「権利」は『大辞林』に従い、ある利益を主張し、これを享受することのできる資格の意）の侵害に対して、裁判所がその権利を回復することを制度的に保障することによって、法の支配を実現することである。

第五に、建前のうえでは、裁判によって正義が実現されることになっている。現実に裁判がすべて正義であるとは言い切れないが、裁判によってあらかたの正義は実現されている。そして、正義が実現されるという制度的な保障の存在によって、社会を安定させることができる。これは、裁判所が他の権力から独立していない場合にどのような事態が起るかを想定してみると、ただちに分かることである。

以上のように裁判の機能を考えてみると、言うまでもないことであるが、裁判所が社会において重要な役割を果たしていることが分かる。

この裁判所の機能を民事訴訟の目的という観点に置き換えると、私的訴権説、権利保護請求権説、私法秩序維持説、紛争解決説、多元説、手続保障説の諸説があることについては前述した(4)。この諸説を念頭に置きながら裁判の役割についての考え方を大別すると、裁判所を法を適用してそれを宣言する機関とみるのか、個々の紛争の解決機関とみるのかということになる。前者は一般的に法を適用することを重視し、後者は個々の紛争解決を重視する。このことは、実務家の間では、裁判の本質を権利の確立ととらえるのか、紛争の解決であるととらえるのか、という論争になってあらわれている。

実務的にどのような違いがでてくるかというと、例えば消費者被害に対する救済が必要なとき、裁判所が消費者の権利を確立しなければ被害者救済が得られないと考えて、個々の紛争解決よりも権利の確立が重要だとするのが前者の立場である。これに対し、後者は、裁判所の本来の役割は個々の紛争の解決であって、権利を確立しても、紛争の解決が得られなければ役割を果したとは言えないとするものである。

しかし、裁判をすれば権利が確立するかと言えば、必ずしもそうではない。また、裁判をすれば紛争が解決するかと言えば、これもまた必ずしもそうではない。したがって、裁判の役割を、権利の確立か紛争の解決かと、二者択一的に選択を迫ることは、不毛な議論のように思われる。裁判官も弁護士も、どちらかの考え方に片寄っているのではなく、事件や局面によって適当に使い分けているのが現実であると言ってよい。したがって私は、権利の確立か、紛争解決かと一刀両断に論じることは、それほど実益があることではないと考えている。

紛争解決学の立場からすれば、権利の確立と言っても、一般的な命題をとりつけるだけではさほどの意味はなく、そこで確立された権利は、紛争解決のために使われるものでなければならない。しかし、権利を確立することによって裁判所が一応の役割を終え、裁判外でその確立された権利を紛争解決規範として使うことによって紛争を解決することは当然あるのであって、そのようなことをもって、裁判の役割が権利の確立であると言うことには一理ある。例えば、消費者救済と結びついてクラス・アクションの理論が立てられているが、これは裁判の役割が権利の確立であると説明すればすっきりする。しかし、この場合でも、判決で獲得した権利を、個々の紛争解決のために使うのであるから、裁判の役割は結局紛争解決だという理屈はつくのであって、ここまでくればもはや言葉の問題にすぎないであろう。

いずれにせよ、紛争解決学は、裁判所が紛争解決にあたってどのようにその機能を発揮しているかということが研究の対象になっている。すなわち、裁判の本質や役割についての理論的な考察は、紛争解決学の中心的なテーマではない。また、このことについては、民事訴訟法学をはじめ、法社会学などでも数多くの研究がなされているので、それらの研究に委ねたいと思う。(5)

ところで、この項で述べたことは、言わば裁判が健全に機能している場合を想定したものである。裁判が健全に機能していること、つまり裁判の生理現象に関しては、紛争解決学としてはここで述べたことでほぼ十分であると考える。すなわち、当事者が紛争の解決を目的として裁判所に事件を持ち込んだときに、裁判が健全に機能していれば紛争は解決するはずであるから、「それでよし」とすることにしよう。したがって、裁判が健全に機能することを想定したときには、紛争解決学としては、これ以上言及する必要はない。その他の裁判の手続や内容については多くの研究があり、その部分については民事訴訟法学をはじめ紛争解決学以外の学問分野に委ねるので、私があらためて論述する必要はないと思う。

注意すべきは、それらの研究の多くが裁判の生理現象についてなされていることである。しかし、もし裁判に生理現象だけでなく病理現象があるのだとすれば、話は別になる。すなわち、裁判に病理現象があるのだとすれば、それはまさしく紛争解決学の対象になる。なぜならば、裁判に病理現象があるのだとすれば、裁判所において紛争があるべき姿で解決しないということになり、それではどこで、どのようにして解決すればよいのかという問題が発生するからである。この裁判における病理現象こそが、紛争解決学の関心事である。

裁判の病理現象をテーマにするとき、問題になるのは、その原因と状態と結果である。それらを明らかにするためには、裁判の論理構造とシステムを洗い直してみる必要があるが、その一部についてはすでに前章第三節**3**で論述したので、この節では残された問題について考えることにしたい。

裁判の病理現象はさまざまな部分で発生するが、その一つとして、次項で裁判官の心証形成について考察することにする。また、必ずしも病理現象が発生するとは限らないが、扱いによっては発生し得るものとして、次々項に裁判上の和解について言及して置きたい。裁判上の和解は、裁判所において行われるにもかかわらず、内容的には裁判外紛争解決（ＡＤＲ）であるから、次章との繋がりのうえでもこの位置に置くことが適切だと考える。

（1）　なお、紛争解決学は、当事者からスタートするという方法をとっているので、前章の和解の次には、当事者に近い方の紛争解決機関、すなわち、裁判所以外の紛争解決機関を論ずるべきであろうが、前章では、和解の論理構造を訴訟の論理構造と対比して解明する必要があったので、すでに訴訟については一部論述した。したがって、「裁判所」を前章に近い位置に置く方がよいと考え、本章では先に「裁判所」の節を設け、その後に「裁判外紛争解決機関（ADR）」の節を置くことにした。

（2）　同心円を描くものとしては、小島・前掲論文「紛争処理の全体構造」三六〇頁参照。もっとも、小島は機関と言うよりも正義の総合システムとしてとらえたものであるから、必ずしも機関の存在状態を述べたものではない。なお、このことについては本書二〇一頁〜二〇七頁。

（3）　円錐台と構想しているものとしては、三ケ月・前掲論文「紛争解決規範の多重構造——仲裁の判断基準についての裁判法学的考察——」二七七頁。なお、このことについては本書二一頁。

（4）　本書五一頁

（5）　旧版では、裁判の役割に関して、井上治典『民事手続論』（有斐閣、一九九三年）の「民事訴訟の役割」（一頁〜二八頁）によって諸説を紹介するとともに、「手続保障の第三の波」（二九頁〜六五頁）の理論に言及した。しかし新版では、それらの理論は民事訴訟法学に委ねる趣旨で省略した。

2　裁判官の心証形成

裁判官の心証形成はブラック・ボックスに譬えられて、その作動原理は分からないものと言われていた。(1)

裁判の過程において、当事者双方からインプットされる書証、人証、法規範、学説、判例、慣習、道義、価値観などを、裁判官自身が収集し、あるいは既に身につけている法規範、学説、判例、慣習、道義、価値観などに照らし、証拠の選択・評価、経験則の選択・評価・採否、法令等の規範の解釈・適用はもとよりのこと、当事者に対する好悪の感情などという要素が、裁判官の心証というブラック・ボックスの中で作動し、結論として判決という形でアウトプットされる。そのブラック・ボックスの中の作動の様相は、外からは見ることができないので、インプットとアウトプットの関係だけが考察の対象となりかねないのである。

インプットとアウトプットとの関係が相当であるならば、通常は問題を生じない。その場合には、裁判官の心証形成は妥当とされて、そこには病理現象が発生していないと言うことができるであろう。しかし、インプットと整合性のないアウトプット＝判決がときどき出ることがある。

このことについて、ジェローム・フランクは、裁判官の事実認定が主観によって行われること、そしてそれが裁判に大きな危険をつきまとわせていることを執拗に論証し、「事実審裁判官の下す判決が、証人たちの信憑性をどう見るかで岐れるようなばあいには、証言（中のあるもの）に対応するかれの『事実』の『認定』は本質的に主観的なものである（つまり、これが事実だと彼が信ずることは、かくれていて他人からは窺い知れない）から、彼がひそかに証拠を無視してしまうことは、常に可能である。（中略）多くの事実審裁判官が、こういう場合に故意に『でっちあげ』や『秤のごまかし』をやるものかどうか、わたくしは疑問をもつ。こんなことは無意識または半無意識の状態で行われるのが通例であると思う。しかしながら、かかる認定は可能であり、かつ時々行われていることは確実である(2)」と言っている。そして彼は、なぜ一方を勝ちにし一方を負けにしたかということについて、論理的に説明がつかないことを指摘し、裁判の危険性に警鐘を鳴らしている。

しかし、現在のわが国の裁判所では、ジェローム・フランクが指摘する「でっちあげ」や「秤のごまかし」は、一部の例外を除き、それほど多いとは思われない。多くの裁判官は、公正な裁判をするために心血を注いでいると思う。

しかしながら、それにもかかわらず、インプットとアウトプットとの間に相当性、整合性を欠くような判決は存在する。すなわち、裁判につきまとう危険性を拭い去ることはできないのである。

その原因を解明するために、ブラック・ボックスの中身を見る必要がある。そこで、裁判官の心証形成について、もう少し詳しく考察を進めることにしよう。

これまで裁判官の心証形成については、自由心証主義との関係で、専ら事実認定の在り方として論じられていた。[3] そして、事実認定を導くために証明度という概念を設定し、その証明度を巡って立論されるものが多かった。

証明度に関して倉田卓次裁判官は、「心証は量的に測定しうるものである」との前提を立て、[4] 証明度は証明すべき程度、心証度は立証された程度、[5] 直接の見聞によって生じるような・あるいはこれに匹敵するほど強い・不可疑の心証を「明証感」[6] として論述し、前提事実の証明度等については証明度を八〇％、明証度を九〇％と仮定してさらに論述を進めている。[7] そして、「双方の立証により心証が動揺する場合、真であるとの心証がちょうど五〇％であるような一点を観念しうる。原告が本証を追加して、心証が高まったとする。これは証拠の優越である。もし、この意味での証拠の優越によって民事の認定をなしうるというのが論者の趣旨であれば、それは不可であろう。何故なら、それでは、疎明というものに証明とは別の証明度を与えている制度が無視されるからである」[8]（傍点原文）と言われる。

しかしこれは、これこれの高さに達したときにはじめて証明されたとすべしという当為を前提にして論じられているものであるように思われる。これに対して、これこれの高さに達したときには証明されているという事実を前提にして論ずればどのようになるであろうか。

ここで、裁判官の職務について考えてみよう。

事実認定は、裁判官の最も主要な職務として位置づけられていると言えよう。裁判は過去の一回的事実を認定したうえで、理由の有無を判断するものであるから、事実認定が主要な職務であることは当然のことである。そして、その事実認定は自由心証主義のもとで行われ、裁判官の心証が形成される。裁判官の職務のこの道筋だけを拡大して追ってゆけば、事実認定さえ正しく行えば、自ずから正しい判決に到達するという論理に帰着する。[9]

この場合には、証明度を高く設定し、その目標に向かってひたすら事実認定に勤しむことが裁判官の職務ということになる。

しかし、裁判官の職務には、「判決をする」というもう一つの職務がある。「判決をする」ということは、すなわち「勝ち負けを決める」ということである。「勝ち負けを決める」という職務は、ちょうど土俵際でもつれて同体で倒れたと見えても、どちらかに軍配を上げなければならない行司のような仕事である。

もし仮りに裁判官が設定した証明度を八〇パーセントとして甲・乙が争い、甲の権利（この場合の「権利」は、本書二五四頁の定義のとおり）が八〇パーセントには足りないが七〇パーセントは越えていると判断したときに、甲の方に軍配を上げないのであろうか。いや、そんなことはしないだろう。恐らくこの場合には、甲が八〇パーセントを越えたと擬制したり、自らを納得させたりして、甲の方に軍配を上げるであろう。仮りに乙を勝たせるのなら、甲の権利を五〇パーセント以下に落とし込んだうえで乙に軍配を上げるであろう。すなわち、事実は七〇パーセントから八〇パーセントの間と認識していても、「勝ち負けを決める」という職務の前では、形成される心証を変形させることが余儀なくされるのである。

それでは、六〇パーセントから七〇パーセントの間だったらどうであろうか。その場合も同様に、心証を変形させなければ軍配を上げられないのであるから、結局心証を変形させて軍配を上げることになる。さらに五〇パーセントから六〇パーセントの間だったらどうか。その場合も、権利の重さを相対的に比較しつつどちらかに軍配を上げるであろう。つまり、五〇パーセントより大で五〇パーセントに限りなく近い線まで（私の表現によれば五一パーセント）権利の比は収斂するのである。したがって、「勝ち負けを決める」という職務の前では、証明度を八〇パーセントと設定したことが無意味になってしまうのである。

こうしてみると、いったん八〇パーセントの証明度を設定し、心証を変形させてゆくという迂遠な道筋を通る必要がないことも明らかである。私の言う「権利の重さ」(10)を比であらわし（何もいったん比を数値であらわす必要はない。相対的な重さを比較すればよいことである）、相対的に重い方に軍配を上げればよいのであって、多くの裁判官は現実にはそのようにしていると思われる。これが私が「民事訴訟では、権利の重さが五一パーセントの方が一〇〇パーセントの勝ちになり、四九パーセントの重さがあってもゼロの負けになる」[11]と言った理由である。

訴訟事件を大まかに分類すれば、誰が見ても勝敗が明白な事件がある。これを仮りに第一層と言おう。次に、勝敗は動かないが敗者にも相当の権利がある事件の層がある。これを第二層としよう。第二層は、権利の重さの比で言えば、およそ七対三から六対四というところだろうか。さらに、第三層として、勝敗をつけるために大いに迷う事件の層がある。およそのところで六対四から五対五というところだろう。

第一層については、証明度を高く設定することによって説明しても、権利の重さの優越で説明しても、結論は同じであり、いずれもその理論を正当化できる。しかし、第二層、第三層については、証明度を高く設定したのでは説明がつかない。五一対四九の事件でもなお一〇〇対ゼロの判決をすることが可能であることを、いかにして正当化することができるのであろうか。

肝腎なことは、第一層であれ、第二層であれ、第三層であれ、それについて判決言渡しが行われる限り、そのほとんどが一〇〇対ゼロという結論で締めくくられているという事実である。

しかし、ここにはもう一つの事実がある。それは、権利の重さについての裁判官の心証は、必ずしも一〇〇対ゼロではないという事実である。

この二つの事実を併せると、裁判官の心証と言渡される判決の間にはギャップがあるという事実になる。

このギャップの問題については、第一層はもともとギャップが少ないのであるから問題はでない。すなわち裁判はその生理現象の中で、健全に機能するものと考えられる。しかし、第二層、第三層になると、ギャップがもたらす病理現象が起ることは必然である。最も極端なものとして、五一パーセントの権利について一〇〇パーセントの認容をするとすれば、裁判官はその心証を四九パーセント歪めなければならないことになるのである。

ところで、五一対四九は極端だとしても、第二層、第三層の事件はどの程度の割合を占めるのだろうか。もともと裁判官の心証形成はブラック・ボックスの中にあり、また、判例集は心証を変形させた後のことしか書いてないので、その割合を掌握することはできないが、私の実務経験からすれば、感覚的な表現になるが、「少なくはない」というところだろう。

いずれにせよ、裁判官の職務を視野に入れると、その心証と判決にギャップが生ずることは必然であるから、心証を歪めざるを得ないということが分かる。これは必ずしもジェローム・フランクの言う「でっちあげ」や「秤のごまかし」と同じ意味ではない。裁判というシステムがもたらす必然なのである。

しかし、裁判官の心証と言渡す判決とのギャップの問題については、それが意識されていたか否かはともかくとして、必ずしも「そのままでよし」とされてきたわけではない。私の見方からすると、これまでに行われていたさまざまな試みや提唱を、このギャップを埋めるための解決方法として位置づけることができるのである。

一つは、井上治典教授が和解的判決の素地として列挙する一部認容判決、引換給付判決、将来給付判決である[12]。これらはいずれも一〇〇対ゼロの判決の例外とされているものであるが、裁判官の心証と言渡す判決のギャップ埋めるための解決方法であると理解すれば分かりやすい。

二つは、井上教授が提唱する和解的判決である。これも、このギャップを埋めるためのものと解すれば、その必要性に対する説得力が増大すると思われる。

三つは、割合的認定である。私は、割合的認定の理論を、「権利の重さ」が一〇〇対ゼロでないにもかかわらず、一〇〇対ゼロの判決を言渡さなければならない裁判官の職務を前にして、そのときに起るはずの心証形成の歪みが起らないようにする解決方法であると位置づけている[13]。なお私は、裁判所が訴訟手続の一定の段階で割合的認定をする旨当事者に告知し、それに関する攻防をすることを折り込んで、割合的手続を訴訟手続に追加するシステムを設けることを提唱したが、そのような手続が使用されるようになると、裁判官の心証と言渡す判決のギャップは一層少なくなるはずである。

四つは、和解である。すなわち和解は、一〇〇対ゼロの解決に限定されないために、心証を歪めなくてもよいのである。現実にこのギャップは、裁判上の和解によって、その多くが埋められていることは疑いない。

このように裁判官の心証と言渡す判決との間のギャップを埋めるための試みや提唱を見てくると、裁判と和解が近接してくる軌跡のようなものが見えてくる。「近代」を源泉とする国家の司法作用としての裁判制度と、当事者間の合意を基本に据える自主的解決という二つの源流が、下流に行くに従って、地下水脈のようなもので繋がってきたのかも知れないが、私はまだそれを十分に研究していない。したがって、今述べたことは仮説にすぎないが、もしこの仮説が正しいとすれば、人間と人間がつくる社会は、実に深淵なものだと言えるだろう。

（1）本項は、主として廣田・前掲論文「裁判官の心証形成と心証の開示」によるものである。しかし、本項ではその一部にしか言及していないので、詳しくは右前掲論文を参考にしていただきたい。
（2）ジェローム・フランク・前掲書『裁かれる裁判所上』二六九頁
（3）岩松三郎・兼子一編『法律実務講座　民事訴訟法編第四巻　第一審手続（3）』（有斐閣、一九六一年）四九頁
（4）倉田・前掲論文「交通事故訴訟における事実の証明度」一〇二頁
（5）同書一〇三頁
（6）同書一〇四頁
（7）同書一一五頁
（8）同書一二六頁
（9）萩原金美「民事証明論覚え書」民事訴訟雑誌四四号（一九九八年）には、「自由心証主義が導入された初期には、事実の真偽不明はほとんど生じないような幻想がドイツでもスウエーデンでも支配していた」（二六頁）とあるが、自由心証主義のもとにおける事実認定に誤りが起らないという幻想は、現在のわが国にもかなり広く存在している

と思われる。

(10) 本書二五五頁

(11) 本書二五六頁

(12) 本書二六五頁

(13) 割合的認定については、本書一四三頁、一九六頁〜一九八頁。なお、倉田裁判官が証明度を高めに設定する一方で、そこに至らない場合に割合的認定の理論を用意されていることは、一貫性があるものとして評価すべきである。

3　裁判上の和解

裁判上の和解とは、訴訟における審理の段階で、当事者の希望や裁判官の勧試によって訴訟手続を和解手続に移行し、当事者が合意に達すれば、和解を成立させて紛争を解決するものである。民事訴訟法八九条には、裁判所は訴訟がいかなる程度にあるかを問わず和解を試みることができるとされていて、実務のうえではかなり裁判上の和解は行われており、わが国では第一審通常訴訟事件のうち約三分の一（欠席判決を除けば約二分の一）は和解によって終了している。

かつては裁判所に「和解判事となるなかれ」という戒めが存在したが、今や和解派が主流になったことについては前述した(1)。

その転換期の考えを明確に示したのは、「和解と訴訟運営」という座談会である(2)。そこには裁判上の和解に関する基本的な姿勢が打ち出されているので、いくつかの発言を引用しておこう。

「むしろ和解の上手な裁判官こそ有能な裁判官だという評価がなされるようになっているのではないでしょうか。内容的にみても、和解による事件処理のほうが、判決よりも実効性が高いとか、メリットがあるというような発言が、当事者・訴訟代理人サイドからも、裁判官の側からもしばしば聞かれるようになった。こういう変化が起ってきた原因は、いったいどういうところにあるのだろうかと考えてみますと、訴訟が硬直化していて、訴訟による解決は手間と時間がかかり、その割には実効性が少ないという、訴訟の機能が十分に発揮されないことに原因の一つがあるのではないでしょうか。その背景には、民事紛争が複雑化し多様化しているとか、集団化して訴訟の規模が大きくなっているとか、あるいは、国際化しているという状態があり、訴訟による紛争解決の効率や実効性が問題となっています。その中で、和解という形式や手続に縛られない紛争解決の在り方が見直されています。

もう一つの面というのは、判決は国家機関による決定型の解決であるが、和解は合意による解決の方法であり、民事の紛争というのは、根本的に私人間の問題であるから、その解決としては、本来は当事者の意思による自主的な解決が望ましいという紛争解決の方式についての価値評価の問題があるのではないでしょうか。そういう情況や見方の変化があって、和解による解決に対し、判決による解決と比べてかなり高い評価が与えられるようになってきているのではないでしょうか」（大石忠生裁判官）

「和解が非近代的というか権利意識を曖昧にしてしまうことは、私はないだろうと思います。そういう意味で、われわれは和解勧試にさいしても、もうちょっと基盤を下にした社会歴史的なものを認識して、これを実戦すべきではないかと思っています」（畑郁夫裁判官）

「今は日本もかなり近代化してきて、どんどん新たに動いている。それに対して、立法が必ずしも十分にフォローできていない分野があると思うんです。新型の事件なんかそうだと思います。そういうところで、虚心に話し合ってまいりますと、もちろん裁判官を含めた関係者の透徹した現状分析が伴っていなければなりませんが、当事者で自ずから、問題を先取りした一つの規範が見出せ、それに従った和解ができるということがあります。今までは法が進みすぎていたところを、多少現実に合せるために和解をするという必要もあったのですが、これからますます社会が動いてまいりますと、立法を先取りするようなかたちの和解がどうしても必要になってくるような気がする。そこでも積極的な意義がやはりあるのではないかと思っています」（川口冨夫裁判官）

「裁判所の行う和解は、一般的には、法的基準をある程度明らかにしながら、具体的な適正さを得ていくというところにその存在価値があるのではないでしょうか。そういう意味で、判決と和解が両方の極にあるというより、相補いあって裁判所における法的解決という目的を果たしていくというように考えればよいのであって、決して切り離され、互いに反対の極にあるものとみる必要はないと思います」（大石忠生裁判官）

「やり方はいろいろあると思いますが、基本的には、判決は一方的に考えて書けばいいわけですから、気が楽です。それに比べて和解の場合は、言い分をじっくり聞いてやることが必要です。法律論もさることながら、ものの考え方は仕事によってその人がその事件に対してどのように考えているかとか、そういう点もずいぶん参考になります。自分が言いたいと思ってもそれを抑えながら、できるだけ言いたいだけ言わせる。しかし、筋道を通すところはきちんと言う。それは人間が練られる理由ではないか。裁判官は、判決ばかり書いていたら、人間が駄目になるというような言い方をしているのです。やはりやり方の問題もありましょうが、基本的には、和解は民事における最良の解決方法だと私は確信しています」（山口和男裁判官）

私の考えも、言いまわしこそ異にする部分があるが、以上の発言とほとんど同じである。と言うよりも、これらの発言が前章「和解」で述べたことと類似していることに、今さらながら驚きの念を禁じ得ないほどである。「和解」という点をとらえるのであれば、裁判上の和解も、裁判外の和解も（もちろん裁判外紛争解決機関における和解も）、類似してくるのは当然のことなのである。(3)

したがって私は、裁判上の和解に対しては、好意的な見解を持っている。それは、実際に私が担当した事件で、裁判官からすぐれた和解をしていただいた経験に基づいている。すなわち私は、裁判上の和解は、紛争解決システムとしてよいものだと思っていたし、現在でも基本的には同じ考えを持っている。

しかしこれは、いかにも実務家らしい考え方なのかも知れない。学者からは、裁判上の和解は、和解手続で取得した情報を訴訟手続に流用するおそれがあると批判されているのである。しかし、いったん和解手続に入った以上、ほとんどの事件は和解で解決するのであるし、仮りに訴訟手続に戻っても、和解手続で取得した情報が悪用されるよりも善用されることの方が多いのであるから、それほど目くじらを立てることもなかろうと考えてしまうのである。つまり、レア・ケースの弊害を恐れて、よいシステムを潰すのは惜しいと思うのである。

また、当事者は判決を下す権力を持っている裁判官の和解案を拒むことが難しいので、結局和解を押しつけられる結果になるという批判もある。確かに、記録も読まないで妙な和解案を押しつけようとする裁判官もいるし、強引に和解を迫る裁判官もいる。私の三〇年以上の実務経験の中で、はっきり覚えているのは二人であるが、割合にすると数パーセントに過ぎない。しかし、そのような裁判官に遭遇する割合は、弁護士によって異なるであろう。詳細なアンケート調査をしてみれば分かることであるが、私はそのようなデータを持っていない。いずれにせよ、そのような裁判官からの圧力を何とか切り抜けてしまうと、まあよかろうという気持になってしまうのである。こういうところが、生粋の学者からみると、実務家はいかにもルーズだということになるのだろう。

しかし、実務感覚を捨象して、裁判上の和解の制度自体を問題にしてみることも必要であろう。そのときに、裁判上の和解にどのような問題点が見えてくるであろうか。その問題点は――

第一に、いったん裁判所に事件が持ち込まれること自体、不必要に司法を膨らませることになる。裁判所にとっては負担が増えるし、当事者にとっては無駄な労力が必要になる。すなわち、訴訟経済の見地からすると無駄が多いということになる。

第二に、人間という動物は、一度争うと、脳の構造が争う態勢になって、和解の方向に頭を切り替えることが難しくなる。そのために、多くの時間が空費される。したがって、はじめから和解を考えているのであれば、虚心坦懐に話し合いを進める方がよい。その方が解決をするための知恵も湧き、実りも多くなる。訴訟からスタートすることは、迂遠であるばかりか、最終的には到達点が低くなることが多い。

第三に、これに対しては、最終的には判決になるというバックがあるからこそ和解が可能になるのだという反論が予想される。確かにそのような事案も少なくない。しかし、強制力をバックにしなければならないということは、当事者の納得の程度が浅いということに他ならない。和解は当事者の合意に基づく解決であるから、強制力をバックに和解をすすめることは、本来望ましいことではない。

第四に、わが国の裁判官は、訴訟手続に従って判断権を行使するトレーニングは受けているが、当事者間の対話などをすすめて解決をはかることについてはトレーニングを受けておらず、調停や和解に必ずしも精通しているわけではない。したがって、その手法は個々の裁判官の個性と経験に委ねられていて、名人芸のような人もいれば、全くできない人もいる。

第五に、極めて実務的な問題であるが、裁判官には異動が多く、異動のときには、前の裁判官が見聞した当事者の言動を、後の裁判官が見聞していないことである。後の裁判官は、事件記録に基づいて和解をすすめることになるが、和解の席のやりとりは記録に残っていないのが普通であるから、前後の内容がちぐはぐになることが少なくない。すなわち、裁判官の異動によって和解の中身が一変し、そのために和解がうまくできなくなるのである。裁判官に異動があるということは、裁判上の和解の重要な欠陥である。

第六に、これは最も基本的なことであるが、右手には有権的な剣を持ち、左手には私的自治の飴を持つ、そしてそれを使い分けながら最善をゆくということが、一つの脳と心の中で可能なことであろうか。それができるという前提には、裁判官によほどの自己コントロールがなければならない。当事者は裁判官を選択することができないので、その自己コントロールに頼るしか方策がないが、全ての裁判官に、常に自己コントロールが働くという保証はない。すなわち、当事者にとっては、裁判上の和解はまことに気の許せない手続なのである。そのような問題がある限り、制度として裁判上の和解がよいかと問われれば、やはり疑問は残る。すなわち、強制力を背景にした訴訟手続と当事者の合意に基づく和解手続とは、本来異質なものであるから、やむを得ない場合を除いて峻別するのが望ましい。

裁判上の和解には以上のような問題点があるが、前述したとおり、トンネルじん肺訴訟などに見るように、最近では、裁判上の和解によるすぐれた解決が次々に行われている[4]。それは確かによいことである。

ところで、以上の問題点は、訴訟手続から和解手続に移行する場合だけを想定して述べたものではなく、訴訟をせずにはじめから和解をする場合をも想定して論じたものである。したがって、当然のことながら、裁判上の和解以外のシステムをも念頭に置いていたということになる。

そのうえでということになるが、もし裁判上の和解以外の紛争解決システムがあって、そのシステムによって以上の問題点を克服することができるのであるとするならば、人々はその紛争解決システムを使用することになるであろう。そのようなシステムとしてまず最初に考えられるのは、相対交渉による和解であるが、これについてはすでに述べたとおりである。もう一つ考えられるのは、裁判外紛争解決（ＡＤＲ）システムである。そこで、次節にこれについて考察をすすめることにしたい[5]。

（1）　本書二三九頁〜二四〇頁。なお、旧版では「和解判事となるなかれ」という戒めに対する批判的見解を述べたが（旧版一三六頁〜一三七頁）、この戒めは過去のものになったので、新版では省略した。

（2）　後藤・藤田編・前掲書『訴訟上の和解の理論と実務』一二五頁〜一九二頁

（3）　旧版では右『訴訟上の和解の理論と実務』の内容を紹介するとともに、ケース・スタディの必要性に言及したが、新版ではその部分を省略した。なお、旧版ではこの後に述べることに言及しなかったが、裁判上の和解にも問題があるので、新版ではこの後の部分をつけ加えることにした。

（4）　本書二四〇頁

（5）　旧版では、「裁判上の和解と和解兼弁論」という項を設け、「裁判上の和解の必要性」と「和解兼弁論」の二つに分けて考察をすすめた。新版では前者を「裁判上の和解」の項に改めて後半部分を加筆し、後者を省略した。「和解兼弁論」(旧版一四二頁〜一四五頁)を省略したのは、民事訴訟法の改正(平成八年六月二六日法律一〇九号)により、その必要性が乏しくなったからである。しかし、仮りに和解兼弁論準備手続などということが行われるようになれば、紛争解決学としても関心の対象になるが、それは将来の課題としたい。

第二節　裁判外紛争解決(ADR)

1　裁判外紛争解決(ADR)の意義

裁判外紛争解決(ADR)を考察するにあたって、まず「ADR」という言葉の意味について述べておく必要がある。(1)

ADRとは、民事紛争における裁判外紛争解決の総称である。すなわちADRとは、Alternative Dispute Resolution の略で、直訳すれば代替的紛争解決ということになる。しかし、何の代替かというと、裁判の代替ということであるから、意訳すれば裁判外紛争解決ということになる。私は、通常この意訳の方を使っている。

ところで、紛争が起ったとき、人々はどのような行動をとるのだろうか。

前にも述べたとおり、いきなり裁判所に駆け込んで訴訟を起す人は、多くはないであろう。人々は、自ら相手方と折衝したり、代理人を立てて相対交渉をしたり、調停機関や仲裁機関に事件を持ち込んだりして、たいていの紛争は、訴訟を起さずに解決してしまうのである。したがって、裁判外の紛争解決を「代替的」と呼ぶことは誤解を生じることであって、むしろ裁判外紛争解決こそ「本来的」と言うべきである。にもかかわらず、「ADR」という言葉は、裁判に代替するものとしての裁判外紛争解決を指す言葉として、世界中で使われていると言ってよいであろう。

私は、このことが裁判外紛争解決の理論と実務の発展を停滞させている原因であると考え、機会あるごとに異議を唱えていたが、ほとんど同調する意見は見当たらなかった。しかし、アメリカでも同様な自覚が生まれ、ADRのAをAppropriate（適切な）にしようという見解も出てきた。(2) また、ADRのAは好ましくないので、Early（早い）のEを充てて、EDRとしようという提唱もあるという。しかし、「早い」だけが裁判外紛争解決システムの特徴ではない。また、裁判以外の紛争解決方法が、必ずしも「早い」とは限らない。しかも「早い」ということを協調すると、もっと本質的な特徴を隠蔽してしまう危険性もある。したがって、このEDRは、不適切なネーミングである。

不適切なネーミングと言えば、ADRも同様である。後に詳しく述べるように、裁判以外の紛争解決は、極めて重要な理念と歴史的意義を持っている。そのような紛争解決システムにADRという不適切なネーミングしか与えていないことは、まことに不幸な事態だと言わなければならない。

これも後に述べることであるが、私は、司法制度改革推進本部に設けられたADR検討会の委員をしており、その席で「ADRが日本語に置き換わるということを念頭に置いておかないと……ADRである限りでは浸透しないのではないか」と発言した。(3) したがって、近い将来にADRに換わるよい名称が与えられるかも知れない。しかし、今はそのことを認識したうえで、先に進まざるを得ないであろう。私は以前、ADRのAにA（第一級の）とか、Aid（助力する、援助）とか、Available（役立てられる）を充てたいと述べたことがあるが、(4) ADRという略称は便利であることは否定できないので、以上の意味を持つものとして、とりあえずは本書でも使用することにする。しかし私は、頭の中にAlternativeという言葉を置いて論述するのではないことを、ここで注記しておきたい。

なお、「ADR」と言うときには、裁判外紛争解決を行う機関を指すこともあるし、ADR機関で行う仕事（調停、仲裁など）を指すこともある。その両義がありながら、あるところでADRという言葉を使えば、そのときに機関を指しているのか、仕事を指しているのか自然に理解できるので、ADRという呼称が便利であることは確かである。

（1）旧版では、第二節を「調停機関」、第三節を「仲裁機関」としたが、旧版の刊行以降裁判外紛争解決（ADR）の実務と研究が著しく進んだので、新版ではこれを統一して一つの節とし、内容を全面的に書き換えた。
（2）石川明『調停法学のすすめ――ADR私論――』（信山社、一九九九年）三八頁
（3）ADR検討会第一回議事録（司法制度改革推進本部、平成一四年二月五日）三四頁
（4）廣田・前掲書『紛争解決の最先端』四頁

2 ADR機関

わが国にも、数のうえでは多くのADR機関がある。それらのADR機関は、行政型ADR、民間型ADR、裁判所におけるADR（司法型ADR）の三つに分類される。

行政型ADRは、国または地方自治体が運営するもので、中央・地方労働委員会、公害等調整委員会、中央・都道府県建設工事紛争審査会、東京都建築紛争調停委員会、都道府県苦情処理委員会などがある。

また、民間型ADRは、民間の団体が運営するもので、社団法人日本商事仲裁協会、社団法人日本海運集会所、財団法人交通事故紛争処理センター、財団法人日弁連交通事故相談センター、医療品PLセンターなどの諸PLセンター、弁護士会の仲裁センター、日本知的財産仲裁センター等々がある。

そして、裁判所におけるADRは、地方裁判所、簡易裁判所で行われる民事調停と、家庭裁判所で行われる家事調停があげられる。

これらのADR機関を列挙して紹介することは、すでにたくさんの文献があるので省略するが[1]、ADR機関の現状やその動向を知ることは、ADRについての基本的な認識を深め、将来の制度設計の在り方に指針を与える

から、そのいくつかを摘出して説明をしておきたい。

第一に、弁護士会の仲裁センターであるが、ここでは、民事紛争の全般を扱うところが他のADRと際立った相違をあらわしている。すなわち、他のADRでは扱う事件類型が限定されているのに対し、弁護士会の仲裁センターは事件類型による限定はしていない。わが国にはこのようなADR機関は、裁判所におけるADR以外には存在しない。しかし、全国の弁護士会に仲裁センターが設立されているわけではなく、二〇〇五年三月現在、第二東京、大阪、新潟県、東京、広島、横浜、第一東京、埼玉、岡山、愛知県（西三河支部も）、岐阜県、島根県の石見、京都、兵庫県、山梨県、奈良、福岡県の天神と北九州（開設順）の一七弁護士会の一九センターだけである。なお、新潟県、埼玉、岐阜県、兵庫県の各弁護士会では、あっせん、調停はするが、仲裁はしない。また名称も、仲裁センター、あっせん・仲裁センター、示談あっせんセンター、民事紛争処理センター、紛争解決センター等、まちまちである。

第二に、新しいADR機関が続々と設立されているが、その一つとして、個別労働関係紛争の解決の促進に関する法律（平成一三年一〇月一日施行）に基づいて都道府県労働局に設けられた紛争調整委員会を紹介しておきたい。このADR機関では、例えば次のような個別労働関係紛争のあっせんが行われる。すなわち、配置転換、転籍出向、在籍出向、解雇の有効性、就業規則の変更に伴う労働条件の変更、企業経営上の必要性による解雇（いわゆる整理解雇）、採用内定の取消、雇止め、募集・採用、職場におけるセクシュアル・ハラスメント等である。ここで明らかになるのは、社会経済情勢の変化に伴って個々の労働者と事業主との紛争が増加したので、それらの紛争の実情にマッチした迅速、適正な解決をはかるためにADRが動員されたということである。なお、二〇〇二年四月から二〇〇三年三月までに受理した案件のうち、終了したものは全国で二八八二件に達している。

第三に、日本商事仲裁協会の国内調停についても言及しておこう。商工会議所法九条一二号には、商工会議所の事業として、「商事取引の紛争に関するあっ旋、調停又は仲裁を行うこと」と定められている。そして、全国の四〇〇余の商工会議所の定款には、その事業として、あっせん、調停、仲裁を行うことを定め、その半数以上の商工会議所は、その事業の実施を日本商事仲裁協会（二〇〇三年以前の名称は「国際商事仲裁協会」）に委託している。すなわち、日本商事仲裁協会は、この業務の受託によって、国際商事事件ばかりでなく、国内商事事件をも扱うことになっているのである。しかし現実には、商工会議所法が制定された昭和二八年（一九五三年）以降、一件も国内商事事件を扱ったことがなかった。ところが、社会経済情勢の変化に伴って、中小企業間、親会社・子会社社間の紛争を、裁判をせずに解決したいというニーズが出てくることは当然に予想される。そこで「中小企業取引におけるＡＤＲの普及に際し、ＡＤＲの実施や問題の所在を踏まえつつ、ＡＤＲが高い信頼性の下で適正な活用がなされるよう、ＡＤＲの根幹を成す『仲裁人』、『調停人』リストの整備方法のあり方を調査研究する」ことを目的として、国際商事仲裁協会（二〇〇一年度は財団法人中小企業総合研究機構が担当）に「中小企業ＡＤＲ調停人等リスト整備に係る検討会」が設けられ、私が座長になり、二〇〇一年度中にプロトタイプの仲裁人リスト（東京、名古屋、大阪、福岡から合計二一名）を作成した。二〇〇二年度には、この目的に沿ってひと廻り大きな規模の調停人リストを作成し、二〇〇三年からこの商工会議所法に則ったＡＤＲが動き出した。

第四に、社会資本整備のためにメディエーションを導入しようという動きを紹介しておきたい。国土交通省の国土交通政策研究所では、諸国（英・仏・独・米・日）の社会資本整備において活用されている第三者の役割について研究し、二〇〇五年一月に、『社会資本整備における第三者の役割に関する研究』をまとめた。そしてそれを踏まえて、都市計画、道路建設などの公共事業に関し、調停などによって事前に行政機関、住民などが一堂に集まって利害調整をし、アイデアを練り、紛争があれば事前に解決する仕組みの導入を研究するため、同年一二月に、「社会資本整備の合意形成円滑化のためのメディエーション導入に関する研究会」を発足させた。私も委員として参加しているが、このメディエーションの導入が現実になるとすれば、社会資本整備を扱う大掛かりなＡＤＲが立ち上がることになる。

以上、国内のADRについて述べたが、国際的あるいは外国のADR機関やその制度についても目を向ける必要があるだろう。例えば、ADR機関にはICC国際仲裁裁判所、アメリカ仲裁協会（AAA）、ジャムス・エンディスピュート[2]など多数のものがあり、また外国にはさまざまな制度があるが、これらを紹介する文献も多いので、ここでは国内ADRに的を絞り、必要な都度それに触れることにする。

ところで、わが国でADRがどの程度利用されているかを認識するために、実績を数字で示しておく必要があるだろう。以下に述べるものは、二〇〇四年度の年間件数であるが、おおよその傾向は掌握できると思う。

行政型ADRと民間型ADRは、機関の数は多いが、あまり利用されていない。

行政型ADRのうち、労働委員会に対する不当労働行為事件の新規申立件数は、初審が三一一件、再審査が八三件である。初審は地方労働委員会、再審査は地方労働委員会の処分に対する中央労働委員会への申立てであるが、労働争議調整についてはこの数字に含まれていない。

公害等調整委員会の受付件数は、調停が四〇、義務履行勧告申出が一である。

中央建設工事紛争審査会の申請件数は、あっせんが一二、調停が二五、仲裁が一三で、都道府県建設工事紛争審査会の受付件数は、全国合計で、あっせんが二二、調停が一三一、仲裁が二三である。

東京都建設紛争調停委員会の受付件数は、あっせんが二二、調停が三である。

民間型ADRのうち、日本商事仲裁協会の受理件数は、国際仲裁が二一件、国内調停が九件である。

日本海運集会所の受付件数は、調停が〇、仲裁が一三である。

弁護士会の仲裁センターの申立件数は、全国合計が九六〇件である。この弁護士会の仲裁センターは、各地で相当の格差があり、愛知県、岡山のように活発なところもあるが、低調なところもある。

日本知的財産仲裁センターの申立件数は、一四件である。

PLセンターについてはばらつきがあるが、概して、苦情相談の件数は、数百件から数千件を越える多数に及んでいる。しかしこれをADR機関と見るならば、調停などの審査申立ての件数で押さえるべきであろう。この場合には、自動車製造物責任相談センターの審査申立件数の二件が、件数としては参考になるだろう。

民間型ADRの中では最も成功しているのは、交通事故紛争処理センターであると言われているが、その示談あっせんの受理件数は、約六七〇〇件である。また、日弁連交通事故相談センターの示談あっせん受理件数は、約一五〇〇件である。

以上により、行政型ADRと民間型ADRの数字的ボリュームを概数で言うときには、都道府県労働局の紛争調整委員会のあっせん事件（二八八頁）の約三〇〇〇件を加えて、全部で約一万五〇〇〇件と押さえておけばよいのではないかと思われる。

いわば鳴り物入りで設立され、尨大なエネルギーが投入されているわが国の行政型ADRと民間型ADRが、全部合せても、年間一万五〇〇〇件というレベルにあるという厳しい現実を、まず直視することから考察は進められなければならないだろう。因にアメリカには数多くの民間型ADRがあるが、アメリカ仲裁協会（AAA）だけで、年間一五万九〇〇〇件以上（二〇〇四年）の処理件数がある。

このような行政型ADRと民間型ADRに対し、裁判所（地方、簡易、家庭）における調停制度は、相当利用されている。平成一六年（二〇〇四年）の司法統計年報によれば、裁判所における調停は、民事調停が約四四万件、家事調停が約一七万九〇〇〇件に及んでいる。また、裁判上の和解（通常訴訟既済事件のうち）は、高等裁判所が約五四〇〇件、地方裁判所が約五万一三〇〇件、簡易裁判所が約二万九〇〇〇件であるから、合計で約七万七六〇〇件である。

したがって、裁判所におけるADRは、全部で約六九万六六〇〇件ということになる。

そこで裁判所におけるADRと裁判所以外のADR機関と並べてみると、後者が扱っている事件数は、全部合せても、割合にして約二パーセント、差にして約六八万件の開きがあるということになる。

これがADRの現実である。この現実をどのようにみるか、そしてこの現実にどのように取り組むかということが、ADRの問題に参与するものの課題に他ならない。

（1）例えば、小島武司・伊藤眞編『裁判外紛争処理法』（有斐閣、一九九八年）、第一東京弁護士会『裁判外紛争処理機関（ADR）データブック』（二〇〇一年）、大川宏・田中圭子・本山信二郎編『ADR活用ハンドブック　相談・紛争解決機関ガイド』（三省堂、二〇〇二年）。

（2）例えば、吉村徳重「裁判外紛争処理の動向とその分析」（『法政研究』五一巻三―四合併号）、石川明・三上威彦編『比較裁判外紛争解決制度［諸国］』（慶応義塾大学出版会、一九九七年）、稲葉一人「アメリカの連邦裁判所におけるADRの現状と課題（一）～（四）」（『判例時報』一五二五号、一五二六号、一五二九号、一五三〇号）、レビン小林久子『調停ガイドブック　アメリカの調停事情』（信山社、一九九九年）。また、名城大学法学研究科に設立された社会経済紛争研究所（所長・松浦馨教授）では、「アジア・オセアニアの国際商事仲裁制度活性化の条件と方策」というテーマで共同研究プロジェクト（五ケ年計画）が策定され、その第一年度の締めくくりに、「アジア・オセアニア国際商事仲裁シンポジウム――その展望と比較」（二〇〇〇年二月）が開催された。その資料なども、外国の制度を理解するうえで参考になる。

3　仕事としてのADR

ADRは、仕事として何をするのか。

わが国で行われているのは、あっせん、調停、仲裁、それにこれらを組み合わせた仕事である。アメリカを例にとれば、その他に中立的評価、ミニ・トライアル[1]、サマリー・トライアル、プライベート・ジャッジ、ファクト・ファインディング[2]等があるが、それに比較すると、わが国では、仕事としてのADRの多様性は乏しい。

あっせんと調停の区別は、曖昧である。「あっせん」はあっせん人が紛争当事者の間をとりもち紛争解決を援助すること、「調停」は調停人が紛争当事者の中に入って解決をとりまとめることと理解されているが、理論的には截然としていない。わが国では、「調停」は民事調停法、家事審判法による裁判所調停や法律に定める調停を意味し、「あっせん」はそれ以外のものを呼称することもある。また、理論的な区別をせずに、あるADR機関ではあっせんは一人で行い、調停は三人で行うとか、別のADR機関では調停人が調停案を出すが、あっせんは案を出さないとか、制度設計に絡めて区別をしている例も多い。したがって、内容の類似性に着目して、本書ではとくに断わらない限り、あっせんも調停も単に「調停」と言うことにする。

仲裁は、両当事者が仲裁人の判断に従うという合意をし、その合意に基づいて仲裁人が仲裁判断をすれば、強制執行ができるという紛争解決システムである（ただし、仲裁判断に基づいて強制執行する場合には、仲裁法四五条による裁判所の執行決定を得る必要がある）。したがって仲裁は、当事者が第三者である仲裁人の判断を求め、いったん仲裁判断が出ればそれが当事者を拘束するという側面では、裁判に近いシステムである。

仲裁は、ADR機関で行われる機関仲裁が多いが、法律上はアド・ホック仲裁と言って、紛争が起る度に任意に仲裁人を選任して、特定の仲裁機関を通さずに行うこともできる。本書ではアド・ホック仲裁を機関仲裁と区別しないが、主として機関における仲裁を念頭に置いて考察を進めることにする。

なお、調停（Mediation）と仲裁（Arbitration）とを組み合わせたシステムを、ミーダブということがある。ミーダブという言葉こそ使われていないが、弁護士会の仲裁センターで実践されているものに、これに相当するものがある。

あらゆるADR機関がここで述べたすべてのADRの仕事を行っているわけではない。とくに注意すべきことは、仲裁を行わないADR機関がかなり多いということである。前項で列挙したADR機関のうちで仲裁を行わないものは、東京都建築紛争調停委員会、都道府県苦情処理委員会、交通事故紛争処理センター、日弁連交通事故相談センター、医療品PLセンターなどの諸PLセンター、都道府県労働局の紛争調整委員会、裁判所（地方、簡易、家庭）における調停制度である。

（1）以上については、グループADR『裁判外紛争解決（ADR）の必要性に関する考察と試案――司法改革の現実的在り方』（二〇〇〇年四月）四三頁～四四頁。

（2）以上については、レビン・前掲書『調停ガイドブック　アメリカのADR事情』三〇頁～三二頁。

4　紛争解決システム全般の位置と現状

ADR機関とADRの仕事を組み合わせてみると、どこで、何が行われているかが分かる。そして、ここに訴訟を加えれば、紛争解決システム全般の位置とボリュームを見渡すことができるので、この際訴訟にも登場を願うことにしよう。

民事訴訟の目的についていろいろな説があることは前述のとおりであるが、おおまかに括ると、権利の保護あるいは確定か、紛争の解決かという相違であると言ってよいだろう。前者は以前は有力であったが、次第に後者が有力になり、最近では裁判所は紛争解決のサービス機関であるという考えが浸透してきた。(1)しかし、現在でも訴訟の目的に権利の保護・確定があることは事実であるから、このファクターも考慮の中に入れておく必要がある。

一方ADRの仕事も、事案によって濃淡はあるが、権利の保護・確定を前提にしたり、結果として権利の保護・確定を達成することもあることに気がつく。そればかりではなく、事案によっては、訴訟では認められない権利をADRが先駆けて認める場合もある。(2)すなわち、権利の保護・確定という仕事においても、ADRが先駆的役割を果すことがあるのである。

そのことも念頭に置いて、権利の保護・確定と紛争解決という二つの仕事を包括し、わが国のシステム全般を鳥瞰しておきたい。

その方法としては、第三者による判断か、当事者間の合意かというファクターを横軸にとり、権利の保護・確定か、紛争解決かというファクターを縦軸にとって、それぞれのシステムの位置を見れば分かりやすいであろう。

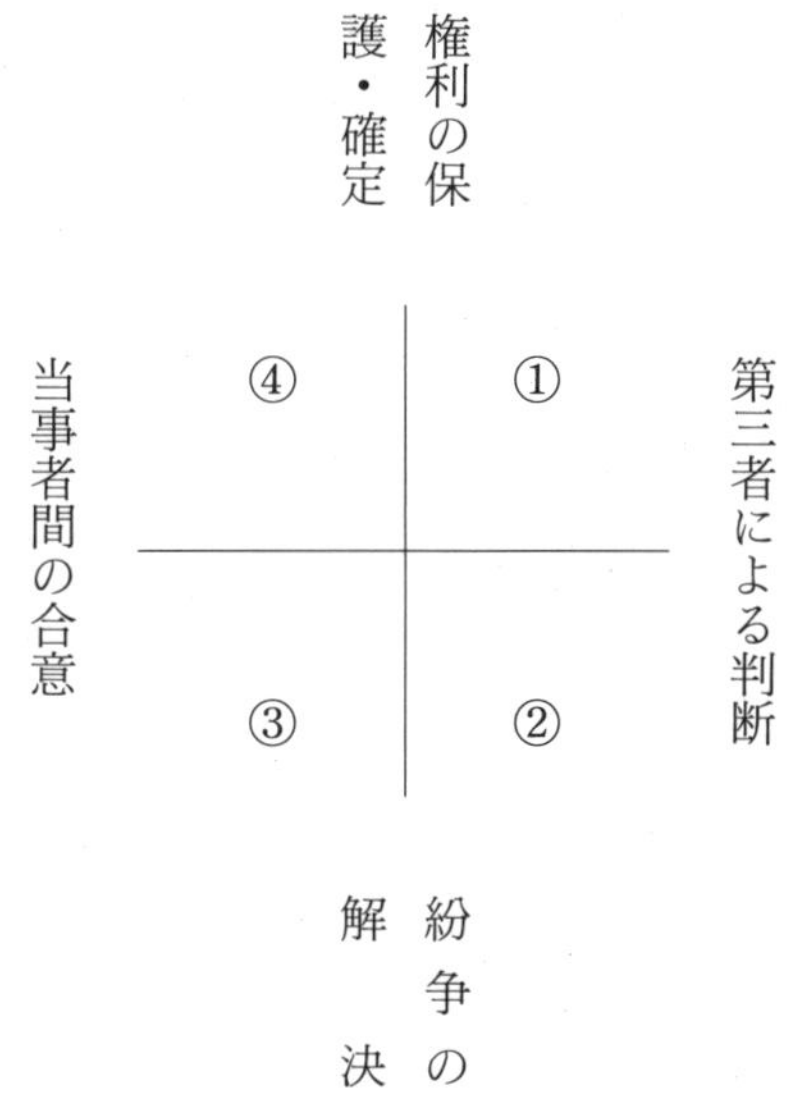

そこでまず、仕事としての訴訟とＡＤＲの位置を見ておこう。

訴訟は、①か②に位置している。そのいずれかは、事案によって相違する。あるいは事案によっては、双方にまたがるものもある。

裁判上の和解は、基本的には③に位置するが、権利の保護・確定を前提としたり、結果として権利の保護・確定を達成することもあるので、④の位置も無関係ではない。

調停は、専ら③に位置するシステムである。しかし、権利の保護・確定を前提にしたり、結果として権利の保護・確定を達成することができるので、④の位置にも関係がある。このことは、以下の仲裁やミーダブも同じである。

仲裁は、制度設計の如何にもよるが、主として②に位置するシステムである。しかし、仲裁契約の段階では合意を必要とするので、そのときには③に位置をとる。したがって仲裁は、③から②の位置にまたがるシステムだと言ってよいだろう。

調停と仲裁を組み合わせたミーダブというシステムがあることは前述のとおりであるが、これは、②と③を連結させたものである。

以上は、仕事としての位置であるが、わが国の機関としてはそれぞれがどのような位置を占めているのであろうか。

民事訴訟を行う裁判所は和解もするから、①から④までの全般を占めている。これに地裁、簡裁、家裁で調停も行うから、③が重なる（④は前提的、結果的であるから省略する。以下同じ）。

これに対しＡＤＲ機関は、専ら③を占めるに過ぎない。仲裁ならば②ということになるが、現実には事例が少ないので、③に偏っていると言っても誤りではない。

ここから明らかになるのは、理論的に出てくる相違と実際に行われている現実の間には、相当の乖離があるということである。

このことは、扱っている事件数をここに落としてみれば一層はっきりする。前に述べたことと一部重複するが、これを一覧にしてみよう。司法統計年報（平成一六年）などから概数を出せば、扱っている機関の現状と年間事件数の関係は以下のとおりである。

裁判所——①、②、③、④…民事訴訟　五六万六四〇〇件
　　　　　　　　　　家事審判　五三万三六〇〇件
　　　　　　　　　　民事調停　四四万件＊
　　　　　　　　　　家事調停　一七万九〇〇〇件＊
　　高裁通常訴訟既済事件のうち、判決　九五〇〇件（欠席判決を除く）
　　　同　　　　　　　裁判上の和解　五四〇〇件＊
　　地裁通常訴訟既済事件のうち、判決　四万四七〇〇件（欠席判決を除く）
　　　同　　　　　　　裁判上の和解　五万一三〇〇件＊
　　簡裁通常訴訟既済事件のうち、判決　一万一〇〇〇件（欠席判決を除く）
　　　同　　　　　　　裁判上の和解　二万九〇〇〇件＊
裁判所以外のＡＤＲ——③（②は極めて少ない）　一万五〇〇〇件（推定）

民事調停の不調により民事訴訟に移行する事件や、下級審の判決に対する上訴の後に上級審で和解する事件などがあるので、事件数を単純に見ることには問題があるが、おおよその傾向として、＊印の事件は、仕事としてＡＤＲに適する事件として数えることができるであろう。したがって、ＡＤＲに適する事件の圧倒的多数は、裁判所が扱っていることが分かる。すなわち、以上のことからはっきり見えるのは、裁判所が、本来ＡＤＲで行うべき仕事まで引き受け、ＡＤＲを覆い尽くしているという姿である。ＡＤＲの最も基本的な理念は私的自治であるが、これは、ＡＤＲの基本的理念である私的自治を国家の統治権のひとつである「司法」が飲み尽くしている構図である。

このことを実務的平面から見て別の表現をすれば、裁判所の負担が過剰になっているということである。この基本的理念と実務的平面の双方を視野に入れれば、裁判所の負担を軽減しつつ、私的自治の理念を実現させる地平が見えてくるはずである。(3)

（1）草野・前掲書『和解技術論』六頁
（2）その例として、本書一四七頁〜一四八頁のノナ由木坂事件。
（3）その具体的方策を模索し、民事調停制度の抜本的な改革を提言したのが、廣田・前掲書『民事調停制度改革論』であるが、本節は同書から引用した部分が多い。

5　ＡＤＲの制度的特質

裁判外紛争解決（ＡＤＲ）の現状については以上のとおりであるが、これからＡＤＲの特質などの内容的側面に検討を加えることにしたい。

ＡＤＲの制度的特質については、小島武司教授が要領よく整理されているので、それに従ってその要点を紹介する。(1)

まず、一般的特質としてあげられるのは――

第一に、インフォーマリゼイション。これは、訴訟手続の持つフォーマリティーを緩和し、より柔軟で簡易な手続を導入することで、アクセスの容易化と手続の迅速化、低廉化をはかろうとする傾向を言う。

第二に、ディリーガリゼイション。これは、実体的基準の非法化傾向を言う。すなわち、ＡＤＲにおいては、実体法以外の規範に基準を求めることも可能であり、また、法的基準によるとしても、その解釈や適用の一層の弾力化が可能になる。

第三に、ディプロフェッショナリゼイション。これは、裁判官や弁護士という法律専門家以外の者の関与を厳格に禁止しないことを言う。その結果、特殊な専門分野における知識や経験を駆使して紛争を適切に解決することが可能となる。

第四に、プライヴァティゼイション。ＡＤＲにおいては、民間機関がその設営者として広く参入してくる傾向が認められる。

そして、ＡＤＲの個別的特徴としては――

第一に、手続の簡易柔軟性。ＡＤＲにおいては、手続は、より簡易かつ柔軟なものになる。柔軟で臨機応変な手続運営は、一般に無駄が少なく、簡易で低廉なものになる。

第二に、手続・解決内容の非公開。裁判が公開原則に従うのに対して、ＡＤＲの手続及び解決内容は非公開とされている。知的財産権や営業秘密にかかわる紛争において秘密保持は必須の条件であり、また、プライバシーや名誉なども重要な保護利益であるが、ＡＤＲでは、これらを保護しつつ紛争を解決することが可能となる。

第三に、手続の迅速性。手続が重装備で、他の事件との日程調整も必要となる訴訟の場合は、遅延が生じがちであるのに比べ、ＡＤＲでは、事件の輻輳に影響されることが少なく、一つないし少数の手続に焦点を絞った集中的処理が可能である。

第四に、一審性の原則。ＡＤＲにおいては、一般に審級を重ねることがなく、原則は一審限りである。したがって、審級性（わが国では三審制）をとる訴訟手続と比べて、迅速・低廉な事件処理が行われやすい。

第五に、専門性。当事者主導による手続運営が認められるＡＤＲにおいては、その担当者を法律家に限らず事件の性質に応じ幅広い範囲から選ぶことができる。そこで、各専門領域のエクスパートを選ぶことで、専門・技術的な事件を適切に判断することのできる態勢を整えることがより容易である。

第六に、解決基準の弾力性。実体法の厳格な拘束下にある訴訟に対し、ＡＤＲにおいては、実体法の基準性が緩和され、広く条理にかなった解決基準が採用される。そこで、実体法の適用によるオール・オア・ナッシングの解決によることなく、紛争の実情に即した統合的な解決がもたらされる。

第七に、手続の非国家性。訴訟が国家司法権の作用であるのに対し、ＡＤＲはあくまで私人による解決が中心である。したがって、国家の主権の及ぶ範囲を超えて機能することが可能であり、国際性に秀でている。このことは、近時のグローバリゼイションの進行に伴って増加した国際取引を巡るトランスナショナルな紛争の解決、さらには国境のないインターネット上の紛争の解決などに関して、とりわけ重要である。

第八に、国際的ハーモナイゼイションの可能性。各国は、それぞれ独自の法律制度を有しているが、大局的にみれば、主権国家の枠を超えた分類が可能である。この分類が長い歴史の中で形成されてきた法族、法圏ないし法家族であり、このうち、コモン・ロー法族とシヴィル・ロー族が際立った違いを示している。ＡＤＲも、各国の法族や法文化による影響から自由ではない点で訴訟と同じであるが、合意を基礎とする手続の柔軟性や解決基準の弾力性などからして、手続的調和モデルの創造がより容易である。

以上、小島教授の著述を要約させていただいたが、ＡＤＲの特質が実によくまとめられている。

（1）　小島武司『ＡＤＲ・仲裁法教室』（有斐閣、二〇〇一年）七頁〜一六頁

6　ＡＤＲの必要性と歴史的意義

では、裁判外紛争解決（ＡＤＲ）が今、なぜ必要とされるのだろうか。それは、小島教授が整理された一般的特質や個別的特徴を使って紛争解決をはかるニーズが増大したからである。そして、その深奥には、前章第二節の「和解の歴史的意義」で述べた事柄があり、[1] それらがそのままＡＤＲの必要性を切実にしているのである。したがって、重複することになるが、和解の歴史的意義で述べたことをＡＤＲに置き換えて、その要旨をまとめて

おくことにしたい。

第一に、社会、経済の複雑化、価値観の多様化、規範の相対化・崩壊現象という極めて現代的な問題に対しては、従来の訴訟を中心とする紛争解決システムだけでは対応することができなくなってきた。そこで、新しい紛争解決システムが模索されるようになり、ＡＤＲの重要性が人々に認識されるようになってきたのである。

第二に、規制緩和、自己責任の潮流は、自分の紛争は自分で解決せよという法現象をもたらした。すなわち、当事者の合意に基づいて、紛争を適切に解決するＡＤＲの重要性が認識されるようになったのである。

第三に、民事の紛争はもともと国家権力に関係のない私人間の争いであるから、その解決は当事者自身に委ねる方が望ましい。その私的自治を促進する方法として、ＡＤＲの必要性が強調されるようになってきたのである。

第四に、ＡＤＲは、法の支配のためにも必要とされる紛争解決システムである。すなわち、訴訟は半数の勝者と半数の敗者をつくるが、ＡＤＲでは原則として勝者も敗者も存在せず、自らの納得のもとに解決するのであるから、すべての当事者が法を自分のものにすることが可能になる。そして、その方がはるかに「法」は浸透し、法の支配はよりいっそう貫徹するようになる。

第五に、循環型社会の形成のためにも、ＡＤＲの紛争解決システムは有用である。すなわち、訴訟は、法の違反者にサンクションを与えるための有権力の行使であるから、当事者間の関係が遮断されてもやむを得ないとされているが、ＡＤＲの目は将来に向けられているから、重視されるのは当事者間の関係の改善である。ＡＤＲの理想的な姿は、当事者が十分に主張し、相手方の主張を聞き、紛争を解決することによって、相互に相手方を認め、自己に力をつけるところにある。この循環型社会の形成に見合ったＡＤＲの紛争解決システムが必要とされていることについては、多言を要しないであろう。

ここで、ＡＤＲの論理構造にも言及しておく必要がある。ＡＤＲの論理構造も前章第三節**3**の「訴訟の論理構造と和解の論理構造」で述べた和解の論理構造と同じである。(2) したがって、その部分の「和解」とあるところを

「ＡＤＲ」という言葉に置き換えればよいことになるが、訴訟とＡＤＲとの論理構造の相違は、そのままＡＤＲの論理構造を使用して紛争を解決したいというニーズに繋がるので、ここで、訴訟とＡＤＲの仕様上の相違点の結論部分を整理しておきたい。

仕様の第一は、訴訟は原則として一〇〇対ゼロの勝ち負けという形で結果が出るが、ＡＤＲでは一〇〇対ゼロの勝ち負けという形ではなく、当事者双方の権利に相応する解決をはかることができる。

仕様の第二は、訴訟は原則として出口が一つであるが、ＡＤＲには一〇〇対ゼロの解決に限らず、それ以外に多様な出口がある。

仕様の第三は、訴訟は、請求権を構成する要件事実、それに対する抗弁、その抗弁に対する再抗弁……という形で判断が行われるが、ＡＤＲにはこのような組み立てがなく、仕切りの壁を取り払って総合的に判断することが可能になる。

仕様の第四は、訴訟は、要件事実に該当するか否かの判断が中心で、法の定める要件―効果という論理の道筋に拘束されるが、ＡＤＲはそのような道筋に拘束されず、さまざまな事情を考慮して解決することができる。

仕様の第五は、訴訟の論理構造は三段論法であるが、ＡＤＲは三段論法にこだわらず、最終提案仲裁などさまざまな試みがなされている。

仕様の第六は、訴訟は因果関係に従うが、ＡＤＲでは因果関係にこだわらずに、例えば共時性の原理を使って解決することができる。

仕様の第七は、訴訟は近代私法の基本原則である自由意思の上に成り立っているが、ＡＤＲは潜在意識や無意識に配慮し、それを意識化することによって解決することができる。

仕様の第八は、訴訟は請求権という形になっていなければ扱うことができないが、ＡＤＲは、まだ請求権という形になっていない場合でも対応することができる。

留意すべきことは、これらのＡＤＲの論理構造を使って紛争を解決することが、これまでに述べたＡＤＲの必要性と嚙み合っていることである。そして、ＡＤＲについて考察をするときには、前述の制度的特質、必要性、歴史的意義や、後述の基本的理念などを総合して理解する必要があるということである。

（1） 本書二四一頁～二四六頁
（2） 本書二五三頁～二六五頁

7　調停技法の発達

ＡＤＲの必要性に言及したので、最近の調停技法の発達にも触れておかなければならない。

社会、経済が複雑になり、権利関係が錯綜する一方で、人々の権利意識が高くなってくると、民事調停法一条にいう「互譲」だけでは、紛争を解決することが難しくなった。まして「妥協」を迫るだけでは、当事者が満足しなくなったことは当然である。人々の「適切で納得のできる紛争解決をしてほしい」というニーズにこたえるためには、それ相応の技法が発達することが必要である。すなわち、ＡＤＲの充実、発展と技法（とりわけ調停技法）の進歩とは切り離すことができないのである。逆に言えば、技法の進歩なくしてＡＤＲが充実、発展することはあり得ないということになる。

調停技術の発達、進歩に関しては、近時めざましいものがある。そのいくつかを、ここで概観しておきたい。

最近アメリカの調停実務のうえでは、調停の技法を、evaluative（評価力のある）、facilitative（助成力のある）、transformative（変容力のある）の三つに整理し、評価的な調停から助力的な調停あるいは変容的な調停を重視する方向を示してきた。

すなわち、従来の調停は、調停人が当事者の主張や行為を評価し、そのイニシアチブのもとで調停案を示すなどの説得をし、和解にこぎつけていた。これがevaluativeな調停といわれるものである。

この技法は、効率性は高いが、当事者の真の納得に到達できないことがある。その反省のもとで発達してきたのが後二者の技法である。すなわち、後二者は、調停人が指図したり、評価したり、説得することをせずに、調停を当事者の言いたいことを言う場にして、当事者が自ら解決する方向を目指す手法である。facilitativeな調停は、当事者双方が自らの意思によって解決に達することを助力する技法である。これに対して、transformativeな調停は、当事者が自己の能力を高め（empowerment）、相手方に対する認識を深める（re-cognition）ことによって変容することを理想としている。(1)

もとより、事案によっては未だ評価的な調停が必要なこともあるだろう。しかし、助力的な調停、変容的な調停が意識され、現実に実践されることによって、調停のキャパシティは格段に大きくなったと言ってよいだろう。

また、同席調停を促進すべきだという意見も盛んになってきた。(2)

従来わが国では、交互方式あるいは個別方式（コーカス）と言って、調停人は当事者の片方ずつから交互に事情を聞き、調停をすすめることが普通であった。しかし、交互方式では当事者は相手方が何を調停人に話したかが分からず、調停人が偏った情報で心証を形成する危険性がある。また、交互方式では、ときには当事者が調停人を説得しなければならなくなったり、ときには調停人が当事者を無理矢理説得したりするので問題がある。さらに、当事者が対話をすることによって相互理解と解決促進をするのが真の合意に到達する道であるから、当事者双方の同席のもとで調停をすすめるべきである、というのが同席方式あるいは対席方式論の主張である。

これに対して、交互方式あるいは個別方式論は、調停人が親身になって個別に当事者の主張や事情を聞くことが望ましく、それによって当事者から本音を聞くことができて、それが解決を促進するのだと言うのである。また、同席方式では、当事者の力関係に左右されるばかりか、無口な人や対話の上手でない人が不利になって、かえって不公平になると主張する。

欧米では、公正性、中立性を重視して、同席方式へのこだわりが強い。しかし、わが国では、効率性を重視して、交互方式を支持する人も多い。

ところが、最近では、欧米が交互方式を一部取り入れ、わが国でも同席方式にウイングを伸ばし、いずれも調停技法の能力を高めている傾向を見ることができる。すなわち、ケース・バイ・ケースで、双方の利点を使って解決する志向が高まってきたのである。

もう一つ、これは私が提唱していることであるが、当事者の主張を徹底的に聞いたうえで、言葉で構成されている事実関係や紛争解決規範をいったん細分化（ミクロ化）することによって評価的な部分を削ぎ落とし（中性化し）、その細分化された言葉を再構成して、当事者の合意を引き出すという技法がある。この技法を調停で使用すれば、調停のキャパシティは一層大きくなるが、これについてはすでに述べたのでここでは繰り返さない(3)。

しかし、第六章の「紛争解決規範」や第七章の「紛争解決の技術」で述べたことは、調停技法を高めることに重なるものであることを注記しておきたい。

ところで、これらの調停技法は、一見相違があるように見えるが、その目標としているところは共通している。それは、当事者が調停を経験することによって何かに気づき、自己の変容を通して紛争後の生活や企業活動の役に立てる、ということである。

したがって、これらの調停技法の発達は、たんに技術上の問題にとどまっているのではない。また、調停の容量を大きくしているだけではない。それは、そのことによって、調停の理想、いや調停だけではなく、紛争解決の理想の姿を視野にとらえることを可能にしたということである。

その理想の姿とは、一体何なのだろうか。

調停は、当事者が紛争解決の過程で蘇り、その経験を獲得して事後の生き方に役立てることを理想としている。真の納得もとで紛争状態を脱した人が、生き返ったような清々しい気持になるのは、その境地に達したからである。すべての調停がこの通りになるわけではないが、そのような理想の境地に達することがあり得ることを意識して、そこに到達することを目指したいものである。

これを社会的に見るならば、訴訟が公権力による裁断型社会を構想するのに対し、調停は私的自治に基づく自律型社会を構想すると言うことができるであろう。

（1） Robert A. Baruch Bush & Joseph P. Folger『The Promise of Mediation』(Jossey-Bass,1994) p.84
（2） 井垣康弘「同席調停の狙いと成功の条件」(井上治典・佐藤彰一共編『現代調停の技法～司法の未来～』判例タイムズ社、一九九九年)
（3） 本書一八六頁～一九三頁

8 仲裁の制度設計

調停と並ぶＡＤＲのもう一つの柱、仲裁について考察をすすめることにしよう。

前述のとおり、仲裁は、形のうえでは訴訟に近い構造をしている。すなわち、両当事者は対立構造に立っていて、その真ん中に裁定者である仲裁人が存在する。この構造を重視すれば、仲裁制度は訴訟制度に近いものになり、現に訴訟との類似性が極めて高い仲裁制度も存在する。

その場合に、訴訟とどこが違うかと言えば、仲裁合意をすることと、当事者が仲裁人を選ぶことができることである。すなわち、この二点に私的自治を重んずるＡＤＲの特徴が生かされているということになる。

したがって、当事者が選ぶ仲裁人による裁定という特徴を重視して制度設計されているＡＤＲが存在する。その多くの例を、国際商事関係の紛争を扱うＡＤＲ機関に見ることができる。しかし、ＡＤＲ機関によっては、名簿に登載された仲裁人候補者の中から機関が仲裁人を選定すると定めているものがある。この場合には、仲裁人を選ぶというメリットはなくなるが、その分だけ手続が簡略になる。

また、何に準拠して仲裁を行うのかという議論があり、大別すると、①法によるべしというものと、②法だけでなく、善と衡平によることもできるというものと、(1)③すべての紛争解決規範によることができる、という説がある。

仲裁の構造を訴訟に近似するものとし、準拠するものに①説を採ると、その仲裁システムは訴訟に非常に近いものになる。

しかし、仲裁システムを訴訟の他に設けるメリットを伸長させるならば、その守備範囲を広げる工夫が必要になる。要するに、仲裁で何をするか、何ができるかということは、その目的に沿った制度設計をすることによって決まるということになる。

そこで、訴訟に近似した仲裁システムの枠を徐々に広げる方法で、この考察を進めることにしよう。

まず、仲裁の入口の枠を広げてみよう。

例えば、第三者の参加、管轄などを柔軟に設計するだけで、相当のことができるようになる。また、請求権という権利になっていないトラブルを扱うことにすれば、紛争の態様のうえでも枠がひろがる。この二つを抱き合わせにすると、例えば、広範囲の土地にまたがる再開発の問題について、土地所有者、借地人、借家人、担保権者、デベロッパー、金融機関、近隣関係者等を、一堂に集めて仲裁をすることが可能になる。

また、仲裁人の選定や人数を当事者が決めることにしておけば、当事者にとって利用しやすいものになる。

次に、仲裁の内容の枠を広げる。

仲裁の枠を広げるときに重要なことは、将来志向型あるいは権利関係創設型に仲裁システムを設計することである。そのことによって、過去志向型の訴訟システムとは違う役割を果たすＡＤＲをつくることができる。これに関連することは、例えば、割合的認定を可能にすること、当事者の事情を加味して履行方法を工夫すること等々、さまざまな方法を導入することである。また、三段論法や因果律にとらわれない柔軟な発想で、将来の生活設計、企業活動を睨んで解決をすることも可能になる。

内容の枠を広げれば広げるほど、使用される規範の範囲も広げなければならない。そして、行き着くところは、すべての紛争解決規範ということになるのではないだろうか。

さらに、出口を広げよう。

ここでは、前述の借地人が借地権を金銭に換えたいときに、多様な出口を用意するという例が参考になるだろう（二五八頁〜二六〇頁）。このようなことができるように仲裁システムを設計するのか、できないように設計するのかは、当事者の利便性のうえで大きな違いがでてくるのである。

そして、システムそのものの枠を広げるというテーマもある。

その一つは、調停との連携である。調停と仲裁との連携は、枠組みとしてはミーダブとしてとらえることができるが、弁護士会の仲裁センターなどの実務のうえでは、すでに当然のこととして実践されている。

調停と仲裁を連携させたときに、担当した調停人が仲裁人を兼ねることができるかということも、世界的なテーマになっているので、このことについて付言しておきたい。

欧米では、公正性、中立性を重視して、調停人が仲裁人を兼ねることを禁ずることが常識になっている。例えば、アメリカ仲裁協会（AAA）の規則では、調停人と仲裁人は兼ねることができず、仲裁人が仲裁をしているときに、同時並行で別の調停人が調停をすすめることがあるという。

しかし、東洋、例えば中国やわが国では、従前からの調停人（あるいは仲裁人）との信頼を重視して、調停人と仲裁人は当然兼ねることになっており、仲裁から調停に移行するときに交替する定めがないADR機関が多い。

これは文化的な相違などによるものと考えられるが、一長一短があって、どちらが正しいといちがいには言えない。紛争によって、あるいは審理の内容によって、もしくは調停人（仲裁人）の資質や能力によって、そして当事者の意思によって、さまざまなヴァリエーションがある。

興味があるのは、この問題に関しても、東西の交錯があらわれてきたことである。すなわち、欧米系の香港の仲裁法等は、調停人と仲裁人は兼ねることができないことを原則とし、当事者の同意があるときに限って兼ねることができることになっている。一方、わが国の日本知的財産仲裁センターの手続規則では、調停人は仲裁人を兼ねることを原則とし、当事者の要求があったときに交替すると定められている。(2)

これらのことを背景にして、調停と仲裁の連携についていろいろな試みがなされている。例えば、十分な審理を経たうえで仲裁人が仲裁判断書を書き、それを封印して机上に置く。こうして仲裁人としての義務と地位から解放された後に、当事者に仲裁判断書を交付する前に調停をする意思の有無をたずね、当事者が調停を希望すれば、そのまま同一人が調停人として調停をすすめる。そのような方法で調停を成立させた例も報告されている。(3)

いずれにせよ、人々のニーズにこたえるために、適切な制度設計をすることが大切である。

もう一つ最後に、仲裁機関と裁判所との連繋について考察しておきたい。

仲裁制度が発達すると、仲裁にふさわしい事件は仲裁機関へ、訴訟にふさわしい事件は裁判所へと、相互に事件を移送することが考えられる。すでにそのようなことをシステム化しているアメリカのような例もある。またわが国でも、裁判所の勧めによって弁護士会の仲裁センターに事件が申立てられるケースも出てきた。

さらに、仲裁システムの中に、保全処分ができるようにすることもあり得るし、仲裁判断だけで強制執行をすることができるようにするシステムも考えられる。(4)

以上のように、仲裁は、制度設計の問題に大きな比重がかかっている。

今後ＡＤＲに対するニーズが増大することを思えば、制度設計の着地点をどこに置くかはともかくとして、スケールの大きな視野を持っておきたいと、私は考えている。

（1）　仲裁法三六条一項には、「仲裁廷が仲裁判断において準拠すべき法は、当事者が合意により定める」となっているが、同条三項では、当事者双方の明示の求めがあるときは、衡平と善により判断するものとされている。
（2）　仲裁法では、当事者双方の書面による承諾を要件として和解に移行する（同法三八条四項、五項）。
（3）　ヘイグ・オヒガン著・大塚正民訳「調停と仲裁とを組合せた紛争解決方法：まだ仕掛品の段階？」（『ＪＣＡジャーナル』四九巻四号一八頁）
（4）　暫定措置または保全措置については仲裁法二四条、執行については同法四五条、四六条に定められている。

9　ＡＤＲに対する批判とその対応策

これまでさまざまな角度からＡＤＲについて考察を進めてきたが、ＡＤＲに対しては傾聴すべき批判があり、またネックもあるので、以下にそれらの批判とネックを紹介し、併せてそれらに対する対応策を検討する。

ＡＤＲに対する批判の第一は、ＡＤＲは、憲法に定められている「裁判を受ける権利」（憲法三二条）を奪うというものである。

この批判には、ＡＤＲに対する誤解がある。すなわち、裁判所が国の機関として今なお重要な役割を果たしていることは事実であり、ＡＤＲを推進すべきであるという論者も、そのことを前提にしている。

憲法三二条にいう「裁判」とは、民事裁判に限定すれば、当事者間の紛争に法を適用して勝ち負けを決めることであり、裁判所の判断には強制執行という物理的強制力が裏打ちされている。これに対し、ＡＤＲは当事者の意思によって開始される。そして、当事者の合意を基本にした私的自治が原則である。

したがって、当事者がＡＤＲを選択したくなければ、裁判を受ければよいのであるから、ＡＤＲが裁判を受ける権利を奪うことは、本来ありえない。要は、訴訟にふさわしい事件は裁判所へ、調停、仲裁にふさわしい事件はＡＤＲへという選択が、誤りなく行われればよいということである。

しかし、ＡＤＲを前置したり、仲裁合意を強要されたりして、事実上裁判を受ける権利が奪われることはありうる。(1) 前者に対しては、ＡＤＲを設計するときに、一定の段階で（あるいは一定の要件のもとで）訴訟に移行することを折り込むことによって対応ができる。また、後者に対しては、強要されて締結した仲裁合意を無効にしたり、取消可能にする法制度を整備する必要がある（消費者契約に関しては、仲裁法附則三条の定めがある）。

批判の第二は、調停人や仲裁人に法律や専門知識がなく、誤った判断をする危険が多いこと。

批判の第三は、逆に調停人や仲裁人が法律や専門知識ばかりをふりかざして、不適切、非常識な判断をすること。

批判の第四は、協調を重視するあまりに、当事者に無理な妥協を迫り、公平さや法律が軽視されること。

これらの批判は、調停人、仲裁人に人を得なければこのような危険に陥るということを示唆していると同時に、現実にこのような事実が発生しているという指摘でもある。

もし、これらの批判を受けるようなことばかりをしていると、ＡＤＲは衰退するであろう。したがって、これらの批判を謙虚に受けとめ、それを乗り越えてゆく対応策を備えることが必要である。

その対応策は一言で明示することができる。それは、調停人、仲裁人に人を得ることである。

しかし、これは奥が深い。

まず、法律家であるが、わが国の法律学の体系は、権利義務を定めた実体法と訴訟のやり方を定めた手続法で組み立てられており、学生は専らそれらの法律を解釈することを学び、裁判官や弁護士になった後は、それを使って訴訟をすることを主な仕事としている。したがって、当事者の合意に基づいて解決を見出してゆくトレーニングは、まったく受けていない。

次に、専門家であるが、現在わが国の裁判所における調停委員（民事、家事）の専門職は、弁護士を除けば、不動産鑑定士、司法書士、税理士、医師・歯科医師、建築士、土地家屋調査士、公認会計士、行政書士、社会保険労務士となっている。ＡＤＲが充実するに従って、これらの専門職に負うところがますます多くなるであろう。また、この他に弁理士、技術士、カウンセラーなどが調停人、仲裁人として参画する必要がある。

しかし、専門職としての能力と、調停人、仲裁人としての能力とは別のものである。調停人、仲裁人としての能力を身につけるためにはトレーニングが必要であるが、わが国の場合には、以上の専門職が調停人や仲裁人になるためのトレーニングを受けていないことは確かである。

また、法律家や専門職でない一般の市民の中に、調停人、仲裁人としてすぐれた資質を持っている人は存在するし、さまざまな人生経験や市民感覚を生かして調停、仲裁をすることは望ましいことであるが、この場合にも、トレーニングを受けることは必要である。

以上のことから、第二〜第四の批判に対しては、調停人、仲裁人に人を得ること、具体的には、初期の段階から調停、和解、仲裁のための教育過程を組むとともに、調停人養成、仲裁人養成のトレーニングについて、その手法を確立すること、継続訓練を可能にする機関を設けること、そして、調停人、仲裁人が調停、和解、仲裁の精神と技法を徹底的に身につけること(2)——これが対応策に他ならない。

社会が複雑になり、権利や利害が錯綜し、人々の自己主張が強くなると、本来ならば、紛争解決のニーズは、訴訟からＡＤＲへと移行するはずである。そして、その方が成熟社会、法化社会、規制緩和に時代にふさわしい。しかしわが国では、訴訟からＡＤＲへの移行が緩慢である。

それは何故なのか。

その理由はいろいろ考えられるが、ＡＤＲがまだ弱体であること、ＡＤＲの特徴や利点が人々や企業に知られていないこと、「お上」を尊重する国民性のために自分たちで紛争を解決することに馴れていないこと、などがよくあげられる。

しかし、もっと具体的なネックがあるに相違ない。そこで、そのネックを考察し、それに対する対応を考えておきたい。

ネックの第一は、訴訟に時間と費用がかかることを利用すれば、少々悪いことをしても、「文句があるなら訴えてみよ」という態度をとることができることである。

言われた方は諦めるか、時間と費用を負担して訴訟をするか、苦しい選択をしなければならない。言った方は負けてもともとであるが、まかり間違って裁判官が勝たせてくれたら儲けものである。また、訴訟はシステムがうまく作動しなかったり、裁判官がたまに間違えることがあるので、万一の間違いをあてにして訴訟を起こすこともある。

これが訴訟を巡る力学の病理的な側面である。

もしADRが発達し、ADRにおいて紛争を解決する風潮が一般化したら、訴訟の病理的力学を利用したい勢力にとっては具合の悪いことだろう。また、ADRを人々や企業が盛んに利用するようになれば、その分裁判所の仕事が軽減し、訴訟は迅速で間違いの少ないものになるだろう。そうなれば、病理的力学を利用したい勢力にとっては、ますます不都合である。

意識するか意識しないかにかかわらず、現在の訴訟制度の方が都合よく、このまま温存したいという勢力――これがADRの発達を阻害する大きなネックになっている。

これに対応するには、裁判所の負担を軽減させ、迅速で間違いのないシステムを構築することであるが、そのためにも、ADRを発達させ、充実させるという元の地点に戻ることになる。

ネックの第二は、公正性、中立性に対する信頼である。

ADRの一つの理想的なイメージとして、当事者が仲間うちで解決する姿が浮かんでくる。日本海運集会所の理念はそのようなものであるし、アメリカ仲裁協会（AAA）の発足の動機もそのようなものであった。

ところがわが国では、国家の機関でなければ「公」でないと考える向きがある。すなわち、「公」の権威がなければ、公正性、中立性が確保できないと思い込んでいるのである。

この点については、調停人や仲裁人に公正性、中立性の意識を徹底させたり、能力の向上をはかったりして、息長く取り組まなければならないが、国民性や文明論も絡んでくるので、難しい問題である。いずれにせよ、肝腎なことは、実績を積み重ねることによって、ＡＤＲの公正性、中立性に対する信頼を深めてゆくことである。

しかし、具体的な方策を立てることによって、このネックをクリアすることも必要である。例えば、職業調停人、職業仲裁人をつくることである。とくに、知的財産権の分野では秘密の保持が不可欠な要素であるが、職業調停人、職業仲裁人ならば、万全に秘密保持をはかることができ、実質的にも形式的にも、公正性、中立性が確保できる。

ネックの第三は、弁護士の意識である。

弁護士がＡＤＲを利用するようになれば、ＡＤＲに対するニーズは格段に飛躍するはずであるが、弁護士は、ＡＤＲをあまり利用しない。わが国の多くの弁護士は、紛争があればまず訴訟、と思考がロック・イン（固定）されていて、ＡＤＲの方には目を向けない傾向がある。その理由はいろいろあるだろうが、訴訟をすることによって生計や事務所を維持するというやり方を長年続けてきたことが主要な原因であると思われる。

なお、弁護士法七二条は、弁護士でない者が法律事務を扱うことを禁止しているが、ＡＤＲに関しては、弁護士法七二条の制約を解放することが必要であると考える。すなわち、人々や企業のニーズがＡＤＲの方に向かっていることは明らかであるから、弁護士はＡＤＲの門戸を開き、その発展とともに生きてゆく方に意識を切り替えるべきである。その方が紛争解決のキャパシティが全体的に大きくなり、弁護士の職域も広がるのではないだろうか。

以上のとおり、ＡＤＲには批判やネックがあるが、その対応策を講じることによって、批判やネックを克服することは可能であると思う。そして、それを実現させるためにも、今一度ADRの基本的理念に立ち戻って、確固とした意志をかためておく必要がある。

(1) とくに仲裁合意があるときの妨訴抗弁(仲裁法一四条一項)が問題になる。なお、妨訴抗弁については、小島武司『仲裁法』(青林書院、二〇〇〇年)一二四頁～一三一頁。

(2) 調停人、仲裁人のトレーニングに対する基本的な考え方については、廣田・前掲書『民事調停制度改革論』一八五頁～一九四頁参照。

10 ADRの基本的理念

ADRの基本的理念を考察するにあたって、最初に発せられるべき問は「ADRは司法の範疇に入るか否か」というものでなければならない。

ところがわが国では、裁判所における調停が盛んに行われている。そのために、わが国におけるADRの代表として、簡易裁判所と家庭裁判所における調停を筆頭にあげる学者も少なくない。また、裁判上の和解によって終結する事件も多い。前に述べたとおり、地裁通常訴訟既済事件のうちでは、欠席判決を除けば、判決で終結する事件よりも、裁判上の和解で終結する事件の方が若干上回っているのである(簡裁通常訴訟既済事件のうちでは約二倍に及んでいる)。このように、訴訟とADRが合体している現状を見ると、司法制度改革を論ずるときに、同時にADRが視野に入ってくることはあまりにも当然のことであるから、ADRが本来司法の範疇に入るか否かなどということは、問題意識の中に入ってこないのかも知れない。

しかし、この傾向は、ひとりわが国に限ったものではない。典型的なものとしてアメリカの例をあげると、一九九〇年に民事司法改革法が成立して、各連邦裁判所にADRの利用の検討が求められ、ADR促進の下地ができた一九九八年に、連邦裁判所法の一部改正という形でADRの利用検討を義務づける法律が発効した。[1] 訴訟とADRの合体という地点からスタートしたか否かという点では相違があるが、ADRが訴訟と関連づけられて、その利用が司法制度改革の一角をなすものとして位置づけられることは、現今の一般的傾向であると言えるであろう。

このことは、ADRの本来の姿を、「司法」の中に埋没させてしまうという結果をもたらしている。そのために、ADRの基本的理念を見失わせ、ADRと言えば、訴訟と比較して迅速、低廉だと強調する便宜論、功利論や効率を重視する技術論にとどまらせているのである。

したがってこれまでは、ADRが司法の範疇に入るか否かということを曖昧にしたまま研究が行われ、実務が行われていたのである。もう少し、大きな視野に立って言うことが許されるならば、「ADRとは何か」という本質が、未だかつて、ほとんど問われたことがなかったのである。

これはすなわち、ADRの基本的理念をしっかり掌握しないで、研究や実務が行われていたことを示すものであって、これではADRはいつまでも発展しない。なぜならば、基本的理念のよさを深く理解してはじめて、その基本的理念に沿ってADRを発展させようというエネルギーが湧き、またそのエネルギーを集約させることができるからである。したがって、基本的理念の理解が浅いときには、仮りにある程度ADRが普及しても、早晩限界が見えてくる。それればかりか、ADRに対する必要性が確実にあるにもかかわらず、ADRがそのニーズにこたえることができないで、社会における全体の紛争解決システムがいつまでも機能しないまま放置されることになってしまうのである。すなわち、紛争解決システムの改革は、ADRの基本的理念の理解からスタートするのだと、まず銘記しなければならないのである。

では、ADRは、司法の範疇に入るのか？

答えは、「否」である。

ＡＤＲの基本的理念は、当事者の意思と責任で紛争を解決する私的自治である。そして、私的自治の原則は近代私法の柱であるから、民事の紛争、すなわち私人間の争いは、本来は国家権力の介入なしで解決すべきものである。少なくとも、国家権力の介入なしで解決する方が望ましい。

言うまでもないことであるが、ここで「私人」というのは、個人だけでなく、企業その他の団体も含まれる。すなわち、法的主体性を持った個人及び法人その他の団体である。法的主体性を持っているのであるから、ここに登場する紛争当事者は、自己の意思と責任で紛争を解決するというレベルでは対等であることが前提である。

この法的主体性を持った個人及び法人その他の団体を、「法的主体」と言うならば、私的自治のもとでは、これらの法的主体は、通常の社会生活、企業活動等の中では、自己の意思と責任で各自がものを所有し、他者と契約をして、生活や活動を営んでいる。しかし、法的主体の存在自体が脅かされたり、私的所有が侵害されたり、契約が破られたりすると、そこに紛争が発生する。その紛争に対して、相対交渉によって解決したり、第三者の調停によって和解したり、第三者を選んで仲裁判断を引き出したりすることによって、もとの紛争のない状態に回復することは、私的自治の分野に属することであって、ここまでのところは、国家権力の力を仰ぐ必要はない。このようにＡＤＲは、法的主体の私的自治の分野をサポートする紛争解決システムであるから、本来司法とは関係のないものである。

ではいったい、司法とは何であろうか。

前にも述べたとおり、司法の決定的なメルクマールは、国家が私人間の紛争に介入して勝ち負けの判断を下し、最終的には物理的強制力を発動するところにある。なぜ私人間の争いに国家が介入することになったのかと言えば、言うまでもなく、法の違反者に対してサンクションを与えて、法秩序を回復することが国家として必要なことだからである。すなわち司法は、立法、行政と並ぶ国家の統治権の柱だということである。

司法（この場合は民事訴訟）について以上のことを強調すると、当然反論が予想される。すなわち、訴訟についても、紛争解決のサービスシステムであるという考えが浸透してきたという反論である。確かにそういう側面はあるが、その多くは、裁判上の和解を抱き合わせにして論じたものであると思われる。あるいは、そのサービスは、審理の促進や文書提出命令等の手続に関して論ずるものであって、民事訴訟の本質に関するものではない。「近代」という源泉から発生した源流は二つあり、一つは国家統治権の流れであり、一つは私的自治の流れであることについては、第一章第四節で述べたが、[2] この二つの源流は下流に行くに従って、前者は現在の司法という形になり、後者はＡＤＲなどの紛争解決システムという形になってきた。

しかし、わが国のＡＤＲが「司法」の中に大きく取り込まれていることは、前述のとおりである。これは一つの提言になるが、基本的理念の相違に着目することによって、ＡＤＲを司法から切り離し、ＡＤＲを本来の位置に移動させることが、紛争解決システム全般を向上させるために必要ではないかと思われる。

（1）　稲葉・前掲論文「アメリカの連邦裁判所におけるＡＤＲの現状と課題（一）～(四)」、古閑裕二「アメリカ合衆国における民事司法改革（上）（下）―― Civil Justice Reform Act of 1990を中心として――」（『法曹時報』四五巻一一号、一二号）、三木浩一「アメリカ合衆国連邦地裁における訴訟付属型ＡＤＲ」（石川・三上編・前掲書『比較裁判外紛争解決制度』）、園尾隆司「アメリカの州裁判所における民事訴訟の実情」（『判例タイムズ』九八五号）伊関玄「１９９８年ＡＤＲ法―合衆国裁判所法改正―」（『ＪＣＡジャーナル』四八巻四号）

（2）　二つの源流については、本書一四頁～一七頁

11　ＡＤＲ法制を巡る論議と批判

平成一三年（二〇〇一年）六月に発表された司法制度改革審議会意見書（以下、「意見書」という）には、「裁判外紛争解決手段（ＡＤＲ）の拡充・活性化」という項目が設けられ、[1] その冒頭に「司法の中核たる裁判機能の充

実に格別の努力を傾注すべきことに加えて、ＡＤＲが裁判と並ぶ魅力的な選択肢となるよう、その拡充、活性化を図るべきである」と述べられている。

ＡＤＲに関して意見書が提言していることは多岐にわたるが、それを整理すると、一つはＡＤＲに関する関係機関等の連携強化、もう一つはＡＤＲに関する共通的な制度基盤の整備に分けられる。前者で検討されるべきテーマとしては、総合的な相談窓口の充実、ポータル・サイト（インターネット）の整備、ＡＤＲの担い手に関する情報開示、研修等の充実などがあげられ、後者で検討されるべきテーマとしては、仲裁法制の早期整備とＡＤＲの総合的な制度基盤の整備があげられている。そのうちのＡＤＲの総合的な制度基盤の整備については、いわゆる「ＡＤＲ基本法」の制定をも視野に入れ、時効中断（または停止）効、執行力の付与、法律扶助の対象化を可能とするための具体的要件を検討すべきであるとし、さらに裁判所との手続連携の促進、隣接法律専門職種等[(2)]の活用の検討をすべきであると提言している。

意見書の趣旨に則った司法制度の改革と基盤整備を総合的かつ集中的に推進するために、司法制度改革推進法（平成一三年一一月一六日法律一一九号）が制定され、この法律に基づいて、平成一三年（二〇〇一年）一二月、内閣に司法制度改革推進本部が置かれた。そして、意見書に盛られた検討テーマを具体化するために、一一個の検討会が設けられ、それぞれ一一人の委員が選任された。

ＡＤＲに関する検討会は、仲裁検討会とＡＤＲ検討会の二つであるが、私は後者のＡＤＲ検討会の委員に選任された。

仲裁検討会のテーマは、仲裁法制の早期整備であるが、意見書に「国際的動向を見つつ、仲裁法制[(3)]（国際商事仲裁を含む）を早期に整備すべきである」とあるように、ＵＮＣＩＴＲＡＬ国際商事仲裁模範法や仲裁研究会の仲裁法試案（１９８９年[(4)]）及び仲裁法試案２００１年改訂[(5)]などを参考にして審議が重ねられた結果、仲裁法（平成一五年八月一日法律一三八号）が成立し、平成一六年三月一日に施行された。

ここでは、私が参加したADR検討会の方について、もう少し詳しく言及しておきたい。

ADR検討会の審議は、平成一四年二月から平成一六年一一月まで三八回に及ぶ会合で行われた(6)。ここで議論されたことは、ADRの基本理念、国の責務、時効中断効の付与、執行力の付与等多岐にわたるが、はじめのうちは各論点について協議したり、各団体のヒアリングをしたりしていた。平成一五年に入ってからは、同年七月に予定されていたパブリック・コメントに向けて、その内容をどのようにするかという方向で議論が進められた。そして、同月末に行われたパブリック・コメントの後は、同年末にADR検討会の結論が出ることを司法制度改革推進本部事務局は望んでいたようであるが、主として時効中断効の問題で委員の意見が割れたためにまとめることができず、平成一六年の通常国会に法案を提出することができなかった。

その後、平成一六年四月の第二九回会合で、事務局は突然、認証制度を導入する案を出した。この案は、民間型ADRに限って認証制度を導入し、法務大臣から認証を受けた民間の認証紛争解決事業者が行う手続には時効中断効などの特例を与えるというものである。

私はこの案にただちに反対し、対案を出したが(7)、私の対案については一度も審議することなく、以後はもっぱら事務局案を巡って議論が行われ、最後は各委員の賛否を明らかにしないまま、ADR検討会は終了した（ただし私は反対の意思を表明した(8)）。

そしてこの法案は、平成一六年の臨時国会に提案され、「裁判外紛争解決手続の利用の促進に関する法律」（平成一六年一二月一日法律一五一号）として成立した。

なおこの法律には、認証制度の導入に伴って、一六項目にわたる認証の基準（同法六条）、法務大臣が認証の申請に対する処分をしようとする場合は所管大臣または国家公安委員会と協議したり（同法九条一項）警察庁長官の意見を聴かなければならない（同条二項）等の認証に関する意見聴取（同法九条）、事業報告書を法務大臣に提出する義務（同法二〇条）、法務大臣が報告を求め（同法二一条一項）立入検査をする権限（同条二項）等の規制色の濃厚な条項が定められている。

ところで、前述のとおり、私はこの法律には反対であるが、その主な理由をここに明らかにしておきたい(9)。

第一に、そもそもこの法律のタイトルからして問題である。すなわち、冒頭に「裁判外紛争解決手続」とあるが、一般の人には、何の意味だか分からないであろう。またＡＤＲには、裁判と異なる独自の存在理由があるのだから、裁判を意識するような「裁判」の語も、裁判を上位に置くような印象を与える「裁判外」の語も適切でない。私は、「ＡＤＲ」の語を日本語に置き換えるべきであると発言したが（二八六頁）、議論はそこまで及ばず、低次元なレベルに終始した。なお、私の私案では、仲裁法が成立し、議論がそこまで及ばなかったので、タイトルに「調停」という語を使うことにした。

第二に、ＡＤＲに行政による認証制度を導入することは、私的自治に反する。ＡＤＲの基本的理念、歴史的意義、現代的必要性からすれば、私的自治を最重要な基本に据え、行政によるコントロールを排除すべきであるが、この法律は、そのような理念、意義、必要性に真っ向から対立する。

第三に、この法律が認証を受ける民間型に限定したことは、ＡＤＲの制度的な仕組みを矮小化するものである。ＡＤＲには、民間型ＡＤＲだけでなく、行政型、司法型のＡＤＲも存在する。しかし、民間型ＡＤＲだけを対象にしたことは、さまざまな不都合を生む。例えば、行政型ＡＤＲを視野の外に置いたために、前述の「社会費本整備の合意形成円滑化のためのメディエーション導入に関する研究会」（二八九頁）で検討されているような行政型ＡＤＲができたとき、あるいは技術系の専門家が調停人として行政の委嘱を受けたときに、弁護士法七二条に抵触する懸念が出てくる。後者の場合には認証を受ければよいではないか言われるかもしれないが、国土交通省の仕事をするときに法務大臣の管理、監督を受けるのは、まさに不都合以外の何ものではない。

また例えば、裁判所における調停（司法型ＡＤＲ）には、時効中断に関する成文法がなく、判例があるだけである(10)が、行政型ＡＤＲには判例すら存在しない。ＡＤＲに関する基本的な法律をつくるのであれば、この法律のような範囲の狭いものでなく、すべてのＡＤＲを包摂するおおらかな法律をつくるべきであった。

第四に、この法律による認証を受けるか受けないかはＡＤＲ機関の自由であるから、規制を目的とするものではないと説明されている。しかし、認証を受けないＡＤＲ機関は、あたかも公正、適確でないという印象を与えるから、認証を受ける方向に事実上強制されるという現象が起こるであろう。一方、自主性を重んじ、秘密厳守を重視するために、認証を受けないＡＤＲ機関もあるだろう。そのようなＡＤＲ機関は、そのアイデンティティーを確立するために、認証の弊害を強調せざるを得ない。

したがって、認証を受けないＡＤＲ機関と認証を受けるＡＤＲ機関との分断が起こり、本来連携、協力すべきＡＤＲ機関相互の間に亀裂が生じて、ひいてはＡＤＲ全体の健全な発展ははかれなくなるであろう。

第五に、この法律は、認証を受ける民間型ＡＤＲの「和解の仲介」（同法二条一号）のみを対象としているから、要するに実施するのは調停であって、仲裁は対象外となっている。しかし、多くのＡＤＲ機関では調停も仲裁も行っており、また、調停から仲裁へ、あるいは仲裁から調停へ移行するミーダブも実施している。したがって、調停・仲裁の移行があった事案に検査等の監督が行われるときには、その限界を画することが難しくなり、結局仲裁にまで行政のコントロールが及ぶことになりかねない。

これは一例であるが、この法律は、仲裁制度との間に整合性がなく、さまざまなところに不都合を生じさせるだろう。

第六に、この法律は、秘密保持に関し、ＡＤＲにとって致命的な欠陥を抱えている。すなわち、この法律には認証の基準が規定されているが、その中で認証を受けるＡＤＲ機関は秘密保持の方法、措置を定めることが必要とされている（同法六条一一号、一四号）。しかし一方、法務大臣による認証の取消しが定められ（同法二三条二項）、報告・検査の義務（同法二一条）、法務大臣の勧告（同法二二条）の規定もある。そこでもし、誰かが認証ＡＤＲ機関の仕事、とくに個別事件についてクレームをつけたときに、法務大臣はその個別事件について調査、監督しないだろうか。それを禁ずる条項がこの法律にない以上、法務大臣すなわち行政が個別事件について報告を求め、検査をし、勧告するだけでなく、認証を取り消すこともあり得る。

しかし、ADRは秘密保持が原則で、内容はもとよりのこと事件そのものを秘密にしてほしいという当事者からの要望もある。すなわち、秘密保持はADRの命であり、またADRが発展するための柱である。しかし、認証制度は、表看板は秘密を厳守すると言いながら、裏では行政に筒抜けになるというものである。まともなADRならば、当事者に「秘密を厳守します」と言うことはできないであろう。また、当事者が行政に筒抜けになるかもしれないことを知っていれば、そのADR機関に事件を申立てることを避けるであろう。

第七に、この法律の認証の基準の一つとして、手続実施者が弁護士でない場合は弁護士の助言を受けることができるようにするための措置を定めていることがあげられているが（同法六条五項）、その内容が不明確で、混乱が予想される。

もともと司法制度改革意見書では、弁護士法七二条の規制を緩和することによって、ADRを拡充・活性化することが期待されていた。しかし、論議が最終段階になったとき、日本弁護士連合会（日弁連）も、弁護士以外の法律専門職種のおおかたの全国組織も、認証制度を導入することに賛成した。これは、認証制度を導入することによってADRのイニシアティブを握ろうとする日弁連と、ADRに参画することによって弁護士法七二条の規制を緩和させようとする弁護士以外の法律専門職種の呉越同舟である。したがって、この規定によって、弁護士と弁護士以外の職種とのせめぎ合いが起こり、実務に混乱を起すであろう。当事者をそっちのけにしたこの職域闘争は、これからずっと尾を引くことになるし、ADR発展の足を引っ張ることになるであろう。

私は、この法律のような姑息なことをしないで、ADRに関しては、端的に弁護士法七二条の規制を緩和する方がよいと考え、私の私案にはその旨明記した。(11)

第八に、この法律によれば、認証の申請をした者は業務を行うのに必要な知識および能力を有することが必要とされているが（第六条本文）、どのような基準で知識、能力の有無を判断するのかが明確になっていない。にもかかわらず、法務大臣は必要な知識または能力を有するものでなくなったときには認証を取消すことができ（同法二三条二項二号）、また、検査（同法二一条）、勧告（同法二二条）もできる。

これは、知識、能力を梃子にして行政がＡＤＲをコントロールすることに他ならず、この条項が発動されるか否かにかかわらず、このような条項があること自体、私的自治に対する侵害であることは明白である。

第九に、経理的基礎を有することも認証の要件になっているが（同法六条本文）、これはＡＤＲ機関の実態を無視している。わが国の民間型ＡＤＲは、財政的にはほとんど赤字である。弁護士会の仲裁センターは、おおむね黒字であるが、それは事務所のスペースや光熱費を弁護士会が負担し、調停人・仲裁人のボランティアに依存しているからであって、それらを支出に加えれば、黒字になるところは少ない。

これに関連して、この法律は認証民間ＡＤＲに対し、毎年事業報告書、財産目録、貸借対照表等を法務大臣に提出することを要求しているが（同法二〇条）、それでは事務量が増えてたいへんである。およそ事務量と仕事の質は反比例するものであるが、これでは事務量ばかり増加して仕事の質が落ちるということになりかねない。

第一〇に、語るに足るようなことではないが、この法律の性格をよくあらわしているので付言しておこう。それは、認証を受けることができない欠格事由として、「暴力団員又は暴力団員でなくなった日から五年を経過しない者」があげられていることである（同法七条八号）。しかし、暴力団員がＡＤＲをつくったという話は聞いたことがない。また暴力団員がわざわざＡＤＲ機関をつくることは、今後もないだろう。なぜならば、彼らはＡＤＲで話し合うなどというまどろこしいことはしないで、直接暴力を使うことが本領だからである。この条項は、この法律全体の印象を悪くしているだけでなく、ＡＤＲは悪いものだという印象を人々に与える。

第一一に、この法律の目玉となっている時効中断効にも大きな問題がある。時効中断効は、この法律のさまざまな規制の「鞭」に対する「飴」の役割を担っているのであるが、時効中断効を付与しても、ＡＤＲの拡充・活性化には必ずしも繋がるわけではない。そもそもＡＤＲに申立てられる事件の中で、時効中断が問題になるケースは多くなく、仮に時効が成立しても援用しないケースも少なくない。

さらに重要な問題は、認証民間ＡＤＲだけに時効中断効を認めることが、民事の法律体系とは整合性をもたないということである。当事者の同じ権利（例えば、同一の請負代金請求権）について、認証民間ＡＤＲに申立てれば時効が中断するが、行政型ＡＤＲや認証を受けていないＡＤＲに申立てれば時効が中断しないということは、混乱を招くこと必定である。もともと時効中断というのは、権利の行使に他ならないが、あるところでは権利が行使でき、あるところでは権利が消滅するなどということはあってはならないことである。

ＡＤＲに時効中断効を付与するメリットは、ＡＤＲにおいて調停をすすめている最中に時効が完成するようなことがあれば当事者は落ち着いて話し合いをすることができないので、ＡＤＲに時効中断効を付与して、ＡＤＲの利用促進をはかるところにあった。しかしこれに対して、時効中断効を認めれば、それを悪用するＡＤＲがあらわれるのではないかという懸念が主張されだした。例えば、消費者金融の業界がＡＤＲ機関を設立したとして、金融業者がそのＡＤＲ機関に調停を申立て、いつまでも時効中断を主張する、というような懸念である。しかし、そのような懸念があるからと言って、認証制度のような規制を設ければ、角を矯めて牛を殺すような愚を冒すことになる。

そのような愚を冒さなくても、悪用される懸念を解消して時効中断効を導入する方法はある。そのことを時効制度そのものに戻って考察しておこう。

時効中断については、民法一四七条から一五七条に規定されているが、この中でＡＤＲに近似しているのは、民法一五一条の「和解のための呼び出し」である。したがって、この条文をスタートにして考察すべきであろう。

ところで、民法は明治三一年（一八九八年）に施行された法律である。そして「和解」は、明治二四年（一八九一年）に施行された旧民事訴訟法典の成立によって、訴訟中の和解と起訴前の和解として設けられたものである。したがって、民法が施行される前から民法一五一条にいう「和解」は存在していたことになる。すなわち、時効中断については、民法制定当時は、権利を行使するために相手方に何らかのアクションを起すことが網羅されていたのだと考えられる。一方、わが国において初めて裁判所における調停制度ができたのは大正一一年（一九二二年）の借地借家調停であるから、時効中断の規定の中に「調停」が入っていなかったことは当然である。したがって、調停制度ができたことによって法に欠缺が生じたことになるが、この欠缺は前述のとおり判例によって埋められた。その後ＡＤＲが生まれたために、それによってまた時効中断の法制度に欠缺を生じさせたのである。

このように考察をすすめてくると、ＡＤＲに時効中断効を付与しようという動きは、この法の欠缺を埋める作業に他ならないことが分かる。したがって、ＡＤＲにおける時効中断は、民法一五一条の条文を基本にして定めればよいということになる。そしてそれは、時効制度が主張、立証の組み立てによって構成されていることとよくマッチしている。すなわち、時効の主張は請求原因に対する抗弁であり、時効中断はその抗弁に対する再抗弁であるが、前述した悪用の懸念に対しては、例えば調停を申立てただけで放置した場合などの要件を設け、その要件に該当するときには時効中断効が失効する旨の再々抗弁を用意すればよい。この考えに基づいて作成した私の私案では、次のような条文になっている。(12)

調停手続における請求は、時効中断の効力が生ずる。ただし、左記の事由の一に該当するときは、その事由が生じたときから一か月内に訴えを提起（法律上裁判所における調停前置が義務付けられている紛争については調停の中立て）しなければ時効中断の効力を生じない。

一　当事者に紛争解決を試みる意思がみられないとき

二　相手方が調停手続に応じない旨の意思表示をしたとき

三　申立て後六か月以内に相手方が出頭しないとき
四　六か月間連続して期日が開かれないとき
五　申立人がその申立てを取り下げたとき
六　当事者双方が調停手続を終了させる旨の合意をしたとき
七　和解が整わないとき
八　前七号に掲げる場合の外、調停人が、調停手続を続行する必要がなく、または調停手続を続行することが不可能であると認めたとき

このような条文にすれば、認証制度を導入しなくても、ＡＤＲに時効中断効を付与することは可能である。

以上に述べたことから明らかなように、「裁判外紛争解決手続の利用の促進に関する法律」には、多くの重要な欠陥があると言えよう。これほど多くの欠陥がある以上、私には、この法律によってＡＤＲが拡充・活性化する姿を、思い浮かべることはできない。

もしＡＤＲを発展させようとするのであれば、この法律の外にその可能性を求めなければならないだろう。

（1）　前掲『司法制度改革審議会意見書』三五頁～三八頁

（2）　私は、「隣接法律専門職種」と言わず、弁護士を含めて「法律専門職種」という言葉を使うことにしているが、法律専門職種については第五章第一節で述べたとおりである。なお、意見書には、「隣接専門職種などの非法曹の専門家のＡＤＲにおける活用を図るため、弁護士法第七二条の見直しの一環として、職種ごとに実態を踏まえてその在り方を個別的に検討し、こうした業務が可能であることを法制上明確に位置付けるべきである」と明記されているが、同節3の「法律専門職種と弁護士法七二条」（一〇七頁～一一二頁）は、この意見書の提言に対する私なりの

解答である。しかし、この法律は認証を条件としたため、私の考えとはほど遠いものになった。
（3）UNCITRAL国際商事仲裁模範法については、国際商事仲裁協会編集発行『仲裁法規』の追録。
（4）仲裁研究会『仲裁法の立法的研究』（商事法務研究会、一九九三年）
（5）日本海運集会所『仲裁法試案2001年改訂』（二〇〇二年）
（6）審議の内容については、首相官邸のホームページの「司法制度改革推進本部―ADR」に、第一回から第三八回までの会合の議事概要、議事録、配布資料がすべて掲載されている。
（7）私が対案として出した私案「調停の促進に関する基本法（案）」は、右ホームページの第三五回会合の配布資料として掲載されている。
（8）ADR検討会第三七回議事録
（9）私の反対意見は、ADR検討会の議事録に載っているので、詳しくはそれらをご覧いただきたい。
（10）民法一五一条を類推適用するという判例として、大審院昭和一六年一〇月二九日判決民集二〇巻一三六七頁、最高裁判所平成五年三月二六日判決民集四七巻四号三二〇一頁
（11）前掲「調停の促進に関する基本法（案）」第九条
（12）同案第一一条

12　和解仲裁所の構想

司法制度改革審議会意見書の中でADRの拡充、活性化が提言されたのを契機として、わが国でもADR論議が盛んになってきた。その流れの中で成立した「裁判外紛争解決手続の利用の促進に関する法律」には多くの問題があるが、社会の趨勢を大局的に見れば、ADRに対するニーズは増大するであろう。したがって、次の課題は、ADRについての制度的な改革ということになるに相違ない。

この傾向は、わが国だけに起っている現象ではなく、多くの国においても、ADRの必要性が叫ばれ、ADR

にスポットライトが当てられるようになってきた。しかし、小島武司教授が「これまでのＡＤＲは究極的な理想との関係ではあまりにも未成熟なものであり、先進的ＡＤＲ国という水準に達している国はいまだこの地上に存在していない(1)」と指摘されるように、ＡＤＲの制度的側面については、未だ試行錯誤の段階であると言ってよいと思う。

ここで言われる先進的ＡＤＲ国という水準とはどのようなものを指しているのか分からないが、いずれにせよ、ＡＤＲを社会の中に正しく位置づけることが必要である。すなわち、当事者の合意による紛争解決システムとして、ＡＤＲを社会の中に広く配備し、私的自治を実現することである。そのような私的自治の基本理念に基づいて設立、運営されるＡＤＲを想定し、それを「理念型ＡＤＲ」と言うことにしよう(2)。

そのような理念型ＡＤＲが社会全体にシフトされる状態を構想すれば、紛争解決システムの在り方として理想の姿を見ることができる。その理想がただちに実現しなくても、理念型ＡＤＲを想定しておけば、現実のＡＤＲの問題点が浮き彫りになって見えやすくなり、ＡＤＲがどの程度の発展段階に達しているかということが掌握できるようになる。そして、現在のＡＤＲが抱えている問題を解決する方法が存在することも示すことができる。

そこで、一つの提言になるが、ここに理念型ＡＤＲが社会全体にシフトされる状態を構想しておきたい(3)。

理念型ＡＤＲを構想するときに問題になるのは、それを最初から一気につくるのか、既設のＡＤＲ機関を改造するなどして徐々につくるのかということである。

私は、一気につくるよりも、段階的に制度設計をする方がよいと考えている。すなわち、最初に理念型ＡＤＲを想定して、そこに至る段階ごとの設計も同時に行い、想定していた理念型ＡＤＲと最終的に一致させる方法が、最も現実的でかつ堅実であると思う。

そして、その改造の対象となる既設のＡＤＲとしては、地方裁判所、簡易裁判所、家庭裁判所における調停がよいと思っている。

わが国における裁判所における調停制度は、日本全国に設置されていて、人的配置、物的施設が備わっている。また、国家予算で運営されているので、費用が安く当事者が利用しやすい。そして、公正性、中立性が高く、信頼が厚い。この裁判所における調停制度に匹敵するＡＤＲ機関は、わが国には存在しない。

したがって、私の改革案は、裁判所における調停制度を段階的に改造して、最終的に理念型ＡＤＲにしようという構想である。

ところで、この理念型ＡＤＲ機関にどのようなネーミングをすればよいだろうか。

私は、全国の裁判所に「裁判所」という看板が懸けられているように、端的で分かりやすく、短い名称がよいと思うが、ここではその仕事と目標に着目し、とりあえずの仮称として「和解仲裁所」という名称を使うことにしたい。

訴訟とＡＤＲは司法の車の両輪ではなく、紛争解決の車の両輪であるが、それならば、和解仲裁所は、裁判所と同規模のものとしたい。そのために、現在裁判所で扱っている調停事件、裁判上の和解事件を制度的に和解仲裁所に移管するシステムをつくる必要がある。そこで、裁判所から移管する事件の種類を列挙してみよう。

ア、地方裁判所に事件振り分けの専門官を置いて、受付け段階で訴訟に適した事件（①一〇〇対ゼロの黒白をつける必要がある事件、②法令の新解釈が必要な事件、③先例的な規準をつくる事件、④執行力が必要な事件、⑤当事者が強く訴訟を望む事件）以外の事件は、和解仲裁所に移管する。

イ、地方裁判所で扱っている借地非訟事件その他の事件は、和解仲裁所に移管する。

ウ、家庭裁判所で扱っている離婚調停事件その他の調停事件は、和解仲裁所に移管する。

エ、簡易裁判所の訴訟事件は、強制力を必要とする事件と必要としない事件とに分け、後者を和解仲裁所に移管する。

オ、簡易裁判所で扱っている調停事件は、特定調停事件を除いて、和解仲裁所に移管する。

以上はおおまかな基準であり、なお慎重な検討を要するが、この振り分けによって、訴訟にふさわしい事件は裁判所に、ＡＤＲにふさわしい事件は和解仲裁所へという形ができ、和解仲裁所の規模は、地方裁判所の規模にほぼ並ぶものになるだろう。

和解仲裁所の内部組織については、裁判所に匹敵する規模で、調停、仲裁、ミーダブ等を行うのであるから、運営のための意思決定機関、事務局組織、調停人・仲裁人等、それにふさわしい陣容にしなければならない。ここで大切なのは、職業調停人、職業仲裁人を配置することである。職業裁判官が裁判所に配属されているのと同様に、職業調停人、職業仲裁人が和解仲裁所に配属されることは当然である。そして、職業調停人、職業仲裁人は、裁判官と同様の身分保障が必要であり、また、裁判官と同様の守秘義務などを負わなければならない。

和解仲裁所は、裁判所のようなピラミッド型の組織ではないから、全国の和解仲裁所が同格のものになる。すなわち、全国の簡易裁判所の所在地に、いわば平面の上に、それぞれの和解仲裁所が置かれる形になる。和解仲裁所は三審制でないから、相互に上下関係がないことは、自然なものとして受け入れられるはずである。しかし、全国の和解仲裁所が有機的に連携することが望ましい。すなわち、全体的な外部組織としては、ネットワーク組織にすることが必要である。

ネットワーク組織を有効に機能させるためには、中心になるセンターを設ける必要があるだろう。そして、そのセンターで、解決事例の収集と分析、情報の収集や提供、研究、研修、研修カリキュラムの作成・提供、検査・調査機関との提携、調停人・仲裁人に関する情報の収集・提供、大学等の教育機関との提携、他のＡＤＲ機関との提携、渉外事務等の仕事をすることにしたい。

このようにして和解仲裁所の全国ネットワークを組織し、中央にセンターを置けば、これまでに考えられなかった紛争解決の沃野を展望することができるであろう。

例えば、トンネルじん肺訴訟について裁判上の和解が成立したことは前述したとおりであるが、この事件を和解仲裁所で扱うとすればどのようになるだろうか。訴訟であれば、被害者ひとりひとりについて、じん肺との因果関係、損害賠償額などのフルコースをいちいち主張、立証しなければならない。しかも、全国の多数の裁判所で、何十人、何百人という単位で訴訟が起こされているのである。因果関係も問題であろうが、トンネル工事に従事する労働者は、あちこちの現場に行くから、どこで何か月働いたとか、元請け、下請けがどこだったかなどということが問題になる。すなわち、労働者の作業現場、作業日数、建設業者の特定が争点になるのである。しかし、因果関係が分かり、労働者の仕事と建築業者が分かり、病状について一定の基準を設ければ、あとは自動的に損害額が出るはずである。したがって、ひとりひとりの被害者についてフルコースで争う必要はない。

これを和解仲裁所の全国ネットワークで解決すれば、どのようになるのであろうか。

まず、因果関係の部分は、強力な仲裁人のチームによって、仲裁判断を出す。このような多数当事者の大規模事件には、五人とか七人とかの合議制を組めるという特則を規則につくっておけばよいであろう。そして、和解仲裁所に医師などの専門職を仲裁人として配置しておけば、有機的な連携組織を使って、最もふさわしい仲裁人を人選することが可能になる。あるいは、現在でもさまざまな仲裁機関で採用されているように、当事者が仲裁人を選定するシステムを折り込み、それを使って担当仲裁人を選定してもよい。そのような陣容ならば、仲裁判断が出るのにさほどの時間は要しないであろう。しかも、仲裁は一回制で上訴がないから、因果関係の存否が確定する時間は短い。そして、被害者の病状による損害賠償の基準を同時につくることができるはずである。

ここまですめば、あとは労働者の仕事と建設業者の特定だけである。これは、被害者＝労働者の住所地の和解仲裁所で事件を扱えばよい。比較的容易な事件は和解で解決するであろうし、争いがある事件は仲裁で解決できるはずである。因果関係は確定しているし、病状と損害額の基準があるのだから、全国ネットワークから収集したセンターの情報を利用すれば、正確で公平な結論が出るのにそれほど時間を要するとは考えられない。フルコースで争わなくても、結論は訴訟や裁判上の和解と同じになるはずである。そればかりか、迅速な解決によって、被害者の精神的負担はいくらかでも軽くなると思う。また、長い訴訟の間に命を落としてしまうという悲劇もなくなるであろう。すなわち、このような迅速な解決は、被害者に喜ばれるはずであるし、建設業者にもメリットがあるはずである。さらに、和解仲裁所では、将来志向性、多様な出口という特徴を生かして、例えば将来の治療方法、互助組織の設営（例えば、基金の積立て）などという項目を、解決の中に折り込むことも可能になる。

私は、トンネルじん肺訴訟を裁判上の和解で解決した裁判官に敬意を表するが、もし私の言う和解仲裁所があれば、はじめから和解仲裁所で解決した方がよいと思う。

ＩＬＯ（国際労働機関）、ＷＨＯ（世界保健機関）は、二〇一五年までに地球上からじん肺を根絶することを提唱しているが、トンネル工事がある限り、じん肺を根絶することは容易ではないだろう。また、じん肺被害はトンネルじん肺に限らない。例えば、これまでにも筑豊じん肺をはじめ多数の被害が出ており、これからもビルの解体現場のじん肺被害が予測される。さらに、じん肺以外にも時代の変転に伴って必然的に起る事件はあるものである。例えば、大量の消費者被害は絶えることがないが、そのような事件についても、じん肺被害について述べたことを応用すれば、臨機応変に対応することができると考える。

和解仲裁所の最終的な内部組織、外部組織は以上のとおりであるが、そこに至るためには、段階を踏まえて着実に進んで行かなければならない。その段階を四つに分けて考察しておこう。

第一段階は、調停人、仲裁人の研修と法的整備などの準備をする段階である。この第一段階でなすべきことを要約すると、以下の三点であるが、これを三年間でやり遂げたい。

①　調停人、仲裁人の研修について、ただちにプログラムを作成し、全国的規模で実施する。

②　全国の地方裁判所・同支部、家庭裁判所・同支部、簡易裁判所の所在地に、和解仲裁所を新設するための委員会を設け、調停人、仲裁人などの人員の確保、物的施設について、具体的な立案をし、準備を整える。

③　和解仲裁所のために必要な立法、法改正の法的整備をする。

ここで、研修についてひと言つけ加えるが、調停人、仲裁人が身につけるべき必修の条件として、以下の四つをあげておきたい。

i　調停、仲裁の理念を理解すること

ii　調停、仲裁の論理構造を知り尽くすこと

iii　紛争解決規範を駆使することができるようになること

iv　調停、仲裁の技術の修得

この必修の条件が身につくような研修をして、準備を整えるのがこの第一段階の主な仕事である。

第二段階は、第一段階の準備が整って、いよいよ和解仲裁所がスタートする。その初期の段階の改革が第二段階のソフトの改革である。この第二段階で行われることを要約すると、以下の四点であるが、軌道に乗るまでの目安としては、二年としたい。

①　和解仲裁所は、独自に事件を受付けるとともに、地方裁判所、簡易裁判所、家庭裁判所から移管される事件を受付ける。

②　和解仲裁所においては、調停の他に仲裁、ミーダブも行う。

③　調停、仲裁は、原則として、一人もしくは三人の調停人、仲裁人が行う。

④　他のADR機関を和解仲裁所に統合することについて立案し、準備を整える。

和解仲裁所の場所の多くは、各地の簡易裁判所、地方裁判所・同支部の庁舎がそのまま使用されるであろう。したがって、外形は裁判所における調停制度とそれほど変化はないが、実際の仕事の質と内容はがらりと改革さ

れている。
すなわち、担当する調停人、仲裁人の構成が、一人または三人になっている。その調停人、仲裁人は、常時当事者に顔を見せていて、当事者の話を聞いている。現在のように、たまにやって来る裁判官に落ち着かない気分を味わわされることもないし、顔を見せない裁判官に調停委員が指示を仰ぐこともない。しかもその調停人、仲裁人は、全員研修を受けたプロである。

第三段階は、言わばハードの改革である。ここで行われるべき改革を要約すれば、以下の二点であるが、時間的な目安としては、二年でやり遂げたい。

① 必要に応じて他のＡＤＲ機関を統合し、統合に対応する人員の確保、物的施設を整える。
② 和解仲裁所を裁判所から分離するための物的施設、資金調達方法について立案し、準備を整える。

私は、基本的には、和解仲裁所ができるからといって、他のＡＤＲ機関を積極的に統合する必要はないと考えている。しかし、当事者の利便、スケール・メリット、費用の軽減を考えれば、統合のメリットはあるだろう。

第四段階は、和解仲裁所の完成である。第三段階までに、人的確保と仕事の内容は固まっているのであるが、和解仲裁所はまだ裁判所の中で仕事をしていて、国家予算によって運営されていることになっている。それを、物理的にも資金的にも裁判所から分離して、和解仲裁所を名実ともに独立、自立させるのが、最終段階である第四段階の課題であり、これをクリアすれば、和解仲裁所は完成する。この段階で行われるべき改革は以下の二点であり、二年を目安として、最後の締めくくりをしたい。

① 和解仲裁所を、組織的にも物理的にも裁判所から分離する。
② 和解仲裁所の財政基盤を確定する。

ここで重要なことは、和解仲裁所を永続させるために、運営資金をどのようにして調達するかである。その方法についてはさまざまな案が考えられるが、私が最も現実的であると考えているのは、保険制度を導入することである。自分の紛争は自分で解決するという私的自治と、そのときの備えとして保険に加入することは、その考え方の基礎においてよくマッチしている。

保険制度を導入する場合にも、いろいろな方法があるが、だいたいどんなものかをみるために、最も単純な試算をしてみよう。

わが国の裁判所所管歳出予算の総額は、三一五六億二七〇〇万円（二〇〇四年度）である。そして、厚生労働白書によれば、労働力人口は六七七〇万人である。所得に応じて保険料に段階を設けるかどうかについては検討の余地があるが、仮りに平均の保険料が年六〇〇〇円、すなわち月五〇〇円だとして、それを就業者数に乗じると、四〇六二億円になる。すなわち、月に五〇〇円玉一つで、裁判所所管の予算の合計を越える資金が調達できるのである。

以上のような段階を踏めば、九年で和解仲裁所が完成することになる。すなわち、達磨大師が面壁して座禅をしている間に、和解仲裁所ができてしまうのである。

（1）　小島武司「総論　現行のＡＤＲの意義・問題点、今後の展望」（『法律のひろば』五三巻三号）一三頁

（2）　理念型ＡＤＲについては、廣田・前掲書『民事調停制度改革論』八二頁。

（3）　この構想については、同書一四四頁〜二一六頁で詳しく述べたが、本項はその要旨をまとめたものである。

第一〇章　紛争解決の全体像と紛争解決学の目的

第一節　紛争解決の全体像

紛争解決学の成立からはじまって紛争解決機関に至るまで、さまざまな角度から紛争解決学の内容について考察してきた。すなわち、まず紛争解決学の成立の経緯と領域を示し、次に当事者や代理人に関する諸問題を解明し、さらに紛争と解決の在り方の深奥に潜入し、最後に紛争解決機関に関する考察と提言という形で論述を進めてきた。しかしこれだけでは、個別的な事項に思考が傾斜してしまうと思われるので、総論の終わりにあたって、紛争解決の全体像を見渡しておく必要があるだろう。そこで、本章では、まず紛争解決の全体像を探究し、次に紛争解決学の目的を示して、この総論を結ぶことにしたい。(1)

それにしても、紛争解決の全体像を言葉で語ることは難しい。言葉というものには物理的な限界があるので、時空間の世界の総体を表現することは、ほとんど不可能な難事である。

そこで一つの方法は、具体的なケースを述べて、その微妙な心理の綾を読み取り、全体像を推察することが考えられる。

学校の同級生が突然私の事務所にやって来た。粗野ではあるが、単純明快で気っ風がよいということは、はじめから分かっている。

原因？　いつものうどん屋とちがう店からうどんを買ってきやがったから俺がどなりつけた。すると女房の野郎！　そのまま出て行きやがった。

いつから？　三か月前だよ。それからウンともスンとも言ってこない。俺も何も言わないけどね。あんまりしゃくだから別れてやりたい。

しゃくだから別れるのか？　そうだよ、他にないじゃないか。

それぐらい頑張ればもういいんじゃないか？　頑張っているのはあっちだよ。まあ俺もガンコだけどね。

じゃあ、帰ってくればいいんだな？　まあね。謝ればね。

——私はすぐに奥さんに電話をかけた。待ってましたとばかりのすごい迫力。

うどん、うどんといつも大騒ぎ。おじいさんと二人で大のおとなが醬油が多すぎるとか、麵が堅いとか……と言っているよ、と言ったら……ウン、おやじも俺も上州の生れで、うどんにはちょっとうるさいんだ。

それに乱暴で大声でどなるし……俺は声はでかいけど暴力はやらないよ。

——しかし、もう答は出ているのだ。

「奥さん、言いたいことはたくさんあるでしょうが、とにかく早くお帰りなさい。彼は帰ってきてほしくてたまらないのですよ」「えっ」「何でもいいから、今日お帰りなさい」「なんで急に?」「急だからいいのですよ。今日おかえりなさい」「本人が帰ってきてほしいと言っているのですか」「そんなことを言う男ではないでしょう。私が勝手に言っているだけですよ。彼はここに座っているだけですよ。ただ私が言うことを止めもしませんがね」

「……」

その日の夜中は、三度ほど電話で起こされて寝られなかった。奥さんの弟が条件をつけろと言い出したからである。しかし私は、無条件だから値打ちがある、無条件だから彼の喜びが大きいのだと説明した。そして、とうとう明け方に、その弟が車で奥さんを送りとどけて一件落着。

このような解決をしたときには、まるで憑き物が落ちたような気持になって、当事者と一緒に笑いが噴き出してくるものである。

しかし、いったいこのケースは、紛争解決の全体像とどのような関係があるのだろうか。

それは、紛争解決の全体像をとらえるためには、表面に出ている現象だけでなく、その奥にある像を見なければならないという道理を示していることである。奥にある像というのは、陽画に対する陰画のようなものであるが、写真と違うところは、その陰画は、形も大きさも陽画と同じではないということである。ときには、陽画からは想像もできないような（あるいは美しく、あるいはグロテスクな）形や大きさをしている。この表層の像と深層の像の総体が、紛争解決の全体像に他ならない。しかも、時の経過に従って、表層も深層も刻々と変化する。

ここで例示したケースは、短い時の経過のうちに解決してしまったが、紛争解決の全体像をとらえるために必要な条件は揃っている。このケースの表層と深層は何か、またそれが言葉のやりとりの中でどのように変化したのか、ということをいちいち解説はしないが、想像力を働かせて、その全体像を掌握していただきたいと思う。

以上は、一つの事件の紛争解決の全体像であるが、社会全体における紛争解決の全体像はどのようになっているのだろうか。それは、その社会におけるすべての紛争の表層と深層と、その表層、深層における解決の諸現象である。それらは極めて厖大なものであって、一部は重なり合ったり、反発したりしていて、しかもそれが動いているのであるから、表層だけでも恐るべきことであるが、深層を覗いたときには、まさしく修羅の世界を見たような気持になる。しかし、そこには解決に向かうエネルギーがあるから、すべてが闇の世界ではなく、大小の光の存在も見ることができる。

しかし、そのようなことをうまく言葉で表現することは難しい。また、社会全体の紛争解決の全体像を、私自身が見たわけではなく、私の認識に入ってきたものは、その中の極く一部である。

したがって、ここで述べたことも、ほんの一部分の認識に基づくものに過ぎないが、言葉であらわすよりも、図示した方が、多少は分かりやすいと思う。図というものも、二次元の平面でしかあらわすことができないから、うまく書くことは難しいが、敢えて図示するとしたら、次頁のようなものになると思われる。私は、旧版において、次頁の図を曼陀羅風にとらえたものであると言ったが、(2) 確かに印象としては曼陀羅に近いものだろう。

この図について注意すべきことは、紛争解決の全体像をミクロの世界からとらえていることである。「全体」という言葉からはマクロの世界が想像されるかも知れないが、全体をとらえようとするならば、まずミクロの世界からスタートすべきである。このことについて、河合隼雄教授は、次のように述べている。

マンダラは、自己の象徴であると言った。しかし、自己はすなわち世界であり、それを表現することは、世界観を示すことになる。(中略)

まずこれは、マクロの世界とミクロの世界の対応を示している。先に自己はすなわち世界であると述べたが、人間の内界としてのミクロの世界は、宇宙的なマクロの世界と思いのほかに対応しているものだ。(3)

これは、私がエネルギーを帯同した素粒子のような言葉からスタートしなければ全体が見えないと言っていることと一致している。心理学の分野ではすでにそこまで到達しているということである。また、素粒子から宇宙を見るということは、物理学の世界では常識であろう。しかし、法律学の分野では、ミクロの世界にはほとんど手がつけられていない。

それはともかくとして、紛争解決の全体像は、ミクロの世界においてようやくとらえることが可能になる。そしてそこは、絶えず新しいエネルギーが噴き出ている、変転きわまりない世界である。しかし、心理学や物理学が到達したミクロの世界が心や物の現実であって、神秘的で非現実的なものでないのと同様に、紛争解決の全体像としてとらえられる世界も、決して神秘的なものではなく、現実にある世界そのものである。

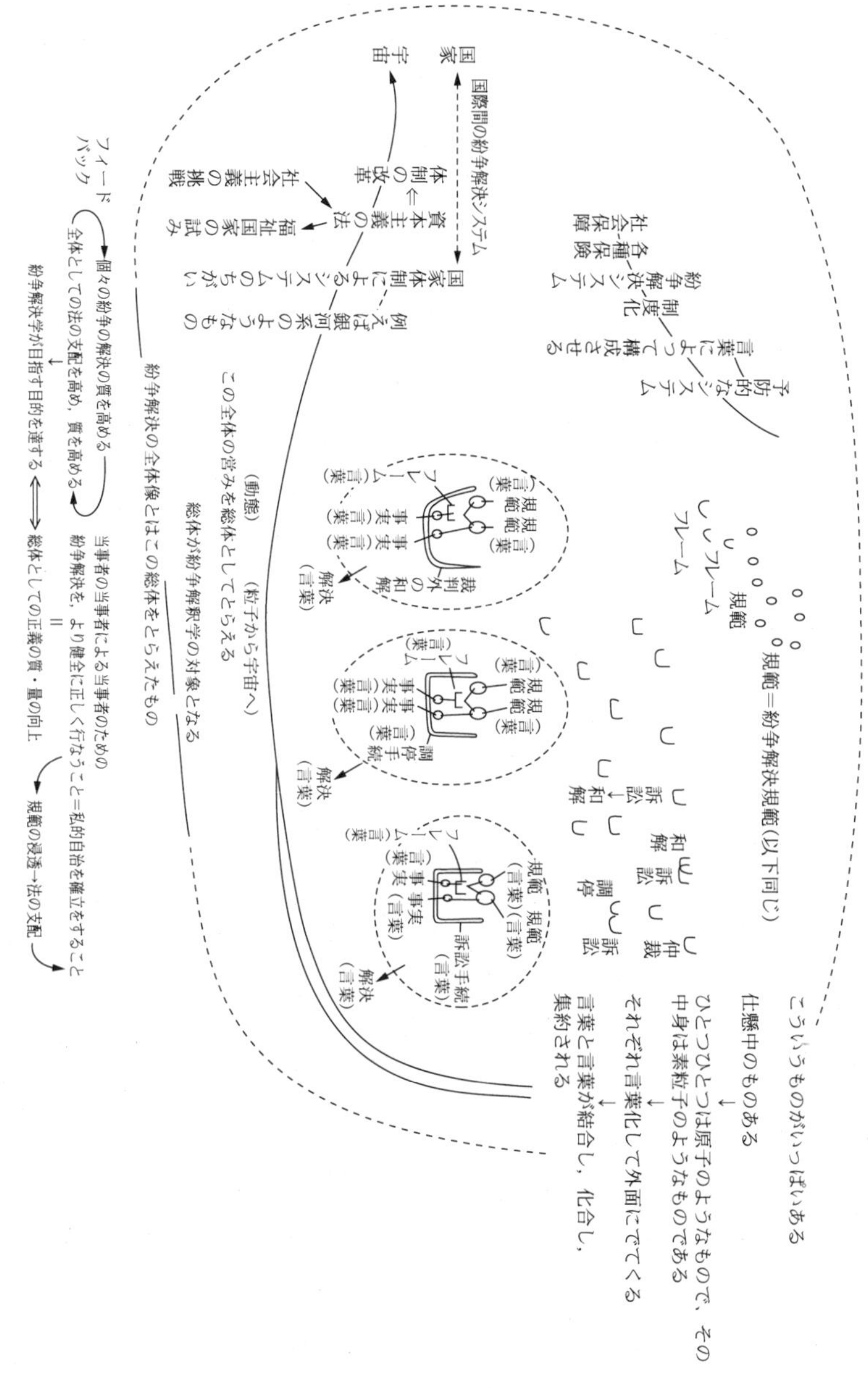
こういうものがいっぱいある
仕懸中のものもある
ひとつひとつは原子のようなもので、その中身は素粒子のようなものである
それぞれ言葉化して外面にでてくる
言葉と言葉が結合し、化合し、集約される
規範＝紛争解決規範（以下同じ）
規範
フレーム
和解
訴訟
調停
仲裁
訴訟
和解
予防的なシステム
言葉によって構成させる
制度化
紛争解決システム
各種保険
社会保障
規範（言葉）
事実（言葉）
訴訟手続（言葉）
フレーム（言葉）
解決（言葉）
調停手続（言葉）
裁判外の和解
国家
宇宙
国際間の紛争解決システム
体制の改革
資本主義の法
社会主義の挑戦
福祉国家の試み
国家体制によるシステムのちがい
例えば銀河系のようなもの
この全体の営みを総体としてとらえる
（動態）
（粒子から宇宙へ）
総体が紛争解決学の対象となる
紛争解決の全体像とはこの総体をとらえたもの
フィードバック
個々の紛争の解決の質を高める
全体としての法の支配を高め，質を高める
紛争解決学が目指す目的を達する
総体としての正義の質・量の向上
当事者の当事者による当事者のための紛争解決を，より健全に正しく行なうこと＝私的自治を確立をすること
規範の浸透→法の支配

ここで、全体と個のジレンマについて言及しておきたい。

これは、個々の紛争の解決が、ときには社会全体の在り方と衝突を起すことがあるというジレンマである。例えば、個々の紛争を適切に解決するために、厖大な予算を投入して紛争解決システムをつくったとしよう。それは、その紛争解決システムを利用して紛争解決をはかる当事者にとっては望ましいことであるが、そのために財政難に陥ることもあり得る。このような場合には、例えば保険制度を導入するなどの方法で、その問題ごとに対応することによって、ジレンマを克服することが必要になる。

しかし、個と全体のジレンマの問題は、きわめて解決困難な問題であり、人類永遠のテーマのように見える。人間は、さまざまな社会制度を生み、また精神的な救済によってこの問題を解決しようと営々と努力を続けてきたが、一方では個と全体のジレンマの力学を利用して権力を集中したり、他者を搾取する手段としてこのジレンマを利用してきた。そして、そのような勢力は未だに衰えていない。すなわち、個と全体の問題については、人類は未だかつて解決した経験を持っていないのだと言えるだろう。

それでも、個と全体のジレンマを克服する試みは継続して行う必要がある。紛争解決学においてもそれはテーマの一つであって、紛争解決の全体像を見たときに、例えばＡＤＲの部分が大きくなってきたところなどにあらわれている。なぜならば、ＡＤＲは、個々の紛争を適切に解決するとともに、社会全体の紛争のコストを軽減するところに目標が置かれているからである。

それにしても、個と全体のジレンマは克服することが難しい問題である。しかし、その克服も紛争解決学のテーマであることを、紛争解決の全体像を見る機会に認識しておきたい。

（1）　旧版では、第九章に「紛争解決の全体像とジレンマ」、第一〇章に「紛争解決学の目的と展望」を置いたが、新版ではこれを一つの章にまとめ、全面的に書き直した。また、旧版の第九章第二節の「ジレンマ」には、「経済性のジレンマ」、「強制力のジレンマ」、「全体と個のジレンマ」の三項があったが、新版ではすでに述べたことが多いので、全体と個のジレンマの一部を本節で言及することにとどめ、その余は省略した。

（2） 旧版では、曼陀羅についてかなり詳しく言及したが、本書に宗教色があるかのような誤解が生じるおそれがあるので、新版ではその部分を省略した。

（3） 河合・前掲書『無意識の構造』一六九頁

第二節　紛争解決学の目的

紛争プロセスの理解には、紛争管理の機会が、そしてたぶん人類が生き残れる機会がかかっている。われわれは、自分たちの理解が十分深いとか、もっと多くのことがなされる必要があるとかを主張することはできないが、これらの紛争プロセスの理解、そして究極的には管理が可能であることは主張できるし、また主張されなければならない。この主張には、人類の希望がかかっている。なぜなら、紛争管理がなければ、人類の福祉の向上に対する他の希望もおそらく地面にたたきつけられてしまうであろう。(1)

ボールディングは、紛争管理の重要性についてこのように述べている。

ここでは、紛争管理という表現が用いられており、私の言う紛争解決学に比べてマクロ的な掌握の仕方をしているが、(2)紛争解決学を研究し、実践する目的として答を述べるとすれば、私もボールディングと同じことを言いたい。このことを、もう少し、現実的な側面から見ておこう。

第一に、紛争によるロスが大きくなることが許されない時代になった。すなわち、人類には紛争という大きな無駄をする余裕がなくなったのである。

第二に、紛争によるロスを少なくするために、もろもろの社会システムを見直す必要が出てきた。

第三に、新しいシステムを作るために、紛争解決システムをシフトしなければならなくなった。なぜならば、新しい社会システムをつくろうとしても、紛争解決システムをシフトしておかなければ、途中で紛争によって挫折してしまうからである。

以上の認識のうえから、紛争解決学の目的が浮かびあがってくる。それは、武力でなく法の支配を貫徹するために、紛争解決システムをシフトして、人類が生き残ることができる道をつけることである。人類がよりよく生き残ることも目的の中に入れたいが、生き残ることができれば、よりよい方向に向かうものと信ずることにしよう。

人類が滅亡するとすれば、自然環境の変化に人間が適応できなくなってしまうか、紛争によるか、そのどちらかであろう。そして、前者も後者が原因になることが多い。したがって、よい紛争解決システムをつくり、広くシフトしておくことがどうしても必要なのである。

総論の最後に、この紛争解決学の目的をより具体的に示すことによって、その目指すところを展望しておこう。

① 紛争解決学は、紛争を解決するための道筋を示す理論である。したがって、その理論を確立したい。

② 紛争解決学は、紛争を解決するための実用の学であるから、これを学ぶことによって、紛争解決の質、量を高めたい。

③ 紛争解決学を究明することによって、紛争解決システムを明確に把握し、強化し、開発したい。

④ 紛争解決学をすすめることによって、「当事者の、当事者による、当事者のための紛争解決」という目標地に到達したい。

⑤ 紛争解決のキャパシティを大きくし、新しい個と全体の組み立てを模索して、ジレンマを克服したい。

このような目的を持って、紛争解決学はなお未来に向かって歩み続けることにしよう。

（1）ボールディング・前掲書『紛争の一般理論』四〇一頁

（2）ボールディングのようなスタンスを参考にすれば、紛争解決学とは別に、和解学を樹立することが望ましいことが分かる。紛争解決学は、当事者と紛争そのものに着目したために、いきおいミクロの世界に深く入ることに主眼が置かれた。これに対し、少し位相を変え、ややマクロのところの研究、実践を領域とする学問がもう一つあってもよいと思う。その領域を対象とするのであれば、やはり「和解学」ということになるのではないだろうか。和解学という学問はまだ存在していないが、おそらく紛争管理論と紛争解決学との中間に位置を占めることになるであろう。しかし、その和解学は、紛争管理論とも紛争解決学とも重なる部分がある。そして、紛争解決学と同様に学際的な学問になるだろうが、私が紛争解決学を法律学の範疇の中で組み立てたのと比較して、社会科学のみならず、歴史学、文化人類学、大脳生理学など、人文科学や自然科学からの参加が望ましいと思う。紛争解決学は、たまたま私一人で始めたが、和解学は初めから多数参加で始めたいと思っており、この機会にここで呼びかけておきたい。

第二編　各　論

緒　言

各論の課題は、紛争解決規範の使い方など総論の内容に関する事例や演習問題の解明、解答をすることによって、紛争解決の道筋を示すことである。

私は、一九六八年に弁護士になって以来、ほとんどの時間を具体的な紛争解決の実務についやし、言わば各論ばかりをやっていた。そして、個々の事件を通して浮かびあがってきた総論的なものを書きはじめたのは、一九八八年に出版した『弁護士の外科的紛争解決法』が初めてであるから、その間二〇年もの日時を専ら実務のために使っていたことになる。その後、著述する機会が徐々にふえ、それに伴って総論部分に関することも書くことになったが、それは旧版の序論、総論に一応まとめることができた。旧版の後は、主としてＡＤＲなど総論の一部に関する著述が多くなったが、それらを総括しつつ旧版の序論、総論を改めたのがこの新版の総論である。

そこで、この新版の各論をどのように構成するべきかという問題になるが、新版の各論は、新しい総論に対応するものにしなければならないだろう。そのためには、旧版の事例を全部入れ替えて一新する必要があると思われる。例えば、旧版の時点では、私に調停、仲裁の実践例がなかったが、その後、第一東京弁護士会仲裁センターや中央建設工事紛争審査会などで、調停や仲裁やミーダブをしたので、その事例もこの各論で紹介したい。

しかし、総論に対応すると言っても、各論で取り扱う事例や演習問題は、総論の複数のテーマにまたがるので、総論のテーマごとに各論を貼りつけることは難しい。また、無理にそのようなことをすると、なまの素材に作意が入る懸念も出てくる。すなわち、各論に提供する素材は、可能な限りなまに近い方が望ましいが、そのことはまた、各論のジャンル分けに苦慮しなければならないことを意味する。

旧版の各論は、裁判、裁判上の和解、裁判外の和解の三つの章に分けたが、旧版の緒言には、「率直にいって私は紛争解決の方法としては裁判外の和解が一番望ましいと考えているので、いきおい全体としては裁判外の和解という知恵の湖に流れ込むような構成になっている」と書いた。しかしこの新版では、紛争解決学の領域を明確にし、裁判については基本的に民事訴訟法学に委ねることにしたので、裁判について言及する必要性は少なくなった。したがって新版では、裁判、裁判上の和解、裁判外の和解とは違う構成の方がよいと考える。

また、各論で扱う対象は、事例だけでなく、大学などにおける講義等で使用された演習問題を加える必要がある。それらの演習に解答すること自体が紛争解決学の修得のためになるばかりか、その解答や解説が紛争解決の道筋を示すことになるからである。

各論のジャンル分けや取り扱う範囲とは別に、各論の成果を総論にフィードバックすることも、各論の課題に追加すべきであろう。したがって、事例や演習問題を並べるだけでなく、総論との関連性について解説をつける必要がある。そのことによって、総論へのフィードバックが容易になるからである。そこで、本書で取りあげる事例や演習問題には簡単なコメントをつけることにした。この事例や演習問題を素材にして詳細に分析すれば、私のコメント以外にもいろいろな論点が出てくるであろうが、本書では、総論との関連性の主たるものを示すことにとどめた。

以上のことを勘案すれば、各論の構成や内容にはいろいろな方法があってよいのではないかと思われる。もう少し正確に言えば、各論の方法はまだ固まっていないと言うべきであろう。

この新版では旧版の事例を全部入れ替えるが、それは旧版の各論を書き直すのではなく、旧版の事例に新版の事例と演習問題を書き加えるという趣旨である。旧版の各論に書いた事例のいくつかは新版の総論に持ってきたが（例えば、入会権の事例）、そこでは要旨しか書かなかったので、もとの旧版の各論はそのまま残しておきたいと思う。また、旧版各論のそれ以外の事例にも重要なものがある。したがって、旧版各論と新版各論を併せて、現時点の紛争解決学各論であると理解していただきたい。だとすれば、この新版では、各論に盛り込みたい事例等に合わせて、おおまかなジャンル分けをする程度でよいと思う。

そこでこの新版では、各論に入れようと考えている事例と演習問題に合わせる形にして、第一を「複数の紛争解決システムを使用して解決した事例」、第二を「ＡＤＲにおける解決事例」、第三を「演習問題」とし、全体を三部構成とした。

なお、ことがらの性質上、公表済みの富士五湖カントリー富士ケ嶺事件の一部を除いて、人名、地名などの固有名詞は仮名にしてある（入会権の事件を除いて総論の事例も同じ）。また、人物の設定、話の筋立て、金額等についても、一部変更した。しかし、主題や紛争解決規範の使い方などについては影響のないように配慮した。

初出の会話体を文章体に直したり（第二の一、第三の一）、算用数字を漢数字に改めたり（第三の二、三）、句読点の打ち方などの表記方法を変更した部分があるが、初出は以下のとおりである。

第一の「富士五湖カントリー富士ケ嶺事件」→『弁護士の外科的紛争解決解決法』一〇頁～三五頁

第二の一の「出資金返還請求事件」→『上手にトラブルを解決する和解道』二〇〇頁～二〇七頁

第二の二の「付帯条件つき最終提案仲裁（第一東京弁護士会仲裁センター）」→『民事調停制度改革論』四二頁～四九頁

第二の三の「付帯条件つき最終提案調停（中央建設工事紛争審査会）」→本書が初出

第二の四の「付帯条件つき最終提案調停（日本商事仲裁協会）」→『ＪＣＡジャーナル』五一巻六号五七頁

第三の一の「国営バス転落事件」→『上手にトラブルを解決するための和解道』九一頁～九三頁

第三の二の「姉妹が一つの蜜柑を争うとき」→『第一東京弁護士会報』二七一巻三〇頁、二七二巻一九頁

第三の三の「どんぐりと山猫考」→『第一東京弁護士会報』二七四巻三四頁、二七六巻二八頁、二七八巻六三頁

第一　複数の紛争解決システムを使用して解決した事例

――富士五湖カントリー富士ケ嶺事件――

友人がゴルフ場のパンフレットときのうの新聞を持って、事務所にやって来た。

「山梨県の富士五湖カントリークラブというゴルフ場の会員権を買ったのだけれどね。いつまでたってもゴルフ場をつくらないんだ。そしたらこのでかでかとした新聞広告。河野計画興業というやつが、ゴルフ場にする場所を別荘地にして売り出すというのだ」

「それはまたクレージーな話だな。河野計画興業という会社は知っているの？」

「初耳だよ。僕は株式会社富士五湖カントリーという会社から会員権を買ったんだ」

「会員から入会金だけ掻き集めて逃げてしまおうというのじゃないかな」

「そうだろう。僕らの仲間は一五人のグループだけど、皆んなカンカンだよ。こんな詐欺まがいのことは許せない。徹底的にやつけようと言うのだ」

「それじゃ、もう少し詳しくゴルフ場のことを説明してくれないか」

「うん」と言って友人が開いたパンフレットから、鮮やかな富士山が目に飛び込んだ。

「どうだ、いい場所だろう。パンフレットに富士山の足許と書いてあるけれど、ほんとうにその通りだ。晴れたときには富士山が手に届きそうな気持になるよ。富士五湖カントリーは、ここにある山林原野四五万坪を地元の農協から買収して、別荘地付きゴルフ場を建設しようと言うのだ」

「別荘地付きというのは何？」

「つまり富士五湖カントリーの会員になれば、別荘地一〇〇坪をタダでくれると言うのだよ。これは斬新な計画でね。これが大へんな人気を呼んで、たちまち会員が膨らんだということだ」

「しかし、それは話がうま過ぎるな。富士五湖カントリーはしっかりした会社だったのか。資金は大丈夫なのか」

「そこなんだよ。噂によれば、会員募集で集めた入会金だけでゴルフ場を造るのだということを聞いている」

当時、すなわち昭和四三年（一九六八年）頃は、ゴルフ場の開発許可は必要でなく、国立公園の特別地域などの例外を除いて規制もほとんどなかった。したがって、いわゆるゴルフ屋と言われる人達が、パンフレットひとつで会員を募集し、集めた入会金で土地の買収、ゴルフ場の造成にかかるということが平然と行われていた。

「富士五湖カントリーは、ちゃんとした資金計画を立てていたのか。堅実な経営をしていたのかね」

「どうかね。河野計画興業なんていうのが出てくるところを見ると、怪しいもんだね。富士五湖カントリーは、もう潰れているかも知れない。しかし、とにかく徹底的にやっつけてほしいのだ」

徹底的にやっつけろと言われても、相手に逃げられてしまえばおしまいだ。それに当時の私は、弁護士になってまだ半年足らずの駆け出しである。果たして実りのある結果をもたらすことができるかどうか、甚だ心許ない。

「しかし、倒産した会社を追いかけても、泥棒に追い銭になるかも知れないよ。そうだ。それなら、この事件がものになるかどうか、一度調査してみよう。その調査の結果をみて僕が意見を出すから、それからどうするかを決めたらどうだろう」

「よし、それでいこう」

そして、調査した結果は次のとおりであった。すなわち、全体の四五万坪（一四八万五〇〇〇平方メートル）のうち、ゴルフ場用地二二万坪（七二万六〇〇〇平方メートル、以下、坪をもって表記する）は、まだ地元の農業協同組合の名義のままであった。また、別荘用地二三万坪の方は、富士五湖カントリーの名義から河野計画興業の名義に移転しているものもあり、その他の会社、個人名義に移転しているものもあった。しかし、別荘用地のうち約一万五〇〇〇坪の土地は、まだ富士五湖カントリーの名義のままになっていた。

そこで私は、調査の結果に基づいて、事件の内容を次のとおり推理した。

まず、ゴルフ場用地の方が地元の農協名義のままになっていることは、富士五湖カントリーが土地代金を払っていないということである。入会金の額と会員数から計算すると当然土地代金は払っていなければならないはずであるが、これを払っていないことは、富士五湖カントリーの経営がおかしくなっていることをあらわしている。また、別荘用地のうち広い土地の名義が河野計画興業に移転していることは、富士五湖カントリーが河野計画興業に権利を移転したことを意味しているが、まだ富士五湖カントリーの名義に残っている土地があるところを見ると、両社間に未解決の問題があるか、トラブルがあるかである。しかし、富士五湖カントリーの名義に残っている土地も、河野計画興業に移転される可能性がある。いずれにせよ、事件は現在進行中である。そして、河野計画興業のことが何も会員に知らされておらず、突然同じ土地を別荘地として売り出すという新聞広告が出るということは、河野計画興業が富士五湖カントリークラブの会員の権利を反故にしてしまおうとしていることに他ならない。放っておけば、富士五湖カントリーの倒産ということで、その債権者である会員の権利は宙に浮いてしまう。河野計画興業とすれば、当社は土地を富士五湖カントリーから譲り受けただけです、会員には関係がありません、文句があれば富士五湖カントリーに言って下さい、しかし、富士五湖カントリーは倒産して何もありませんよ、と言うつもりであろう。これは、彼らの常套手段である。つまりこの事件は、会員の権利を反故にしてしまえば、その分彼らが得をするという構造を持っていた。しかし、もともとは富士五湖カントリークラブの会員が出した入会金で、この土地を農協から買収したものである。会員が出した金で買った土地が目の前にありながら、会社が代っただけで会員の権利がなくなってしまうということは、いかにも理不尽である。

しかし、幸いにして、富士五湖カントリーの名義に残っている土地があった。法律的に手を打つのなら今のうちである。そこで、友人のグループ一五名と相談して、まずこの土地に仮差押をすることにした。こうして、まず第一矢を放った。

この仮差押が執行されると、間もなく河野計画興業の副社長の太田春明という男が、事務所にやって来た。洒落たスーツを着こなした長身の紳士である。

「私は、農協の関係、会員の関係、金融機関関係等の問題を担当し、この行き詰まりのきた河野計画興業の建直しをはかるつもりです」

「えっ、河野計画興業も行き詰まりにきているのですか」

「いやまあ、それで、この土地は河野計画興業が取得した土地だから今さら会員が騒ぐのは筋違いじゃないですか」

そこで私は、

「富士五湖カントリークラブの会員が、会員としての権利を行使したまでであって、河野計画興業の人物からそのようなことを言われる筋合いはありません」と突っぱねた。

すると、太田は、

「会員が仮差押をした土地は、名義は富士五湖カントリーになっているが、河野計画興業が買い取ったものです。これを早急に売って資金手当をしたいと思っていたところです。それで是非河野計画興業に名義変更したい。ところが、これに会員の仮差押がついていては、売却することが困難なので、河野計画興業名義の他の土地に抵当権を設定しますから、是非この仮差押を解いて下さい」と、早々に和解の申し出をしてきた。

私は何かあるなとは思ったが、太田の提案の中身はまんざら悪くはない。そこで、私は、この太田の申し出について、早速一五名のグループに相談した。その結果、ほとんどの土地が富士五湖カントリーから河野計画興業に移転している以上、もはや富士五湖カントリーがゴルフ場を造成し、これを完成させることは困難であろう。したがって、入会金の返還を求める方向で解決することはやむを得ない。そこで、仮差押をしたまま裁判をするよりも、担保価値のある土地に抵当権を設定し、そのうえに河野計画興業の手形をもらっておけば、一応の解決になるのではないか、という結論になった。

このようにして、仮差押をしただけで、ただちに裁判外の相対交渉に入ることができた。その結果、富士五湖カントリーの会員に対する債務を河野計画興業が引受け、毎月分割して弁済するという内容の和解契約が成立した。そして、その分割金の支払のために河野計画興業から手形を受け取り、抵当権を設定するとともに、会員側は仮差押を取下げた。

河野計画興業が、約束どおり手形を落していれば、事件はここでおしまいになるはずであった。ところが、最初の手形が早速不渡りになって戻ってきた。そうなれば、一五名のグループは、抵当権を実行しなければならない。そう考えていたときに、別の会員のグループが登記簿を調べて、仮差押がされていることを知り、こちらのグループに参加したいと申し出てきた。このグループは、静岡県の会員を中心とした約一二〇名のメンバーで、すでに独自の行動を起こしていた。この連絡を受けた当初の一五名のグループは、同じ被害者ならば一緒に闘いましょうと、快く門戸を開いて、新しい会員を迎え入れることにした。こうして、任意団体、法律的な言葉を用いれば権利能力なき社団として、会員の被害者団体が組織された。会の名を富士五湖カントリー富士ケ嶺事件会員協議会（以下、「会員協議会」という）と名付け、規約をつくって、会長をはじめ十数名の幹事を選出した。会長には地元の製紙会社の役員であった大沢栄一氏が推された。

こうなってくると一刻の猶予も許されない。富士五湖カントリーの名義になっている約一万五〇〇〇坪の土地は、間もなく河野計画興業の名義に変更されるであろう。しかし、会員協議会に参加するメンバーの数がふえ、債権額が多額になると、約一万五〇〇〇坪の土地を仮差押しただけでは不足である。したがって、富士五湖カントリーから河野計画興業などの第三者に移転した土地についても、何らかの法的手段を講じておかなければならない。私は、富士五湖カントリーから河野計画興業などの第三者に土地の名義を移転した法律行為は、詐害行為であると睨んだ。すなわち、債務者である富士五湖カントリーが債権者である会員の権利を害することを知って行った法律行為であるから、民法四二四条の詐害行為取消権を行使することができると考えたのである。この詐害行為取消権が認められれば、土地の名義は富士五湖カントリーに戻るから、債権者である会員は、その土地を押えることができる。そのことを前提として、それ以上権利関係が移転しないように、処分禁止の仮処分をしておかなければならない。このように考え、新たに参加した会員の権利に基づいて、河野計画興業、株式会社東洋信販（以下、「東洋信販」という）その他第三者の名義になっている土地に処分禁止の仮処分を申請したところ、首尾よく裁判所の決定を得ることができた（なお、ここで東洋信販というのは、後にここに別荘地を開発した会社で、当初からこの土地に関心を持っていた。そして、その後の話合いに大きな役割を果たした）。

この会員の行動と事件の内容は、静岡新聞などの新聞に大きくとりあげられた。すると間もなく、富士五湖カントリーの社長成田雄介から是非会いたいと連絡があった。

成田は疲れ切った表情で言う。

「西湖台風のときゴルフ場用地が土砂崩れにあい、それまでに造成したものが全部流されてしまったのです。それで矢折れ刀尽きて富士五湖カントリーは不渡りを出してしまいました。そのとき河野計画興業の河野夏樹という男が来て、会員に対する義務をそっくり引き継ぐからゴルフ場をやらせろと言うのです。私も会員に対する義務を全部引き継いでくれるのならと思って、富士五湖カントリーの権利を譲り渡すことにしたのです。ところが、河野計画興業はいったん権利を譲り受けるや会員に対する義務を履行するどころか、勝手に土地を分譲しはじめました。別荘用地の方だけでなく、ゴルフ場用地の方まで別荘地にして売り飛ばそうとしているのです。もう滅茶苦茶ですよ。そればかりでなく、農協と富士五湖カントリーとのゴルフ場用地の売買契約を農協に解除させ、代って河野計画興業が直接農協と契約を結んだことにしてしまいました。こうなると、明らかに会員の権利を排除することを狙っているとしか考えられません。これでは会員の皆様に迷惑をかけることになり、富士五湖カントリーの社長としてあまりにも申し訳ないので、何とかして、会員のためにゴルフ場用地の方も押えてくれませんか。そのためには、会員名簿も引き渡しますし、富士五湖カントリーが持っている権利を全部会員に渡します」

そこで私は、成田の申し出を会員協議会の幹事会にはかった。その結果、これまで法的手段を行使した仮差押、仮処分だけではまだ十分でない、また、本訴を提起して裁判を続けても時間がかかるだろう、したがって、土地の中心に大きな場所を占めているゴルフ場用地約二二万坪に法的手段を行使しておくことに越したことはない、という結論に達した。

こうして、富士五湖カントリーが持ち込んできた証拠の書類をもとにして、ゴルフ場用地に権利を行使することにした。ところがあらためて登記簿を調べてみると、その直前に、ゴルフ場用地の約三分の一が、地元農協から富士計画興業という会社に名義変更されているではないか！

富士計画興業とは一体何ものだろうか。私は早速調査した。すると、富士計画興業の代表取締役には、河野計画興業の副社長太田春明が座っているではないか。また何かやったのだ。一体何を企んでいるのだろうか。

こうなると、もうグズグズしてはいられない。私は直ちに、富士計画興業と農協に対し、ゴルフ場用地について処分禁止の仮処分を申請した。この仮処分は一寸難しいケースであったが、富士五湖カントリーが持ち込んできた証拠は相手方の内側の資料だけに有力なものがあり、裁判所もよく会員の主張を認めてくれて、仮処分決定を得ることができた。そして、執行官と共にゴルフ場用地に行き、立入禁止仮処分の公示をした。ちょうど夏の盛りの暑い日だったが、会員協議会の幹事十数人と一緒にシャベルで土を掘り起こし、用意した看板を立て、汗をぬぐったとき、富士山からおりてくる風がとても爽やかであった。

あとで聞いたことであるが、このとき富士計画興業の社長太田春明は、翌日の記者会見に備えて東京でサウナ風呂に入っていたそうである。すなわち太田は、自分が富士計画興業の社長として、このゴルフ場を経営するということを公表するため、翌日に記者会見を予定し、スポーツ新聞の各紙に連絡済みであったという。そこに、地元の農協から太田に会員が仮処分をしたという連絡が入った。太田はサウナから飛び出し、各紙に連絡したがもう間に合わない。翌日の新聞には、逆に会員がゴルフ場用地に仮処分をしたことが報道されてしまった。太田の方はとりやめにしたはずの記者会見に各紙の記者が集まって追及するので、頭を下げて引きとってもらった、ということである。

このように、タッチの差で功を奏した仮処分であったが、仮処分をしたからといって事件が解決したわけでない。会員がその権利を確実にし、出した金を取り戻すためには、本訴を提起し、それに勝ち抜いてゆかなければならない。これは労力も費用もかかり、大へんな仕事である。そこで私は、何か裁判外の解決をはからなければならないと考えていた。

そう思っているときに、今度は、河野計画興業の社長であった河野夏樹が事務所に飛び込んできた。河野は、「太田にゴルフ場を乗っ取られた。自分も協力するから太田をやっつけてくれ」と言う。

こうして、ゴルフ場を経営すると言っていた富士五湖カントリー、河野計画興業という二つの城は次々に落ちた。こうなると残っている城は富士計画興業一つになる。つまり、太田春明に的を絞ればよい、ということになった。

ゴルフ場用地の仮処分を執行するまではトントン拍子に進んできたが、このままだと事件は膠着状態に陥ってしまう。私は何とか活路を拓かなければならないと考えた。しかし、本訴を提起して裁判で解決するのは、いかにも時間がかかり、迂遠な感じがする。何か早く解決する道はないだろうか。そこで、私はもう一度よくゴルフ場用地の権利関係を調べてみた。すると、ゴルフ場用地の一部約三万坪の土地が、地元の農協から東洋信販に名義変更されていることが分かった。これは、実際上は富士計画興業が農協から安く土地を買い、即日東洋信販に高く転売したに違いない。そして、中間省略登記というやり方で、農協から東洋信販に直接名義変更をしたのであろう。また、転売した代金の差益で、富士計画興業がゴルフ場用地の三分の一を農協から買い取ったに相違いない。そのようなからくりをしなければ、金のない富士計画興業が農協から土地を買えるはずがない。私は、そのように推理した。この私の推理は、後から聞いた話では、ズバリ的中していた。

私は、さらに考えた。このような無理なからくりをする以上、何か法律を犯しているに違いない、と。そこで、どのような法律違反があるか、いろいろと調べてみた。すると、東洋信販名義に移った三万坪のうちの二万坪四〇〇〇坪は、登記上は原野になっているが、県からの補助金を受けている採草放牧地であって、農地法の定めにより県知事の許可がなければ所有権移転ができない土地であることが分かった。しかも、農協から富士計画興業に対する移転行為は東洋信販に転売することを目的とする売買であるから、もともと県知事の許可を得られない取引である。そこで私は、農協の幹事に会って、農地法違反の事実を指摘し、これを是正すべきであることを伝えた。しかし、農協の幹事の反応はにぶく、むしろ富士計画興業をかばうような姿勢が見えた。

そこで私は、山梨県の農務部長に会いに行った。部長が言う。

「県も、このゴルフ場が問題になり、かねがね憂慮していました。あなたの他にも弁護士が来ましたよ。しかし、そのとき申し上げたのです。県にゴルフ場の会員の問題を何とかせろと言われても、県はそのような民事事件に口を出すことはできない。しかし、今度のような農地法違反がある以上、県も放置することはできませんね」

私は、「民事事件の方は、私がやります。だからこそ会員は仮処分などをして自ら権利を行使しているのです。そこまで県にどうしてくれとは言いません。しかし、ここに農地法違反があることは、農協と県の問題ですよ。

そして、農地法違反は、ゴルフ場の在り方に問題があることを端的に示しているのです。県は適正な行政指導をして下さい。そのためには会員も協力を惜しみません」と述べた。

県は、農地法違反を是正すべく、農協の組合長を呼んで事情を聴いたが、組合長は黙秘するばかりで何も言わなかったという。そこで、県は農協から土地を買った富士計画興業、その土地の一部の転売を受けた東洋信販を集めて、この一連の売買は農地法違反で無効であるから、もとに戻すようにと指導した。しかし、農協、富士計画興業、東洋信販の三者は、互いに利害が絡み合って、県の指導に素直に従わなかった。この農地法違反問題は山梨県議会でも質疑がなされ、答弁に立った県の農務部長は農地法違反を事実と認め、指導を強化すると約束した。そしてこのことは、山梨日々新聞の第一面に報道されるところとなった。

しかし、それでも農協、富士計画興業、東洋信販の三者は、それぞれ相手方に要求を突きつけて対立し、解決の目途がつかなかった。農協は、東洋信販に同面積の代替地を提供するから、農地法違反にかかっている土地を返せという。これに対し、東洋信販の言い分は、返還する土地は富士山に近くてよいが代替地として提供される土地は富士山が見えにくい、土地の価値から見て四倍の面積を提供せよと言う。富士計画興業は間に入ってあれこれ言うものの、農協と東洋信販のやりとりに身を任せて、ずるく構えている。このような有様で、農地法違反の是正問題も解決がつかないまま、膠着状態が続いていた。

ここで東洋信販が四倍の面積の代替地をよこせと言ったのは、いかにも過大な要求に聞こえるが、その気持は分からないわけではない。東洋信販は、この富士山麓に進出し、別荘地を開発しようとした矢先に、会員から仮処分をかけられて売れなくなった。それではということで、別の土地を富士計画興業から買ったが、ここも農地法違反で、売買は無効となり、土地を農協に返さなければならなくなった。このように次々とトラブルに巻き込まれ、富士山麓進出の夢が潰れそうになっていたのである。

暫くして山梨県庁から私のところに電話が入った。農協と富士計画興業と東洋信販の三者が、農地法違反の問題について、市内で会合を持つことになっている、県もオブザーバーとして立会うから、会員協議会も第三者として立会ってはどうか、と言うのである。私は、即座に立会うことを約束し、早速会員協議会の大沢会長と会って作戦を練った。私は会長に、次のように提案した。

「県がオブザーバーとして出席するようにと声をかけてくれたことは、絶好のチャンスです。農地法違反の是正を巡って、農協、富士計画興業、東洋信販の対立が激しいことは、すでに情報として入っていますが、この三者があらためて会合をしても解決はできないでしょう。そこに会員協議会が行って三者を批判しても、反発を買うだけで解決の糸口はつかめません。むしろ、会員はこの三者が助かるような案を出して、農地法違反が解決するような協力をしたらどうでしょうか。そのためには、私によい腹案があります」

そして、私がその腹案を大沢会長に説明したところ、大沢会長も、

「それでいきましょう。会員協議会の皆さんに対しては私が責任を持ちます」と快諾して下さった。この腹案の内容は、後に現実になった。

こうして、いよいよ会談の日を迎えた。出席者は、農協側から組合長と前組合長。富士計画興業から社長の太田春明。東洋信販からは社長と顧問弁護士。そして、オブザーバーとして、県からは担当課長、担当係長、その他関連部課の担当者四、五名。会員協議会からは大沢会長と私。

会談は冒頭から激しいやりとりである。東洋信販の社長は、

「農地法違反の土地であることを知らずに買って、すでに分筆し、顧客に売ったところもある。農協は代替地を提供すると言うが、土地の価値の比較からして、四倍の面積の土地を提供せよ。そうでなければ、代替に応じられない」と言う。

農協側は、「同面積の代替地の提供はやむを得ないが、四倍とはとんでもない」と言う。

そこで、東洋信販の社長は、富士計画興業の太田春明の責任を激しく追及する。太田は例によって黙ってやりとりを聞きながら、「自分としては東洋信販が農地法違反の土地を返し、農協には代替地を提供してもらえるようお願いする他にない」とボソッと言う。それがまた、東洋信販社長の怒りを誘う。

このようなやりとりが延々二時間にも及んだが、結局互いの主張は平行線で埒があかない。私も単なるオブザーバーであるから発言するわけにもゆかず、黙って聞いているしかない。二時間も押し問答が続くと、不穏な空気が澱んできて、疲れが出てくる。そのとき、県の担当課長が、「会員もオブザーバーとして出席されているが、意見があれば参考までに発言してほしい」と言った。チャンス到来である。

そこで私は、次のように発言し、大沢会長と打ち合わせ済みの腹案を披露した。

「私は、そもそも農協と富士計画興業とのゴルフ場用地の売買契約自体に問題があったと考えています。この契約の問題が農地法違反にまで発展しているのであって、県から補助金を受けている採草放牧地を県知事の許可なく売買すれば、それは無効であることは言うまでもない。したがって、まず元に戻して、農地法違反を是正せよという県の態度は当然だと思います。しかし、農協も、この土地をゴルフ場会社に売って、財源にすることは長年の計画であり、東洋信販も近隣にゴルフ場ができることを狙って土地を買収し、分譲しなければならないという現実があります。また、富士計画興業は、ゴルフ場を造るということで売買契約を結んだのです。とすれば、三者ともゴルフ場を建設する方向で利害が一致している。私とすれば、会員の問題を放置して、このような契約を締結したことは甚だ遺憾に思ってはいますが、さりとて、ただ批判するだけでは、事態は一向に進展しません。そこで私は、農地法違反問題を是正するために、側面から協力する腹案を持っていますので、これからその腹案を申し上げます。

東洋信販は、一つの土地は会員側から仮処分をかけられ、今またもう一つの土地は農地法違反を問われ、両方とも第三者に売れないという状態になっていますが、これには実際お困りだと思います。そこで、私は、会員が東洋信販名義の土地にかけた仮処分を、任意に、即刻、無条件で取下げてさしあげます。東洋信販がこの仮処分から解放されれば、これによって、少なくとも一部の土地が売れるわけですから、農地に対する過大な要求は、引っ込めるべきです。農協に農地法違反の誤りがあったとしても、過大な要求を組合員が受け入れるとも考えられないし、だいいち東洋信販の案をのめば農協の経営が困難になるでしょう。そうした趣旨で、会員は、この仮処分を、明日にでも取下げる心積もりがあります」

私が右のような発言をすると、その場の雰囲気は一変した。

東洋信販の社長は、「会員がそのような柔軟な気持でいたとは知らなかった」と率直に驚きの声をあげ、「それならば、農協に対する代替地の要求は下げる」と即座にこたえた。

富士計画興業の太田春明も、「会員がそういう姿勢でいるのなら、ゴルフ場建設を急遽進めたいし、会員との話合いもしたい」と言い出した。

この日の会合は、私の提案を前提として、基本的な方針を決め、おひらきになった。ここで決められた基本的な方針は次のとおりである。

第一に、会員が東洋信販の土地にかけた仮処分は、翌日無条件で取下げる。

第二に、農協が東洋信販に代替地を提供する形で、農地法違反問題を是正する。代替地の場所、面積については後日協議するが、東洋信販の要求は大幅に引下げる。

第三に、会員問題の解決について、富士計画興業と会員協議会は協議する。

このようにして、私は、翌日約束通り東洋信販に対する仮処分を取下げた。そして、間もなく、富士計画興業の太田春明と会員問題についての和解の協議に入った。

太田と私との協議には、若干の紆余曲折があったが、この会合の約一か月後には和解契約書に調印することができた。この契約を要約すると次のとおりである。

(1) 富士計画興業は会員協議会の会員に対し、預かり金やその他の債務を富士五湖カントリーと共に引受け、一定期日までに支払う。

(2) 富士計画興業が銀行取引停止処分を受けたとき等、富士ケ嶺カントリークラブ（これは富士計画興業がつくるゴルフ場の名称である）ができる見込みがないと認められたときは、期限の利益を喪失し、債務を一時に支払わなければならない。

(3) 富士ケ嶺カントリークラブのゴルフ場が完成したときは、会員協議会の会員に対し預かり証を交付し、正会員とする（これは一つの弁済方法という形になるのである)。

(4) 富士計画興業は、ゴルフ場の一部六万坪に対して、会員協議会の会員のために担保として抵当権を設定する。

(5) 会員協議会は富士計画興業に対し、仮処分を取下げる。但し、仮処分命令に違反して第三者のために抵当権が設定されているので、会員協議会が仮処分を取下げる前に富士計画興業はこの第三者の抵当権を抹消しなければならない。

以上のように、富士五湖カントリー、河野計画興業、富士計画興業と会社が代る過程で会員の権利を反故にしようとしていたが、とうとう逃げ切れなくなって、富士計画興業が会員に対する義務を承継することになったのである。

なお、この時点までの会員協議会のメンバーは約二五〇名であったが、同じようなことの蒸し返しがあっては困るから全体として処理してほしいという富士計画興業の要望があったので、会員協議会が富士五湖カントリーの会員名簿に基づいて他の会員に通知し、入会の意思を確認した。その結果、名古屋地区を中心に新たな参加を得て、会員協議会の組織は、合計四三〇名になった。

これにて一件落着というはずであったが、さにあらず。富士計画興業は、農協にゴルフ場用地の残りの三分の二の代金を支払わず、いつまでたってもゴルフ場を造らないのである。のみならず、富士ケ嶺カントリークラブの会員募集をはじめ、金集めに動きだした。これでは、再び富士五湖カントリーの会員と同じような被害者がでてくる可能性がある。

そこで、会員協議会は幹事会を開き、今後どうすべきかを話合った。その結果、富士計画興業にはゴルフ場を建設する意思も能力もない、したがって、早く引受金の返還を求めなければならない、という結論に達した。そこで私は、富士計画興業に対し、ゴルフ場完成の見込がなく期限の利益が喪失したので、引受金を支払え、という内容証明郵便を出した。会員協議会がこの内容証明郵便を出す直前に、農協も理事会を開き、富士計画興業と締結したゴルフ場用地の土地売買契約を解除するという決議をしたそうである。そして、その解除通知も、会員の通知とあい前後して、富士計画興業に送達された。しかし、太田春明はねばった。会員協議会との和解契約は無効であると主張して、訴訟を提起したのである。この訴訟は、事件が複雑な割にはスピード審理が行われ、二年足らずで結審になった。しかし、地方裁判所の支部のため、裁判官は一人しかおらず、なかなか予定通り判決言渡しがされなかった。こうした大きな裁判の判決は、まとまった休みがなければなかなか書けないとのことで、結審から言渡しまで二年の歳月を要した。結果は当然のことながら会員協議会の勝訴である。

判決言渡しを待っている間に、和解の打診があった。当時、高度成長による土地ブームは鎮火しかかっており、総需要抑制政策によって、金融事情も芳しくない事態にさしかかっていたので、会員協議会側としても、一日も早く判決の言渡しを受け、それに基づいて一定の解決をはかりたいと思っていた。しかし、太田側の示す和解案は、あまりにも身勝手で、現実性がなかったので、私はとり合わなかった。そうして、待ちに待った勝訴判決が得られた。私は、判決前に打診があったこともあり、太田の方から和解の申込みがあるものと密かに待っていたのであるが、太田のやったことは、和解の申し込みでなく、控訴であった。

そこで私は考えた。太田もこの事件は早く解決したいに相違ない。しかし、いったん和解契約をしておきながら、それが無効だなどと無理な理屈を並べ立てて泥試合的な裁判をしかけ、揚句のはてに敗訴になったのでは、今さら私の前に姿を現わすことができないのであろう。それならば、私が太田を訪ねて行くしかない。

私は、ある雨の日、ひとりで太田の住居を訪ねた。太田は留守であった。私は、何月何日の午前一〇時に事務所に来てほしい、もし来れなければその時間に電話をしてほしい、と伝言を残して帰った。すると、その日その時間に一分もたがわず電話がかかってきた。懐かしい太田の声である。とにかく会おうということになり、その日の夕方に太田は私の事務所に久し振りにやって来た。こうして再び和解のための話合いがはじまった。

ところで、富士計画興業は、ゴルフ場用地の三分の一の土地については、すでに農協に代金を支払って、富士計画興業の名義になっていたことは前述のとおりである。この土地は、かねてから東洋信販が欲しがっていた。東洋信販が売り出した別荘分譲地は好評で、よく売れていたようである。また、東洋信販は、富士計画興業がこの土地にゴルフ場を造ることは、もはや不可能であると思っていた。それならば、ゴルフ場用地を別荘分譲地にして売り出したいと考えるようになった。一方農協も、富士計画興業がゴルフ場を完成することはできないと判断していた。そこで、ゴルフ場ができなくても別荘分譲地として開発されるのならば、それもやむを得ないと思っていた。このような情勢が私には分かっていたので、太田と相談して、ゴルフ場用地を東洋信販に買ってもらい、その代金で会員に引受金を弁済したらどうかと持ちかけた。太田も、かねてから同様の考えを持っており、早速東洋信販の社長と会うことになった。

東洋信販の社長は、「月賦なら買いましょう」と言う。こうして、売買代金などの諸条件の打合せに入り、富士計画興業、東洋信販と折衝を重ねて、遂に最終的な和解契約の締結を見ることができた。その内容は——

（1）東洋信販が、ゴルフ場用地の三分の一を富士計画興業から月賦で買い取る。

（2）富士計画興業は、その代金をもって、会員協議会の会員に引受金を支払う。
（3）この支払方法は月賦になるが、東洋信販から受け取った手形に富士計画興業が裏書きをして会員協議会に交付する。

というものである。因に、富士計画興業にもお釣りがくるので、太田はかなりの金を手に入れることができた。こうして、ようやく富士山麓の暗雲を齎らすことができた。この和解契約に基づいて受け取った東洋信販の手形は順調に落ち、会員協議会の会員は、富士五湖カントリーに支払った金員を全額回収することができたのである。

さて、この事件は、まず数多くの仮処分や仮差押をして、これが功を奏したことは確かである。また、富士計画興業から訴えられた和解契約無効の裁判に勝ったことにも大きな意味がある。しかし、随所に和解を折り込んだことが解決の決め手になった。この事件を振り返ると、仮差押——和解——仮処分——和解——訴訟——和解という形で進んでいる。とりわけ、農地法違反の是正問題をきっかけにして、会員協議会が腹案を示したことが、決定的な解決の要因となっている。仮りに、この事件に和解を折り込まずに、会員の預け金返還の本訴に期待をかけていたら、詐害行為取消訴訟に勝訴することが前提になるので、勝負は五分五分であったであろう。すなわち、富士五湖カントリーには勝てても、富士五湖カントリーは倒産して何もない。その先の河野計画興業や富士計画興業をうまくつかまえることができたであろうか。仮りにつかまえることができたとしても、最後の和解の直後に襲ってきたオイルショックに、事件そのものが潰されていたかも知れない。

この事件は、仮処分をかけるタイミングがよく、また、農地法違反の事実を把握できたことも幸運であった。そして、何と言っても和解がうまくいった。もう一度同じような事件を解決しろと言われても、私にはとてもできないであろう。断崖を走り抜けた後に、うしろを振り向いて、ぞっとするような事件であった。

コメント

私がこの事件を受任したのが一九六八年、会員協議会と富士計画興業、東洋信販との最後の和解契約が成立したのが一九七四年であるから、和解契約締結後から数えても、三〇年近くの年月が経っていることになる。しかし、この事件はどこかに新しさを残している。それは、何かを梃子（道具）にして多数の人から金銭を掻き集めるという詐欺まがいの商法が、その後も延々と続き、未だに跡を絶たないからであろう。すなわち、この事件はゴルフ場の会員権であったが、マンションの共有権、宝石、壷、印鑑等々、手を変え品を変えて、人々は騙し騙され続けているのである。前にも述べたとおり[1]、ゴルフ場の会員権については、ゴルフ場等に係る会員契約の適正化に関する法律ができ、その他にも、割賦販売法、訪問販売に関する法律、消費者契約法などが制定されたが、人間の欲望に狙いがつけられているので、この種の事件を根絶することは至難の業である。

事件の根絶が難しいのであれば、事件が発生したときに対処する方法を編み出しておく必要がある[2]。その一つの方法がここで取りあげた複数の紛争解決システムを使用して解決する方法である。

私がこの事件を受任したときに、最も苦心したところは、どのようにすれば実りのある解決をすることができるかということである。会員は富士五湖カントリーの債権者であって、単純に考えれば、富士五湖カントリーという株式会社の破産にすぎない。しかし、富士五湖カントリーは財産を乗っ取られてもぬけの殻であるから、仮りに富士五湖カントリーの破産宣告を求めても、会員に戻ってくる金銭は雀の涙ほどのものだろう。

しかし、調査の結果、詐欺まがいの行為がまさに進行中であることが分かった。そこで、保全処分によって事件の進行を止め、和解によって成果をとるという方法を採用することにした。この間に、訴訟を提起されたこともあり、そのために四年の年月をついやしたが、事件の流れから見ると訴訟は付随的なものにすぎなかった。

以上は前置きであるが、この事件には総論に関連するところがたくさんある。そのいくつかを摘出してコメントすることにしたい。

1　この事件には共時性の原理がいろいろな局面で働いている。例えば、富士計画興業の社長太田春明が記者会見を予定していた前日に、会員協議会の仮処分を公示したことなどは、その最たるものであろう。事件の渦中にあるときは気がつかなかったが、今にして思えば、共時性の原理に助けられていたことは明らかである。当時は共時性の原理などということは知らず、ただ夢中で取り組んでいただけであるが、これほど密度の濃い事件になると、共時性の原理が働く確率も高くなるのであろう。また、共時性の原理を意識化していれば、もっと多くのチャンスがあったのかも知れない。

2　この事件を解決するために和解が果たした役割は非常に大きい。相手方を和解のテーブルに乗せ、和解を実りあるものにするために、さまざまな技術や方法を使ったが、基本は柔軟な姿勢である。その基本のうえに立って、ここで使った技術や方法を列挙すれば、次のとおりである。

第一に、この事件では情報が決め手になったことである。まず最初に調査を行ったことは、言葉を換えれば情報の収集を重視したことに他ならない。また、農地法違反も集めた情報から発見したものである。そのうえ富士五湖カントリーの社長成田雄介が社内資料を持ち込んでくれたという大きなおまけまでついた。

第二に、情報を集めるだけでなく、情報を出すことにも腐心した。新聞記者の取材に応じるだけでなく、節目には記者会見をして事件を公表した。その結果、新聞記事によって事件が新たに展開するということが度々あった。このことは総論には触れなかったが、紛争解決の技術の中にマスコミに情報を提供することを加え、弁護士の能力の中にマスコミと上手につき合う能力を加える必要があるであろう。

第三に、今回読み返してはじめて気がついたことだが、相手の顔を見る機会を多くつくったことである。すなわち、相手の顔を見ながら仕事をしたことが、和解に実りをもたらしたということである。相手の顔を見るということは、単に相手の表情を見ていたということではない。顔を見ていれば、相手の考えていることが分かり、手の内も読める。これは、人の話を聞くという技術にも、情報を集めるという技術にも通ずるものであるが、独立の技術として、相手の顔を見ることを加えてもよいかも知れない。

第四に、東洋信販の仮処分を取下げたことは、敵に塩を贈ったという上杉謙信の故事にならったものである。相手を和解に誘導するためには、この故事は鮮やかな働きをしてくれる。これを使うためには相当の度胸を要するが、これほどの効果があると、やってよかったという気持になる。(3)

第五に、総論では紛争解決規範として論じたことであるが、反復囚人のジレンマ・ゲームにおける「しっぺ返し」というプログラムのように行動したことである。このことは意識していなかったが、紛争解決の技術にも、弁護士の能力にも、「しっぺ返し」を加えることは可能であろう。

3　この事件のコメントとして欠かすことができないのは、弁護士の能力の問題である。しかし、担当した本人が言うことではないので省略するが、総論との関係で一つだけ述べると、私が弁護士の能力として「人を信じる力」をあげた実例としての意味である。雨の日に私が太田を訪ねたことが最後の和解の重要なポイントだったが、これがまさにここに言う人を信じる力に他ならない。(4)

4　やはり総論との関連で欠かすことができないことは、この事件が私の下部構造に与えた影響である。事件の大きさは約三億円であったが、三〇年前の貨幣価値からするとかなりの大型事件である。まして、受任したときは弁護士一年生であったから、いきなり大型事件が来たという感覚があったことは否定できない。しかし、一年生だから弁護士報酬規定どおりの着手金はいただけないという自覚はあった。また、だんだん会員協議会のメンバーがふえたので、規定どおりの着手金をいただかなくても事務所の運営に支障をきたすことはなかった。したがって、着手金は規定よりも相当低かった。しかし、最後の富士計画興業からの引受金の支払いは遅延損害金等を加算して受けたから、私の報酬を差し引いても各会員には全額戻ることになったので、ほぼ規定どおりの報酬をいただいた。したがって、この事件が私の下部構造の基礎をつくったことは確かである。しかし、他の事件も多数担当していて、事件ごとの収支計算をしていないので、その寄与度の詳細は分からない。そのような計数上のことはともかくとして、最も重要なことは、初期の事件で和解のよさを知ったことによって、和解を中心に据えて事件に取り組んだことである。すなわち、この事件によって、私の下部構造に和解が組み込まれたことである。

5　そしてこの事件は、言わば紛争解決学の端緒になった。そのことは総論で述べたが、(5) 端緒という意味でこれは記念すべき事件である。したがって、この新版では各論の冒頭にこの事件を置くことにしたが、ここに書いたことは事件の大筋と重要なポイントだけにすぎない。(6)

成田雄介、河野夏樹、太田春明などのこの事件の登場人物の多くは、決して褒めらた人たちではないが、そして私もずいぶんその人たちに翻弄されたが、思えば私はこれらの人々に大いに鍛えられた。駆け出しの弁護士が腕を磨くのには、打ってつけの事件だったと言えよう。それから三〇年、すでに物故された人が多いが、今では懐かしく、感謝の気持さえ湧いてくる。

そして、ここが最近の社会情勢とは違うところだと思うが、今にして思えば、この事件にはどこか牧歌的なところがあった。ＡＤＲに取り組んでいて最近気づいたことであるが、紛争解決には一点素朴なところがなければならないのではないだろうか。すなわち、その一点を失えば、紛争解決が大へんやりにくくなるのではないかと感じているが、はたしてその一点とは何なのだろうか。

（1）本書四一頁〜四二頁
（2）ゴルフ会員権預託金返還請求事件の判例評釈としては、北山修悟「ゴルフ会員権預託金返還請求への対応策としての新会社への営業譲渡の有効性——東京地裁平成一一年一二月七日判時一七一〇号一二五頁——」（『阪大法学』五〇巻六号一七五頁）。
（3）本書一六八頁〜一七一頁
（4）旧版一一一頁ではこの部分に言及し、また、廣田・前掲書『上手にトラブルを解決するための和解道』では、最高の技術として「紛争は必ず解決するものだと信ずること」をあげて、この雨の日のエピソードを紹介したが（同書六三頁〜六八頁）、本書では各論の事例にあげることにしてここに移した。
（5）本書七頁〜八頁
（6）この事件の詳細と資料は、廣田尚久編『富士山麓の黒い霧は霽れた—富士五湖カントリー富士ケ嶺事件報告書—』（一九七七年）にまとめてある。

第二　ADRにおける解決事例

一　出資金返還事件

仲裁の事例

私が仲裁人として、第一東京弁護士会仲裁センターで解決した事例を紹介しておこう。仲裁は非公開であるから、事件を紹介する機会は少ないが、この事例は当事者の承諾を得たので、紹介させていただくことができた。

A氏はB事業協同組合の組合員である。B事業協同組合は、あるデパートの区分所有者が集まって組織した組合で、A氏は四〇年前に出資金八〇万円を支払って組合員になり、同時に地下の一店舗の区分所有者になった。区分所有とは、例えばマンションの一室のように、構造上他の部分と区別されていて独立して使用できる建物部分を所有することである。この区分所有は登記することによって成立する。

そしてA氏は、その区分所有している店舗を知人に賃貸していた。ところがいわゆるバブル期に、組合は、デパートの敷地を買い取らなければならないことになった。それまでは、地主から借地していたのだが、地主が相続税を支払うために底地を買ってくれと言い出したからである。組合としては、地上げ屋に買い取られて明け渡し請求でもされたら大変だと恐れて、組合員と相談し、底地を買い取ることにした。

そして組合はその底地の買取代金を調達するために、出資金を増額することにした。組合の総会で出資金を一五〇〇万円増額することに決定し、その決議に従って、Ａ氏も一五〇〇万円を支払った。

ところがＡ氏は、事業の必要上、出資金を返還してほしいと考え、組合に脱退届を出した。組合の定款に従えば、組合員が脱退したときには、一定の計算方法で払い戻し金を受け取れるようになっていたからである。

ここで大切なことは、Ｂ事業協同組合をつくったときに、区分所有者でありながら組合に参加せず、組合員にならなかった人がいることである。したがって、規則のうえでは、Ａ氏が組合を脱退しても、地下の店舗は区分所有者として所有したままでよいということになる。現に、区分所有者でありながら組合員でない人もまだ数人残っている。このことは、Ｂ事業協同組合としては頭の痛いところである。なぜならば、非組合員の区分所有者と一緒にデパート全体の管理をすることは、いろいろと支障があり、運営がしにくいからである。したがって組合は、区分所有者でありながら組合員でない人をなくしたいと考え、できるだけ非組合員の区分所有権を組合が買い取るという方針を立てていた。

一方、Ａ氏にとっても、店舗を所有したままで組合を脱退することは、頭の痛い問題が残る。なぜならば、Ａ氏が区分所有権を取得したときには、改正前の区分所有法であったから、敷地利用権という概念がなく、Ａ氏が組合を脱退してしまうと、Ａ氏の敷地を使用する権利が曖昧になってしまうからである。

審理の経過

さて、仲裁が始まった。もっとも、はじめから仲裁合意があったわけではないので、手続としては和解である。法律的には、Ａ氏が定款の定めに基づいて払い戻し金を請求することには十分の根拠がある。そして私が資料によって計算したところ、払い戻し金の額は、Ａ氏の出資金の額を若干上回る金額になった。私がＢ事業協同組合の理事長たちにそのことを伝えたところ、計算上はそのとおりであると、組合の役員たちもすぐに認めた。

そこで組合が、その払い戻し金を支払うと言えば、事件は落着する。しかし、その場合には、Ａ氏は組合を脱退し、地下の店舗を区分所有したままで事件は終了することになる。そのような結果になったら、組合としては組合員でない区分所有者をさらにデパートの中に抱え込むことになり、前に述べたように、組合の運営上支障をきたすことになる。またA氏の方にしても、法的に安定しない区分所有権を持っていなければならないことになるが、仮りにこれを第三者に売ろうとしても、敷地を利用する権利が不明確なので、売れるものではない。

そこで組合は、払い戻し金の支払い義務があることは認めるが、A氏の区分所有権を譲渡してくれなければ払い戻し金をすぐに支払うわけにはゆかないと主張した。そうでなければ、A氏のような人がこれから続出すると組合の運営が難しくなると言う。

訴訟になれば、この組合の主張は切り捨てられてしまう。A氏の請求は払い戻し金の支払いを求めているだけだから、A氏の店舗を組合に売るか売らないかは別問題で、訴訟では払い戻し金の請求に理由があるかないかを判断すればよいだけだからである。だいいち、組合がA氏の店舗を売れという請求は訴訟の対象にはならないものである。そして、組合が将来の運営に支障をきたすかどうかなどということは、単なる事情であって、訴訟の審理には関係がないことになるわけである。

しかし、仲裁は将来志向型であるから、組合が将来の運営に支障をきたすかどうかということは重要な関心事である。

A氏の払い戻し金請求は、法規範に則っており、正当なものである。また、事業上の理由で払い戻し金が必要であることも納得ができる。

しかしA氏の請求を容認したばかりに、組合の運営にひびが入るのも耐え難いことであろう。組合の役員たちが必死に防御しなければならないという気持になることも理解できる。

私はひとりで、このデパートを見に行った。仲裁手続では職権探知主義と言って、仲裁人が自由に証拠を収集できることになっているから、必要に応じていつでも気軽に現場に見に行くことができる。この辺も、当事者が検証申請を提出し、裁判官がその認否の決定をする等の重装備の手続を定めている訴訟と違って、仲裁手続は軽快で柔軟になっているのである。

私は現場に行って、このデパートの運営は決して楽でないと感じた。したがって、この事件の扱いを間違えて組合の運営に支障をきたし、ここで営業しその収入で生活している人たちが立ち行かなくなることは、避けなければならないと思った。しかし、Ａ氏の請求は法律的には理がある。組合を脱退して払い戻し金を受け取り、それを事業資金に充てたいということももっともなことで、Ａ氏の要望にもこたえなければならないことは当然である。

経済的合理性を使う

そこで私は、両者の要望をかみ合わせるために、紛争解決規範として経済的合理性を使ってみようと考えた。法律的にみれば、出資金の払い戻し請求権と店舗の区分所有権とは別のものであるが、経済的にみれば、一体だとみてもよいはずである。なぜなら、組合がデパートの敷地を借地にしたときには、Ａ氏の出資金は八〇万円だったが、組合が底地を買い取って敷地の所有権を取得したときにはＡ氏は出資金を一五〇〇万円追加して、合計一五八〇万円出資した形式をとったために、計算上の払い戻し金の額が増えたという関係にあるからである。

しかし、出資金の増額という形式をとらずに、各組合員が底地を直接地主から買い取り、共有持分を取得する形にしておいたのだとすれば、Ａ氏の店舗は敷地の所有権（共有持分）つきということになるから、値段が高くなるはずである。しかしこのときには、逆に払い戻し金の額は低くなる。つまり、出資金の増額という形式なら払い戻し金が高額になる代わりに店舗の価格が低くなるのに対し、底地の共有という形式なら店舗の価格が高くなる代わりに払い戻し金が低額になるという相関関係があり、経済的には前者と後者は等しいものになる。

すなわち、Ａ氏の店舗は組合が底地を買い取ったときに、評価が上がったはずであるが、それは敷地の所有権

（共有持分）という形ではなく、出資金の増額という形に姿を変えていたのである。そして、そのために組合財産が増え、払い戻し金が増額することになったのであるから、A氏が定款どおり払い戻し金の支払いを受ければ、店舗の価値は現金に変わってほどんど回収されてしまうということになる。したがって、払い戻し金を支払うときには、店舗を売り渡せという組合の要求は、経済的にみれば十分に理が通っているわけである。

私がこのことを詳しくA氏に説明したところ、条件次第で店舗の区分所有権を組合に譲渡してもよいという返事だった。

あとは、金額の調整だけである。組合は気持ちよく定款に定めるとおりの計算方法で払い戻し金をA氏に支払うことにし、その代わりにA氏は店舗の区分所有権を安く売り渡すことにした。そして店舗の賃借人に対する今後の条件等の詰めをし、申し立ての日から約五か月後に、一一回の期日で和解契約が成立した。

途中から、A氏側も、B事業協同組合側も、代理人として弁護士が参加したが、両弁護士とも仲裁手続に協力的で、きわめて友好裡に事件は解決した。

和解と仲裁判断

和解をすすめたと言いながら仲裁手続について言及しようとすることに対して、ちょっと奇異に感じられるかも知れない。しかし、このことについて一言触れておきたいと思う。

この事件では、双方とも実質的にはきちんと合意したうえで和解をしたいと考えていたが、手続の途中から、その合意の内容を仲裁判断という形にしておきたいということになって、仲裁合意が成立した。そのために、和解契約が成立した後に私が仲裁判断書を書いて、双方に送達した。そして、旧民事訴訟法七九九条二項の定めに従って、仲裁判断書の原本を東京地方裁判所に預託した。したがって、万一どちらかが仲裁判断の定めを履行しないときは、強制執行もできる。

このように、仲裁手続によれば、判断の内容を予見しながら、将来のことを折り込んで解決することが可能になる。あとは、A氏の事業の発展とB事業協同組合の円滑な運営を祈るのみ。

コメント

この事件は、調停のあとで仲裁判断をしたから、調停と仲裁とを連結したミーダブであると考えられるかも知れないが、調停によって成立した和解に基づいて仲裁判断をしただけなので、実質的な意味ではミーダブではない。第一東京弁護士会仲裁センターの仲裁手続規則には、当事者双方の請求がある場合には、仲裁人はその和解の内容を仲裁判断主文とする仲裁判断書を作成しなければならないことになっており、この定めに従って仲裁判断書を書いたということになる（事件後に成立した仲裁法三八条三項によれば、「決定書」という形になる）。

和解の内容を仲裁判断書という形にする必要性は、本文でも触れたように、確定判決と同一の効力を持たせるが、その他にも、株式会社その他の団体が法的処理を明確にするため、破産手続その他の手続に提出するため、（公示催告手続及ビ仲裁手続ニ関スル法律八〇〇条）、強制執行ができるようにする（同法八〇二条一項）ところにある証明力を強くするためなどの必要性があるので、和解の内容を仲裁判断書にする便宜性は高い。

なお、この事件には随所にADRにおける紛争解決の特徴があらわれ、またADRの仕様を使っているところもあるので、以下にそれらを列挙してみよう。

1　本文でも述べたが、主要な紛争解決規範として、経済的合理性を使用したことである。そして、中小企業等協同組合法などの法規範の使用は後退している。すなわち、法規範の使用を控えて、経済的合理性を一次的使用したのである。

2　本文には触れなかったが、この事件ではA氏の払い戻し金の請求は、解決の時点ではまだ請求権という形になっていなかった。すなわち、中小企業等協同組合法一八条一項には、組合員は九〇日前までに予告し、事業年度の終わりおいて脱退することができるとされ、脱退したときに持分の払い戻しを請求することができることになっているが（同法二〇条一項）、A氏は、脱退の意思表示をして間もなく第一東京弁護士会仲裁センターに調停の申立てをし、事業年度の終了前に和解契約が成立した。

3　このことは、迅速性という通常ADRの利点として強調される特徴も生かしたと言えよう。事業資金を早く手にしたいとするA氏の経済事情に配慮し、集中審理をすることによってその目的を果たすことができた。ここにはまた、将来志向性というADRの特徴も出ている。

4　請求権という形になっていない場合でも対応することができるという点では、区分所有権を売ってほしいという組合の要望にこたえたことにもあらわれている。すなわち、他人が所有しているものを売れということは、単なる事実上の要望であって、権利として成り立っているものではない。相手に断わられればそれでおしまいで、訴訟を出せば買うことができるというものではない。しかし、この事件では、権利の形になっていない単なる要望を、そのまま容れる形で解決したのである。

5　ADRの仕様に多様な出口があるが、払い戻し金の支払いと区分所有権の売買を抱き合わせにして解決することができたのは、出口の多様性ということを意識していたからである。また、本文には多くを述べなかったが、店舗の賃借人に対して特別の配慮をした。それは、店舗を組合に売り渡すことによって賃借人に迷惑をかけるのではないかという心配をしたA氏の気持にこたえるためのものであり、その心配を取り除かなければ和解ができないという現実があったからである。そこで、賃借人にこの手続に参加してもらい、和解契約の成立と同時に、B事業協同組合と賃借人間の賃貸借契約を締結することにした。すなわち、多様な出口の内容として、第三者の参加を求めたことになる。

6　私がひとりで現場を見に行ったことが職権探知主義というADRの特徴を使用したことは本文で述べたが、私が資料によって払い戻し金の額を計算したことについても本文で触れた。このことは、些細なことのように思われるかも知れないが、正確な計算をして当事者に示すことによって、事件を引き締めることが可能になる。そして、そのことによって、調停人（仲裁人、以下同じ）に対する信頼が増し、当事者は非生産的な争いをしなくなるのである。私は総論で弁護士の能力として「数字に強いこと」をあげたが、弁護士の能力としてあげたものは、調停人の能力としても必要なものである。

二　付帯条件つき最終提案仲裁（第一東京弁護士会仲裁センター）

これも、私が第一東京弁護士会仲裁センターで解決した事例である。

この事件は、申立人Xが相手方をYとして、当初は調停を申立てたものであり、Xの主張は以下のとおりである。

会社員Xは、注文住宅建設を業とするY株式会社との間で、自宅の建物を新築する工事請負契約を締結した。

請負代金の総額は五一〇〇万円であったが、契約締結と同時に「契約金」として四〇〇万円を支払う定めがあったので、Xはその契約条項に従って、Yに対し四〇〇万円を支払った。しかし、Xの建設予定地は、かねてから建築基準法上の接道義務を果たしていなかったので、隣地所有者と土地を交換して通路を拡幅するのが先決であった。にもかかわらず、Yからキャンペーン中だから建築費用が安くなるなどと契約締結を急がされ、道路問題未解決のまま、しかも、契約内容の説明を十分に受けないで契約をしてしまった。また、Xが公庫融資の申込みを急いでいた等の事情があり、その事情に乗じられたという事実もあり、XがYの住宅展示場を初めて見学してから契約締結まで僅か二週間しかないのは不自然である。よって、要素の錯誤による無効、もしくは詐欺による取消により、あるいは契約を解除するから、支払った契約金四〇〇万円を返還せよ――

これに対して、Yは次のとおり反論した。すなわち、Yは決して契約締結を急いだわけではなく、事前にXと十分に打ち合わせをした。また、隣地所有者との道路問題も、関係者の利害関係からすると早晩解決する見通しがあり、現にXの調停申立て以前に解決しているので、未解決のまま契約を締結したからといって、それをもって無効原因、取消事由にすることには理由がない。工事請負契約には、工事着工前に注文主が解除するときには契約金を返還しないという定めがあるから、その契約条項に基づき、契約金は返還しない――

ところで、このXとYの主張の対立を訴訟で裁くとなれば、どのような規範が使われ、どのような結論になるだろうか。

Xの主張が認められる場合は、民法九五条の錯誤または民法九六条一項の詐欺が適用され、YはXに四〇〇万円を返還しなければならない。この場合には、工事請負契約の契約金は返還しないという条項は排除される。

Yの主張が認められる場合は、工事請負契約の契約金は返還しないという条項が適用され、Xには契約金が返還されない。すなわち、ゼロである。この場合には、錯誤または詐欺の主張は排除される。

前者はXの勝ち、後者はYの勝ちであるが、工事請負契約の形式よりも当事者間のやりとりの実質を重視すれば前者になり、あくまでも形式を重視するというのであれば後者の結論になる。これが訴訟になった場合の原則である。

しかし当事者は、このような四〇〇万円かゼロかという勝ち負けを、必ずしも望んでいるわけではない。それでは、その先にどのような解決があり得るのかということであるが、そのことに入る前に注意すべきことは、この段階ですでに規範の衝突が起っていることである。そして、もし四〇〇万円かゼロかという結論を避けたいのならば、別の紛争解決規範の動員が必要なのである。

そのような解決は、訴訟の中でも行われている。すなわち、Xが民法七〇九条の不法行為を主張し、Yが民法七二二条二項の過失相殺を主張して、裁判所がそれを認めれば、四〇〇万円とゼロの中間に結論を得ることが可能になる。ワラント債を巡る取引において説明義務を尽くしていないという理由で、いったん取引の違法性を認め、そこから過失分を相殺するという判例が、最近かなり出てきた。しかし、裁判所が取引の違法性を認めなければ、これらの規範は使用されず、もとのゼロという結論になるのである。

さて、XとYとの契約金を巡る紛争に戻ろう。このケースは、調停事件として申立てられたことは前述のとおりである。

第一回期日には、当事者双方からその主張を聞いた。そしてYは、従前からXに申入れていた通り契約金のうちの二〇〇万円を返還すると述べた。しかしXはYの提案に納得せず、あくまでも四〇〇万円を返還せよと主張して、第一回期日は終了した。

第二回期日には、再び当事者双方が主張を尽くした。そしてXは、返還額を三五〇万円にすることを提案した。しかしYは、契約金の半額を返還すれば十分だと主張して、それ以上は譲らなかった。

この段階で当事者と仲裁人が話題にした紛争解決規範は、当時国会に上程されることが予定されていた消費者契約法（この事件の後の二〇〇〇年五月に成立した）である。これは、消費者と事業者との情報の格差を埋めるために、従来の民法理論を修正して、事業者が消費者に必要な情報を提供するよう努めることを定めるとともに、解除に伴う損害賠償の額の予定につき一定額を超える部分は無効とすることを柱にしている。これはまさしく規制緩和に対応する立法措置であって、当時はまだ国会に上程されていなかったとはいえ、諸外国ではすでに多くの国が立法し、今やグローバルスタンダードの紛争解決規範と言えるから、調停においては積極的に使用すべきではないかということである。

この事案では、工事着工前に注文主が契約を解除するときは請負人は契約金を返還しないという条項を、Xは説明を受けていなかったと言うし、Yは説明したと言うが、Xが重要な条項と認識するほどYが説明を尽くさなかったことには争いがないので、その点を加味して解決案を出すよう、私は双方に要請した。

紛争解決規範として生れつつある消費者契約法を使用するか、判例にときどき出てくる不法行為、過失相殺を使用するかということは、結論的には同じようになると思われるかも知れないが、ここには相当の差異がある。

第一に、裁判所は必ずしもこの不法行為、過失相殺を適用して、消費者の請求を認めるわけではない。数のうえではまだ少数派と言ってよいのではないだろうか。また、これが認められても、大幅な過失相殺をする事例が多く、消費者の過失割合を五〇パーセント以下とするものは少ない。消費者契約法の基本的スタンスは、消費者を保護するために消費者と事業者との情報の格差を是正することにあるから、重要事項の説明不足は大きな意味を持つ。したがって、当事者が消費者契約法を紛争解決規範として使用することに同意すれば（と言っても、当時はまだ法律にはなっていないから、その趣旨を尊重して解決するということである）、気持が安定するし、また、五〇パーセントの線を若干Xの方に寄せても違和感はない。

第二に、消費者契約法を視野に入れると、Yが心理的に納得しやすくなる。そして、将来の取引について注意すべきことが明確になり、この調停が経験になって、将来の紛争を予防することができる。これらのことが社内的な決裁を得やすくして、合意に到達する可能性が大きくなる。

さて、第三回期日では、まずＹが返還すべき額として二四〇万円を提案した。これに対し、Ｘは三〇〇万円を提案した。そこで問題になることは、三〇〇万円と二四〇万円の差をどのようにして埋めるかということである。

従前の調停のやり方では、ここから先が激しい争いになる。双方が相手方に妥協を迫り、結局断固として譲らない方に結論が傾いて、大幅な妥協をした方が不満を述べた揚句、双方が気まずい思いで終了することが多い。また、感情的になって調停が決裂することさえある。

そこで私は、新しい手続的紛争解決規範を使用することを提案した。

すなわち、アメリカで行なわれている仲裁に、最終提案仲裁（final offer arbitration）あるいは野球式仲裁（baseball arbitration）といわれる方式がある。これは、当事者双方が最終的な提案をし、仲裁人が当事者がした提案のいずれか一方を選択して（すなわち中間値を採らない）、それをもって仲裁判断とする方式である。

しかし、この方式はＸの最終提案が必ずＹの最終提案を上回ることを前提としており、いかにも欧米式の感覚に基づいている。これに対し、Ｘの最終提案がＹの最終提案を下回ることもあり得るというのが、東洋人の感覚であろう。そこで私は、この最終提案仲裁に、Ｘの最終提案がＹの最終提案を下回ったときにはその中間値をもって仲裁判断とする付帯条件を加えることとし、言わば新手つきの最終提案仲裁を提案した。このようにすると、当事者は思い切った最終提案をすることが可能になるし、双方の最終提案が近づけば、納得や合意が得やすくなる。

私がこの新手つき最終提案仲裁を提案したところ、当事者が次回にこの方式を採用するか否かを回答することになり、第三回期日は終了した。

第四回期日では、当事者双方とも私が提案した付帯条件つきの最終提案仲裁をすることに合意して、仲裁契約を締結した。この段階で、調停手続は仲裁手続に移行した。

そしてただちに、当事者双方は、最終提案を提出した。Xの最終提案は、二五六万円であり、Yの最終提案は、二五〇万円であった。

最終提案を選択するにあたって、私が使用した紛争解決規範は何であろうか。もとより、判例やもろもろの紛争解決規範が脳裏をよぎったことは事実である。しかし、二五六万円が正しいか、二五〇万円が正しいかという基準は、どこを探してもないだろう。私は、さまざまな要素を考量して、二五〇万円の方を選択したが、その選択に合理的な説明をせよと言われても困るところがある。率直に言えば、当事者の最終的な意思が二五六万円と二五〇万円ならば、二五〇万円の方がよりも望ましいと考えただけである。ただ私は、「損して得取れ」という俚諺を引いて、Xに対し、あなたは契約を締結することの難しさを勉強し、これからは手堅く契約をすることができるようになったのだから、Yに差額の六万円をプレゼントしてほしいという言葉をつけ加えて、仲裁判断をした。

コメント

この事案によって、ADRの特徴――手続の柔軟性と幅広さ、使用する紛争解決規範の多様性、当事者の合意を重視した解決――を理解していただけたと思う。そして、調停と仲裁を連結したミーダブという論理的枠組みを使用したことになるが、最終提案仲裁はおそらく本邦初演であろう。また、付帯条件つき最終提案仲裁という新手は、世界でも初めての試みだと思われる。

この最終提案仲裁のことを初めて聞く人は、これをゲームだと言うかも知れない。しかし、実際にやってみれば分かることであるが、これをやろうと決めた瞬間に、ゲームどころではなくなってしまうのである。すなわち、当事者は自分の強いところ弱いところを徹底的に点検しなければなくなる。また、相手の強いところと弱いところも読む必要がある。そして、その強弱を計量するために頭を活発に動かさなければならない。そればかりでなく、仲裁人のそれまでの言動を思い起こして、その心証を推理する必要もある。そして、自分の最終提案を仲裁人に選択させるために、あれこれ作戦を立て、しかもそれらを総合して数字に表現しなければならない。最終提案仲裁に入る前は絶対に譲歩しないつもりであっても、自説にこだわれば選択されないことにすぐに気がついて、たちまち脳の動かし方を変える羽目になる。このことは、双方の最終提案を想定して数字を並べてみれば理解できることであって、とにかく一度やってみれば分かることだが、ゲームとは違う形で真剣になってしまうのである。しかし、真剣になるからと言って苦痛が伴うわけではない。真剣になればなるほど楽しくなるのである。と言うことは、それまでに使ったことのない脳を使う経験をすることに他ならない。したがって私は、最終提案仲裁に入る前に、「使ったことのない脳を使うことになりますよ」と予告することにしている。この事件で最終提案仲裁をすることになって、脳の動きが活発になってきたXが、「こんなことを言っては変ですが、これって面白いですね！」と叫んだときには、私も思わず、「そうでしょう！」と言ってしまった。

そのことはともかくとして、この事案のポイントは、紛争解決規範の使い方である。そのことについては本文でもかなり詳しく言及しているが、別の角度から分析しておく必要があるだろう。また、紛争解決規範の使い方以外の事項についても、若干のコメントを加えておきたい。

1　まず問題になるのは、この事案で一次的使用された紛争解決規範は何か[(1)]、ということである。紛争解決規範の一次的使用は、解決に結実する言葉の中に直接取り込まれるものであるが、この事案にはそのようなものが見当たらない。私が「損して得取れ」という俚諺を引いたことは、当事者が心理的に納得できるように、また今後の契約のヒントになるようにつけ加えた言葉にすぎず、この俚諺を紛争解決規範として適用したわけではない。すなわち、結論を出すために適用した実体的紛争解決規範はないのである。

言葉を換えれば、最終段階では因果律が働いていないということである。必ずしも因果律に従う必要がないということは和解の仕様であり、またADRの仕様であるが、この事案では、その特徴がよくあらわれている。

では、何が一次的使用されたのか。それは、付帯条件つき最終提案仲裁という手続的紛争解決規範そのものである。したがって、手続がよければそれだけで解決するという端的な事例ということになるだろう。

しかし、手続的紛争解決規範を使用するときには、その段階に至るまでに多くの紛争解決規範を二次的、三次的に使用する必要がある。この事案では、まだ上程されていなかった消費者契約法が二次的使用されたが、外国にはすでに消費者保護の類似の法律が存在しているのであるから、そのようなものを二次的使用したと言うこともできるであろう。

そして、三次的使用されているのは、ワラント債に関する判例である。使用しなかった不法行為、過失相殺も消極的意味で三次的使用と同様の働きをしている。また、四次的使用の紛争解決規範は、Xの要素の錯誤、詐欺取消の主張とYの工事請負契約上の文言の主張であるが、この双方の主張は完全にバッティングしている。

このように、一次的、二次的、三次的、四次的と時間を溯って分析し、もう一度逆に時間の経過に従って紛争解決規範の使用方法をトレースすると、事案全体の道筋がはっきりと見えてくる。すなわち紛争の最中に、そのときどきに使用する紛争解決規範をきちんと押えておけば、あたかも予定していた道筋を辿るようにしてゴールに達するということである。これが紛争解決のコツである。

2　付帯条件つき最終提案仲裁を使用することを、最初の段階で当事者に告げる方がよいか、この事例のようにいよいよ必要になったときに告げる方がよいか、という問題が残っている。アメリカでは最終提案仲裁が普及しているので、当事者は最初から最終提案仲裁の手続を利用するつもりで申立てをするケースが多いであろう。しかし、わが国で最終提案仲裁なり、付帯条件つき最終提案仲裁なりを看板をあげたときに、最初からそれを利用するつもりで事件を申立てる当事者がいるであろうか。将来はともかくとして、そのよさが人々に認識されるまでは、最初からということにはならないのではないかと思われる。

いずれにせよ、最終提案仲裁が利用されるようになるためには、仲裁人に対する信頼がよほど強くなければできない。なにしろ、最終提案のどちらかを採用し、中間は採らないというのであるから、少しでも不信の念を起こさせれば、当事者はついてこない。すなわち、必ず相手の方を採るだろうと思われれば、最終提案仲裁をして下さいと言うはずがないからである。

このことは、最終提案仲裁をする仲裁人は、通常の仲裁よりも大きな信頼を受ける必要があるということである。とくに、いよいよ必要になったときに最終提案仲裁を当事者に提案するときには、それまでの審理を公正、中立にすすめて、双方から信頼を獲得しておく必要がある。また、ゆくゆくは最終提案仲裁をしようと仲裁人が考えているときには、そのことを自覚して、実践しなければならない。その意味では、最終提案仲裁は、仲裁人にとっても自分を鍛えるチャンスである。すなわち、最終提案仲裁は仲裁人の質を定める試金石であると言えよう。

3　率直に言えば、当事者からどのような最終提案が出るか、私は興味津々であった。そして、Xが二六〇万円でYが二五〇万円だったらどちらを選ぼうかなどと、内々考えていた。しかし、双方の最終提案を見て、その瞬間にそれまで考えていたことが全く無駄であったことに思い知らされた。最終提案を見た瞬間に、自分の脳の中身が変ってしまうというか、脳の仕組みが組み変ってしまうような気持がして、一瞬にして頭が空っぽになってしまったのである。したがって、それまでに自分が予想もしなかった思考をして、その思考の中で選択をすることになった。実に妙な経験であったが、最終提案仲裁をする仲裁人は、前もって最終提案の予測などをせずに、双方の最終提案を見てから、組み変った脳によって選択するのが正解のようである。

4　ところで、仲裁判断の基準については、「法」によるべしという見解と「善と衡平」も基準もすべしという見解がある。しかし、「善と衡平」の概念あるいはその内容は必ずしも明らかではない。[2]そのことはともかくとして、この最終提案仲裁の最後の段階では、「法」も「善と衡平」も使われていないことに注目すべきである。すなわち、この段階で使用されるのは、最終提案仲裁という手続的紛争解決規範と仲裁人の主観的判断だけである。とくに後者は「衡平」という概念とは正反対のものである。さらに、付帯条件つき最終提案仲裁の場合は、付帯条件を充たすときには後者さえ不要になり、手続的紛争解決規範だけで決着がつく。私が仲裁判新の基準はすべての紛争解決規範である（本書三〇八頁）と言っているる理由はここにあるのであって、「善と衡平」も基準にすべしという議論は、未だ仲裁の理論が発展の途上にあることを示す事実に他ならない。

5　調停の理想は、当事者が自己の能力を高めること、すなわちエンパワーメントにあることは前述したが、この事案では、当初激しく争っていた当事者双方が、最後には破顔一笑して喜んでくれた。後日談になるが、申立人の代理人弁護士にある会合で偶然合ったときに聞いたところ、Xは事件後に他の建設会社と「手堅く」契約を結んで、今は新築の家に住んでいるという。また、相手方の代理人弁護士にはこれも偶然に音楽会で合い、Yもたいへん満足していると囁いてくれた。

（1）　紛争解決規範の使用方法や一次的使用以下については、本書一七八頁～一八三頁。
（2）　高桑昭「仲裁判断の基準」（松浦馨、青山善充編『現代仲裁法の論点』（有斐閣、一九九八年）三二三頁）。なお、仲裁判断の基準については、同書三一七頁～三三〇頁。

三　付帯条件つき最終提案調停（中央建設工事紛争審査会）

はじめに

これは、私が中央建設工事紛争審査会の調停人として解決した事例である。

建設工事紛争審査会は、建設工事の請負契約に関する紛争について、あっせん、調停、仲裁を行う行政型ＡＤＲで（建設業法二五条二項）、国土交通省に中央建設工事紛争審査会、都道府県に都道府県建設工事紛争審査会が置かれている（同条三項）。このうちの「あっせん」は一人のあっせん人が行うが、「調停」と「仲裁」は三人の合議体で行う。

ここで紹介する事案は仲裁事件として申立てられたので、法律委員の中から選任された私の他に、建築・土木・設備等の技術的な専門的知識を有する技術委員二名が仲裁人として選任された。そして、合議体で審理を行うときには、弁護士である仲裁人が審理の指揮をすることになっているので、私がその役割を担当した。

前述のとおり、これは仲裁事件として申立てられたが、その理由は、工事請負契約を締結すると同時に、発注者と請負者が仲裁合意書を締結したからである。しかし、第一回期日に当事者双方の意思を確認したところ、双方とも仲裁でなく、調停をしてほしいとのことであったので、とりあえず調停手続をすすめることにした。後に述べるように、当事者間の主張の対立が激しく、着地点についての考えも随分離れていたにもかかわらず、調停をする意思だけは最後まで持続し、結局この事件は調停手続のまま和解によって解決した。したがって、私たち三人は、仲裁人として選任されたにもかかわらず、終始調停人であったことになる。そこで、私の他の調停人をＡ調停人、Ｂ調停人と言うことにする。Ａ調停人は建設コストを管理する研究所（財団法人）の審議役であり、Ｂ調停人は国立大学の名誉教授である。

前置きは以上のとおりであるが、早速双方の主張をみてみよう。

申請人の主張

申請人の甲田商事株式会社（以下、「甲田商事」という）の主張は次のとおりである。すなわち——

甲田商事は社員教育のための研修施設をつくるために、鉄筋コンクリート造り地下一階地上三階・延床面積六六〇平方メートルの新築工事を、乙川建設株式会社（以下、「乙川建設」という）に請負わせることにし、一九九六年九月二五日、注文者を甲田商事、請負者を乙川建設、請負代金を一億六五〇〇万円とする工事請負契約書を締結した（以下、「本件契約」という。また、本件契約に基づく工事を「本件工事」、本件工事に基づいて建築した建物を「本件建物」という）。

本件工事は、当初は一九九七年三月一日着手、同年八月三一日完成の予定であったが、甲田商事の社内事情により、同年六月一日着手、同年一一月三〇日完成に変更した。そして同日、甲田商事は乙川建設から本件建物の引渡しを受けた。しかし、本件工事には未完成部分が残っている。

本件契約によると、請負代金は一億六五〇〇万円であるが、その他に追加工事があり、その追加工事分の請負代金は一五〇〇万円である。そして、甲田商事は乙川建設に対し、これらの請負代金を、一九九七年五月二一日に三五〇〇万円、同年一二月四日に九四〇〇万円、一九九八年二月二三日に三七〇〇万円、以上合計一億六六〇〇万円支払った。計算上は一四〇〇万円の残代金があることになっているが、本件工事には未完成部分があるので、残金を支払わないのは当然である。また、工事のトラブルに関するペナルティー金については、継続して打合せる旨の文書を取り交わしている。工事期間中には、クレーンの倒壊、ガス漏れ事故、隣家マンションの壁面や花壇タイルの破損などのトラブルを起しているが、本件建物には、次のような不具合や瑕疵が発生している。

①　床面の凹凸　　一～三階の全ての室内の床面に凹凸があるので、張り替えを求める。

②　床材の剝がれ　一階の応接室、事務室の床材が剝がれているので、張り替えを求める。
③　地下床面の傾斜　傾斜がとられておらず、雨水の侵入が見られたので、傾斜をつけることを求める。なお、駐車場の予定を生花教室に設計変更したが、傾斜が必要ないとは言っていない。
④　地下男子トイレ手洗い濁水　約束した工法によらないために濁水が発生しているので、補修を求める。
⑤　北面擁壁　大規模なジャンカ（コンクリート打ちの際に生じる空洞部分）や鉄骨の露出が発生し、後に表面上塗りや補強工事をしたが、強度面等に不安があるので、工事のやり直しを求める。
⑥　ステップリフト　設置器具が屋内用と見られるので、屋外用に取り替えることを求める。
⑦　一階通路南面水場　隣家擁壁の大谷石に接合されているので、この部分の分離を求める。
⑧　一階雨漏り　東面に雨漏りがあるので、補修を求める。同時に保証期間の延長を求める。
⑨　石膏ボードの張り替え　一階壁面の雨漏りを補修したときに部分的に張り替えたが、全部張り替えることを求める。
⑩　東面雨水の下水への直結　雨水を下水道に繫げる管を勝手に変更したが、当初の予定どおり下水道へ直結する工事の実施を求める。
⑪　三階雨漏り　東、北、西面の雨漏りは応急処置にとどまっており、恒久的工事を行うことを求める。
⑫　三階壁面プラスター塗り　当初の塗りむらを一部補修したが、ペンキ塗装によるごまかし補修でなく、本来の工法による補修を求める。
⑬　外壁タイルうねり　外壁タイルに通常範囲を越えたうねりがあるので、完全な補修を求める。
⑭　ジャンカ　軀体のジャンカの調査と恒久的処置を求める。
⑮　代替研修施設　補修工事期間中、近隣に研修施設を確保することを求める。
⑯　補修による価値の下落　補修工事によって本件建物の価値が下落したので、その補償を求める。

以上の理由により、本件建物の瑕疵を補修し、相当額の損害賠償をせよ、というのが甲田商事の請求である。

なお、申立ての時点では、相当額の損害賠償と言うだけで、具体的金額の主張は出ていなかったが、審理の途中で具体的な金額の請求があった。そのことについては後述する。

被申請人の主張

これに対する被申請人乙川建設の主張は、次のとおりである。

甲田商事と乙川建設が本件契約を締結したこと、請負代金が一億六五〇〇万円であること、追加工事の請負代金が一五〇〇万円であること、請負残代金が一四〇〇万円であることは、甲田商事の主張のとおりであるが、本件工事の工期は、第一期工事として一九九七年五月二三日から検査済証を取得する同年一一月二八日までと、第二期工事として検査後の工事が終了する一九九八年三月三一日までとがあった。そして、甲田商事が主張する不具合や瑕疵については以下のとおり答弁する。

① 床面の凹凸　　甲田商事の請求に従ってすでに三回も補修した。むしろ設計変更によって増額した代金を支払ってほしい。

② 床材の剝がれ　　一部補修することになっているが、施工させてもらえない。

③ 地下床面の傾斜　　生花教室に設計変更するというので床をフラットにしたが、大雨時に雨が入ったため、グレーチング補修工事を行った。

④ 地下男子トイレ手洗い濁水　　はつり出して改善する。

⑤ 北面擁壁　　強度を考慮して補修した。甲田商事の請求は認められない。

⑥ ステップリフト　　防水カバーを使用し、屋外対応になっている。

⑦ 一階通路南面水場　　大谷石を護るためには現状が望ましいが、どうしても分離せよというのであれば、

分離工事をする。

⑧　一階雨漏り　東面の漏水はない。

⑨　石膏ボード張り替え　一部張り替える必要は認めるが、打ち合せをさせてもらえず、実施できないでいる。

⑩　東面雨水の下水への直結　雨樋は西側下水溝に接続しており、機能上問題はない。

⑪　三階雨漏り　施工することを申し入れているが、打ち合せをさせてもらえない。

⑫　三階壁面プラスター塗り　補修することを考えているが、施工させてもらえない。

⑬　外壁タイルうねり　他の建物でも見られることであり、日差しの位置によりうねりに見えることがあるが、甲田商事の主張は否認する。

⑭　ジャンカ　構造上問題となるようなジャンカはない。モルタル等で適切な処置をしている。

⑮　代替研修施設　補修工事は、通常使用されない夏期休暇中に行うので、代替研修施設は必要がない。

⑯　補修による価値下落　争う。建物が悪くならないように補修工事を行っているので、価値の下落はあり得ない。

よって、②、④、⑦、⑨、⑪、⑫の補修工事はするが、未払いの残金一四〇〇万円を至急支払っていただきたい。

以上が乙川建設の主張であるが、一九九七年一一月三〇日に本件建物を引き渡し、その日から甲田商事が本件建物を使用していることについては争いがない。ただしこれは、甲田商事から社内事情のためにどうしても必要だと懇願されたからであって、あくまでも事実上の引き渡しにすぎず、残代金の支払いを受けない以上は、法律的に正式の引き渡しをしていない、と乙川建設は主張する。

合意書の成立

さて、第一回の審理は、二〇〇〇年三月一日に開催された。

出席者は、甲田商事側から甲田太郎社長（代表取締役）、甲田花子常務取締役の二名、乙川建設側から乙川次郎専務取締役、代理人大山登弁護士の二名である。

この第一回期日までに、工事請負契約書とそれに添付された四会連合協定による工事請負契約約款、見積書、設計図書、現場写真などの厖大な証拠資料が提出されていた。

乙川建設の答弁によると、一部について補修工事をすることを認めているので、私は、その補修工事を先行させるか否かについて当事者双方に意見を聞いた。それと同時に、仲裁と調停の違いを説明し、仲裁手続を進めるか、それともまず調停をするかについて、当事者双方に意見を聞いたところ、この仲裁人のメンバーによって調停をしてほしいということであったので、ただちに調停を開始した。

そして、調停の進め方としては、先に乙川建設が補修工事をし、その後に残された問題について調停することにした。その前提として、まず当事者双方から主張を詳しく聞き、その後に現場見分を行うことにした。その方針に基づき、三回の期日にわたって当事者が主張を述べたが、それはすべて双方の同席のもとで行われた。すなわち、同席調停を原則とし、当事者から要請があって相手方が同意したときに限り交互方式を取り入れることにしたのである。この事案では、例外的に数度交互方式を行ったが、そのことによってトラブルが起ったことはなかった。したがって、方式の採用については極めてスムーズに行われたが、ほとんどが同席であったために、当事者間で直接激しい応酬があり、内容的には過激な事件であった。

当事者の主張の詳細を聞き、当事者間の応酬が一応終わったところで、同年六月一日に現場の見分を行った。そして、当事者の主張を現場で一つ一つ確認した。

その後の期日で、乙川建設が行うべき補修工事の内容を定める作業に入った。そして同月二七日、次のような内容の合意を成立させることができ、当事者双方は合意書に署名、捺印をした。

１　当事者双方は、甲田商事の補修請求部分を一部分離し、次のとおり乙川建設が補修等をすることに合意する。

２　乙川建設は、以下のとおり工事をするものとし、甲田商事は、工事が円滑に進行するように協力する。

（１）一階応接室、事務室の中央付近の凹凸の補修

（２）三階の室内の床面の張り替え。ただし、この張り替え費用のうち二〇万円は甲田商事が負担すること

（３）地下階段前のグレーチングを左右に拡張すること

（４）地下男子トイレ手洗いを濁水が発生しないようにすること

（５）ステップリフトの足とギアをステンレス製のものにすること

（６）一階通路南面水場のコンクリート面を切断し、隣家擁壁大谷石から分離すること

（７）雨漏りについては、原因を究明し、適切な方法で防止措置を施すこと。その工事に伴い、三階壁面に浮きが出ている部分は、全面的に補修し、プラスター塗りをすること

この合意書に基づいて、乙川建設は補修工事を行ない、その工事は、二〇〇〇年八月三一日までに完了した。

この補修工事によって争点が少なくなったので、調停は円滑に進むと思われたが、事態はそれほど単純ではなかった。

一つは、雨漏りが完全に直らなかったからである。この雨漏りについては、甲田商事は工事が完全でないと主張し、乙川建設は完全に補修したと主張して、双方が相手方に対して不信感を露わにしたが、やはり原因を究明することが大切であると考えた乙川専務の真摯な取り組みによって、再三調査が行われ、補修工事が断続的に行われた。

もう一つは、甲田商事が請求を拡張したことである。そして、請求の拡張とともに、工事費用相当額の損害賠

償や慰謝料の請求などが数字で示された。その内容については後述する。また、乙川建設もこれに対抗するかのように、請負残代金一四〇〇万円を請求する仲裁の申立てをした。この仲裁事件も、A調停人、B調停人と私の三人の担当になったが、進行中のもとの事件と併合して調停をすすめることになった。もとより、これらの手続は、当事者双方の合意のもとで決定したものである。

なお、請求を拡張した段階で、甲田商事には、代理人として小川松男弁護士、小田竹男弁護士、小野梅男弁護士の三弁護士が就くことになった。

拡張された請求

甲田商事の代理人小川弁護士、小田弁護士、小野弁護士からは、再三にわたって詳細な準備書面と厖大な証拠資料が提出されたが、最終的な請求は以下のとおりである。

① 階段の浮き、二階通路部分の床材の剝がれに対して――

補修工事を求めるが、それをしないのならば、工事費用相当額として三五万円を支払え。

② 地下床面の傾斜について――

傾斜工事を求めるが、それをしないのならば、損害賠償として三七七万円を支払え。

③ 三階雨漏りについて――

新たな壁窓を設置することを求めるが、それをしないのならば、工事費用相当額として三〇三〇万円を支払え。

④ 三階壁面プラスター塗りについて――

下地からの塗り直しを求めるが、それをしないのならば、損害賠償として八八万円を支払え。

⑤ 東面雨水の下水道への直結について――

西側下水道に放流する工事を求めるが、それをしないのならば、工事費相当の損害額として二〇万円を支払え。

⑥外壁タイルうねりについて――

補修工事を求めるが、それをしないのならば、工事費相当の損害賠償として三七一万円を支払え。

⑦断熱処理について――

外気に面する壁すべてについてウレタン吹き付け工事をすることを求めるが、それをしないのならば、工事費相当額として三〇〇万円と工事に伴う荷物の移動費用等として一六八万円を支払え。

⑧東側植栽について――

植栽の底のコンクリート敷設工事を求めるが、それをしないのならば、損害賠償として七五万円を支払え。

⑨トイレットペーパーホールダーについて――

取付け補修を求めるが、それをしないのならば、工事費用相当額として二万円を支払え。

⑩床面の凹凸、剝がれについて――

補修工事費相当額の損害賠償として一三九万円を支払え。

⑪北面擁壁について――

やり直し工事費用として七一五万円を支払え。

⑫現場管理費、諸費用について――

乙川建設が補修工事をしない場合には、補修工事の残材処分費、現場管理費、諸経費、消費税が甲田商事に発生するので、その費用として二八八万円を支払え。

⑬慰謝料・迷惑料について――

以下の点について、慰謝料・迷惑料を求める。
ア、床面の凹凸、剝がれに対して、一〇〇万円
イ、雨漏りに対して、五〇〇万円
ウ、梁の出っ張りに対して、五〇〇万円
エ、その他の欠陥（地下男子トイレの濁水、ステップリフト、応接室ドアの高さの変更、クレーンの倒壊等）を合わせて、四〇〇万円
⑭　代替研修施設について――
補修工事中に代替研修施設を賃借するので、その費用として五〇万円を支払え。
⑮　保証の要求――
以下の点について、今後欠陥が生じないことへの保証を求める。
ア、床面の凹凸、剝がれについては、一〇年間
イ、北面擁壁が崩壊しないことについては、六〇年間
ウ、ジャンカが発生したときの補修については、六〇年間
エ、雨漏りについては、六〇年間
⑯　その他の要求
以上の他に、以下の要求をする。
ア、害虫が発生しないように、根本的な対策を講じること
イ、本件建物のマスターキーを引渡すこと
ウ、本件契約に係る竣工図面を引渡すこと
甲田商事の請求は以上のとおりであるが、このうちの金額だけをとっても、それを合計すれば、七一五八万円

になるのであるから、調停人一同が、やれやれ大変なことになったと長嘆息したのも無理からぬことであろう。

反論と反撃

甲田商事の請求に対する乙川建設の答弁は、全面否認で、すべて応じられないというものであった。すなわち、補修工事が必要な部分は全部補修したし、当初の設計と異なる部分は甲田商事と合意のうえで設計変更したものであるから、これ以上補修工事をする義務はなく、また、工事相当額や損害賠償などを支払う理由はないと言う。まして、慰謝料の請求は論外であるということである。

しかし、一級建築士の資格を持つ乙川専務は、職業人としてのプライドが高く、雨漏りがあると言われるのには我慢ができないようで、ほんとうに雨漏りがあるのであれば徹底的に調べて雨漏りを止めると言う。また、マスターキーと竣工図面を渡さないのは甲田商事が残金を支払わないからであって、残金さえ支払われれば、引渡すということであった。

乙川建設はこのような反論をしただけではなく、反撃に転じてこれまた請求を拡張したのである。すなわち、追加工事の金額を決める際に、甲田商事が請求の拡張に言うような主張をしたので、再三にわたって折衝した結果、一九九八年二月一七日、追加工事の見積額三三五〇万円から一九五〇万円を減額し、一四〇〇万円に決定した。したがって、これは一種の和解であるから、甲田商事の請求はすべて、このときの合意によって解決していると言う。このときに作成した書面には、「ペナルティー金については継続して打合するものとする」という文言が書かれているが、それは、未完成部分に関してトラブルが生じたときの微調整を意味するものであって、この和解以前のことについてペナルティーを支払う趣旨ではない。もし、甲田商事が最初からの工事について損害賠償を請求するのであれば、追加工事の請負代金を減額する意味がないのであるから、減額分の一九五〇万円を加算して支払え、と主張するのである。

これが、乙川建設の反撃である。この反撃に対して、甲田商事は否認した。

これらの双方の主張を並べてみよう。甲田商事の請求には金額にあらわれないものがあるが、その部分を除いても、甲田商事は七一五八万円から残金の一四〇〇万円を差し引いた五七五八万円を支払えと言うのに対し、乙川建設は残金の一四〇〇万円に減額分の一九五〇万円を加えた三三五〇万円を支払えと言う。すなわち、両者の請求額の差は、九一〇八万円である。

「こんなに差が開いていても調停ができるものですかね」

とA調停人が心配され、B調停人も、

「仲裁の方が早いかも知れませんね」

と言われた。私は、

「このまま調停をすすめるか、仲裁に切り替えるか、まず当事者に意見を聞いてみましょう」

と答えただけであったが、この程度の開きで和解ができないようでは「紛争解決学」が泣くと言うものだと、ひそかに自分に言い聞かせた。

審理の経過

二〇〇〇年の秋から二〇〇一年の夏までの間は、当事者の主張のやりとりやその論点の解明に時間が費やされた。その間に雨漏りがあったと再三甲田商事が主張し、乙川建設がそれに反発しつつも雨漏りの調査を繰り返し、その対応に追われて、調停はなかなか軌道に乗らなかった。今度こそはと調停期日に臨むと、トイレットペーパーホールダーが壁から取れたなどという新しい事態が発生して、期日はそのためにしばしば空転した。

しかしその間にも、大小の問題点について詰めるところは詰めておかなければならない。この事案は、問題点が多岐にわたるが、その中でも大きな問題は工期の短さである。

すなわち、本件工事には、少なからぬ不具合や瑕疵があったことは確かであるが、それが何に起因するかと探ってゆくと、工期が極端に短いという事実に突き当たる。前述のとおり、工事請負契約書の日付は一九九六年九月二五日になっているが、その工期の欄は空白になっている。乙川建設の主張によれば、それは、甲田商事の社内事情によるものであって、乙川建設としては早く工期を定めたいと考えていたが、それが延びてついに一九九七年五月になってしまったものである。そして、着工が六月一日と決まったときには、甲田商事の社内事情により、どうしても一一月三〇日までに引渡しを受けたいと言うので、工期に無理があるにもかかわらず着工することにしたと言う。これに対して甲田商事は、乙川建設は建築の専門家であり、甲田商事は素人であるから、工期に無理があるのであればその旨言うなり、受注を断わるなりすべきであって、それをせずに受注した以上、工期が短いことによる不利益は、乙川建設が負担すべきだと主張する。この主張に対して乙川建設は、着工が遅れたことや引渡しの期日を厳守したことは専ら甲田商事の都合であり、受注を断わりたくても、すでに工事請負契約を締結しているので断わることができなかったと言う。このように、工期の問題一つをとってみても、双方の主張は際限なく続き、しかも延々と平行線を辿るのである。

しかし、当事者の主張の是非はともかくとして、工期が極端に短いことは確かであり、このことに起因して、工事に影響が出てくることも事実である。例えば、床面の凹凸は、コンクリートが十分に乾かないうちに次の工程に入ることが原因になっていることがかなりの高い確度で推定される。

また、工期が短いにもかかわらず、設計変更が多かったことも、トラブルの原因になっている。例えば、前記「拡張された請求」の⑬エの括弧書の中に「応接室ドアの高さの変更」とあるが、これは、甲田商事が応接室に背の高い家具を入れるためにドアの高さを変更してほしいと早い段階で言ったにもかかわらず、当初の設計どおりの工事をしたために、その後に高さを変更するための工事をすることを余儀なくされ、そのための慰謝料を請求するというものである。このような主張は、言った言わないの水掛け論になり勝ちなので、私が証拠資料を精査したところ、打合わせ事項の記録の中に、当初設計の施工後に初めてドア高の変更を求める記録が出てきた。そこで、私はその記録を指摘し、書面による証拠がある以上（しかもそれは甲田商事が提出した証拠資料の中にあった）、それを覆すほどの説得力がある説明をしてほしいと述べた。

このように大小の問題点を一つ一つ詰めていっても、平行線のまま対立するものが山ほど残った。そして、両者の主張が大きく隔たっているのであれば、むしろ仲裁に切り替えて仲裁判断をする方が見通しが立つような感じがした。仲裁は訴訟に似て、対立している争点について一つずつ事実認定し、法的な評価をする必要があるが、手間暇がかかっても一定の結論を出すためにはやむを得ないことである。

そこで私たちは、争点を洗い出したところで、当事者双方に仲裁手続に移行するかどうか意見を求めることにした。

しかし、返ってきた答えは、双方とも「このまま調停を続けて下さい」と言うことだった。

心証の開示

このまま調停を続けて下さいと言われても、当の本人たちが一向に歩み寄りを示さないのではどうにもならない。私たち調停人は、それまで可能な限り自分の意見を言わずに調停をすすめてきたが、訴訟をするときと同じような気持でいたのでは事態は進展しないと判断し、気持の切り替えのために必要なことを言うことにした。

私が甲田社長に、

「調停をすすめるのであれば、争うときとは違う発想をしなければうまくゆきませんよ。確か渋沢榮一だったと思いますが、彼は家を建てるときにわざと気に入らない部屋をつくっておいて、あの部屋が気に入らないからもっと事業を発展させて新しい家を建てようと頑張って、何度も引っ越しをしたという逸話があります。そういう気持に切り替えられないですか」と言うと、Ａ調停人も、

「建物は最初は不満があっても、使いながらよくしてゆくものですよ」と穏やかに話をされた。そして、私は乙川専務に、

「乙川建設は、この現場で相当の損失を受けたと言われますが、ここで工事の仕方を総点検すれば、もっと大きなトラブルを回避できると考えることにしましょうよ」と言ったところ、

「六〇年の社歴の中で、こんなトラブルは初めてなので、たいへん勉強になっています」と乙川専務は応じてくれた。

そこで、歩み寄りはできないかと聞いたところ、甲田商事は七一五八万円の請求を半額の三五七九万円に減額し、そこから一四〇〇万円の残代金を引いた二一七九万円の請求にすると言い、乙川建設は和解ができるのであれば、いったん拡張した一九五〇万円の請求を引っ込めて、一四〇〇万円の請求にすると言うことであった。

この時点で、請求額の差は九一〇八万円から三五七九万円に下がったことになるが、しかし、それだけではまだ調停が軌道に乗ったと言うことはできない。次の期日には、甲田商事からトイレットペーパーホールダーが壁から外れた一件が持ち出され、壁材の厚み全般に対して不安があることを指摘される。乙川建設はそれを否認し、物理的な力によって外れたのだと主張する。こうして、いったん気持の切り替えをしようという気になっても、トイレットペーパーホールダー一つで、もとの「争い」の気持に戻ってしまうのである。しかし、物理的な力が加わったか否かにかかわらず、トイレットペーパーホールダーが壁から外れたのが事実であれは、そのことをいい加減に扱うわけにはゆかない。理由はともあれ、甲田社長が工事に不安があるという気持は理解できるし、そのことにはこたえなければならない。そこで、乙川建設が壁厚と工事方法を説明し、トイレットペーパーホールダーの取付け補修をすると約束して、その日はようやくお開きになった。

控室に戻ると、Ｂ調停人が「いやあ、次々に出てくるものですなあ」と苦笑される。

さて、次の期日。甲田商事は乙川建設に二一七九万円を支払えと主張し、乙川建設は甲田商事に一四〇〇万円を支払えと主張するが、その差をどのようにして埋めるか。この問題を解決するために、私たちは、保証期間（工事請負契約約款二三条二項には「瑕疵担保期間」とあるが、ここでは一般に使用されている「保証期間」という）を契約上の定めよりも長くすることを提案した。すなわち、本件契約に添付されている工事請負契約約款二三条二項によれば、建物の瑕疵についての保証期間は通常は二年、故意または重大な過失によるものは一〇年と定められているが、故意過失の有無にかかわらず、雨水の侵入に対しては一〇年以上、躯体と外壁に対しては一五年程度の保証をするという前提で金額を定めたらどうかという提案である。甲田商事が要求する保証期間は長すぎるとしても、保証期間を長くすることによって、甲田商事の本件建物に対する全般的な不安は減少するし、具体的な請求も解決される。したがって、それによって大幅な歩み寄りができるはずである。また、乙川建設は本件建物に瑕疵がないと主張しているのであるから、それならば保証期間を長くすることに痛痒は感じないはずである。そして、契約よりも長い保証期間を設けることは、合意に基づいて解決する調停にしてはじめて可能なことであって、訴訟や仲裁にはない利点であることも両当事者に伝えた。さらに、両者の関係を切断するのでなく、継続するところにも調停の特徴がよく出ているとつけ加えた。

なお、本件契約の後に成立した住宅の品質確保の促進等に関する法律（平成一一年六月二三日法律八一号）はすでに施行されていた。同法八七条一項によれば、住宅を新築する建設工事の請負契約においては、構造耐力上主要な部分または雨水の侵入を防止する部分の保証期間は一〇年と定められている。本件建物は住宅でないので、同法の適用を受けるわけではないが、同法の保証期間を意識していたことは事実であるから、この法律が紛争解決規範としての役割を果たしていたことになる。

さて、この保証期間を長くするという提案によって、ようやく調停は軌道に乗りはじめた。

すなわち、甲田商事は、乙川建設に対して金銭を支払えとは言わないが残代金はビタ一文も払いたくないと言う。これは、請求額を残代金と同額の一四〇〇万円に減額して、残代金と相殺するということであって、本件建物が傷だらけになってしまったと思っている甲田社長が金銭を支払う気持になれないことは分からないでもない。

一方、乙川建設は残代金を四〇〇万円減額して一〇〇〇万円でよいと言う。乙川専務は「社内ナンバー・ツーの私が、もう総スカンですよ」と口を尖らせれば、大川弁護士が「社内は私が説得しますから」と乙川専務の肩を叩くというシーンの展開があって、ようやくここまで来たのである。

ここで、差は一〇〇〇万円に縮まった。しかし、ここから先がビクとも動かない。ここから先が動かなければ、差が九一〇八万円であろうと、一〇〇〇万円であろうと同じことである。そのときに、当事者双方が異口同音に言ったのは「どうか調停人が調停案を出して下さい」という言葉である。

私たちは、できるだけ evaluative（評価力のある）[1]な調停を避けようと考えていたが、このような場面で当事者の希望にこたえなければ無責任になり、信を失うことになる。そこで合議のうえで、率直に心証を開示することにした。

私はまず、当事者双方の主張について厳格な事実認定をしたわけでなく、また、法的判断をしたわけでもないので、あくまでも暫定的な心証であると断わったうえで、次のように述べた。

第一に、乙川建設がこれまでに判明している瑕疵に対して補修工事を行っており、また、長期の保証期間を定めれば甲田商事の不安はあらかた解消する。したがって残る問題は、補修できない部分の賠償と慰謝料である。これは確かにいくつかあると考えられる。

第二に、その残る問題をどのように評価して、具体的な金額に表現するかが問題になる。もし、調停でなくて仲裁をするのであれば、まず甲田商事の主張の一項目ずつについて事実の有無を認定しなければならないが、この段階においては仲裁は訴訟に近い作業になるので、それぞれについて少なくとも五〇パーセントを越える立証をする必要がある。しかし、五〇パーセントの域を越えるものが多いとは限らないし、仮りに越えたとしても、工期が短かったことや受忍限度ということを勘案すれば、一つ一つが手堅い数字にならざるを得ないであろう。しかし、調停であれば、五〇パーセントに満たないものにも配慮して、全体としてとらえることが可能になる。ここでは調停手続をすすめているので、私たちはそのような態度で臨むことにする。

第三に、前述の「反論と反撃」で述べた一九九八年二月一七日付けの書面が一種の和解であることは当事者間に争いはないが、それがどのような内容の和解であるかが問題になる。それが、それまでの問題をほとんど解決した和解であるとすれば、一九五〇万円の減額を撤回することはできない。したがって、乙川建設がこの分まで加算せよと言う主張は認められないが、その代わりにいわゆるペナルティー金は微調整程度になるであろう。これを「大きな和解」と言うことにしよう。しかしそれとは反対に、それまでの問題をほとんど解決したのではなく、すべての蒸し返しが許されるという考えも成り立つであろう。これを「小さな和解」と言おう。小さな和解であるとすれば、乙川建設がいったん減額した一九五〇万円が復活することになるが、その代わりに甲田商事はすべての請求をすることが可能になる。しかし、前述の第二の壁があるので、その額が一九五〇万円を越えるとは限らない。大きな和解だったのか、小さな和解だったのかについては、私たちは確定的な心証を形成していないが、いずれをとるにしても、残代金がゼロになるほど削り込むことはないだろうと思っている。

第四に、したがって、甲田商事がビタ一文も支払いたくないという気持がネックになっている。その気持が分からないことはないが、まずいくらかは支払うという気持になっていただきたい。それと同時に、乙川建設も絶対に一〇〇〇万円と言わずにそこからいくらか引くということを検討してほしい。

ここまで調停人の心証を開示したところ、甲田社長は、「では、いくらか支払いますが、三桁の大台に乗せるのは嫌です。九九万円なら払います。それに、このように雨漏りをはじめ次々と工事の欠陥が出てくる現状からみて、もう乙川建設は信用できないので、乙川建設とは縁を切りたい。補修工事が必要なときは他の業者に頼みますから、長期の保証はけっこうです。そういう条件で九九万円にして下さい」と言った。

これに対して、乙川建設は、「長期保証については調停人の提案に同意しようと考えていましたが、それが必要ないというのであれば、それはそれでけっこうです。しかし、そのために九九万円しか払わないということには納得できません。最低一〇〇〇万円は支払うべきです」とのことであった。

やれやれあと九〇一万円。長期保証という条件がなくなれば、金額も変わってくるのは当然であろう。しかし、そのあとはどうするのか。

私たちが、「さて、どうするか」という表情をしたのであろう。小川弁護士がすかさず、「調停人から、調停案を出して下さいよ」と言えば、大川弁護士も、「ここまでくれば、それしかないですね」と応じ、私たちは合議をすることにした。

調停人の合議

合議がはじまって、私はかねてから考えていた提案をＡ調停人とＢ調停人に披露した。

なお、この席には、中央建設工事紛争審査会の紛争調整官と課長補佐も同席していた。紛争調整官や課長補佐は調停期日に立会うことになっており、また合議にも同席するので、私は、手続や先例などを教えてもらい、ときどき意見を聞くことにしている。

――さて、私の提案は次のようなものである。

すなわち、九〇一万円の差をこのままにして調停案を出すことは強引に過ぎるであろう。調停案を出すのであれば、もう少し範囲を絞る必要がある。

ところで、乙川建設に説明義務違反があると言えるかどうか別にしても、少なくとも甲田商事がしっかり理解する程度までの説明ができていなかったことは事実であろう。また、補修工事では直らないような言わば後遺症のように残っているところもある。例えば、北面擁壁は、補強工事のためにコンクリートに三センチほどの厚みが出てしまった。これは受忍限度の範囲内と言えるかも知れないが、それにしても甲田商事が気持ち悪いと思う部分は残るだろうから、それらのことを配慮して、まず残代金の三分の一をその分に充てる。

一方、甲田商事には何と言っても工期に間に合ったというメリットがあった。このメリットに対して、何らかの配慮をするのであれば、残代金の三分の一は支払わなければならない。

したがって、残りはあとの三分の一になる。その残りの三分の一の範囲内で和解をすればよいということである。

問題はどこから計算をはじめるかであるが、私は、当初ゼロ対一四〇〇万円からと考えていた。そうすると、残代金は四六七万円から九三三万円の範囲内になる。

そこまで言うと、A調停人が、

「なるほど、ではその中間をとれば着地点は七〇〇万円になるわけですね。私もだいたいそんなところかと考えていました」と合いの手を入れた。

「しかし、それは長期保証をするという前提で考えていたことです。長期保証の条件が外れれば、もう少し、甲田商事側に寄せてもよいと思います。それに、いったん九九万円と一〇〇〇万円という数字を聞いてしまった以上、そこからスタートしないと公正さを疑われることになるでしょう」と私が言うと、

「それはそうですな。そこからスタートすると数字はどうなりますか」とB調停人。

九九万円と一〇〇〇万円からスタートすると、差は九〇一万円であるから、その三分の一は三〇〇万三〇〇〇円になり、残代金額は、最低額が九九万円に三〇〇万三〇〇〇円を加えた三九九万三〇〇〇円、最高額が一〇〇〇万円から三〇〇万三〇〇〇円を引いた六九九万七〇〇〇円になる。

「三九九万三〇〇〇円から六九九万七〇〇〇円までが言わば正義の範囲で、この範囲内で決まるのであればどこでもよいと思うのですが」と、私は一応の結論を述べた。

「なるほど、そんなところでしょうね。それでは、例えば五〇〇万円という調停案でも出しましょうか」とＢ調停人が言うと、Ａ調停人も、

「そうでしょうね。やはり数字を出さないとまとまらないと思います」とこたえられた。

そこで私は、以前から暖めておいた構想を述べることにした。

「いや、調停案をズバリと出すと、反発を受けてかえってまとまらないか、まとまっても不満を残すと思います。仮りに五〇〇万円なら五〇〇万円という案を出して、根拠を問われれば説明ができないでしょう。したがって、付帯条件つき最終提案調停をして、最後に当事者の意思を聞く方がよいと思います。当事者の自主性を引き出し、最後は自分たちで決めたのだという形の方がおさまりがよいと思いますが」

そう言って私は、付帯条件つき最終提案調停のやり方を説明した。付帯条件つき最終提案仲裁については、前に述べたとおりであるからここでは繰り返さないが、付帯条件つき最終提案調停は、付帯条件つき最終提案仲裁と同様の方法で調停人が当事者双方の最終提案のうちの一方を選択し（ただし、請求する側の最終提案が支払う側の最終提案を下回ったときには中間値をとる。これが付帯条件である）、その内容をもって和解をするという方式である。仲裁人が仲裁判断をするのと違って、調停人が選択した後で当事者が調停の成立を拒む可能性を残しているから、最終提案仲裁よりも強い信頼関係が要請される。

「では、それをやってみましょうか」とＢ調停人が言うと、Ａ調停人も、

「そうですね」と同意。

調停案の提示

合議が終わって、私たちは調停室に戻った。

そして私は、合議の結論を伝えた。すなわち、

第一に、前提として、保証期間は工事請負契約約款の定めによることにする。

第二に、甲田商事は、工期が短かったにもかかわらず予定どおりに竣工したことによるメリットを享受しているので、九九万円と一〇〇〇万円との差額の三分の一である三〇〇万三〇〇〇円を九九万円に加えて、三九九万三〇〇〇円を支払うこと。これが最低額。

第三に、乙川建設に説明義務違反があるとまでは言えないが、説明が若干不足していた部分があり、また甲田商事が気持ち悪く思うところを残しているので、一〇〇〇万円から同じく三〇〇万三〇〇〇円を引いて六九九万七〇〇〇円に減額すること。これが最高額。

第四に、調停人は、この三九九万三〇〇〇円から六九九万七〇〇〇円までを正義の範囲と考えるから、その範囲内で、付帯条件つき最終提案調停をすることを提案する。

私は、以上のように述べたうえで、付帯条件つき最終提案調停のやり方を詳しく説明した（なお、ここで行なったのは「付帯条件つき最終提案調停」であるが、以下「付帯条件つき」を略して、単に「最終提案調停」という）。そのうえで、

「この最終提案調停は、自分の有利不利、相手の有利不利を徹底的に読まなければ自分の案を選択させることができませんよ。自分の方が絶対に正しいなどと頑張っていたら、相手の方を選択されてしまいますから」と言って、ついでに内観法のことまで言及してしまった。

「最終提案調停をやってみると分かりますが、これまでに経験したことがない世界を見ることになりますよ。内観法という心理療法があるのをご存じですか」

「知っています」

と甲田社長が答えたのは、少し意外だった。

「やったことがありますか。私は四回やりましたが」

「いいえ、友人がやって、いいものだと勧められているのです」

そこで私は内観法の説明をした(3)。

「つまり、人間は人から迷惑を受けたこと、してあげたことしか覚えていない。しかし、一週間半畳の屏風の中に閉じこもって、人に迷惑をかけたこと、していただいたことを思い出していると、すっかり世の中の見方が変わってしまうのです。この最終提案調停をすると、ちょっと似たような経験をすることになりますよ」

これを聞いて、それまでほとんど発言をしなかった甲田花子常務の表情が俄然豊かになった。確かめたわけではないが、この最終提案調停に乗ろうと言ったのは、甲田常務に違いないと私は睨んでいる。

「では、次回にこの調停案に乗るかどうかご返事を下さい。そして、もし乗るのであれば、最終提案をいくらにするか考えて来て下さい。うまくゆけば、次回に解決するかも知れませんよ」

ということで、この日の期日は終了した。

最後の調整

いよいよ最後の期日になるかと思っていたが、私たちを待っていたのは、一枚のタイルだった。

甲田商事によれば、外階段の床立上り天端のタイルが剝落し、直下の通路に落ちていたと言う。そして、一級建築士に意見を聞いたところ、下地モルタルの付着不良によるものだと推定されるということで、その旨の報告書が提出された。それと同時に、小川弁護士、小田弁護士、小野弁護士の連名で、和解に関する意見書が提出された。それによると、雨漏りについて一〇年間の保証をすることと、壁・タイルの剝落等によって生じる第三者の損害賠償請求に対する保証をすることを条件にして、調停案に応ずるということであった。

しかし、タイルが剝落したと言われたのでは、乙川建設も黙っていられない。乙川専務は、タイルをつぶさに検分して、断面が切ったように滑らかだから、物理的な力によるものであると断固として言い張る。そして、大川弁護士も、第三者に対する責任は建物の引き渡しを受けた以上所有者が負うべきだと主張した。

最後の土壇場で新たな争点が浮上したわけであるが、こういうときに慌ててはいけない。甲田商事は二つの条件が充たされれば和解をすると言っているのであるから、ひとまず「和解はできる」と信じて、詰めるべきところは詰めておくことである。その結果、もし和解が成立するのであればということで決めたことは——

第一に、甲田商事は、和解成立の二か月後に、双方が合意する請負残代金を支払う。その金額は最終提案調停によって決定する。

第二に、乙川建設は、請負残代金の支払日と同日に、マスターキーと竣工図面を引渡す。

第三に、当事者双方は、二〇〇〇年六月二七日付け合意書に基づいて乙川建設が補修工事を行ったことを確認する。

第四に、乙川建設は前記タイルの欠落部分を補修する。

第五に、二〇〇八年二月二二日までの間に、雨水の侵入（「雨漏り」という言葉は、建物の瑕疵の存在を前提にするから「雨水の侵入」という言葉を使用することにした）があるときは、甲田商事は乙川建設に対して、その補修を求めることができる。

第六に、雨水の侵入以外に瑕疵が発見されたときには、工事請負契約約款の定めに従う。

第七に、甲田商事は、上記以外の不具合・瑕疵についての補修請求権及び損害賠償請求権を放棄する。

その日の期日に決めたことは以上のとおりであるが、あとは第三者に対する責任をどちらが負担するかということと、請負残代金の金額だけである。しかし、最終提案調停をすることについては双方とも同意しているから、第三者に対する責任問題さえ決まれば結論が出ることになる。そこで私は、その関門をどのようにして通過するか、次回期日に回答してほしい、できれば次回期日までの間に期日外で双方代理人が話合って結論を出してほしいと言って、その日の期日をお開きにした。

――その次回期日。

しかし、その日までには双方の話合いに結論が出なかったと言う。そこでまた、主張が平行線になり、調停人に見解を求められた。そんなことがあるだろうと予測して、紛争調整官に予め調べておいてもらったことがあったので、私は即答した。

「法律論としては、引き渡しを受けた以上は原則として所有者が責任を負うということになるでしょう。しかしこれには、施設賠償責任保険というのがありましてね。甲田商事はその保険に加入したらいかがですか。保険料はプランや建物によって若干違うでしょうが、それほど高くないはずです。取引している保険会社に聞けば、すぐ見積書を出してくれますよ。私たちは、最終提案を選択するときに、すべての事実や事情を頭において選択するのですから、その保険料額も加味して選択しますよ」

「そうですか、それでは今日、最終提案調停をやってしまいましょうよ」と大川弁護士。

「しかし、いくら何でも、保険料がいくらになるか分からないのに」と小川弁護士。

ということで、すべての関門を通過する見通しが立ち、その四日後に最終期日を入れた。すなわち、四日後にはいよいよ最終提案調停をすることになったのである。

最終提案とその選択

さて、最終期日に予定した二〇〇一年一二月一四日が来た。調停人の控室に行くと、Ａ調停人がすでに見えていて、

「どんな最終提案が出ますかね。五五〇万円と五〇〇万円だったらどっちにしようかなどと、いろいろ考えてみましてね」などと言って、ニコニコされている。

「私は考えないことにしているのです。意外な数字が出るものですよ。見たとたんに頭がひっくりかえってしま

ってね。だから、見てから考えることにしているのです」

そんな話をしているうちに、課長補佐が当事者が揃ったというので、私たちは調停室に入った。

小川弁護士が早速保険会社の見積書を出して、

「言われた通り、案外保険料は安いものですね。プランによって違いますが、年間二万円と考えればよいでしょう」と説明する。私が、

「では、一〇年間で二〇万円という計算になりますね」と言うと、

「実は私も調べました。同じですね」と大川弁護士が応じられた。

こうして、いよいよ付帯条件つき最終提案調停をすることになった。

私は、最終提案を書く用紙を双方に渡して、それぞれ別の部屋で相談をしてもらうことにした。しかし、双方ともすでに最終提案を考えていたのか、それほど時間がたたないうちに最終提案が提出された。

私は、全員が揃ったところでその最終提案を開封した。

甲田商事の最終提案は五一一万一一一一円であり、乙川建設の最終提案は五五〇万円であった。

そこで私は、双方に、そのような最終提案をした理由を尋ねた。それに対して、甲田社長は、

「少しでも自分の方を選択させせようと考えて、端数をつけました」と言い、乙川専務は、

「すべてを総合して判断しました」と言った。

さて、私たちは控室に戻って合議。

「調停は合意に基づくものだから、五一一万一一一一円の方の『ゴーイ』がいいですね。五一五万一五一五円ならなおいいですが」とB調停人が早々に断を下した。

このような合議の内容は公表すべきものではないが、B調停人は後からこの言葉の通りに発言されたから、ここで明らかにすることには問題はないだろう。しかし、これから先のA調停人と私の発言が、どちらがどれと特

定することは控えることにする。しかし、意見が分かれたことは当事者に開示することに決めたので、その内容に触れることは許されると思う。

とは言うものの、結論を出すのに時間がかかったわけではない。二人のうちの一方は、事案全体から見れば五五〇万円の方が妥当だと言い、一方は五一一万一一一円の方がかえって座りがよいと言っただけである。こうして合議は二対一になったが、少数意見の調停人も、自分の意見に固執するほどのことはないと言うので、結局私たちは、五一一万一一一円の方を選択することにした。双方の最終提案が接近していたので、選択に苦労することも、緊張することも、まして、激論する必要もなかったのである。

私は、三〇〇万三〇〇〇円の開きが一気に三八万八八九円の差に縮まったことに不思議な思いがした。それどころか、最初は九一〇八万円の開きがあったのである。きっと私たちは、五一一万一一一円という数字に痺れてしまったのだろう。Ａ調停人は、

「どうして、こういうことになったのでしょうね」と、しきりに首をひねっていた。

――さて、私たちの選択の発表である。調停室に行って、私は、

「合議の結果、五一一万一一一円の方を選択しました。調停人の意見が分かれて、二対一になりました」と短く言った。すると、Ｂ調停人が、

「私は、五一一万円の方にしました。調停は合意ですから、五一がゴーイでいいと思ってね」と言うと、全員が声を出して笑った。

「ありがとうございました。私はこの結論に大満足です」と大声を出したのは、選択されなかった方の乙川専務である。

甲田社長はと見ると、当然とも、してやったりとも読める平然とした表情である。

ともあれ、あとは和解書に調印するだけの仕事である。事務局がその和解書を作成している間に、皆んなで雑

談をした。そのとき私は、以前から気になっていたことを聞いてみた。

「一度聞いておきたいと思っていたのですが、甲田社長と甲田常務のご関係は？」

「妹なのです。同族会社ですから」

すかさず答えたのは、専務の方である。

「どうりで、似ていらっしゃると思った」

そこで一同大笑い。

どうしてこんなことでヒトが笑うのか、そのわけが分かりますか。こんな他愛ない会話を楽しむ心境に、ようやくなることができたからです。

コメント

この事案では、多くのことを本文に書き込んだので、長いコメントを書く必要はないだろう。しかし、若干本文と重複するところがあるかも知れないが、いくつかの論点だけは摘出しておきたい。

1　この付帯条件つき最終提案調停は、付帯条件つき最終提案仲裁の応用であるが、これも多分付帯条件つき最終提案仲裁に続く世界初演であろう。
この事案には、はじめから仲裁合意があったが、仲裁合意がない場合でも使用できることは当然である。したがって、仲裁合意がなくても使用できるという点で、最終提案によるシステムの使用範囲が一段と広くなる可能性を持っている。

また、最終提案仲裁と最終提案調停とでは、現行法による限り、強制力の付与の有無に違いが出てくる。この事案について、仲裁判断が必要か否かを当事者双方に尋ねたところ、双方とも必要ないということだったので、調停のまま終結することにした。

２　本文でも述べたが、最終提案調停は、調停人による最終提案の選択後に当事者が調停の成立を拒む可能性を残しているので、最終提案仲裁よりも強い信頼関係が要請される。したがって、仲裁合意があるにもかかわらず調停のまま最終提案調停に踏み切るのは、一つの賭けである。しかし、最後にひっくり返ることを恐れて、仲裁手続に移行することは、調停人が当事者を信頼していないというサインを送ることになる。そのようなサインを見破られたら、元の木阿弥になりかねない。ここは、調停人が当事者を信頼しているというサインを送り、当事者から調停人を信頼しているサインを送り返してもらうのがベストである。すなわち、最終提案調停をしようという提案をスタートにして、信頼関係を確認するシステムがこの中に設計されているのである。したがって、最終提案調停は、この信頼関係がエネルギーになって成し遂げることができるシステムであると言えよう。別の言い方をすれば、最後にひっくり返されるリスクを抱えているために、そのリスクを乗り越えるエネルギーが必要になり、そのエネルギーが信頼関係の強化をうながすのである。

したがって、最終提案調停をするためには、相当の度胸が必要である。その意味で、最終提案調停は、最終提案仲裁とは違う要素を持っているのである。

３　これも本文で述べたことだが、同席方式を原則として、例外的に交互方式を採用した。すなわち、同席か交互かという方式にはこだわらなかったのである。

また、可能な限りevaluative（評価力のある）にならないように心掛けたが、再三にわたって調停人の意見を求められたので、そのような態度ばかりではやっておられなくなった。したがって、調停人としての意見を率直に言ったが、しかし意見を言ったからといって、evaluativeにすすめたという意識はない。そもそも言われるところのevaluativeと意見を言うこととは、違うことなのではないだろうか。すなわち、調停人の主観や価値観で一定の方向に誘導しようということが問題になるのであって、そのことに気をつけていれば、必要なときに意見を言うことは、差し支えはないことだと思う。

このことは、facilitative（助成力のある）、transformative（変容力のある）にも、それだけでは限界があることを示している。私は、これらの技法を混然一体として使用することにしているが、この事案では意識してそのような使用方法を採用したのでない。また、それだけを使用したのではない。

私がここで主として使用した技法は、言葉が持っている評価的部分を削ぎ落とし、中性化して使用したことである。しかしその技法も、常に意識していたわけではない。

いずれにせよ、さまざまな技法を修得したうえで、その場その場で、水が流れるように、自然体で臨むのがよいようである。

4　したがって、調停人の意見を求められたときには、率直に心証を開示した。この心証の開示は、自然体で臨むということの延長線上にある。また、その延長線上にあれば、公正性や中立性を疑われることはない。意見を述べること、心証を開示することによって、公正性や中立性が問題になるようでは、紛争解決の深淵に到達できない。また、意見や心証の開示を求められたときに、それができないようではかえって信を失う。むしろ、信頼関係を強化し、公正性と中立性を見てもらうチャンスであると認識して、積極的にこたえるべきである。

5　甲田商事の主張の一つ一つの項目ごとに判断を示さなかったことについては、批判があるかも知れない。ここは難しい問題であるが、そもそもこのような場合に、一つ一つの項目に正確な判断ができるものであろうか。

私は、木を見て森を見ない弊に陥ることを恐れた。それよりも、当事者双方の主張を包み込んで、しかも漏らすことのない方法がないかと考えたのである。そのために、当事者の合意を引き出すための工夫をした。その点においては、相当緻密な読みを入れたつもりである。

6　当事者の最終提案は、予想外に近接していた。

前述の付帯条件つき最終提案仲裁は、直前の差が六〇万円だったが、最終提案の差は六万円になった。すなわち、差は一〇パーセントに縮まった。今回の付帯条件つき最終提案調停は、直前の差が三〇〇万三〇〇〇円だったが、最終提案の差は三八万八八八九円になった。すなわち、一二・九五パーセントに縮まった。

このことからすれば、最終提案仲裁あるいは最終提案調停は、当事者の要求の差を一〇パーセント程度のところまで縮める力を持っているのかも知れない。このことは、事例が増えればなお明らかになると思われるが、いずれせよ、最終提案によるシステムに法則性があるとするならば、これは面白いテーマになるに違いない。

また、最終提案仲裁・調停と付帯条件つき最終提案仲裁・調停に相違があるか、ということも興味ある問題である。さらにこのことは、紛争から和解に向かうメカニズムにも関係があるかも知れないし、そのときの脳の機能の変化や脳の構造にも関係があるかも知れない。

（1）　本書三〇三頁〜三〇四頁

（2）　本書三八一頁〜三九〇頁

（3）　内観法については、柳田鶴声『内観実戦論――自己確立の修行法』（いなほ書房、一九九五年）、柳田鶴声『愛の心理治療法　新版』（いなほ書房、一九九七年）、波多野二三彦『内観法はなぜ効くか――自己洞察の科学』（信山社、一九九八年）。

これは、私が日本商事仲裁協会の調停人として解決した国内調停事件である。

四　付帯条件つき最終提案調停（日本商事仲裁協会）

この調停は、東京都内のある商工会議所の小会議室で行われた。事件に登場する発注者のA社も、X社、Y社の両当事者も、すべてその商工会議所の会員である。

A社がY社に機械の設計を発注したが、Y社は多忙で時間がとれないので、その仕事をX社に下請けに出した。しかし、納期が短くて請負代金の見積りもできず、支払いは工数で決めることにしてX社は急遽設計図を作成した。X社は納期に間に合わせて仕事を納めたが、要した工数に基づいて請負代金を算出したところ、一五九万円になったので、その一五九万円を元請のY社に請求した。

ところが発注者のA社は、設計の費用は六〇万円程度と考えていたので、とても一五九万円は支払えないと言い出した。Y社はこの仕事で利益を得ようとは思っていなかったが、赤字は出したくないので、X社に支払いをすることを渋っている。

そこでX社は、日本商事仲裁協会に調停の申立てをし、私が担当することになった。

期日がはじまり、私はまずY社の方に、「調停が申立てられた後に、A社との間で何か進展がありましたか」と訊ねたところ、Y社の社長は、「八〇万円まではA社が負担してくれます。しかし、八〇万円を超えた金額で決まるのであれば、八〇万円を超える額の半分はA社が、残りの半分はY社が負担することになっています」と言った。そこで、「では、あなたはいくらで解決したいと考えているのですか」と聞いたところ、「一五九万円の請求は妥当だと思っています。しかし、Y社としては赤字をできるだけ少なくしたい。一二〇万円ぐらいにしてくれれば有難いのですが」という答えだった。

次に、Ｘ社の社長にこのことを伝えたところ、「調停人が金額を出して下さい。一二〇万円以上一五九万円以下であれば、いくらでもいいです」という返事だった。

しかし私は、私が金額を出すことは控えた。なぜならば、次のように考えたからである。

すなわち、一五九万円の請求が妥当であるならば、本来は一五九万円を支払うのが筋であろう。しかし、Ｙ社の方は赤字が少なくなることを望んでおり、Ｘ社もそのことを理解して必ずしも一五九万円にこだわっているわけではない。したがって通常ならば、座りのよい金額を探したり、足して二で割ることを考えたりしながら、一二〇万円と一五九万円の中間の金額を出すことになるのだろうが、出した金額の根拠を問われれば、答えることはできないだろう。ということは、私がどんな金額を出しても、当事者には今ひとつ納得できないものを残してしまうことになる。だとすれば、当事者の意思を尊重し、最終的な意思を聞いてみる必要がある。

こういうときに打って付けの方法は、最終提案調停である。そこで私は、付帯条件つき最終提案調停を提案し、その方式を詳しく説明したところ、双方とも即座にこの方式で解決しようということになって、ただちに手続に入った。

Ｙ社の最終提案は一四〇万円だった。一方、Ｘ社の最終提案は一三九万一二五〇円だった。したがって、付帯条件が適用されることになり、自動的に中間値の一三九万五六二五円で和解が成立した。私はただ、小学生でもできるような算数をしただけである。この間約一時間だった。

Ｘ社の最終提案に細かい端数がついているのは、ぎりぎりの原価計算をして、これならば損は出ないという線を出したのではないかと想像される。結果がその線を僅かながら上回ったせいなのか、Ｘ社の社長は満足げな笑顔を見せてくれた。

Ｙ社の社長は、「結果は満足です。明日支払います」と言っただけでなく、「この商工会議所の事務局員に、始めから終わりまでずっと見ておいてほしかった」と残念がった。

私は、いつかは付帯条件が適用されることがあるだろうと思っていたが、三例目で初めて予測が実現した。このことは、付帯条件つき最終提案仲裁・調停が持っている思想と可能性をより深く認識する契機になった。その思想と可能性について、若干のコメントをしておきたい。

コメント

1　私は以前に、「東洋人の感覚」という言葉を使って（一四八、三八五頁）、付帯条件という新手を考えたと述べた。そのことについて、もう少し突っ込んで考察してみよう。

付帯条件をつける本来の狙いは、仲裁人・調停人が最終提案を選択する際に、できるだけその意思に関わらしめないところにある。それだけでなく、同時に当事者双方もまた、争いとは別の次元の気持になって、争いとは違う意思を働かせてほしいという狙いがある。この二つの狙いを合わせると、当事者双方が高い領域に達したときには、仲裁人・調停人はそれほど意思を働かせる必要がないということになる。

さらに言えば、当事者双方が激しく争っていても、その利害や要求は交叉する可能性を持っているものであり、まさにそこのところに真の解決があるという思想に立っているのである。そして、その思想を付帯条件という手続自体の中に設計しておいて、当事者双方に提示するのである。すなわち、請求する側の最終提案が請求を受ける側の最終提案を下回るという「意外な」展開があり得ることを、方式自体が当事者に示唆し、当事者双方はその示唆を受け、「争い」を「争いでないもの」にする心の準備をする。そして、やがて現実に「争い」を「争いでないもの」にしてしまう。付帯条件は、もともとの最終提案仲裁・調停からみれば「異質」なものかもしれないが、それが「異質」と感じられるのは、「争い」を「争いでないもの」に転化させようとする力が働いているからである。

ところで、「争いでないもの」の内実は、複雑で豊富である。当事者が争いをやめるという心境に達すること、そのことが自分自身のためになるという自覚を持つこと、解決の結果にそれなりの満足が得られると思うこと、相手の言い分も理解できること、相手と今後とも友好的な関係を結びたいと思うこと、そしてそのことが期待できること等々。

もし付帯条件をつけなければ、「争い」を「争いでないもの」にする契機を欠くことになるので、仲裁人・調停人の「選択」に付随する勝ち負けの要素が残ることになる。したがって、勝ち負けの要素を払拭し、別の次元で解決しようとする「付帯条件つき」と、勝ち負けの要素を残すことを当然とする「付帯条件なし」とは、その思想において、相当の隔たりがあると言えよう。

２　次に、付帯条件つき最終提案仲裁・調停の可能性であるが、金銭的な最終提案以外のケースにも使うという発展形態も考えられるのではないだろうか。

例えば、高層ビルの建築主・建設業者と近隣住民との建築紛争について、ある程度の設計変更をすることに合意した後に、その変更の具体的内容に争いがあるとき、当事者双方から最終提案としての設計図を出してもらい、仲裁人・調停人がそのどちらか一方を採用する、ということも不可能ではないだろう。

さらに発展させれば、都市計画などの社会資本整備に関する行政と住民との争いにも応用できると思う。この場合、最終段階に使用するだけでなく、争いの途中の段階に使用して、当面の紛争を解決し、次のステップに進むという方法も考えられる。

私は、胸中にこれらの新手を暖めているが、チャンスがあれば使ってみたいと思っている。

第三　演習問題

一　国営バス転落事件

設　問

日本の某県の県会議員二〇名が、発展途上のA国を国営バスに乗って視察旅行をしていたところ、バスが崖から転落し、二〇名全員が死亡してしまった。

ことの重要性からこの事故は国際問題に発展し、A国は精一杯の誠意を示すべく、使節団を日本に派遣して、損害賠償の交渉に入った。しかし、A国の国内では、賠償額は死亡事故でも日本円に換算してせいぜい五万円程度が普通であって、外国人が被害者の場合でも三〇万円を支払った例が一つあるだけだということである。そこで、一人当たり一〇〇万円を支払うから誠意を認めてほしいと頭を下げた。

これに対し、日本の交渉団は、日本の交通事故の場合には算定基準というものがあり、その基準に基づいて被害者の県議たちの年収や年齢から算定すると、少なくとも一人当たり六〇〇〇万円になると主張する。

そこで一〇〇万円と六〇〇〇万円とを巡って押し問答が続いた。それにしても、一〇〇万円と六〇〇〇万円とでは、差が大きすぎる。交渉は難航し、解決は絶望的だと思われた。

さて、どうするか？　何か新手はないか？

これは国際間の紛争であるから、どちらの法律を使うかとか、裁判管轄がどこにあるかなどという国際私法上の問題が絡んでくる。しかし、相対交渉による和解で解決することにして、それらの問題はここでは捨象することにしよう。また、為替や関税の問題もあるが、その問題もクリアできることにする。

解答例

この設問に対しては、いろいろな解答があるだろうが、新手を編み出すという感覚で答えるとすれば、次のようになるだろう。

すなわち、一〇〇万円と六〇〇〇万円の間に、「物」を噛ませることである。例えば、A国で半導体として用途の広いゲルマニウムが生産されるのならゲルマニウムでもよいし、宝石として貴重な翡翠が採れるのなら翡翠でもよいだろう。A国は金銭で支払わずに「物」で支払う。A国で一〇〇万円を支払えば、立派な翡翠が買えるとする。賠償として受け取った「物」は、これを日本国内で売れば、六〇〇〇万円には追いつかないまでも、かなりの線までいくであろう。

ひと言で言ってしまえば、金銭の代わりに物で支払うという「代物弁済」にすぎない。しかし、一〇〇万円か六〇〇〇万円かで燃えているときには、なかなか思いつかないものである。その意味で、これは新手と言ってよいと思う。

私はこの新手をまだ使ったことはないが、新手を胸にあたためていると、誰かがどこかで先に使うのではないかと気になるものである。そこで新聞などはそういうところを注意して読むようになる。損害賠償の事件で代物弁済を使った例は、私は報道の中で見たことはないが、代物弁済自体は、日常生活の中で普通に使われていると思う。また例えば、ロシアでは、債権国に債務を支払うことができなくなったので、木材で支払うことにしたという報道に接したことがあった。これからも「代物弁済」という方法が、いろいろな場面で使われるようになると私は予測しているが、この設問のような場面で使うと、劇的な効果を発揮するであろう。

コメント

この設問は、九州大学法学部における「紛争解決学」の講義の中で設定したロール・プレーを、若干アレンジしたものである。例えば、そのときはバス転落事故でなく、列車事故としていた。

その方法は、学生を六人ずつの組に分け、三人を日本側の代理人弁護士、三人をA国側の代理人弁護士の役割とし、徹底的に交渉して、その結果を書面にして私に提出するというものである。その六人の組は二十数組もあって、各組はそれぞれ、教室や校庭や食堂など場所を自由に選んでロール・プレーをした。したがって私は、学生たちのロール・プレーの中身にはまったく関与していない。また、同時に建物賃貸借に関する調停事件のロール・プレイを課していて、それは、六人のうちの二人が調停人、二人が申立人、二人が相手方となるものである。その二つのテーマを午前八時四〇分から午後四時二〇分までに行い、結論が出た組が私に書面を提出して、そのまま帰宅する組もあれば、私に感想を述べたり、私と雑談をして帰る組もあった。

翌日は、提出された書面に基づいて、学生に結論に至った理由やプロセスを説明してもらい、その後で私が少し解説を加えた。学生数が多いときには、このような目の粗いロール・プレーしかできないが、私がまったく関与せず（組によってはどこで行っているのかさえ分からない）、学生たちの自由にまかせたことに、かえってメリットがあったようである。すなわち、学生が教師を意識しないから、伸び伸びと自由に議論できたのではないかと思われる。そのことは、学生たちが提出した書面によく表現されていた。

なお、学生の報告の中に、私と同じ「代物弁済説」を採った組が二組あった。

二　姉妹が一つの蜜柑を争うとき

まずは問題を

姉が手に持っている一つの蜜柑を欲しいと、妹が言い出して争ったとしよう。

姉が蜜柑を二つに割って半分を妹に与えるというのが、最もポピュラーな解決法である。しかし、姉が妹に与える気持が無いときもあるし、妹が全部欲しい、半分では納得しないということもある。また、せっかく分けてあげたのに、公平でないと妹がごねることもある。

そこで姉が妹と話し合った結果、姉は蜜柑の皮でママレードを作りたいと思っており、妹は蜜柑の中身でジュースを作りたいと思っていることが分かった。なるほど半分ずつでは解決しなかったわけだ。それでは姉が皮を取り、妹が中身を取ればよいではないか。これがハーバード流交渉術による解決である。これは確かに見事な解決である。しかし、たまたま姉がママレードを作りたい、妹がジュースを作りたいと思っていたからこそ解決したのだろう。そうでなければこの解決法では解決しない。

そこに姉妹の母親がやって来た。母親はたまたま蜜柑をもう一つ持っていたので、母親と姉妹の三人が三分の二ずつに分けて食べることにした。これは言わば大岡越前守の三方一両損流の解決法である。しかし、母親がたまたまもう一つ持っていたからこういう解決ができたわけだ。母親が蜜柑をもう一つ持っていなければ、この解決法には到達できない。

さて、それではどうすればよいのか。すなわち、姉と妹が一つの蜜柑を争ったときにどのような解決をすればよいか、右記以外の解決法を書け。

そして、なぜそのような解決法を考えるに至ったのか、その理由を書け。

なお、解決法を考えるにあたっては、こういう事実があればこういう解決をすると、前提になる事実を自由につくってもよい。また、設例の母親のように、第三者を登場させてもよい。

解決法は一つでもよいが、たくさんあればあるほど望ましい。

――これは、私が九州大学で裁判学（紛争解決学）の集中講義をしたときの試験問題である。

九州大学には、民事訴訟法学と法社会学とを併せたような「裁判学」という講座があり、井上正三教授、和田仁孝助教授（現早稲田大学教授）が担当されていた。ところが井上教授がご病気になり、和田助教授が海外遊学に行かれることになって、私がピンチヒッターとして、一九九三年と一九九四年に講義をすることになった。

私は、「裁判学」を講義するにあたって考えた。対象を裁判に限定することは、どうも窮屈だ……現役の弁護士が講義をするのに、裁判を中心に話をしたのでは、学生も面白くなかろう……それに私自身は裁判外の紛争解決に強い関心がある……ここは是非、領域を紛争解決全般に拡げたい……それならば「紛争解決学」ということにして講義しよう……、と。

前置きはこの程度にして、設例の試験問題に戻ろう。

法学部三回生の試験問題としては平易すぎるかとも思ったが、暗記力よりも理解力、想像力にウエイトを置くならば適切であり、また、頭脳の柔軟性をテストするためには持って来いだろうと考えて、あえて出題に踏み切った。

「なあんだ、たった蜜柑一つの争いか」と言わないでいただきたい。人は、蜜柑一つを争うことによって、幼児期から、「争うこと」「解決すること」を学習するものである。その意味で、この問題は、最も基本的で、原初的な争いのパターンである。幼児期から蜜柑一つの争いをたっぷり経験した人は、争いが起こったとき、裁判所にすぐ飛び込むような貧相な発想は持たないだろう。その人は、自ら解決に向かって、あれこれやってみるに相違ない。この「自ら解決に向かって、あれこれやってみる」ということが、「紛争解決学」の入口に他ならない。

そして、この入口の扉を開けたとき、紛争解決の広大な地平が見えてくるのである。現に、九州大学の学生たちは、私が見ていた地平よりも、はるかに広い地平を見せてくれた。ここに学生の答案の一端を紹介しつつ、紛争解決学へのご案内をしてみたい。

蜜柑一つの争いで訴訟をしますか？

蜜柑一つの争いを解決するために、訴訟をせよという答案は、一枚もなかった。姉の側からは蜜柑の所有権の確認を求める確認訴訟を、妹の側からは蜜柑の引渡しを求める給付訴訟をすることができるという答案が、一つぐらいは出てくるかと思ったが、さすがに蜜柑一つの所有権を巡る訴訟は現実性がないとみたのか、ものの見事に一枚も出てこなかった。

このことは当り前のように見えるが、実は非常に面白いことを教えてくれているのである。

まず、現実性がないのは訴訟の方であって、争いそのものには現実性がある――蜜柑一つの争いは毎日どこかで起っている――ということに注意しなければならない。つまり、現実の争いを訴訟がカバーしようとすると、たちまち現実性がなくなることがあるのだ。したがって、現実の争いを現実に解決しようとするのならば、訴訟よりもはるかに広い視野に立たなければならないということになる。

では、なぜ現実性がないのだろうか。たった蜜柑一つだからだろうか。事件が小さ過ぎる、訴額が低く過ぎるからだろうか。

それでは、この争いを若干アレンジして、蜜柑山の所有者甲から蜜柑を譲り受けたと主張するA、Bの二人が争ったとしよう。この訴訟では、譲り受けたのは蜜柑の木（立木）なのか実っている蜜柑なのか、引渡しを受けたのか受けないのか、どのような明認方法をしたのか等々、気の遠くなるようなことを延々とやらなければならない。そうこうしているうちに、収穫の時期を過ぎて蜜柑は腐ってしまうであろう。つまり、訴訟はここでも現実性がないのである。ところが、Aが蜜柑の中身でジュースを作ろうとしている業者であり、Bが蜜柑の皮でママレードを作ろうとしている業者だとすれば、設問の中に書いてあるハーバード流交渉術によって、Aが中身を取り、Bが皮を取って、仲良くひと儲けできる。

このように、事件の大小にかかわらず、ハーバード流交渉術は、訴訟よりも有効性を発揮する。こうしてみると、訴訟は、もともと有効性を持っていないのではないかと思ってしまう。もちろん事案によっては、訴訟が有効性を発揮するものはある。私は、訴訟が全く有効性がないと言っているのではない。訴訟が大いに有効である事案もあれば、かなり有効である事案もあれば、まあまあ有効である事案もあれば、大して有効でない事案もあれば、全く無益な事案もあれば、無益どころか有害な事案もある。これは事案を総体としてみた場合に言えることであるが、訴訟には複数の当事者がいるので、一方の当事者には有効であるが一方の当事者には有害なもの、双方当事者にとって無益なもの等々、当事者単位にみた場合でも、いろいろな組み合せがある。したがって、訴訟を頭から有効なものと信じることは、やめにした方がよさそうである。現に、姉妹が一つの蜜柑を争うときのような小さな紛争にも、蜜柑山の蜜柑を争うときのような大きな紛争にも、訴訟を使うことはできないのだから。

では、どうしたらよいのか？

妹が姉を殺す！――この答案を見て私は目が覚めた。

そら出た、蜜柑一つの争いでも侮れないのだ。ささいな争いでも暴力を誘発し、ささいな争いに暴力で決着をつける――これは、人類が今日まで繰り返し行ってきた現実に他ならない。しかし、何かもっとよい知恵はないものだろうか。

手続のすばらしさで解決

この問題には蜜柑を半分に割って等分にするのが最もポピュラーだと書いてあるが、私の家風では、どちらもが一つを全て食べたいときには、最も平等で、かつ偶然の支配するゲーム、すなわちジャンケンが幅をきかせていた——と問題自体にクレームをつける答案があった。

なるほど、それはそうかも知れない。

半分に割って等分にするというのは、半分ずつにせよという規範を前提にしている。しかし、半分ずつにすることが絶対的に正しいというわけではない。勝った方が全てを取り、負けた方が全てを失うべきだという規範もあり得るのだ。この場合に人々を納得させるのは、ルールの公平さ、手続の正しさである。手続がすばらしいものであれば、勝った方が全てを取り負けた方が全てを失うべきだという規範は、後ろに退いてほとんど意識されないほどのものになってしまう。ジャンケンのすばらしさは、この答案を書いた学生が指摘しているように、平等で、かつ偶然の支配するゲームであるからであるが、それとともに、言わば実体的規範を忘れさせるほど魅力的な手続であるからだ。

私は、ジャンケンについて多少研究をはじめているが、まだ発表するところまでには至っていない。しかしものの本によると、ジャンケンは元禄時代の初期に中国から伝わったものだということであって、人類普遍のルールではなさそうである。それにしても、生れた子供のもの心がつくころには教えはじめ、あまねく人々に普及させているわが国は、それだけで誇るべき文化を持っていると言ってよいと思う。

しかし、ジャンケンで全てが片付くかと言えば、そうでないことは子供でも知っている。この答案を書いた学生も、「対象がひとかたまりの金だったり、一〇〇カラットのダイヤモンドだったりしたら、やはり少々小さくなっても欲しいと思うだろう」と書いている。金のかたまりやダイヤモンドでなくても、九〇分も球を蹴り合ったあげくに同点だったサッカーの試合で、最後にジャンケンで勝ち負けを決めるとすれば、たいていの人はひっかかるものを覚えるに相違ない。つまり、ジャンケンがルールとして承認されるのは、勝った方が全てを取り、負けた方が全てを失うという規範が、疑いを持たれない範囲に限られるのである。

それに……あった、あった──妹がチョキしか出せないことを姉が知っていたら不公平な解決法である──。若い人の頭脳は柔軟なものですね。

ところで、平等に分けるべきだという家風なら問題が起こらないのだろうか。大きい小さい、多い少ないで争いが起ることは、誰でも経験していることであろう。つまり、実体的規範がいくら立派でも、それを使う手続がなければ使えないということである。ここでもまた、紛争解決のためにすばらしい手続の登場を願わなければならないことになる。

姉か妹の一方が分ける権利を持ち、もう一方が先に選ぶ権利を持つ。こういう手続に従えば、割る方は二分の一に限りなく近い分け方をするだろうし、選ぶ方も満足するだろう。双方とも満足して、ニコニコと笑いながら蜜柑を食べる姉妹の姿を想像するだけで楽しい。紛争解決はよいものである。──こういう答案もかなりあった。

この解決法の特徴は、半分ずつに分けるべしという規範に疑いを持たせないほどの、すばらしい手続を使ったところにある。

なお、この答案を書いた学生の中には、多湖輝『頭の体操』（カッパブックス）で読みましたと出典を明らかにしたものがあった。出典を明らかにすることは、答案に説得力を増すので、一般的にも望ましいことであるが、この試験問題の場合には特別の意味がある。なぜならば、紛争解決のための道具として、普遍的に使うことができることを示しているからである。この解決法を仮りに頭の体操術ということにするが、子供がケーキにナイフを入れて分けるときなどにこの頭の体操術を使うと、あっけないほどの有効性を発揮する。

さて、ジャンケンや頭の体操術のようなすばらしい手続があれば、言わば実体的規範は意識されないほどに後退し、手続だけでズバリと解決することが、ここで明らかになった。

この系統の解決法は、ジャンケンや頭の体操術以外にもいろいろあり、また、さまざまなバリエーションもある。学生たちの答案いわく──くじ引き、サイコロ、占い、競射、決闘、トランプ。トランプも、七並べあり、大富豪あり、神経衰弱あり……。ジャンケンのバリエーションでは、中身を一つずつジャンケンで決める、というのがあった。

しかし、これらの方法は全部ダメと言う人はいるものである。手続のすばらしさなどには一切目もくれないで、ジィーと何かに狙いをつけている人間……。人間はかくもしぶといものであり、その利害は複雑なものだ。その狙いが、全部の蜜柑の皮、あるいは全部の蜜柑の中身であれば、ハーバード流交渉術の出番だろう。しかし片や皮、片や中身などという都合のよい争いは滅多にないものである。

それではどこをどう動かせば次なる展開ができるのだろうか。紛争解決学はさらに奥に進まなければならない。

エンマ様の登場

姉妹が一つの蜜柑を争うとき——引き続き九州大学法学部の学生の答案を紹介しつつ、「紛争解決学」を跋渉してみたい。すでに手続のすばらしさで解決する方法は述べたが、それでも満足しない場合にはどうするか——これがこれからの課題である。

紛争解決の新しい展開をどこに求めるか、ここで道は二つに別れる。一つは第三者に裁定してもらう道であり、一つは相対交渉で解決する道である。

そこでまず、前者の第三者の裁定という道について考えてみよう。私たち弁護士にあてはめれば、これは、紛争解決機関に持ち込むという行動とパラレルの関係に立つ。

私は、九州大学で紛争解決学の講義をしたとき、紛争解決機関は、これまでは裁判所と調停機関という大きな柱だけと言ってよいほどであったが、最近では手続の視点から見ると、訴訟と調停との間に、弁論兼和解、裁判上の和解が膨らみ、一方では仲裁が育ち、民事調停法一七条の調停に代る決定も使われるようになったと説明した。そして、それらの手続は連続性、互換性を持っているとつけ加えた。仲裁については、第二東京弁護士会仲裁センターが発足したのを皮切りに、大阪、東京、広島、横浜についで、私が所属する第一東京弁護士会でも一九九五年九月にスタートさせたことは、周知のとおりである。欧米では、近時ADR（裁判外紛争解決）がさかんになり、訴訟手続に代って調停、仲裁による紛争解決が多くなったことが学者によって報告されている。

このような私の講義を聞いた学生たちが、蜜柑一つの争いにどのような裁定者を選ぶかということは、私の関心の一つであった。エンマ様を呼んで来て、日頃の行いの良い方にあげる――この答案にはちょっと首を傾げざるを得ないが、それでは一体エンマ様とは、具体的に誰をイメージしているのだろうか。

圧倒的に多いのは母親である。父親はほとんど登場しない。また、おばあさんを裁定者に選ぶのはあるが、おじいさんは出てこない。おじいさんもたまには登場するが、せいぜい「ちびまる子ちゃん」のおじいさんのようにトボける役廻りしか与えられないのである。父権の喪失が言われて久しいが、家庭の中での調停者、仲裁者としての役割も認められなくなったことは、世の父親たるもの、よくよく肝に銘じておいた方がよさそうである。

ところで、エンマ様が出てくれれば、紛争は解決するのだろうか。

母親が出てきて、年長の姉が我慢すべきだという条理のようなものを持ち出しても、わだかまりが残るだけだ――と指摘した答案があった。一方、母親が一人ずつ部屋に呼んで、姉に対しては「妹が、自分が我が儘すぎたと反省していたよ」と吹き込み、妹に対しては「姉が大人げなかったと反省していたよ」と吹き込むことによって、姉妹が互いに譲歩することができる――という答案があった。これを聞いた弁護士は、複雑な気持になるに相違ない。末弘厳太郎『嘘の効用』（冨山房百科文庫）を思い出して膝を打つ人もいるだろうが、裁判官にしてやられたことを思い出して、苦笑する人も少なくないだろう。

それはともかくとして、エンマ様の登場は、かえってわだかまりを残すこともあるし、何かすっきりしないものを残すこともある。そればかりではなく、いかにエンマ様でも、当事者である姉妹を納得させるためには、説得の根拠がなければならないであろう。この説得の根拠を規範というのであれば、エンマ様も規範を使わないわけにはゆかないということになる。そしてそれも、「年上のお姉ちゃんは我慢しなさい！」などというい い加減な規範ではもはや通用しない。子供の権利主張も最近ではシビアになっているのだから。

後に述べるように、私は、紛争解決のために使われる規範を、紛争解決規範とよぶことにした。すばらしい紛争解決規範を使えば、何もエンマ様が出てこなくても、自分たちで紛争を解決することができるのだ。

さまざまな紛争解決規範を使う

ここで「法とは何か」という命題を考えてみたい。法は、行為規範であり、社会規範であるが、いったん紛争が起こったとき、法は裁判規範としての機能を発揮すると、私たちは教えられた。しかし、多くの紛争は、裁判外で協議を重ね、和解をすることによって、裁判所に持ち込まれる前に解決されているのである。すなわち、法は、紛争の局面では、裁判規範としての機能を発揮する前に、紛争解決のための規範としての機能を発揮する。この機能を持っている規範を、私は、紛争解決規範とネーミングした。そして、成文法以外にも紛争解決規範として使えるものはいっぱいあり、現実に人々は、さまざまな紛争解決規範を使って紛争を解決しているのである。

以上のような当り前のことをはっきり明言したのは、どうやら私の九州大学における集中講義が初めてのことだったようだ。私は、この講義において、紛争解決規範として、成文法の他に、判例、裁判上の和解・調停・仲裁の解決例、学説、諸科学の成果、慣習、自然法、経済的合理性、ゲームの理論、新しく生れる規範・新たに発見される規範・新たに創造される規範を並べ、これらの紛争解決規範を使えば、相対交渉で紛争は見事に解決するものだと強調した。

さて、学生の皆さんは、姉妹が一つの蜜柑を争ったときに、どんな紛争解決規範を使って解決するだろうか――出てきた、出てきた、実に多彩な解決法のオン・パレードである。開店セールをするような気持で、以下に並べてみたい。この中には新製品もあります。

最初のコーナーには、金銭を媒介に使う解決法がある。

蜜柑を売って代金を姉妹で分ける——まず貨幣経済の原型が顔を覗かせる。蜜柑が一〇〇円だとすれば、姉が蜜柑を取って妹に五〇円渡す——こういう妙にドライな答案も多かったが、いちがいに悪いと言い切れるものではないだろう。

このコーナーには、入札法という特設コーナーがある。蜜柑を手に入れるためにいくら金銭を払うのか、姉妹が同時に入札する。高い方が蜜柑を取り、安い方が相手方の入札した額を受け取る——これは新製品のように見えるが、実はそうではない。ちゃんと福岡高等裁判所に和解例があるのだ。一九九三年五月一一日付夕刊読売新聞には、山林の所有権を巡ってこの入札和解が行われたことが報道されており、これには「むしろ既成概念にとらわれない柔らかな発想ではなかったか」という井上治典九大教授のコメントもついている。

さて、次のコーナーは、条件つき、あるいは反対給付つきという解決法である。

姉が蜜柑を取って代りに妹に物かサービスを与える——こういう答案は数多くあったが、与えるものがバラエティーに富んでいて面白い。姉と妹のことであるから、リボンやボタンは誰でも思いつくものであろうが、家事の手伝いを代りにするというのも少なくなかった。そして手伝いの内容はと言えば、決まって風呂洗いなのである。子供が手伝う家事は風呂洗いぐらいしかなくなってしまったのだろうか。テレビのチャンネル権を与える——これなどは物でもサービスでもないものだが、紛争解決のために無体財産権化する知恵を現代っ子は持っていることを示している。

この前姉が食べたから、今度は妹が食べる、今度は姉がもらうが、次は妹にあげる——と、過去または未来と繋げて解決する。これはいかにも、常識的で手堅い解決法だが、継続関係を重視すれば、紛争は平和裡に解決するものであるから、こういう答案は尊重しなければならない。

ここには特設コーナーとして、「パレート最適」という経済学の概念を応用した答案があったので紹介しよう。

姉が店に蜜柑を買いに行く手間代として最高の値段を想定する。その金額を仮りに五〇円とする。姉が「お駄賃を五〇円あげるから、自分で蜜柑を買ってくればいいでしょう」と妹に提案する。妹がこの提案に納得すれば、姉が蜜柑をもらって、妹に五〇円を渡す。妹が納得しなければ、妹が蜜柑をもらって、姉に五〇円渡す。姉と妹の利益がともにプラスになり、しかも均等にならなければならないから、手間代を五円とか、一〇円につけたらダメである——これは結果的には入札和解に似ているが、「パレート最適」などと煙に巻いて説得するところに新しさがある。

しかし、これらの言わば打算的な解決法とは正反対に——姉が妹に無償で与えてしまう——という、言わば精神重視の答案があったことも付記しておく必要があるだろう。

さらに歩を進めれば、パイを大きくして解決するというコーナーがある。

ここでは、「日本昔ばなし」がヒントになる。いわく——〝わらしべ長者〟のように蜜柑を金の杖に変えていこう。いわく——〝さるかに合戦〟の応用で種を植えよう。

皮は風呂に入れよう——という答案もあれば、ポストハーベスト農薬が大量に残留していたら大変である——という慎重論もあった。

果物屋に行って安い蜜柑二つと交換してもらおう——と数を増やすのもあれば、リンゴとバナナを加えてミックスジュースをつくろう——と量を増やすのもある。オレンジライスプティングをつくる——という答案があったが、これは米を加えるのかしら。

姉妹が果物屋の前で蜜柑を争って喧嘩する。もしかしたら人の良い果物屋さんが、一つ蜜柑をくれるかも知れない——言わばストリート・チルドレン方式とも名づけられるこの答案には考えさせられた。世界的視野に立てばけっこう採用されている手法だろうが、あらためて文章化するとなれば、これこそ紛争解決の新製品と言ってよいであろう。不況が長引けば、わが国でも大流行するかも知れない。

また、争いそのものを無効にしてしまうというコーナーもある。

ポチにやる――しかし、犬が蜜柑を食わなければ……この答案は観念的に過ぎる。貧しい人にやる――これもやや観念的。おばあさんにやる――おじいさんにやるという答案はない。おじいさんの存在感はここでも乏しくなっている。仏壇に供える――そのあとでどうするのかをフォローしてほしいところである。

紛争の種をなくしてしまうというのは、確かにすぐれた知恵だろう。しかし何か白けるような気持になってしまうのは避けられない。それならばもっと積極的に、感動的に解決できないものだろうか。そこで登場するのは、争いを忘れさせてしまうという知恵である。最後にそのコーナーにご案内しておきたい。

蜜柑をしぼって姉妹で「あぶり出し」をして楽しむ――争いを他に転換するという高等戦術である。民族紛争でドンパチやるのはやめにして、ラグビーの試合でもやったらどうか。南アのように。

姉と妹は、久しぶりに会った祖母の前で、言いたいことを言い合った。祖母はじっと耳を傾けてくれた。そのうち姉妹は蜜柑のことなど忘れてしまって、お互いを深く理解した――この解決法のすぐれたところを知りたい方は、ミヒャエル・エンデ作・大島かおり訳『モモ』（岩波書店）を読んでいただきたい。

潜在意識と非因果律

こうして学生の答案を披露してくると、私の出る幕はなさそうである。しかし、私にも多少は用意したものがあるので、以下に二つほど加えておきたい。

まず、近代私法は自由意思を前提としているが、紛争は人間の潜在意識や無意識の層に起因するものもあるから、紛争の原因がその層にあるのなら、それを意識化して解決する必要がある。これは私の『紛争解決学』にも実例をあげて説明しておいた。

例えば、姉妹が一つの蜜柑を争っているうちに、姉が潜伏中の病気にかかっていることが分かり、そのために中身をジュースにして飲み、皮を焼いて食べたいのだと気がつけば、妹は蜜柑を全部姉のものにすることに納得するであろう。

また、近代私法は因果律によって組立てられているが、紛争は必ずしも因果律によって発生するとは限らない。因果律によっては解明できないが、意味のある現象が同時に生じるような場合があり、深層心理学者ユングはこのような「意味のある偶然の一致」を重要視して、これを因果律によらぬ一種の規律と考え、非因果的な原則として、共時性の原理というものを考えた。

この共時性の原理を使えば――きょうだい喧嘩の激しい姉妹に対して、ちょうど母親が仲直りのよさを教えようとしていたときに、たまたま姉妹が一つの蜜柑を巡って争いをはじめたのならば、母親が食べてしまって喧嘩のむなしさを教える――ということになろうか。

紙面の都合上、学生の答案の豊富なヴァリエーションやオリジナルのニュアンスを紹介できなかったことは残念である。しかし、これだけ多くの解決策の中から、姉妹が時に応じ最も適当なものを選択すれば、蜜柑一つの争いは難なく解決するであろう。そして姉妹は、紛争解決のすばらしさを学習し、その絆は紛争以前よりも強くなるに違いない。

たった一つの蜜柑を巡る紛争でも、解決に向けて扉を開ければ、これだけ豊かな地平が見える。紛争解決は奥が深いものだと、つくづく私は思うのである。

コメント

これは、第一東京弁護士会会報の平成七年（一九九五年）九月号と一〇月号に連載したものである。本文の中で学生の答案にコメントをつけているので、ここであらためてコメントすることは不要であろう。

しかし、一つだけ本文のコメントにつけ加えておきたい。

それは、この演習問題が紛争解決のための多様な出口を探すことをテーマにしているということである。そして、その多様な紛争解決方法には、それぞれ違う紛争解決規範が使われるということである。すなわち、当然のことであるが、紛争解決規範の多様性が多様な紛争解決をもたらすということになる。その紛争解決規範には、手続的紛争解決規範もあれば、実体的紛争解決規範もある。そのことを、この最も単純化した蜜柑一つを巡る争いを通じて見てほしいと思う。

現実の紛争は、蜜柑一つの争いよりもはるかに複雑である。と言うことは、現実の紛争には、もっと多様な出口があり、もっと多様性に富んだ紛争解決規範を使用する可能性があるということである。

紛争解決とは、多様な出口の中の一つ、あるいはその中のいくつかを選択する営みである。そして、その出口に導くための道筋を示すものが紛争解決規範である。したがって、紛争解決規範が豊かであることが望ましい。その豊かな紛争解決規範を駆使するためには、知識と能力を総動員することが必要になる。そして、そこに多くの可能性が秘められている。

この演習問題について言えば、全学生と私の知識と能力をトータルして、ようやくここに書いた域に達したということになるのであろう。

三　『どんぐりと山猫』考

あらすじ

かねた一郎さま　九月十九日
あなたは、ごきげんよろしいほで、けっこです。
あした、めんどなさいばんしますから、おいでんなさい。とびどぐもたないでくなさい。
山ねこ　拝

――「をかしなはがき」が、ある土曜日の夕がた、一郎のうちにきたことからはじまる『どんぐりと山猫』は、宮澤賢治の童話の中でも、最も知られたものの一つであろう。

童話？　この作品を童話とみないで、寓話とみる人もある。童話とみるか、寓話とみるかは、どちらでもよいようだが、それによって読み方に随分違いがでる。あるいは説話とみる人もいるかも知れない。その他いろいろな読み方があるだろうが、いろいろな読み方が可能であることは、この作品が見かけによらず複雑な要素を持っていることを示している。したがって、このような複雑な要素を持っている作品を、ジャンル分けすること自体あまり意味がない。私が言いたいのは、単なる童話とみて表層部分だけを読み飛ばしたのでは、この作品の恐ろしさや、それ故の面白さが分からないということである。

『どんぐりと山猫』は、どなたも一度はお読みになっていることと思うが、是非もう一度読んでいただきたい。全文を読んでいただかなければ、一語一語の微妙な寓意を把握しにくいと思うからである。

しかしこの随想は、隔月三回の連載ということであるから、紙面の都合上論点はいくつかに絞らざるを得ない。したがって、この随想に必要なところにウエイトを置いて、まずは『どんぐりと山猫』のあらすじを書いてみよう。

――はがきをもらってうれしくてたまらなかった一郎は、翌日急いでごはんを食べて、ひとり谷川に沿った小道を、川上の方へ登って行った。途中で一郎は、栗の木や、笛ふきの滝や、白いきのこや、栗鼠《りす》に「やまねこがここを通らなかったかい」と聞くと、それぞれ東、西、南と答えるが、一郎はあくまでも谷川に沿った道を東に行く。

やがて谷川に沿った道は消えてしまい、谷川の南のまっ黒な榧《かや》の木の森の方へ、新しい小さな道がついていた。一郎はその道を登って行った。顔をまっかにして、汗をぽとぽと落としながら、その坂を登ると、にわかにぱっと明るくなった。そこはうつくしい黄金《きん》いろの草地だった。

その草地のまん中に、背の低いおかしな形の男が、膝を曲げて手に革鞭をもって、だまってこっちを見ていた。一郎は気味が悪かったが、なるべく落ちついて「あなたは山猫をしりませんか」とたずねた。はがきの文章が「ずゐぶん下手だべ」とかなしそうに言う男に、一郎は大学校の五年生でも書けないでしょうなどと言い、男が山猫の馬車別当であることを知る。

そのとき、風がどうと吹いてきて、黄いろな陣羽織のようなものを着て、緑いろの眼をまん円《まる》にした山猫があらわれた。

「いや、こんにちは、きのふははがきをありがとう」とていねいに挨拶する一郎に、山猫はひげをぴんとひっぱって、腹をつき出して、「じつはおとゝひから、めんどうなあらそひがおこって、ちょっと裁判にこまりましたので、あなたのお考えを、うかがひたいとおもひましたのです」「どうもまい年、この裁判でくるしみます」などと言う。

そのとき、赤いずぼんをはいた黄金《きん》いろのどんぐりどもがやってきた。その数は三〇〇でも利《き》かないようだった。馬車別当は腰から鎌をとりだして、山猫の前の草を刈り、鈴をがらんがらんがらんがらんと振った。山猫はいつか黒い長い繻子《しゅす》の服を着て、勿体らしくどんぐりどもの前にすわっていた。

「裁判ももう今日で三日目だぞ、いゝ加減になかなおりをしたらどうだ」山猫が少し心配そうに、それでもむりに威張って言うと、どんぐりどもは、「頭のとがっているのがいちばんえらい」「まるいのがえらい」「大きいのがいちばんえらい」「せいの高いのだ」「押しっこのえらいひとだよ」と口々に言いたてる。そこで山猫が叫ぶ。

「やかましい。こゝをなんとこころえる。しづまれ、しづまれ」別当がむちをひゅうぱちっとならす。これを三度繰り返して、山猫が一郎にそっと「このとほりです。どうしたらいゝでしょう」と言うと、一郎はわらってこたえた。ここからはクライマックスなので原文をそのまま引用しよう。——

「そんなら、かう言ひわたしたらいゝでせう。このなかでいちばんばかで、めちゃくちゃで、まるでなってゐないやうなのが、いちばんえらいとね。ぼくお説教できいたんです」山猫はなるほどといふふうにうなづいて、それからいかにも気取って、繻子のきものゝ胸を開いて、黄いろの陣羽織をちょっと出してどんぐりどもに申しわたしました。

「よろしい。しずかにしろ。申しわたしだ。このなかで、いちばんえらくなくて、ばかで、めちゃくちゃで、てんでなってゐなくて、あたまのつぶれたやうなやつが、いちばんえらいのだ」

どんぐりは、しいんとしてしまひました。それはそれはしいんとして、堅まってしまひました。

——山猫は、このひどい裁判を一分半で片づけてくれた一郎に、「どうかこれからわたしの裁判所の、名誉判事になってください。これからも、葉書が行ったら、どうか来てくださいませんか。そのたびにお礼はいたします」と言う。一郎は、名誉判事になることは承知したが、お礼なんかいらないと言う。また一郎は、あて名を「かねた一郎どの」とし、発信を「裁判所」とすることには承諾するが、はがきの文句に「用事これありに付き、明日出頭すべし」と書くことは断わる。このあと、山猫は一郎に、「今日のお礼ですが、あなたは黄金のどんぐり一升と、塩鮭のあたまと、どっちをおすきですか」と聞くと、一郎は、「黄金のどんぐりがすきです」とこたえる。

山猫は、鮭の頭でなくて、まあよかったというように、「どんぐりを一升早くもってこい。一升にたりなかったら、めっきのどんぐりもまぜてこい。はやく」と早口に馬車別当に言うと、別当は、さっきのどんぐりをますに入れて、はかって、「ちょうど一升あります」と叫んだ。

そこで山猫は、大きく延びあがって、目をつぶって、半分あくびをしながら、「よし、はやく馬車のしたくをしろ」と言うと、白い大きなきのこでこしらえた馬車が、ひっぱりだされた。なんだかねずみいろの、おかしな形の馬がついていた。一郎はこの馬車に送られて家路につく。馬車が進むにしたがって、黄金のどんぐりはだんだん光がうすくなって、まもなく馬車がとまったときは、あたりまえの茶色のどんぐりに変っていた。そして、山猫も、別当も、きのこの馬車も、一度に見えなくなって、一郎は自分のうちの前に、どんぐりを入れたますを持って立っていた。それからあと、山ねこ拝というはがきは、もう来なかった。

私のショック

たしか小学校五年生のときだったと思うが、教科書に載っていた『どんぐりと山猫』をはじめて読んで、私は大きなショックを受けた。私は何と言っても、一郎の鮮やかな判決に、すっかり心を奪われてしまったのだ。私自身には記憶がないが、この頃から私は弁護士になると言っていたようだ。小学校の友達に会うと「お前は、弁護士になると言っていたよな」とよく言われる。なぜ裁判官でなく弁護士と言っていたのか分からないが、一郎の鮮やかな解決に憧憬の気持を持っていたことは確かなようだ。

こちらの方は潜在意識の中に潜り込んでしまったのだろうが、私自身が自覚していたのは、むしろ、このような鮮やかな話を創ってみたいと思っていたことである。作家になりたいと思いはじめたのは、『どんぐりと山猫』に出会う前のことだったと記憶するが、それがどんなことをきっかけにしていたのか確信はない。多分、作文を書くことが好きだったり、書いた作文が褒められたりしたことをきっかけにして、徐々に作家になるものと決めてかかるようになったのだと思う。しかし、『どんぐりと山猫』から受けた刺激は鮮明で、このあと実際に寓話をつくってみたりしていた。

後年私は、弁護士になったり、小説を書いたりしたが、『どんぐりと山猫』に少なからぬ影響を受けたことは事実である。しかもそれは、一郎の鮮やかな解決という一点に集約される。

しかし一方で私は、何かこの作品にひっかかるものを覚えていた。一つは、一郎の判決をどんぐりたちは納得したのか、もう一つは、なぜどんぐりたちが一郎に貰われてしまったのか、ということである。しかし、鮮やかさに目がくらんで、ひっかかるものをよく考えてみようともしなかった。

娘にこの『どんぐりと山猫』を読んで聞かせたとき、「どんぐりがかわいそう——」と泣きべそをかいた。私は、娘の感受性を嬉しく思うと同時に、ひっかかっていたものを解いてみなければなるまいと思いはじめた。

そしてそれから十何年も経て、九州大学で「裁判学（紛争解決学）」の講義をしたとき、私は、試験問題に「宮澤賢治に『どんぐりと山猫』という童話がある。この童話を紛争解決学の視点から論評せよ」という出題をしてみた。

もとより、賢治の作品を法律的視点から論評をすることに問題があることは承知のうえである。賢治の作品は、それがどんなに短い作品でも、賢治の宇宙観や思想などと切り離して論ずることはできない。したがって、さまざまな角度から論じなければ、片手落ちになり、私が出題した問題のように、「紛争解決学の視点から」と限定しただけで、作品を矮小化してしまう恐れはある。

しかし、そこに裁判が書かれている以上、一応ピンでとめておいて、法律的視点という光を当てて見てみることは、意味のないことではない。そのことによって、賢治自体の中身を見ることも可能になるし、逆に作品の方から「法」の世界を見ることも可能になるからである。

賢治の法律的素養と体験

これから先は、九州大学の学生の答案も折り込みながら、いくつかの論点に絞って、この『どんぐりと山猫』を見ることにしたい。

その前に、賢治にどの程度の法律的な素養や体験があったかを知っておく必要があるだろう。

賢治が学んだ盛岡高等農林学校（現岩手大学農学部）の農学科第二部のカリキュラムには、第三学年の一学期から三学期まで毎週二時間の法律科目が組まれている。この学年には他に社会科学系の科目がないから、賢治もここで法律を学んだ可能性は高い。

したがって、賢治に『どんぐりと山猫』があり、有名な『雨ニモマケズ』に「北ニケンクワヤ　ソショウガアレバ　ツマラナイカラ　ヤメロトイヒ」という句があることは、それほど不思議なことではないのかも知れない。

しかしおかしなことに、厖大な賢治研究の中に、賢治の法律的な素養や体験に触れたものは無いと言ってよいだろう。私は、原子朗編著『宮澤賢治語彙辞典』で探してみたが、凡例の中の語彙分類には、「法律」の項目がない。「訴訟」「裁判」の名辞解説もない。また、年譜をみても、法律、裁判、訴訟に関係のある記事は見当らない。六〇頁にわたる参考文献のリストの中には、「宮沢賢治の金銭観」「宮沢賢治さんと食物」「賢治の花壇」「賢治の笑い」「賢治の洋服」などというものまであるが、法律、裁判、訴訟に関するものは見当らない。索引をみても、賢治が「さいばん」・「裁判」を『どんぐりと山猫』に、「ソショウ」を『雨ニモマケズ』に使っているにもかかわらず、欠落している。

これはおそらく、賢治に目立った法律的素養と体験がなかったからかも知れないが、それと同時に、編者が法律、裁判、訴訟という視点を見落としているためではないかと思われる。

また、数多くの賢治研究者も、賢治の法律的素養と体験を意に介していないようである。私は念のために、『宮沢賢治ふたたび』（思潮社）の著者であり、詩人でもある中村稔弁護士に尋ねてみたところ、賢治の法律的素養や体験に触れた論文は無いということである。

しかし私は、賢治研究者が賢治の法律的素養や体験に触れないことは、残念なことだと思う。私に言わせれば、賢治の法律や裁判に対するスタンスが、その作品の中に大きな影を落としているものがかなりある。したがって、法律的視点から賢治を論ずることは意味があることだと思う。しかし私自身は、賢治研究者ではなく、また賢治の法律的素養や体験を調べ、作品との関係を論ずる時間的余裕はない。私としては、考証学的なことよりも、裁判の本質を一発で見抜いてしまうような感受性と想像力を、賢治が持っていたことを強調しておくことの方が大切であろう。なぜならば、賢治が法律的素養や体験が少ないにもかかわらず『どんぐりと山猫』を書いたのだとすれば、それに反比例して、「さいばん」・「裁判」、「ソショウ」に対する感受性や想像力が鋭かったということになるからである。

諸説らんまん

宮澤賢治の『どんぐりと山猫』は、人々にどのように読まれているのだろうか。この短い作品に、実に多くの論者が、さまざまな観点から文章を書いており、まさに諸説らんまんというところである。その主なものをざっと紹介しておこう。

中野新治は、この作品を異界（自然界）の豊穣な遊戯性への讃歌であるととらえる。したがって、萬田務が「一郎がいかにすぐれた判決を言い渡したところで、所詮『黄金のどんぐり』に象徴される金、権力に魅力を感じる俗世間の人間と何らかわらなかった」と述べて、一郎の方が山猫から裁かれたのだと指摘するのに対して、裁判自体が本当は真剣なものではないのだし、「黄金のどんぐり」は金や権力の象徴であるよりも、よろこばしい遊戯性の象徴と考えられるから（だからメッキのどんぐりであってもいっこうにかまわないのだ）、ここに重いテーマを見出すことはできない、と言う。中野新治は、この論文に「ものみな自分の歌を歌う」という副題をつけているが、要するに「晴れやかな肯定性」がその基調なのである（『宮沢賢治・童話の読解』翰林書房）。

三好修一郎――「どんぐりと山猫」試論――は、賢治の体験と重ね合わせて、言わば考証学的な考察をしている。賢治は、一九二一年（大正一〇年）一月二三日の夕刻、二五歳のとき、頭の上の棚の上から本が二冊背中に落ちてきた機に突然上京するのだが、それは、ちょうど夕方突然「をかしなはがき」が舞い込んで来るような比喩として考える。そして上京した賢治はすぐに国柱会に行くが、一郎の通路における通過儀礼の顚末は、上京する車中と国柱会に行くまでの道筋である、と言う。さらに、馬車別当は賢治と応対した国柱会理事の高知尾智耀である、というふうに考証を重ねてゆく（『宮沢賢治・13・「セロ弾きのゴーシュ」考』洋々社）。

清水正は、徹頭徹尾深層心理学の手法で、この作品を再構築する。一郎が登る道筋は、胎内回帰するための途（穴）を求めていたことであり、辿り着いた「うつくしい黄金いろの草地」は母の子宮の中である。しかしそこは見せかけの美しさと黄金いろに輝いた場所であり、一郎の本来的な〈死と再生〉の秘儀の場所としてではなく、〈めんどなさいばん〉が行われる〈物語の舞台〉へと化していく。一郎は倒すべき敵である父性としての〈をかしな形の男〉と闘うことができず、妥協を謀る。妥協は、一郎の秘められた野望の挫折を即意味する。したがって、一郎はどんぐりどもの主張とは全く反対のこと、つまり包茎でインポテンツこそがよいのだというようなことを、よりによって山猫にアドバイスしてしまうのである、と言う（『宮沢賢治　童話のエロス　謎とき「どんぐりと山猫」』発行D文学研究会・発売星雲社）。

まだまだあるが、この辺でよいだろう。あとは、論点について私が見解を述べるところで、必要に応じて引用することにする。

なお、賢治自身はこの作品にどのようなコメントをしているのだろうか。

この作品は、生前刊行された唯一の童話集『注文の多い料理店』の冒頭に掲載されているが、その広告のチラシには、賢治自身の文案が用いられていて、そこには「山猫拝と書いたおかしな葉書が来たので、こどもが山の風の中へ出かけて行くはなし。必ず比較をされなければならないいまの学童たちの内奥からの反響です」と書かれている。

「風の中に出かけて行く」というところをみると中野説に近いような感じもするが、「内奥からの反響」とあるところからすると清水説が妥当なのかも知れない。しかし、要はいかようにも読めるということである。そうとすれば、読む側が勝手な読み方をするしかあるまい。私も、法律的視点から、勝手な読み方をさせてもらうことにする。

一郎は異界に行ったのか

一郎が、栗の木や、笛ふきの滝や、白いきのこや、栗鼠に、山猫が通らなかったかと聞きながら東の道へ行き、やがて榧の木の森の小さな道を登っていく道程を、異界に行く道筋とみるかどうかで、『どんぐりと山猫』の読み方が違ってくる。

中野新治は、この作品を異界（自然界）の豊穣な遊戯性への讃歌とみるから、当然一郎はこの道程を経て、異界へ行ったことになる。

また、清水正は、この道程を、一郎が奥深く深層に入っていく道筋とみるから、深層舞台が異界にあるとすれば、結局一郎は異界に行ったことを意味する。

概して賢治研究者は、この作品の舞台を異界と設定しているように思われる。賢治が基本的な空間意識は時間を軸としてダイナミックに融動し、変化し、生成をとげていくと四次元世界を把握していたことを念頭におけば、『どんぐりと山猫』を四次元世界の実践とみて、一郎が異界に行ったことは当然とするのであろう。

しかし、この作品には妙にリアリティーがある。そのリアリティーに着目すれば、あえて異界でのできごととしなくても、寓話とみる方が分かりやすい。とくに、私が九州大学で出題したように、紛争解決学の視点から論評するということであれば、寓話が暗示するリアリティーを問題にしなければ解明できない。

例えば、異界説をとれば、「このなかでいちばんばかで、めちゃくちゃで、まるでなってゐないやうなのが、いちばんえらい」という一郎の判決（私はこれを、これまで「判決」とか「解決」とか言っていたが、これからは仮りに「判決」と言うことにしよう）を、あたかも天の啓示のようにとらえて、無条件に肯定することにつながる。これでは、この作品の寓意をとらえることができなくなってしまうであろう。もっとも、清水正のような異界説によれば、一郎の判決は啓示ということにならない。深層心理の中の意味をとらえなおすからである。私は、この清水正の考えを評価するが、「紛争解決学の視点から」となれば、清水正ほど深層に潜り込まない方が、語る材料がたくさんある。もともと紛争解決学の視点からこの作品を論評するということは、この作品を素材として紛争解決学を語るということを含んでいる。清水正も、この作品を素材として深層心理学を語っているのであるから、目のつけ所によって語り方が変ることは、許されるであろう。

それにしても、この作品は、一郎が異界に行き、天の啓示を受けて判決を語ったというふうに騙されやすくできている。小学生のときの私は、これにてっきりひっかかっていたのだ。

九州大学の学生で、一郎が異界に行ったか否かをとりあげている答案はなかった。問題の設定の仕方から当然のことであろう。ほとんど全ての学生は、この作品を寓話であると考えていたようである。

また、一郎が山猫の裁判所に行く道程をとりあげた答案は、極めて少なかった。その中で、――栗・滝・きのこ・りすの見た山猫の姿が多様なのは、この世の価値観が一律ではないということをいっていたような気がする。別の見方としては、裁判官の多忙な一日（早朝からあっち行き、こっち行き）を示すものと考えられる。――というのがあった。学生も、リアリティーのある寓話であるとみていたことがよく分かる。

もっとも、裁判所という存在はふつうの生活環境から見れば異界である、という見方もあり得る。こうなると、「異界」という言葉の意味の問題であるが、その場合にはかえって、リアリティーの強い寓話だということになるのではないだろうか。

一郎の資質

裁判官や弁護士の資質は、紛争解決学の重要なテーマの一つである。その意味で一郎の資質に言及する答案がたくさん出てくるかと思ったが、これを論じたものは案外少なかった。

その少ない中から九州大学の学生の答案のいくつかを、まず紹介しておきたい。

――動物的なカンが鋭い、知・情・意が強い、芝居じみたことができる、数字に強い、好奇心と純情さをもつ、人を信じる力がある、人を愛することができる、言葉巧みである、という資質を十分に備えている。

――はがきをもらって行ったのは「紛争に出会ったら、逃げたりせずにやってみようという好奇心」のあらわれであり、馬車別当とのやりとりは、言葉の巧みさや、そして、それによって相手の心を開く技術のあらわれである。

――「また紛争解決がしたい」という世話好きなところがあり、適当なメサイヤ・コンプレックスもある。

――私は、九州大学の「紛争解決学」の講義で、「自分の劣等感に気づくことなく、むしろ、それを救って欲しい願望を他に投影し、やたらと他人を救いたがる人がある。このようなコンプレックスをメサイヤ・コンプレックスと言う」と河合隼雄『無意識の構造』(中公新書)を引用し、弁護士はメサイヤ・コンプレックスを職業化したようなところがあるが、適度で抑制のきいたメサイヤ・コンプレックスは、弁護士には不可欠な資質である、と述べた。この学生が、どんぐりたちの争いを見て、ただちに判決を口にしたところから、一郎にメサイヤ・コンプレックスがあると察することは、よい感覚だというべきであろう。

以上のように、学生は、一郎の資質を概ね肯定的にとらえている。

変ったところでは、次のような答案もあった。

――一郎は「ふつうの」少年である。しかし「ふつう」といってもそれは、現代の都会っ子を「ふつう」と呼ぶのとはすこし質がちがう。都会の色に染まらず、農業を営んで生活する、そういう素朴な環境のなかで育った……一郎はそんな少年であろう。――ところが、これとは正反対の見方もある。高橋世織は次のように述べている。

――『どんぐりと山猫』というタイトルも、どんぐりや稗や雑穀が日常的な食べ物なんですね。あの空間では、「おらが食べでだどんぐり」という感じを当時の読み手は共有できる。一郎という子供のところへ、招待状が来て森の中に入っていく。招待状が来たときに一郎は何をしていたかというと、次の日の日曜の朝で「一郎はいそいでごはんをたべて」となっている。日曜日の朝に御飯を食べていける者なんてそれ自体一種の夢物語なのです。一郎は選ばれた特権的な人なのです（中沢新一『哲学の東北』青土社における対談）。

どうやら学生が考えているような牧歌的で善意一本の話ではなさそうである。

はたして清水正に言わせれば、一郎は、あらゆる点に問題意識が希薄で、優越意識が過剰なわりには、自己に向けた反省と、他人に対する反抗、抗議が皆無に近い、まるっきり能天気な人物だ、ということである（前出『宮沢賢治　童話のエロス』）。

さて、このような痛烈な分析のあとでは私の見解を出しにくいが、私は、「人間の価値は、どれだけトラブルを解決したかで決まるものだ」と考えているから、とにかくその場をおさめた一郎の資質は、ひとまず肯定的に評価しておきたい。

しかし同時に私は、一郎は相当の〈ワル〉であるとつけ加えておかなければならない。どんぐりたちの必死の争いを前にして、「このなかでいちばんばかで、めちゃくちゃで、まるでなってゐないやうなのが、いちばんえらいとね」などと超然と言ってのけることは、〈ワル〉でなければできない。

これは何を寓意しているかと言えば、裁く者は〈悪〉を内在化させているということである。さらに言えば、内在している〈悪〉を意識化して、それを超えていくものでなければ、〈善〉はなし得ない。これこそ裁く者のジレンマに他ならない。

私はこのことを、うすうす気がついていたが、『壊市』・『地雷』という小説を書いてみて、いよいよはっきりと分かってきた。つまり、〈善〉を書こうとすれば、〈悪〉を内在化させ、〈善〉と〈悪〉を一体として書かないとうまくゆかないのである。もし、純粋な〈善〉を書こうとすれば、それはウソになる。

このことは、作品ばかりでなく、書き手にも同様なことが言える。賢治の〈悪〉は一郎の〈悪〉とは質がちがうが、私は、賢治の内なる〈悪〉が気になりはじめていた。

小林康夫も、中沢新一との対談において、次のように言っている。

――『春と修羅』の〈修羅〉っていうのは、自己の姿とか言いますけどね、それはそれとして、やっぱり〈悪〉なんですよ。でもそれは、「私が悪い」というような〈悪〉ではなくて、今中沢さんが言ったみたいに、まさに反コスモス、コスモスの中にあって、コスモスを一瞬破り、一瞬、闘う、激怒する、炎として燃え上がる〈毒〉の火、その根源的な〈悪〉、その微妙なことにあの人は気づいていた（前出『哲学の東北』）。

では、『どんぐりと山猫』の一郎は、その〈悪〉を自覚していただろうか。どうも一郎にはその自覚がなかったようである。その意味で、清水正が言うとおり能天気なのだ。

ここで私の意識は、寓話の世界から現実の世界に戻る。――願わくば、現存の裁判官たちが内在する〈悪〉を自覚しないような能天気にならないように。

もっともこれは他人事ではない。弁護士も同じなのだ。私も能天気なのだろうか。やっぱりそうかも知れない……

真理か詭弁か

『どんぐりと山猫』のクライマックスは、どんぐりたちの争いに困惑した山猫に対し、一郎が、「そんなら、かう言ひわたしたらいゝでせう。このなかでいちばんばかで、めちゃくちゃで、まるでなってゐないやうなのが、いちばんえらいとね。ぼくお説教できいたんです」とアドバイスするところである。九州大学の学生の答案は、ほとんどこの一郎の判決の是非に集中した。

それが紛争の渦中で道具として使われ、どんぐりたちはしいんとして堅まってしまったという効果をもたらしたのであるから、一郎の判決は、紛争解決規範であったことは確かである。

したがって、紛争解決規範としての妥当性を問題にされることは、当然のことであろう。学生の答案は、ここで是とするものと非とするものに分かれた。

是とするものの理由づけを拾ってみると、紛争の原因を断って見事に解決させた、争いの無用さを理解させた、逆転の発想から納得させた、新しい価値概念・新しい紛争解決規範を創造した、等々である。

また、非とするものの理由づけは、高圧的である、どんぐりたちの言い分や原因を聞いていない、当事者の救済に考えが及んでいない、どんぐりたちが納得したとは言い難い、等々である。

数のうえでは、やむを得ない、この場合はよい、和解あるいは仲裁判断ならば認められる等を含めて、一郎の判決を肯定するものが七、疑問である等を含めて否定的にとらえるものが三、の割合というところであろうか。

ところが、一郎の判決はいったい何なのだろうか、ということを深く究明した答案は皆無であった。

一郎は、「ぼくお説教できいたんです」と言っているので、これが何を指すのか、まず見ておく必要があるだろう。

三好修一郎は、新約聖書の「ルカによる福音書」〈9－26〉の——弟子たちの間で、自分たちのうちだれがいちばん偉いかという議論が起きた。イエスは彼らの心の内を見抜き、一人の子供の手を取り、御自分のそばに立たせて、言われた。……「あなたがた皆の中で最も小さい者こそ、最も偉いのである」——を引用して、ぴったり一郎の判決に合致するだろう、と言っている(前出「どんぐりと山猫」試論)。しかし、一郎の判決のニュアンスは、この「ルカによる福音書」の意味と相当の隔たりがある。

天沢退二郎は、——作者は「いちばんばかで、めちゃくちゃで、まるでなっていないようなのが」ほんとうにえ？「いちばんばかで、めちゃくちゃで、まるでなってゐない」ヒットラーが、「いちばんえらい」というのは、そのようなことが、事実として実現するとは信じない。すなわち、これはどうも真理ではなさそうである。私は、そのようなことが、事実として実現するとは信じない。

真理だということであれば、事実によって検証されなければならないだろう。すなわち、「いちばんばかで、めちゃくちゃで、まるでなってゐないやうなのが、いちばんえらい」という価値観を社会的に普遍化させて、そのとおりの社会を構築し、そのような社会の一員として構成する個々人がそれで満足しなければならない。そして、「いちばんばかで、めちゃくちゃで、まるでなってゐない」という基準に該当するものを定め、それを「いちばんえらい」としなければならないが、「いちばんえらい」のにはどう処遇するのか。冠でも載せるのか。私は、そのようなことが、事実として実現するとは信じない。すなわち、これはどうも真理ではなさそうである。

真理か？　詭弁か？

しかし、一郎の判決は、いったい何なのだろうか。言葉を換えれば、これは真理を語っているのか、詭弁に過ぎないのか。もし、真理を語っているのなら、ここで一郎が紛争解決規範として使ったことは正しいことであり、どんぐりたちも納得したということになって、この『どんぐりと山猫』は、お説教を広めるための説話ということになるだろうが、果たしてそうなのか。それとも、まるっきり逆で、単なる詭弁なのか。詭弁だとすれば、賢治はいったい何を言いたかったのだろうか。

清水正は、前に述べたとおり、闘う代りに巧妙な逃げを打って、「つまり包茎でインポテンツこそがよいのだというようなことを」、よりによって山猫にアドバイスしてしまったのだ、と言う。すなわち、深層心理のうえでの意義づけをするだけであって、一郎の判決それ自体の意味は、さほど重視しないのである。

しかし、ナンセンスで切り捨てられてしまうのは惜しい。何かもっと深い意味がありそうである。

「いちばんえらい」と主張しているのではない。誰が誰よりえらいとか、何がいちばんえらいとかいう考え方自体を強烈に破砕しているだけである。それはある意味で〈ナンセンス〉の衝撃であり、「おかしな」が本質的に〈ナンセンス〉の属性であることに照応しているのである。――と言う（『注文の多い料理店』新潮文庫の解説）。

は事実だったって？　くわばら、くわばら。

とにもかくにも、ひとつの規範を絶対化して世を治めようという試みは、人類は何度も何度もやってみて、ことごとく失敗したのだ。これまで成功したためしはない。ヒットラーだって、「いちばんえらい」を通せなかったではないか。したがって私は、一郎の判決を真理であると言い切ることはできない。

真理でないとすれば、この判決は、一気に詭弁に落ちてしまう。しかし、真理を語ったように見えるものは、実はもともと詭弁のようなものなのだ。つまり、真理と詭弁は紙一重なのである。賢治は、このことを言いたかったのかも知れない。

ここでさらに重要なことが見えてくる。すなわち、この判決のように、紛争のまっただ中で、解決のために使われる言葉は、真理のように見えても、実は詭弁であるということである。

いや「詭弁」という言葉が強すぎたのかも知れない。別の言葉で言えば、絶対的な実体を持っているように見える紛争解決規範＝「法」は、実は隠喩（メタファー）に過ぎないということである。そして「法」はもともとそういうようなものだと認識するのなら、それはそれでよいのだ、と肯定してもさしつかえないと思う。これが、前に私が一郎のトラブル解決能力を認めて、一郎の資質をひとまず肯定した理由である。しかし、これはあくまでも「法」を絶対化しないという前提である。そうでなくて、この判決が真理だと言い張るなら、これで全て治まる社会をつくれるのか、と前のところに戻るしかない。

賢治がどこまでを視野に入れていたのか分からないが、全部分かってこの作品を書いたと考えてもおかしくはない。「ことばが……明暗のうちに……すでにはやくもその組立や質を変じ」と『春と修羅』序に書いている賢治のことだから。

どんぐりたちの運命

一郎のアドバイスによって山猫が申し渡しをするクライマックスのあとのことは、囲碁でいえば駄目をつめるような話だと受け取られがちである。とくに一郎の判決を無条件で肯定する見解に立つ論者は、最後の部分にはお茶を濁すしかないようだ。

九州大学の学生の答案も、この辺りになると言及したものは非常に少ない。もっとも、その後一郎のもとに山ねこ拝という手紙が来なかった理由として、一郎の判決によって争いがうまく解決されるようになったからだというものと、正反対に、一郎の判決が役に立たなかったからだというものとが、それぞれいくつかあった。

しかし、私に言わせると、判決以後のことこそ賢治が最も言いたかったことであり、賢治は、『どんぐりと山猫』にふさわしい大団円を用意して結末をつけているのである。

賢治は、その後どんぐりたちが、ふたたび争いを起こすかどうかに言及していない。言い換えれば、一郎の判決が、紛争解決規範としてすぐれているかどうかなどということには触れていない。そんなことを書かなければならないのだという気持もなく、関心もないのである。もしここに関心があるのならば、一郎の判決が紛争解決規範としてすぐれていることを強調したいときには、「どんぐりどもはその後争いを起こしませんでした」と書くだろうし、紛争解決規範としてダメなものだということを言いたいときには、「どんぐりどもはまたすぐ争いをはじめました」と書くだろう。しかし賢治は、そんなことは書かない。そんなことを書けば駄作になる。

賢治からすれば、紛争解決規範はもともと隠喩（メタファー）だから、当然のこととしてその後のことなどは放っておいたのである。

ここが難しいところだが、紛争解決規範はメタファーだが、それが使われると実体的な効果をもたらす。人々は、実体的な効果の方を見て、紛争解決規範に実体があるように錯覚する。したがって、効果に目がくらんで、紛争解決規範を見間違えることがないように気をつけなければならない。そのためには、紛争解決規範が使われるときに、どんな効果が狙われていたのかを見極める必要がある。

賢治は、どんぐりたちが当の一郎に貰われてしまうという結末を用意した。つまり、一郎の判決が、どんぐりたちにどんな運命をもたらしたのか、その効果を、その後どんぐりたちが再び争うかどうかということにあらわしたのではなく、どんぐりたちが一升ますに収められて一郎に貰われてしまうというところにあらわしたのである。

それでは、なぜ一郎はどんぐりたちを山猫から報酬として受け取り、持って帰ったのか。この答えは簡単である。それは一郎が〈ワル〉だからである。もっと正確に言えば、一郎の〈悪〉が、ここで顕在化したのである。このことを認めたくなかった少年期の私は、長く「なぜどんぐりたちが一郎に貰われてしまったのか」という疑問を解けなかった。

この結末は、大きな問題を寓意している。

まず、どんぐりたちの立場で考えてみよう。私はここまで、この小論で自分の言葉で語るときには「どんぐりたち」と言っていた。ところが、賢治は「どんぐりども」と書いているのである。ここにヒントがある。

つまり、どんぐりどもよ、つまらないことを言って争っていると、誰かにそっくりいただかれてしまうぞ、「おらが食べでだどんぐり」として食われてしまうぞ、ということである。さらに言えば、民衆はつまらないことを言って争っているときは、黄金いろにぴかぴか光って輝いているように勘違いするが、そんなことをいつまでもやっていると、能天気な権力者に、真理のように見える詭弁を使われて、根こそぎ持っていかれ、もともとの茶色の食い物にされてしまうのだ、ということである。

次に、山猫と一郎の関係から、もう一つの寓意が読みとれる。

すなわち、『どんぐりと山猫』の中の真の権力者である山猫は、一見善良そうに見えるが〈悪〉を内に持っている一郎に、真理のように見える詭弁を使わせて、半分あくびをしながら、どんぐりどもを片づけてしまったのである。山猫にしてみれば、どんぐりどもを片づけてしまえばそれでよいのであって、あとは、煙草をくゆらせて、鮭の頭をしゃぶっていれば満足なのだ。――これが賢治が寓意した、権力が紛争を解決する構造である。

ここまでくると、この『どんぐりと山猫』は、痛烈な寓話であったことが分かる。いや寓話と言うよりも、極めつきのブラック・ユーモアと言うべきだろう。しかし、ブラック・ユーモアとして笑い飛ばせるだろうか。私には笑い飛ばせない。前にも言ったように、この作品には、妙なリアリティーがあるからだ。

小林康夫ではないが、賢治という男は、まさしく〈毒〉の火を持った〈悪〉だ。

新しい系脈へ

しかし、賢治に言われ放しにしておいてよいのだろうか。

時代はもっと先に進んでいるのだ。どんぐりたちの争いを、そっくり聞きとって、紛争解決の新しい系脈を模索しようという動きは既に生れており、心ある裁判官や弁護士も少なくないのである。詳しくは、私の『紛争解決学』を読んでいただきたいが、我田引水になるので、ここで触れることは遠慮しておこう。しかし、私の講義を聞いた学生は分かっているはずだ。その証拠に次のような答案があったのだから。

――私の解決策として、この紛争のさわぎを静めるためにどうしたらいいかを考えられた者を〝えらい者〟とすればどうかが考えられる。このような手段をとることで、どんぐりたちのさわぎはおさまり、一人一人がいろいろと考えているうちに静かになっていることに気づき、〝協力の大切さ〟を知るのではないかと思われるからである。

――これからの創作は、例えばこの答案の中身を寓意するようなものであるべきだ。

何といっても賢治は一九三三年に死亡した人であるから、第二次世界大戦も、その後の冷戦も、ソヴィエトの崩壊も、そして現在の地域紛争も知らないのである。それだからこそ賢治のきつい寓話は生きていると言われればそれまでだが、なにしろこの地球上では毎日人が殺戮されているのである。呑気節など歌っていられない。

もう一度言うが、賢治の『どんぐりと山猫』によって弾劾された構造とは別の新しい系脈が、既に生れているのだ。このことに、もっと目を向けてもらいたいものである。

コメント

これは、第一東京弁護士会会報の平成七年（一九九五年）一二月号、平成八年（一九九六年）二月号、同年四月号に、三回に分けて連載したものである。

私が言いたいことは本文に書き尽くしたので、あらためてコメントする必要はないと思われる。

本文の末尾に書いたように、これまでの紛争解決とは別の系脈がすでに生れているのだ。そのメッセージを送りたいために、私は、各論の最後にこの小論を置いた。

旧版の「あとがき」

私の紛争解決学の特徴を要約すると、

第一に、従来裁判規範として論じられていた法の機能は、実は紛争解決規範としての機能であることを明確にしたこと、そして、紛争解決規範は成文法以外にもいろいろなものがあることを明らかにしたことである。

第二に、自由意思と因果律を前提にした法の論理だけでは紛争解決がはかれないことを明らかにし、無意識層まで紛争解決の鍵を探求したことである。

第三に、素粒子のようにエネルギーを帯同した言葉のひとつひとつを紛争解決規範に結びつけることによって、紛争解決の道筋をつけることを明らかにしたことである。

第四に、実体的規範も手続的規範も素粒子の段階でとらえることによって同等の扱いをし、紛争解決の全体像――曼陀羅を明らかにしたことである。

今私は、「明らかにした」といったが、まだ十分に明らかになっていないかも知れない。正しくは、「明らかにしようとした」というべきであろうが、しかし、明らかにしようとしただけでも、従来の学問とは全くといってよいほど毛色の違ったものであろう。

私は、紛争解決学を興すにあたって、一応これまで述べたような形で骨格を組み立ててみた。

しかし、紛争解決学は、扱う課題ごとに組み立てる方法もあるだろう。そこで、紛争解決学の課題を整理してみると、次のようになるかと思う。

第一は、言葉による紛争解決を必要とする歴史の過程と社会的背景を明らかにすることである。

これについては、私は仮説を述べたに過ぎない。しかも、あちこちに断片的にしか述べることができなかった。

今後は、仮説をまとめ、立証する作業が残されている。

第二は、紛争解決規範を明らかにすることである。

これには二つあり、ひとつは思惟の働きで理論的に解明することである。この方法は、ゲームの理論や経済学の手法を使う方法などで、極めて進んできた。

もうひとつは、規範を生成する過程をとらえて、それを理論化したり、社会学的な方法で究明したりする方法である。この分野はまだこれからで、拓かれていない荒野がある。

第三は、紛争解決の諸システムを認識し、分析し、新しいシステムを開発することである。

この認識、分析という分野は、近年のADRの研究などで極めて進歩してきた。また、新しいシステムを開発することも、最近では著しい進歩があり、今後も進んでくるであろう。

第四は、紛争解決の論理構造を明らかにし、それを紛争解決規範の解明やシステムの開発に使うことである。

これこそ紛争解決学の鉱脈であるが、まだ闇の中に閉ざされていて、ほとんど解明されていない。

紛争解決学という名の学問こそ今興ったばかりであるが、その内容に関連する論議は、既にさかんに行なわれている。しかし、そのウエイトは、思惟の働きで紛争解決の理論をたてることと、紛争解決の諸システムを認識、分析するところに片寄っていると思われる。従って、紛争解決学の中でやらなければならないことは、まだまだたくさんあることがわかる。

この残された課題は、想像を絶するほど深く、大きなものであるに相違ない。

二十一世紀を目前にして、新しい世紀をどのように迎えるかということがさかんに論じられている。しかしそれは、タイム・スパンのとり方としては短か過ぎるのではないだろうか。二十二世紀が見えないようでは、私の子供たちは子を産めなくなる。これでは人類の未来はないことになる。

人類が二十二世紀以降まで生き残るためには、いろいろな難問を解決しなければならないだろうが、その最重要の課題のひとつは、紛争解決のシステムを確立し、それを普遍化することである。即ち、現在全世界的に深刻な民族紛争、国際紛争が起っているが、このような紛争を実際に解決しようとするならば、しっかりした紛争解決の理論をうち立て、実践することが不可欠である。従って、紛争解決学は、やがては民族紛争、国際紛争にもウイングを伸ばし、いろいろな紛争にも解決の道筋を示すものにならなくてはならないが、紛争の原型が個々の民事紛争にある以上、私がここでとりあげた紛争解決学の中身は、まず最初の道標になるのではないかと考える。そしてさらに、人類が紛争解決の知恵を獲得して、紛争解決学に残された課題をこなし、個と全体の問題に迫ることが必要である。

私は今、紛争解決学の嚆矢としての最小限度の仕事を終えたような気持になっている。しかし、ここでもう一度「紛争プロセスの理解には、紛争管理の機会が、そしてたぶん人類が生き残れる機会がかかっている」というボールディングの言葉を思い起さなければならない。

私は、ボールディングの言葉を若干変えて、「紛争解決学の理解には、人類が生き残れる機会がかかっている」といいたい。

それは何故か。

今、冷静な目で周囲を見廻してみれば、わが国のみならず、全世界において、経済システム、政治システム、法システム、社会システムのどれをとっても閉塞状態にあることは、ただちにわかることである。この閉塞状態の中では、人類はやがて窒息死してしまうことは、目に見えている。閉塞状態を切り開いて人類が次のステップを踏もうとするならば、果たしてどのような道筋が考えられるだろうか。

最も確率が高いのは、改良主義のやり方であろう。これは漸進的改革を積み重ねることによって、現在のシステムを徐々に変えていこうという方法である。この場合には、システムをひとつひとつ改革する作業が必要であるから、その過程でさまざまな紛争が発生する。従って、改良主義をとる場合には、改革の過程で発生するさまざまな紛争に対処するために、紛争解決システムを幅広くつくっておく必要がある。

改良主義ではどうにもならないということになれば、極端な場合には革命ということもあり得るかも知れない。このごろは、「変革」あるいは「改革」という言葉はあらゆる分野で叫ばれているが、「革命」という言葉は不思議に使われていない。使っているのは新興宗教ぐらいであろうが、世の大半の人々は、革命という言葉にうさん臭さを感じている。しかし、このすっかり手垢に汚れてしまった革命という言葉を、ここでは敢えて使ってみよう。その方がわかりやすいからである。

革命といえば、誰しも暴力革命を想像するだろうが、しかし、暴力革命でできた政権が何であったのか、また、その顚末がどうなったかということは、人類にとってはすでに既知の事実である。従って、次の革命には、暴力は使えないし、使ってはならない。のみならず、核兵器の存在は、革命に暴力を使えないということを絶対条件にした。核兵器を使用しなくても、現代兵器の使用が大きな環境破壊をもたらすことは、人々は既に事実として知っている。

革命に暴力を使えないことになれば、次の革命は、どのようなものになるのだろうか。あり得るとすれば、将来に革命達成後の人類社会を設定し、現在の全世界をそっくりノアの方舟に乗せて、その革命達成後の人類社会に船出し、そこに到達することであろう。

そうだとすれば、革命達成後の人類社会を設定するためにも、また、そこに到達する航海中でも、いやその前に方舟を作る過程でも、人類は、徹底した紛争解決のシステムを持っていなければならない。

改良主義も革命もないとすれば、そこには現状維持の停滞という道筋しかない。このとき人々は、私的所有、契約、法的主体性という近代法の理念に綻びがきた船に乗って、長く大海に漂流していなければならないだろう。

それならば一層紛争解決システムをしっかりつくっておく必要がある。なぜならば、この破れ船の中では紛争が多発するし、多発する紛争を放っておくと沈没してしまうからである。

もうひとつ退歩という道筋も残っていた。このときには、暴力、武力が再び頭をもたげるだろう。そうさせないためには、何としても強固な紛争解決システムが欲しいところである。

このように、人類がこれからどのような道筋をたどるにしても、紛争解決のシステムだけは、まずきちんとつくっておかなければならない。

このように考えれば、紛争解決学の前途には、なみなみならぬものがあるといってよいだろう。「そして、たぶん人類が生き残れる機会がかかっている」といったボールディングの言葉に、私は、心の底から賛成する。

私はひとまずここで筆を置くことにする。

この「紛争解決学」を世に出すことができたのは、何といっても九州大学で講義をさせていただいたお陰である。私に声をかけ、教壇に引っ張り上げて下さった井上治典教授にはいくら感謝をしても足りない。また、それを応援して下さった吉村徳重教授、井上正三教授、和田仁孝助教授をはじめ、九州大学法学部の諸先生には深く感謝の意を表したい。そして、真夏の集中講義であるにもかかわらず、熱心に耳を傾けてくれた学生の皆さん、ほんとうに有難う。また、私が九州大学で講義をすると知るや、内容も聞かずに「それを本にしましょう」といって下さった、信山社の渡辺左近氏のひと言も有難かった。こうして、この『紛争解決学』は幸運なスタートを切ることができた。

私は、この本ができる今日までに、私に与えられた、人々や事件との邂逅、エネルギーそして試練などの全てに対し、感謝の気持で一杯である。

結語

今、あらためて旧版の「あとがき」を読んでみたところ、私には、これに多くの言葉をつけ加える必要はないと感じられた。

もとより新版では、紛争解決学の定義を変更するなど旧版の内容を一新したつもりであるが、その主要な点については「新版の序」に整理してあるので、ここで繰り返す必要はないだろう。それよりも、世紀の境界を越えた今日においても、旧版の「あとがき」が変らぬ意味を持っていることの方が重要である。

そのことは、旧版の「あとがき」から今日に至るまでの九年間の歳月を振り返ってみれば、一層よく分かるだろう。すなわち——

第一に、旧版の「あとがき」が展望していた当時の「未来」は、今では「過去」のものになり、現実にさまざまなことが起ったが、紛争が多発してその解決が切実に望まれるという状況は、一向に変っていない。したがって、旧版の「あとがき」をそのまま現在に持ってきて、現時点から同じ内容の展望をしておく必要がある。

第二に、旧版の「あとがき」が「未来」に託した課題は、今日においてもほとんど果たされていない。この新版では、そのことを意識して取り組んだつもりであるが、旧版から託された課題の大きさからすれば、ほんの数歩前に進んだ程度であって、旧版の課題はほとんどそのまま残っている。したがって、この新版でも、この課題をさらに未来に託したい。

そこで、旧版の「あとがき」をそのままこの「結語」の前に掲載し、新版においても実質的な「あとがき」にすることにした。

しかし、新版を書き終えた心境について、ひと言だけ触れておきたい。

この新版は、今述べたように、旧版から託された課題からすればほんの数歩前に進んだ程度のものしか書くことができなかった所為もあって、まだ書き足りないという気持が残っている。この気持を敷衍すると、「紛争解決学」には体系書が必要ではないかということになる。すなわち、ここに書いたそれぞれのテーマごとに、場合によっては文章の断片ごとに、もっと深く掘り下げて探究し、書きとめる必要があるのである。それほど「紛争解決学」には豊富な内容があるのだが、それが目に見えていても、一冊の書物に収めなければという気持が先立って、それができなかった。例えば、裁判外紛争解決（ADR）については、私自身が著述したものだけでも多数のものがあるが、この新版では要約程度のことしか書くことができなかった。「紛争解決学」は、その範疇の広さにおいても、内容の深さにおいても、まだまだ研究し、発表されるべきことはたくさんある。したがって、旧版から託された課題を果たすための一つの方法として、体系書が必要だという心境に至らざるを得なかった。

私は、この『紛争解決学〔新版〕』を、一三歳で夭逝した兄・愼一に捧げる。

兄は、豊かな知恵と慈悲心を持ったすぐれた人であった。一九四六年（昭和二一年）、平壌（ピョンヤン）からの引揚げの途中、当時南側にあった開城（ケーソン）のキャンプで伝令として働き、私のためにドロップなどを稼いで与えてくれた。そのときの過労のためもあってか、キャンプで伝染病に罹患し、引揚げの途次、京都で客死した。

私にはこの兄を目標にして生きてきたようなところがあるが、夭逝した兄の年齢をはるかに越えても、兄に追ついたという気持になることはなかった。

昨年（二〇〇一年）の夏、私は、『紛争解決学』を書き改める準備を進め、秋から新版の執筆に着手することにした。そして、着手する前に内観をしておこうと考え、喜連川にある「瞑想の森内観研修所」に行って、屏風の中の半畳の畳の上に座った。

前にも述べたとおり（四一二頁）、私にとっては四度目の内観であったが、それまで兄に対する自分を調べたことはなかった。しかし、そのときふと思いついて、兄に対して内観をすることにした。

兄に対して私が「していただいたこと」、「して返したこと」、「ご迷惑をかけたこと」を調べているうちに、私は、驚くべきことに気がついた。その詳細をここで紹介することは差し控えなければならないが（それは一編の小説を書くようなことになるだろう）、要するに私が兄に「して返したこと」は何もなく、「していただいたこと」「ご迷惑をかけたこと」ばかりだったのである。しかもそれは山ほどあった。

このとき確実に分かったことは、兄が自分の命を私に託したのだという恐ろしい事実である。

それならば、兄の負託にこたえるべく、自分の意志をしっかり固めるのが本来の姿であろうが、内観の最中に私が思いついたことは、「書けなくなったときには兄の知恵を借りよう」というまことに横着な考えだった。

私は、一週間の内観を終えて、早速この新版の執筆に着手した。そして、内観で思いついたとおり、行き詰まったときには、

「兄貴、どう書く？」と空に向かって問を発した。すると不思議に私の脳裏に滑らかな言葉が出てきた。しかも、そのようなことは頻繁にあった。

これはいかにも奇妙なことだと思われるかも知れないが、兄に聞いて書くという姿勢は、第三者の目を意識しながら書くということであるから、それなりの合理性があることだと思う。旧版の主観性に対する新版の客観性――と両書を対置することも可能だと思われるが、それは兄に問を発したご利益だと、私は考えている。

そのような理由で、この『紛争解決学〔新版〕』を兄・愼一に捧げ、ここに擱筆する。

索　　引

ア　行

カ　行

タ　行

ナ　行

ハ　行

マ　行

ヤ　行

ラ　行

ワ　行

〈著者紹介〉

廣田尚久（ひろた・たかひさ）

1938年　平壌市（ピョンヤン）生まれ
1962年　東京大学法学部卒業　川崎製鉄に入社
1966年　川崎製鉄を退社し、司法研修所に入所
1968年　弁護士登録（第一東京弁護士会）
1993年　九州大学非常勤講師
2001年　大東文化大学環境創造学部学部長・教授
2005年　法政大学法科大学院教授
2006年　廣田尚久紛争解決センター創立

〈主要著作〉

『弁護士の外科的紛争解決法』（自由国民社・1988年）、『和解と正義―民事紛争解決の道しるべ』（自由国民社・1990年）、『不動産賃貸借の危機―土地問題へのもうひとつの視点』（日本経済新聞社・1991年）、『先取り経済　先取り社会―バブルの読み方・経済の見方』（弓立社・1991年）、『紛争解決学』（信山社・1993年）、小説『壊市』（汽声館・1995年）、小説『地雷』（毎日新聞社・1996年）、『上手にトラブルを解決するための和解道』（朝日新聞社・1998年）、小説『デス』（毎日新聞社・1999年）、『紛争解決の最先端』（信山社・1999年）、小説『蘇生』（毎日新聞社・1999年）、『民事調停制度改革論』（信山社・2001年）

紛争解決学〔新版増補〕

2002年（平成14年）10月10日　　新版第1刷発行
2006年（平成18年）2月20日　　新版増補第1刷発行

著　者　廣　田　尚　久
発行者　今　井　　　貴
　　　　渡　辺　左　近
発行所　信山社出版株式会社

〒113-0033　東京都文京区本郷6-2-9-102
電　話　03（3818）1019
FAX　03（3818）0344

Printed in Japan.

印刷・製本／東洋印刷・和田製本

ISBN4-7972-2449-5

NDC02-327.501